国家林业和草原局普通高等教育“十四五”规划教材

农业项目评估与管理

王玉峰　主编

中国林業出版社
CFPH China Forestry Publishing House

内 容 简 介

本教材以立德树人为根本，紧扣乡村振兴和农业强国战略人才需求，突出思政引领和农业项目特色，遵循“概念——理论——方法——案例”范式，将项目评估一般理论深度融入现实鲜活案例，让读者在全面把握项目评估的基本架构和运行逻辑基础上深刻理解项目的建设背景、数据渊源、市场调研、技术方案、投融资分析、项目管理、风险评估和效益评价，能专业而艺术化地做出评估结论，可独立出具项目建议书、可行性研究报告和项目评估报告。

本教材打破传统说教模式，强调理实交融与农业特质，着重项目情景感知和实操能力培养，既可用作相关专业师生的教材，也可作为乡村振兴项目投资管理人员的参考书。

图书在版编目(CIP)数据

农业项目评估与管理 / 王玉峰主编. —北京：中国林业出版社，2024.8(2025.12 重印). —(国家林业和草原局普通高等教育“十四五”规划教材)—ISBN 978-7-5219-2805-1

Ⅰ. F322；F323.9

中国国家版本馆 CIP 数据核字第 2024TS7607 号

策划编辑：丰　帆
责任编辑：丰　帆
责任校对：苏　梅
封面设计：时代澄宇

出版发行：中国林业出版社
（100009，北京市西城区刘海胡同 7 号，电话 83223120）
电子邮箱：jiaocaipublic@163.com
网　　址：https://www.cfph.net
印　　刷：北京中科印刷有限公司
版　　次：2024 年 8 月第 1 版
印　　次：2025 年 12 月第 2 次印刷
开　　本：787mm×1092mm　1/16
印　　张：19
字　　数：449 千字
定　　价：59.00 元

《农业项目评估与管理》编写人员

主　　编　王玉峰

副 主 编　李　松　张　良

编写人员　（按姓氏拼音排序）

耿宝江（四川农业大学）
黄　滢（四川农业大学）
刘　璐（四川农业大学）
李　宁（四川农业大学）
李　松（四川农业大学）
王玉峰（四川农业大学）
王　跃（四川农业大学）
伍桂清（四川农业大学）
张帮正（四川农业大学）
张华泉（四川农业大学）
张　剑（四川农业大学）
张　良（四川农业大学）

前　言

我国是农业大国，作为“兴国安邦”之大计，农业的持续稳定增长是国民经济发展、人民生活改善、社会秩序安定和共同富裕与中国梦实现的前提和保证。党的二十大报告指出，“加快构建新发展格局，着力推动高质量发展，全面推进乡村振兴”，“加快建设农业强国”。伴随着城乡融合发展、乡村振兴和农业强国等系列国家战略的推进，大量资本和企业投向乡村，农业项目投资不断增多。在这种新形势下，科学进行农业项目的评估与管理，以有效利用和优化配置资源，提高投资决策水平和效益，防控项目风险，避免无效投资尤其投资失误，是当前我国农村经济建设和高质量发展的一个重要环节。

为传播农业项目评估的知识与方法，培养具备专业素养的评估与管理人才，以适应农业项目投资和高质量发展的现实需求，特编写本教材。

本教材基于乡村振兴战略的人才需求，尤其是结合农林高校金融学类、工商管理类和农业经济管理类等专业人才培养定位，突出思政引领和强农兴农目标，系统介绍项目评估的基本概念、基本原理和实用的评估方法，要求学生能够运用所学理论知识对项目做出前期策划和评估论证，并在此基础上进行投资选择和投融资决策，同时了解投资项目管理知识。教材突出涉农项目特殊性，在介绍一般性项目评估与管理的理论和方法同时，介绍涉农项目的特殊性和典型实践案例。

国内现有相关教材大多侧重于财务和工商管理视角介绍项目财务可行性等内容，且不同程度存在适用法律法规过时、评估标准陈旧等不足，加上配套电子教学资源和中国特色项目投融资及评估案例较为匮乏，不利于教材的推介和使用。本教材致力于在乡村振兴背景下剖析涉农项目评估和管理的理论与实务，主要特色创新有：①突出思政引领和乡村振兴投融资特色。本教材以学生为中心，内容立足中国农林项目投资实践、侧重“三农”、注重创新和突出思政引领，编排易于学生自学和拓展知识。教材知识体系以投资学、宏微观经济学为学科基础，以项目评估与管理的一般理论和知识为基本框架，以项目投资决策、项目可行性分析、项目财务数据预测与分析、项目融资、项目社会效益与国民经济效益评估与管理等为重点，培养学生“大国三农”情怀和乡村振兴项目投融资分析技能。②突出一般性理论和农林项目特殊性结合。整个教材依托中国改革开放以来在经济建设中取得的伟大成就，结合项目评估的标准化流程与评估、管理范式，把各类型实体项目特别是面向广大农林领域的项目运营模式引入项目评估与管理课程。坚持理论知识与实践业务结合、案例分析与评估环节结合、中国特色与国际标准结合、国家社会利益与项目经济利益结合等4个结合。③突出理论知识学习和业界实务技能结合。本教材在系统介绍理论知识的同时，尽可能反映乡村振兴项目投融资的相关政策、法规、模式和机制创新。④支持自主学习和延伸阅读。按照教育部“金课”和“合理增负”要求，教材满足学生自主学习和拓展学习的需要，增加案例和复习思考题。

本教材结合四川农业大学项目评估与管理课程的教学与实践，精选14章内容并辅以案例，对农业项目评估与管理的理论、方法与实务进行系统剖析。本教材主编为王玉峰，副主编为李松、张良，具体分工如下：王玉峰负责全书的编写思路流程和框架设计，并编写第一章和第十二章第一节、第二节，张良编写第二章和第九章，王跃编写第三章，刘璐编写第四章，张帮正编写第五章，张剑编写第六章，李松编写第七章和第八章，李宁编写第十章，耿宝江编写第十一章，张华泉参与编写第十二章第三节、第四节、第五节，黄滢编写第十三章，伍桂清编写第十四章。全书由王玉峰统稿、审改和定稿。

本教材可以作为金融学类和工商管理类本科生教材，同时可以作为农林经济管理和应用经济学研究生教材，还可作为乡村振兴项目投资管理人员的参考书。

本书编者致力于向读者奉献一本高理论与实用价值的教材，但由于学术水平有限和实践经验不足，加之时间仓促，书中疏漏和不足之处在所难免，恳请各位读者批评指正，我们将虚心接受并予以完善。

编 者

2024年3月

目　录

第一章　农业项目评估与管理概述

学习目的

(1)了解项目、投资、投资项目、项目评估的基本概念。

(2)掌握农业项目的类型与特征。

(3)掌握农业项目评估与管理的原则、理论、方法及内容。

(4)了解农业项目管理的成果形式。

本章先界定项目投资、农业项目投资、农业项目评估等概念，然后阐述农业项目类型及特征，提出农业项目评估与管理的基本原则、理论、方法及内容，最后介绍农业项目建议书、可行性研究报告和项目评估报告3类成果形式。

第一节　基本概念

一、项目

一般来说，项目通常是指国民经济领域中的投资项目，但实际上它的内涵丰富。根据美国项目管理协会(Project Management Institute，PMI)的定义，项目(project)是“为创造特定的产品、服务或成果而进行的一项有时限的任务”。其中，“时限”是指每一个项目都有明确的起点和终点，“特定”是指一个项目所形成的产品或服务在关键特性上不同于其他的产品和服务。

尽管不同产业的项目在特征、建设内容、运行模式等方面千差万别，但是从本质上说，不管是科研项目、服务项目还是工程项目，其共同特征包括：

1. 一次性

一次性是项目和其他重复性工作最大的区别。一个项目有明确的开始和结束时间。当项目目标已实现，或者明确预测到项目的目标无法实现而放弃项目，又或者项目的必要性已不存在时，该项目就结束了。

2. 独特性

每个项目都会创造独特的产品、服务或成果。尽管某些项目可交付成果中可能存在重复要素，但这种重复并不会改变项目工作本质上的独特性。例如，即便种植项目都不同程度涉及土地、劳动力等要素投入，但每一项目也都存在独特性，因为存在不同的地理方位、自然环境、土地肥沃程度等。

3. 时限性

时限是相对的，并不是说每个项目持续的时间都短，而是仅指项目具有明确的开始和结束时间，有些项目需要持续几年，甚至更长时间。项目的时限性同时还体现在市场机会通常是暂时的，也就是说大多数项目都需要在限定的时间框架内创造产品或者提供服务。同时，项目投资方、开发方及经营方等相关主体的存在也具有时限性。

4. 渐进性

因为项目的目标(产品、成果或服务)事先并不可见，前期只能粗略地预测，随着项目不断推进，这些目标和过程逐渐清晰、明朗。因此，在项目推进过程中，有时需要根据环境变化优化项目建设方案。

5. 约束性

项目在执行过程中面临各种限制和不利因素，会对项目计划、进度、成本以及质量等产生影响。约束性因素通常包括时间、资源、预算、技术、人员、法律法规等。其中，时间是最为常见的制约因素，资源和预算也是重要制约因素。同时，项目需要相应的技术、人员支撑，也需要在法律法规框架下有序运行。

6. 目的性

明确和清晰的项目目标能确保一个团队尽可能有效地利用资源，促进整个项目按计划开展，并确保项目成果符合质量标准和业务需求。通常，目的性是最重要和最被关注的项目特性。

二、农业投资项目

一般而言，农业投资项目是指在规定期限内以土地要素为基础、以农业生产为手段、以增收为目的，通过人力、物力、财力和科技投入，为完成农业开发目标而规划实施的投资项目。因此，农业项目一般包括土建工程、田间工程以及仪器设备、农机具购置等，主要目的是改善农业生产条件，优化农业和农村经济结构，提高农业综合生产能力和综合效益。农业投资项目主要包括农业综合开发、高标准农田建设、菜篮子工程建设、农产品加工以及耕地、山地等自然资源的合理开发和综合利用。为了提高农业综合生产能力，农业投资项目往往具有以下特征：

1. 有详细的建设内容和明确的效益目标

农业投资项目要有详细的建设内容，不能只是概念性的目标，而应该将目标数量化，详细规定实施路径、方法、时间等。同时，投资项目的效益目标要明确，不能只提脱贫致富、增产增收等定性的弹性指标，而应明确规定项目带动农民就业、农户增收等情况。

2. 有确定的区域范围和项目建设起止时间

项目应有明确的投资、生产、收益时间顺序，以及特定的空间位置。如一个农业水利灌溉项目，通过投资打井、修渠、灌溉等工程，服务于农业生产并产生效益，要有先后时间顺序，以及特定的灌溉受益区域。同时，作为一个项目还应有明确的建设起止时间，要在规定的时间内完成，不能无故拖延。

3. 有一定规模的参与和受益农户

作为农业项目，农户在同一项目的经济活动中，为了共同的经济利益而协同工作。如大面积改造低洼易涝地及坑塘为养鱼池，农民从中得到利益，同时变废地为良田，提高了土地的生产率和农产品供给能力。在该项目中，周边农户因共同利益而成为项目参加者，同时承担项目建设风险。

4. 有明确投资主体和资金来源

农业投资项目需要综合考虑经济层面、技术层面、管理层面因素，实现独立设计、计划、筹资、核算、执行，确保每个环节的相对完整性和项目整体的不可分割性，并有明确的投资主体和资金来源。同时，农业项目往往具有外部性，需要构建政府、企业和农户等多元化的资金筹集、利益分享、风险共担机制。只有将筹资、投资、运营等各个环节有机衔接，并做出切实可行的筹资安排，保证资金及时足额投入项目建设，项目才能如期推进并达到预期目标。

三、农业项目投资决策

农业项目投资决策是指投资主体在调查、分析、论证的基础上，对是否开展投资活动进行决策。从覆盖范围上讲，农业项目投资决策可以分为宏观决策和微观决策。宏观决策是根据农业产业内在规律和农业投资目标，对影响项目投资的重大问题，如农业项目投资决策体制、重点建设项目、投资调控手段和投资政策、投资环境优化等做出决定。微观决策是对潜在的农业项目进行调查、分析、论证的基础上，对拟建设农业项目的具体方面，如建设与否，建设的时间、地点和规模以及技术是否科学，经济上是否合理等问题进行分析论证和决策。宏观决策对微观决策具有指导作用，也是进行微观决策的重要依据。如果宏观决策失误，往往会导致具有广泛牵连性的严重后果，如农业增长波动、速度“震荡”、农业投资效益低下等。如果宏观决策正确，不仅能给项目带来综合效应，还能成为农业持续增长与区域协调发展的重要推动力量。

由于外部环境不断变化，农业项目投资需要及时检查、监督，以便发现偏差并进行纠正。因此，健全的农业项目决策过程包括以下几个阶段：

1. 识别问题与机会

识别问题是决策正确的前提，任何决策都需要从现状分析和问题识别开始。

2. 设计决策目标

决策目标是项目活动希望达到的状态，也是项目投资方案拟定、方案评价和方案选择的标准。在目标设计过程中，目标往往需要满足 5 个方面的要求，即针对性、准确性、先进性、可靠性、相关性。

3. 收集资料并拟订方案

要想保证决策的准确性，必须全面充分地收集信息资料，在此基础上，根据决策的目标，拟定决策的方案。

4. 对方案进行全面评价

根据决策目标和决策者本身的价值标准对拟定的方案进行综合评价，分析其可行性、风险、收益。方案的科学评价直接关系到项目成功与否。

5. 选出最优方案，做出决策并付诸实施

在对多个方案进行综合比较的基础上，根据对方案评价的结果，选出最优方案，然后制订计划，实施决策。农业投资项目决策的一般过程如图 1-1 所示。

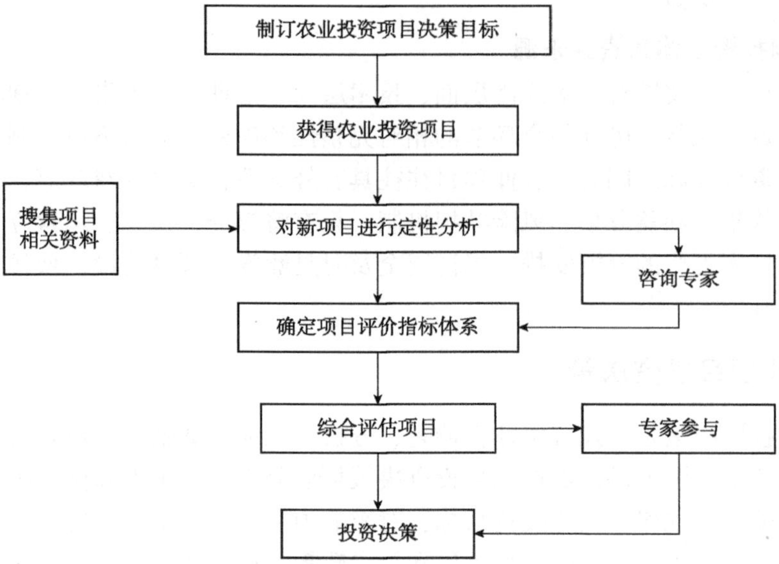

图 1-1 农业投资项目决策一般过程示意图

四、农业项目评估与管理

(一)项目评估

项目评估是指在直接投资活动中，在对投资项目进行可行性研究的基础上，从企业整体的角度对拟投资建设项目的计划、设计、实施方案进行全面的技术经济论证和评价，从而确定投资项目的发展前景，即对拟建项目的必要性、可行性、合理性及效益、费用进行审核和评价。项目评估是投资决策的必要条件，它一般应在可行性研究报告编制之后、项目审批之前进行。虽然项目评估工作的内容是由评估的要求及项目的具体特点与性质所决定的，即不同类型的项目与不同的评估部门有着不同的评估内容，但是因项目评估是对可行性研究报告的再评价，所以项目评估报告的内容应与可行性研究报告的内容相对应。通常，项目评估包括以下 4 个方面：

(1)对项目实施必要性的评估

它包括项目实施的宏观必要性与微观必要性评估。其中，宏观必要性主要是指项目实施是否与国家的规划、政策相符；微观必要性分析主要通过市场调查和市场预测来进行的，即预测项目提供的产品和服务有无市场需求，这是项目能否存在的前提。

(2)对项目所需的资源条件和技术工艺方案的评估

它主要分析论证项目实施所需的资源和技术条件的满足与保障程度。

(3)对项目实施合理性的评估

它主要是对项目的经济效益、社会效益和环境效益进行评价，这是项目决策的重要依据。

(4)对影响投资效益的经济政策和经济管理体制进行评价

其为项目实现更好的效益目标而提出合理化建议。

(二)农业项目评估

农业投资项目评估源于农业投资学中的投资决策问题，在西方国家它属于农业工程经济学的内容，在我国它被看作是农业技术经济学的一个分支。它是现代技术、经济管理学科发展的产物，目前农业投资项目评估学已发展成为一门具有完整理论体系和方法论的综合性应用学科。它以国家发展改革委、农业主管部门和金融机构为主体，以拟建农业项目为对象，以社会效益、生态效益、经济效益为目标。在农业可行性研究的基础上，通过有无项目、定性与定量、静态与动态、微观与宏观、统计与测量等综合方法与比较分析，决策农业项目可行性程度、投资建设规模、资源配置、项目方案设计、系统运行、经济效益等审核、评价的全过程。由于科学的项目评估能为减少或避免投资风险，投资主体大多愿意花费一定的人力、物力和时间开展项目评估。一般而言，大型项目评估需 1~2 年，中小型项目需要半年，其评估费用大型项目占总投资的 0.1%~1%，中小型项目占总投资的 1%~3%。同时，由于行业特殊性，农业项目评估需要评估师、经济师、会计师、农艺师等组成评估小组，展开农业项目评估工作。

(三)农业项目管理

项目管理是对项目进行高效率的计划、组织、指导和控制，以实现项目全过程的动态管理和项目目标的综合协调与优化。相应地，农业项目管理是指在一定条件下利用现代管理科学的基础理论对农业项目开展论证、评价、策划、组织、指导、协作、管理和监控的系列活动，最后达到项目投资目标的过程。农业项目管理的对象是农业项目，其管理的手段和工具具有通用性和特殊性，农户是农业项目的基本受益对象和最主要的关系人。我国对项目管理的系统研究以及行业实践起步较晚，应用于农业领域更晚一些。从 20 世纪 80 年代起，伴随着我国农业投入资金不断增加和国际金融组织以及各类外资对我国农业项目投资的不断加大，项目管理方法在我国农业领域得到了逐渐应用，但是应用的广度和深度与其他行业的项目投资还存在一定差距。

第二节　农业项目类型与特征

一、农业项目的类型

农业项目可以按不同标准和用途分成不同类型。为了便于项目的经济评价，往往有以下几种分类视角。

1. 按项目建设的规模划分

按项目建设规模划分，可分为大型项目、中型项目和小型项目。建设规模大多以设施能力大小为划分依据，如水库的容量、灌溉的面积、养殖场的年饲养量或畜产品的年产量、农场的耕地面积等。无法以设施能力为依据的项目则以金额大小为依据，如农业综合开发项目、农产品加工项目和改扩建项目等。以设施能力为依据的规模划分比较稳定，而以投资金额为划分依据的，在不同时期随着通货膨胀水平的变动而变动。大型项目的投资和建设规模大，技术和管理都比较复杂，要求投入较多的人财物，对项目的经济评价也要求较为详细，而小型项目则要求相对简单。

2. 按项目的用途划分

按项目用途划分，可分为农业生产项目、改善农业生产条件的项目、农产品加工项目、非营利性的农业公益项目和农业综合开发项目。农业生产项目指直接用于生产农、林、牧、渔各种农产品的项目。改善农业生产条件的项目指专门投资建设旨在改善某项生产条件的项目，如灌溉项目、土地开发整治项目、农业机械化项目等，其目的是增加农产品产量或提高劳动生产率。农产品加工项目是将农业生产的原料经过物理、化学或生物等方式进行加工，提高其附加值和市场竞争力的项目，如粮油加工项目、水果蔬菜加工项目、肉类加工项目和水产加工项目等。农业公益项目是非营利性项目，一般无法获得经济利润，但具有较强的社会效应，如水土保持项目、公共防洪、排涝项目。有的农业支持服务项目虽可以计算和收取费用，但考虑农民经济承担能力低，只收取成本，不以营利为目的。农业综合开发项目往往是各种不同用途项目的综合开发，常常包括土地治理项目和产业化经营项目，具有综合性强、受自然影响大，与农民的利益紧密相关。

3. 按项目经济体制划分

按项目经济体制划分，可分为农户项目、企业项目、事业项目、双层经营项目和合资项目。农户项目以农户作为投资主体为特征。企业项目即项目建成后按企业性质经营管理，投资主体性质取决于企业性质。事业项目主要以社会公众福利为根本目的，投资主体多为政府或集体。双层经营项目多是农户群体与企业单位或事业单位相结合的项目，农户与企业、事业单位各自独立生产、经营，但在生产和流通上相互联系，互为利益共同体。合资项目则指由国内外资本共同投资形成的合资经营项目。

4. 按项目建设性质划分

新建项目即从无到有的项目；改扩建项目，包括改建、扩建、续建和更新改造等。此外，还有综合性质的项目，如农业综合开发项目，往往一个项目内既有新建，又有改扩建项目。

二、农业项目的特征

农业项目的特征和农业生产活动的特性是密不可分的，表现在以下几个方面：

1. 农户是项目生产经营的主体

工业项目建设的主体大多为企业，农业项目虽然也有类似工业经营形式的企业，如国营农场、畜禽饲养场和农产品加工厂等，但农业生产经营的普遍形式是农户承包经营，而且是规模较小的以户为单位的独立经营。大量的农业项目，特别是种植业项目、农业综合开发项目，项目主体都是千家万户独立经营的农户群体。由于农户经营形式各不相同，也给经济评价带来复杂性。

2. 非营利项目比较多

工业和农业生产都需要产前、产中、产后的服务，为工业企业提供这种服务，或是其他企业的有偿服务，或是企业内部就具备某些服务功能。作为农业生产主体的农户，既缺乏自我服务功能，又在一定程度上缺乏接受有偿服务的支付能力，有许多服务需要无偿或低价提供，这是非营利性项目存在的一个原因。另一个原因是增加农民收入、提高农民技术水平（如技术培训）、保护农业自然资源、改善生态环境（如水土保持）和防治农业自然灾害（如防洪、排涝项目），多属于不能盈利的社会公益项目，需要由政府财政提供项目投资和运行费用。非营利农业项目一般不做财务盈利能力分析。

3. 双层经营特征明显

工业项目建设的对象一般是可以统一核算的企业，而农业项目中不少是不能统一核算的双层经营体制，农户经营为一个层次，为农户群体生产经营服务的企业或非营利经济实体为另一个层次，两个层次各自独立经营，又互为联系、互为依存。农户将农产品提供给具有利益链接的农民合作社等新型经营组织、农业企业加工、销售，而后者为农户提供技术、信息、生产资料等综合性服务。这类项目的经济评价，要求"既统又分"的评价方法，静态评价和动态评价相统一。

4. 农业项目的综合性强

在农业项目管理中，项目管理人员不但要顾及项目局部经济参与者的效益，而且也要兼顾项目管理总体效益和中远期目标。总的来说，农业项目应该考虑社会、经济和生态效益，主要表现在通过促进农村乡村产业振兴，加快农业农村共同富裕进程；通过农业项目示范推广先进技术，提升农户抵御市场风险的能力，稳健经营；通过农业项目增强农业产业链供应链稳定性，加快农业强国建设。因此，需要在农业项目中重视项目投资的综合性特征，注意社会效益、经济效益和生态效益的平衡。

5. 农业项目管理难度较大

农业项目与自然因素关联度高，气候、自然、环境因素的变动对农作物产出影响大，这也为农业项目增加了不可控制的困难和复杂性，导致农业建设项目投资效果通常具有较大的不确定性。所以，通常需要动态分析农业项目不同投资阶段的收益情况。

第三节　农业项目评估与管理的原则、理论与方法

一、农业项目评估与管理的原则

（一）客观公正性原则

客观公正性就是在项目评估中要尊重客观规律。项目评估人员首先要避免各种先入为主的观念，克服主观随意性和片面性。项目评估中的随意性和片面性，既可来自项目评估人员自身，也可能来自项目评估人员外部的影响，如投资方或者主管部门的不合理目标。项目评估人员要深入调查研究，全面系统地掌握可靠的信息资料，同时具备良好的职业道德和工作作风，这些是项目评估科学的基本前提。

（二）系统性原则

系统性原则是在项目评估中要有系统观念，要从投资项目内部要素的内在联系，以及其与外部条件的广泛联系入手，进行全面的动态的分析论证。因此，系统性原则要求项目评估人员克服孤立地、静止地分析问题的僵化思想，在全面系统动态地分析论证过程中，创造性地对拟建项目进行评审和估价。

(三)效益性原则

效益性原则就是在项目评估中要以投资效益的好坏作为鉴别项目优劣和取舍的标准。项目评估涉及项目技术、经济各个方面，通过评估要判断项目的技术上是否可行，在经济上是否合理。一个建设项目，由于规模和产品不同，设备和工艺不同，原材料供应和运输方式不同等，客观上存在着多种潜在方案。而不同方案的效益是有差别的，这就需要进行多方案比较，找到综合效益最好的方案。此外，对于一个好的项目，技术上可行是它的前提条件，但经济上合理也是其必然要求。有些项目技术上可行，甚至比较先进，但经济上并不合理。

在贯彻效益性原则时，要处理好投资项目的财务效益和国民经济效益的关系。往往存在以下几种常见情形：一是项目的财务效益和国民经济效益均不理想，属于经济上完全不合理的项目，应予以否定；二是项目的财务效益好，而国民经济效益不好的项目，本质上也是经济上不合理的项目，也应该予以否定；三是项目的财务效益和国民经济效益均较好的项目，属于经济上完全合理的项目，应予以接受；四是项目的财务效益差，而国民经济效益好的项目，属于经济上合理的项目，也应予以接受。但最后一类项目对企业和发放贷款的银行有潜在风险，往往需要对这类项目提供可行的财税优惠政策，改善其财务状况，提高项目的财务效益。

(四)规范化原则

项目评估是一项规范的科学决策过程。项目评估的规范化贯穿评价过程始终，如项目财务经济效益的指标体系、计算方法、评价参数选取，不确定性评价方法、成本-费用和影响价格确定等，需要符合国内外行业的惯例。只有选取大家公认的评估方法，评估结果才有可比性和参考价值，否则缺乏标尺的评估就没有对外交流基础。因此，规范化原则要求项目评估人员首先要学习和掌握好项目评估的规范化方法，其次要处理好使用规范化方法与创造性评估的关系。

(五)时间价值原则

相同投资额在不同的时间具有不等的价值，其差别为货币的时间价值，其表现形式就是利息。也就是说，利息是一种货币的时间价值，它是一定数额的货币经过一段时间后所增加的价值。在项目评估中，需要考虑资金的时间价值，将在项目寿命期内所有现金流的时间价值考虑在内，这往往需要比较准确地预测项目的现金流。

二、农业项目评估与管理的理论

(一)信息不对称理论

信息不对称理论是指在市场经济活动中，不同利益相关者对交易活动的信息了解是有差异的，拥有较多信息的一方在交易活动中占据优势地位，反之，信息掌握不足的一方则处于不利位置。在农业项目评估与管理中，农户和投资方等交易方信息不对称问题会导致农业项目的风险增加。例如，农户可能在农业生产中拥有更多的生产信息，而投资方则可能在市场需求和政策环境等方面拥有更多信息。这些信息不对称现象可能会导致农业项目的风险增加，从而影响农业项目的效益。为了降低风险，农业项目管理者需要采取相应措施，如建立合理的信息披露机制，增加交易方之间的信息共享和沟通，提高交易的透明度，从而降低农业项目的风险。另外，信息不对称现象也会影响资源的分配和利用。由于买方和卖方拥有的信息不同，可能导致资源的高效利用难以实现，从而影响农业项目的效益。例如，在市场需求信息不对称的情况下，可能会带来供给过度或者不足，导致资源浪费、效率低下。因此，农业项目管理者需关注交易方之间信息不对称问题，采取相应的措施和手段，降低交易成本，提高交易效率，从而实现农业项目的可持续发展。

（二）帕累托改进理论

帕累托改进理论也称帕累托法则，是指分配方式无法再通过任何改变使得至少有一方的福利提高而不降低其他人的福利，即达到帕累托最优的状态。简单来说，帕累托最优可以理解为一种无法再进行改进的状态。农业项目涉及有限资源的分配和利用，包括财政资金、土地和劳动力等多种资源，需要对效益进行综合性评估。通过帕累托改进理论，可以将不同效益类型归纳为不同优先级，评估和分析不同资源利用和效益之间的关系，构建出优化分配和效益提升的指导框架，为农业项目管理实践提供科学依据。

（三）科斯理论

科斯理论被用来研究资源配置和市场失灵等问题，从而得出外部性和交易成本是导致市场失灵的主要原因。农业项目在运行中常常受到诸多因素影响，如政策限制、市场供需变化、资源环境约束等，这些因素可能导致农产品市场失灵，影响项目投资供给。同时，农业项目的交易成本也可能影响项目顺利开展，如农业项目常常需要与农户就土地流转、农业订单、畜禽养殖环保等进行谈判，这些活动都会产生交易成本，从而影响到农业项目的最终效益。因此，为了确保农业项目具有较高的效益，项目管理者需要深入了解农产品市场的运行规律和交易成本，并采取相应的措施来降低农业项目风险，提高项目效益。这种效益需要从经济、社会和环境多个方面来评估，以整体地考虑农业项目的效益和不利因素，从而使农业项目的管理更加科学合理和可行。

（四）外部性理论

外部性理论是指某些经济活动对除直接参与者以外的其他人或者社会产生的影响。外部性理论作为农业项目评估与管理中重要的理论基础，可以帮助评估农业项目的社会效益、生态效益，并指导农业项目管理实践。例如，一个农业项目可能会对周边的土地、水源、空气和野生动植物产生影响，这些影响可能会对周边社区的生产和生活环境造成影响。同时，一些农业项目也可能会对周边村、社的农户收入、就业甚至乡村文化产生影响。因此，在农业项目评估与管理中，可以充分运用外部性理论，制定相应的管理措施来减少农业项目的负外部性，如制定环境保护措施、社区参与和沟通、协调土地利用等方面的措施。

（五）委托代理理论

委托代理理论是指在一些经济活动中，由于信息不对称、利益冲突等原因，委托人需要选择代理人来代替自己完成任务。这种情况下，委托人需要对代理人进行监督和控制，以确保代理人能够按照委托人的利益行事。在农业项目中，投资主体如果是工商资本，常常需要选择合适的代理人（如村干部、本土能人等）来承担农业项目的实际管理工作，而代理人则需要按照投资方的要求开展农业生产活动。因此，委托代理理论提供了一种有效地监督和控制代理人的方法，而农业项目评估与管理则需要运用委托代理理论中的相关知识和方法，来实现对代理人的监督和控制，从而确保农业项目的顺利实施和预期效益的实现。

三、农业项目评估与管理的方法

(一)成本-效益分析法

成本-效益分析法是项目评估的常见方法，也被广泛用于农业项目评估。该方法实质上是针对某项投资目标，提出若干实现该目标的方案，将项目的效益与成本按一定的方法进行量化，计算出每种方案的成本和收益，再依据一定的原则，选择出最优的决策方案。

(二)SWOT 分析法

SWOT 分析法即基于内外部竞争环境和竞争条件下的态势分析，将与该投资项目密切相关的内部优势、劣势，外部的机会和威胁等，通过调查研究逐一列举出来，并依照矩阵形式排列。然后，用系统分析的思想，把各种因素相互匹配并加以分析，帮助项目管理者准确把握农业项目的优缺点，为项目投资决策、风险管理提供定性的依据。

(三)综合分析法

综合分析法一般用于项目决策之中，这里用于项目的后分析中评价某指标、某一阶段工作完成状况以及整个项目成功度。对某些单个定性指标的评价，如管理状况、决策状况、项目相关机构状况等，要么用语言来描述，要么用综合分析法进行量化评价。

多目标定量分析综合评价(Multiple Objective Quantitative Analysis，MOQA)方法便是一种综合分析法。MOQA 方法将不同指标、不同评价因素纳入一个综合评价模型中，评估核心是确定决策指标体系，通常包括经济效益、社会效益、环境效益等各方面指标，这些指标都可以被转化成具有可比性的经济价值来进行统一的计量和综合评价。MOQA 可以通过基于主观或客观的权重赋值法将各个指标权重相加转化为一个综合评分，以帮助决策者在多个方面进行权衡。通过 MOQA 方法综合评价出来的结果，能够更全面地反映出评价对象的综合性能，对于农业项目评估与管理来说，具有较高实践价值。例如，可以利用 MOQA 方法，将农业项目建设的成本、投资回报率、社会效益、环境效益等因素纳入综合评价模型中，制订可行的农业项目管理策略，提高农业项目投资的效益。

第四节　农业项目评估与管理的内容

农业项目评估与管理的内容主要包括市场与规模分析、项目技术与方案分析、建设条件和选址布局、农业项目组织管理分析、农业项目效益分析和农业项目不确定性不投资风险分析等。

一、农业项目市场与规模分析

农业项目市场与规模分析重点在于市场调查、市场预测和规模确定，目的是通过市场研究明确项目建设的必要性、投资方案、产品方向和合理产出规模。因此，它是整个项目系统分析的基础和各种数据信息的源头。

1. 市场供求分析

市场需求分析主要包括市场需求对象、需求数量、需求结构、需求状况、需求的未来变化趋势、消费者购买能力、消费心理、消费行为、消费习惯等多个因素。市场供给分析主要包括供给数量、产地分布、生产规模、市场容量、饱和程度、技术水平、市场占有率、潜在竞争对手等方面。通过项目市场供求调查和预测，确定项目供求缺口，推断项目产品市场占有率。

2. 市场价格预测

产品未来的价格是项目投资需要考虑的重要因素，直接决定和影响投资项目的经济效益。但是，价格分析和预测要在市场供求分析的基础上开展，通过调查市场价格的历史和现状，分析其变动的主要因素，预测其未来发展变化趋势。

3. 市场空间定位

随着乡村振兴战略深入实施，农产品既面临更大的市场竞争，同时随着数字乡村的发展，又具有潜在的市场空间。为此，市场分析可以结合农产品的特征，从全球、国家、区域等不同层面研究项目市场的空间范围，并结合项目投入品和产出品两个方面来确定市场半径。由于农业生产活动具有较强的地域性和季节性特征，这往往需要将项目的原料供应就近安排以减少物流费用，而农产品的销售市场则以周边需求量大、购买力强的区域为主。

4. 项目产品研发

产品研发包括两个层次：一是明确产品生命周期；二是评价具体产品的功能与特性。前者是产品适应市场的时限，后者是产品适应市场的能力。项目产品的生命力一方面决定该产品是否供不应求，另一方面取决于产品的品种、规格、外观、性能、价格和生命周期。通过项目产品研发，一方面要为项目的生产运作设计出一个科学合理的产品生产方案，另一方面要为项目的后续产品开发提出战略规划。

5. 市场营销策略

市场营销研究主要是对项目产品销售对象、营销渠道、营销方式进行选择，并结合市场实际和竞争对手的情况，制订科学的营销策略，通过细分策略、组合策略、渠道策略、竞争策略、促销策略等宣传项目产品，树立企业形象和产品品牌。目前，农业项目产品营销方式主要有订单农业、农业科技博览会、网络直播和国际贸易等。

6. 项目规模确定

项目规模是指项目的生产规模，它是项目建成后新增的生产能力，这与项目投资规模、工程建设规模、土地面积、生产管理人员数量、产品规模等密切相关。项目规模的确定主要是寻找项目市场需求与市场供给缺口，根据总费用最低法、成本效益分析法等确定项目的合理规模或生产能力，提高项目的规模效益。

二、农业项目技术与方案分析

农业项目运作应以先进的农业科技创新成果、生产技术方案、现代化的生产设备和标准化技术操作为基础。在通常情况下，项目所采用的技术和方法已经过一定规模的试验并证明是成功的，也就是说项目所投入的技术必须是成熟技术。因此，项目技术与方案分析一个重要目的是设计本项目的技术与方案，分析其技术的适用性、可靠性、先进性和各种技术经济措施的有效性。为此，农业项目技术与方案分析主要有以下几个方面：

1. 项目技术的特色和趋势

农业项目技术的特色和趋势包括项目所采用的技术是否具有先进性、创新性和实用性等方面的特点，以及该技术在未来的发展趋势和应用前景等方面的情况。

2. 项目技术的可行性和适应性

需要对该农业项目技术的成本、效益、稳定性、可靠性和适用性等方面进行评估，以确定该技术是否适合该区域的实际情况。

3. 项目科研、生产的技术路线

在对农业项目的技术进行分析时，需要了解项目科研、生产的技术路线。这包括项目所采用的技术路线是否合理、科学、可行，以及该技术路线是否符合项目的实际情况和需求等方面的情况。

4. 项目设备、技术设施方案配置

项目所需设备、技术设施的种类、数量、规格、品质等方面都需要进行评估，以此来确定项目设备、技术设施是否满足项目的实际需求和技术要求。

5. 项目工程方案设计

项目工程方案的设计应包括对项目的建设规模、建设周期、建设成本、工程质量等方面。

6. 项目的生态环境保护和安全生产要求

在对农业项目的技术进行分析时，需要考虑项目的生态环境保护和安全生产要求。这包括对项目的生态环境影响、安全生产措施等方面进行评估，以确定项目是否符合环保和安全生产要求。同时，还需要制定相应的环保和安全生产措施，以保障项目的生态环境和安全生产。

三、农业项目建设条件和选址布局

农业项目的建设条件和选址布局一般考虑以下几个方面：

1. 农业项目的自然资源条件分析

农业项目一般都具有较强的自然资源依附性。自然资源一般是指土地、矿产、水资源等，其分析的重点是考察资源的地质储量、质量以及品质等是否具有开发利用价值，是否具备开发条件。自然资源的分析主要涉及以下几个方面：

①拟建项目所提供的资源报告的可靠性。

②资源满足项目要求程度，尤其是农业资源应分析其生产的自然条件、开发政策、可

再生还是不可再生等。

③对资源储量及其综合利用情况的分析。

④对资源的优势和技术进步的相互关系的分析，提出资源节约措施。

⑤资源的供求形势以及国家的相关政策的分析。

2. 农业项目的技术条件分析

技术条件分析主要对项目采用的主要技术路线、流程是否先进、适用、可行，引进国外工艺、技术、设备是否符合国家有关政策规定，项目设备选择的依据是否充分，设备选型是否科学、合理，有无设备清单，价格是否合理等进行分析。

3. 农业项目的基础设施条件分析

基础设施条件分析主要对项目建设或投入使用所需原材料、燃料、供电、供热、交通、运输等方案是否落实、可靠，拟建相关工程措施及配套设施的合理性及其规模等是否恰当进行分析。

4. 农业项目的经济条件分析

经济条件分析主要从社会资源合理配置的角度出发，对项目的经济效率和对社会福利的影响进行分析，从而评价项目的经济合理性。

5. 农业项目的环境保护分析

环境保护分析主要对项目和所在地区环境的互适性，拟建项目有无"三废"排放问题，主要污染物及排放量情况，污染治理措施及成本，治理后能否达到环保要求等进行分析。

6. 农业项目选址布局分析

选址布局分析主要对项目建设地点选择的依据和理由，选址方案是否符合国家和所在地区国土规划、城市规划、土地管理、文物保护、环境保护等法律法规，建设地点的工程地质、水文地质及基础设施、水资源、能源及原材料供应等是否满足项目需要进行分析。

四、农业项目组织管理分析

农业项目组织管理分析主要包括以下几个方面：

1. 治理结构和机构设置

农业项目的治理结构和机构设置应根据项目的规模和特点进行合理地设计。治理结构应包括决策层、管理层和执行层，机构设置应包括财务、人力资源、市场营销、技术研发等部门，以保证项目的顺利运行。由于农业项目涉及农户利益，常常需要加入基层政府部门、村社干部等参与治理和监督。

2. 治理模式和运行机制

农业项目的治理模式和运行机制应根据项目的特点和需求进行选择。可以采用集中式管理、分权式管理或混合式管理等模式，运行机制应包括计划制订、执行、监督和评估等环节，以确保项目的顺利运行。

3. 管理团队和编制定员

农业项目的管理团队应由专业人士组成，具备相关的经营管理和农业技术能力。团队的编制定员应根据项目的规模和需求进行合理的设计，以保证项目管理的高效性和有效性。

4. 项目的组织管理

农业项目的组织管理应包括项目计划、项目执行、项目监督和评估等环节。项目计划应包括项目目标、项目任务、项目资源和项目进度等方面的规划，项目执行应包括资源配置、任务分配、进度控制等方面的实施，项目监督应包括进度监控、质量监督、环境监督、资金使用监督等方面的管理，项目评估应包括项目效果、项目成本和项目质量等方面的评估。

除此之外，农业项目具有外部性，往往政府在农业项目组织管理中扮演着重要作用。主要表现在以下几个方面：①制定和发布政策法规。政府可通过发布农业政策、法规和标准等文件，明确农业项目的建设方向和发展标准，引导农业项目的合理布局。②资金投入和担保。政府可以通过财政补贴、贴息、财政担保等方式来进一步支持农业项目建设，降低农业项目建设和运营过程的风险，提升农业项目的盈利能力。③监管和检查。政府通过农业项目管理过程中的监管和检查工作来保障项目的建设和运营合法、安全、有序。通过政府的监管和检查，能够对项目管理的合规性、合理性和公平性进行有效监管。④协调和服务。政府作为维护社会利益的代表，可以协调农业项目利益相关者，维护农户的利益和农业产业平稳发展。

五、农业项目效益分析

(一)农业项目的财务效益分析

农业项目的财务效应即经济效益分析，主要包括：项目财务数据估算包括项目成本、项目收益、项目现金流等预测；项目财务盈利能力分析包括投资回报率、净现值、内部收益率等指标分析；项目偿还能力分析，主要分析项目的短期或长期债务偿还能力；不同项目比较，农业项目比较应包括成本效益分析、风险分析、市场需求分析等综合比较分析，评估不同项目(方案)之间的差异，为项目决策提供依据。

(二)农业项目的社会效益分析

1. 项目的社会影响分析

农业项目与经济社会有着密切的关系，其影响可能与政策因素、市场因素、技术因素、环境因素、社会因素等有关。政策因素主要指政府对农业项目的支持力度和政策引导；市场因素主要指市场需求和价格变动对农业项目的影响；技术因素主要指农业科技进步对农业项目的影响；环境因素主要指农业项目对周边环境的影响和环境保护对农业项目的限制；社会因素主要指农业项目对当地社会的影响和社会公众对农业项目的态度。在上述因素影响下，农业项目对农业结构可能起到积极作用：一是促进农业产业升级，如发展高效农业、特色农业等；二是推动农业供给侧结构性改革，如优化农产品结构、提高农产品附加值等；三是推动城乡融合发展，如发展乡村旅游、农村电商等。

2. 项目的技术贡献分析

农业项目的技术贡献主要表现在以下几个方面：一是提高农业生产效率，如新品种示范、新技术推广等；二是改善农产品质量，如提高农产品的营养价值、安全性等；三是推动农业产业升级，如发展农业龙头企业、打造农业品牌等；四是促进农村信息化，如推广农村电商、发展智慧农业、打造数字乡村等。

3. 项目的就业效应分析

农业项目可以带动当地农民就业增加劳务收入，主要表现在以下几个方面：一是提供农业生产和加工的工作岗位，如种植、养殖、农产品深加工等；二是带动相关产业的发展，如农产品物流、销售及服务等；三是培养农民创业精神和技能，如提供培训、技术支持等。

（三）农业项目的生态效益分析

农业项目的生态效益分析主要是从土壤、水质、水土流失、生物多样性、碳减排等方面综合考虑，以评估农业项目对生态系统和物种多样性的影响，从而促进可持续发展，保障生态系统平衡、农业可持续发展。

1. 植被覆盖分析

农业项目往往涉及土地的利用，需要注意项目对所在地的植被覆盖情况的影响。植被的生长状况可以反映出土地的生态恢复情况和环境承载能力，并对土地的保育、生态修复等提供重要的基础支撑。

2. 水体水质分析

农业项目通常需要使用水资源，对于实现可持续发展的目标和水资源的合理利用，对水体的水质进行分析很有必要。水体水质分析通常包括水中污染物的化学成分和浓度等。

3. 土地资源利用分析

农业项目可能对所在地区的水土流失产生影响，如过度开垦、过度施肥等会造成土地退化。通过分析土壤侵蚀、山体滑坡等指标，以及编制防止水土流失方案等，降低可能对自然环境造成的不良影响。

4. 生物多样性分析

农业项目的建设和运营可能对生态系统和物种多样性产生影响。进行生物多样性分析可以评估农业项目对生态系统和物种多样性的影响，以便采取相应措施提高生物多样性。

六、农业项目不确定性及投资风险分析

农业投资项目受自然及社会的制约，涉及不确定性因素较多，风险较大，使得项目投资的效益不稳定。一般而言，农业项目风险分析包括下面几个环节：

1. 项目风险识别

在农业项目风险识别阶段，需要对项目进行全面的调研和分析，以确定可能存在的风险因素。这些风险因素可以包括市场风险、气候风险、政策风险、技术风险等。在识别风险因素的过程中，需要充分考虑各种可能的情况，以便在后续的项目风险分析和对策制订中有充分的准备。

2. 项目风险度量

一般包括盈亏平衡点分析、敏感性分析、概率分析。不同度量方法能实现不同目标：通过分析盈亏平衡点，可以确定项目的最低收入水平，从而评估项目的风险水平；利用敏感性分析，可以确定项目中哪些变量对项目的盈利影响最大，从而为项目风险对策制订提

供依据；从概率分析角度，可以确定项目的风险水平和可能的风险范围，从而为项目风险对策制定提供依据。

3. 项目风险管理

在农业项目风险管理阶段，需要制定相应的风险管理措施，以降低风险带来的不利影响。风险管理手段包括合理规划、风险转移、风险分散、保险等。通过制定相应的风险管理手段，可以有效地降低项目的风险水平，提高项目的成功率。

第五节　农业项目管理成果形式

农业项目管理成果形式主要有农业项目建议书、可行性研究报告和项目评估报告 3 种类型。

一、农业项目建议书

(一)概念

农业项目建议书(又称项目立项申请书或立项申请报告)，由项目筹建单位或项目法人根据国民经济发展、国家和地方中长期规划、产业政策、生产力布局、国内外市场、所在地的内外部条件，就某一具体新(改、扩)建项目提出的项目建议文件，是对拟建项目提出的框架性总体设想。它要从宏观上论述项目设立的必要性和可能性，把项目投资的设想变为概略的投资建议。项目建议书是由项目投资方向其主管部门上报的文件，广泛应用于项目的国家立项审批工作。它要从宏观上论述项目设立的必要性和可能性，把项目投资的设想变为概略的投资建议，可供项目审批机关作出初步决策，减少项目选择的盲目性。

(二)主要内容

项目建议书的研究内容(图 1-2)包括进行市场调研、对项目建设的必要性和可行性进行研究、对项目的市场前景、建设内容、生产技术和设备及重要技术经济指标等分析，并对主要原材料的需求量、投资估算、投资方式、资金来源、经济效益等进行初步估算。

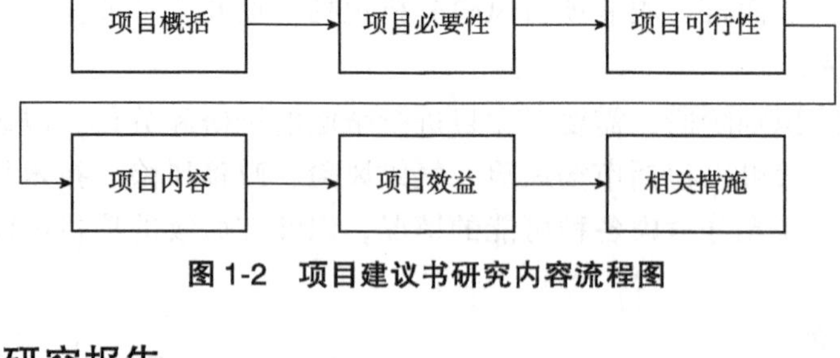

图 1-2　项目建议书研究内容流程图

二、可行性研究报告

项目建议书经过审定批准，就要提出项目可行性研究报告，为项目评估奠定基础。项目可行性研究是一项复杂细致的工作，它需要搜集大量的相关资料进行科学的分析和论证。编制可研报告需要花费的时间比较长，一般需要半年到一年甚至两年。所需时间与项目规模、项目性质及内容复杂程度、项目分析人员数量与能力、项目区现有的建设条件等因素有关。

（一）概念

项目可行性研究是指项目实施单位在项目准备阶段，对拟实施项目的若干备选方案，组织有关专家从技术、组织管理、社会与生态、市场、财务、经济等方面进行调查研究，分析各方案在上述方面是否可行，并对它们进行比较，从中选出最优方案的过程。

（二）主要内容

可行性研究的内容随项目的不同有所差别，但其基本内容是相同的。一般应包括市场营销、技术、组织管理、社会与生态环境影响、财务、经济这 6 个方面是否可行进行论证，从而提出该项目是否值得投资和如何进行建设的咨询意见。可行性研究具有预见性、公正性、可靠性、科学性的特点。

（三）可行性报告与项目建议书的区别

1. 编制目标不同

项目建议书是项目单位就新建、扩建事项向发改委项目管理部门申报的书面申请材料。项目建议书的主要作用是决策者可以通过项目建议书中的内容进行综合评估后，做出对项目批准与否的决定。可行性研究报告是在投资决策之前，是对拟建项目进行全面技术经济分析的科学论证，是对拟建项目有关的自然、社会、经济、技术等进行调研、分析比较以及预测建成后的社会经济效益，在此基础上综合论证项目建设的必要性、财务的盈利性、经济上的合理性、技术上的先进性和适应性以及建设条件的可能性和可行性，为投资决策提供科学依据的书面材料。

2. 编制内容不同

项目建议书是初步选择项目，其决定是否需要进行下一步工作，主要考察建议的必要性和可行性。可行性研究则需进行全面深入的技术经济分析论证，进行多方案比较，推荐最佳方案，或者否定该项目并提出充分理由，为最终决策提供可靠依据。

3. 基础资料依据不同

项目建议书是依据国家的长远规划和行业、地区规划以及产业政策，拟建项目的相关自然资源条件和生产布局状况，以及项目主管部门的相关批文。可行性研究报告除把已批准的项目建议书作为研究依据外，还需把文件详细的设计资料和其他数据资料作为编制依据。

4. 内容繁简和深度不同

两个阶段的基本内容大体相似，但项目建议书要求略简单，以定性分析为主。可行性研究报告则是在这个基础上进行补充完善，具有更多的定量论证。

5. 投资估算的精度要求不同

项目建议书的投资估算一般根据国内外类似已建工程进行测算或对比推算，误差准许控制在 20%左右，可行性研究报告必须对项目所需的各项费用进行比较详尽精确地测算，误差要求不应超过 10%。

三、项目评估报告

（一）概念

项目评估是在项目准备完成以后，组织有关方面专家对项目进行实地考察，并着重从国家宏观经济的角度全面系统地检查项目涉及的各个方面，对项目准备提出的可行性研究报告的可靠程度作出评价，它对于项目是否执行有至关重要的作用。

（二）项目评估与可行性研究的关系

项目评估与项目可行性研究有着密切的关系。项目可行性研究是项目评估的基础，没有项目的可行性研究，就没有项目评估；同时，不经过项目评估，项目的可行性研究也不能最后成立，二者是紧密相连的。

1. 项目评估与项目可行性研究的相同点

①二者的理论基础、评价分析的内容和要求、使用的基本方法相一致。

②二者的目的相同，都是减少项目投资决策的失误，提高有限资源的利用效果，提高投资的效益。

③二者的工作性质相同，都是项目投资决策前期的工作，为项目投资决策提供经济依据。

2. 项目评估与项目可行性研究的不同点

（1）行为的主体不同

可行性研究工作是由投资者负责组织和委托的，而项目评估则是由贷款银行或有关部门负责组织和委托的。一般来讲，这两项活动一般均须委托有资质的工程咨询机构（或其他有资质的中介机构）进行，但其所代表的仍是不同的行为主体，即咨询机构要对不同的行为主体负责。

（2）立足点不同

可行性研究是从投资者的角度来考察项目的，而项目评估则是从贷款银行或有关部门的角度来考察项目。由于角度不同，可能导致对同一问题的看法不同，结论也会有差异。

（3）需要的时间不同

由于可行性研究内容全面细致，构成项目准备的核心内容，所费时间较长，一般要花半年到一年的时间，有的甚至花两年时间。而项目评估工作，如果准备工作做得好的话，则可以较快完成，一般 3~4 周进行实地考察，再用 1~2 个月进行分析并完成项目评估报告。

（4）作用不同

两者都是进行投资决策的重要依据，可行性研究是投资者进行投资决策和政府职能部门审批项目（审批主要指政府投资项目）的重要依据，项目评估则是政府职能部门（对于大型项目而言）和上级主管部门审批项目的重要依据，更是金融机构确定贷款与否的重要依据。

本章小结

1. 项目是为创造特定的产品、服务或成果而进行的一项有时限的任务。其中，“时限”是指每一个项目都有明确的起点和终点，“特定”是指一个项目所形成的产品或服务在关键特性上不同于其他的产品和服务。

2. 投资是指经济主体为未来获得收益而现时投入生产要素，以形成资产的一种经济活动。

3. 投资项目通常指包括成套投资建设工程项目在内的一个投资单位。

4. 农业投资项目是指在规定期限内以土地要素为基础、以农业生产为手段、以增收为目的，通过人力、物力、财力和科技的投入，为完成农业开发目标而规划实施的独立整体。

5. 项目评估是投资决策的必要条件，它一般应在可行性研究报告编制之后、项目审批之前进行，以便参与投资决策。

6. 项目管理是应用知识、工具、技能、可交付成果和技术来指导项目从构思到完成的流程，同时确保在指定时间和给定约束范围内实现所有项目目标。

7. 项目生命周期是描述项目从开始到结束所经历的各个阶段，一般划分是将项目分为项目启动(识别需求)、项目计划(提出解决方案)、项目实施(执行项目)、结束项目 4 个阶段。

8. 农业项目管理是指在一定条件下，利用现代管理理论对农业项目开展论证、评价、策划、组织、指导、协作、管理和监控的系列活动，最后达到项目目标，并满足项目所有利益相关方的要求和期望的一种流程。

9. 可行性研究与项目评估既有一定的联系，又有一定的区别。联系主要表现在：二者均处于项目发展周期的建设前期，理论基础和工作内容基本相同，最终工作目标及要求也相同。主要区别表现在：二者的行为主体不同，立足点不同，需要的时间和所起的作用不同。

重要概念

项目　农业投资项目　投资决策　项目评估　项目管理　项目生命周期　农业项目评估与管理　农业项目建议书　项目可行性研究

第二章 农业项目建设背景分析与必要性评估

学习目的

(1)了解农业项目建设必要性评估的含义和意义。

(2)掌握项目背景分析的含义和内容。

(3)掌握农业项目建设必要性评估思路、体系和内容。

理论和常识来看，不必要建设的项目，自然不应上马。而现实中，由于委托代理问题、信息不对称以及投资决策失误等原因，不必要建设的项目在大量建设。因此，强化建设背景进而进行必要性评估非常重要。农业项目建设的必要性评估就是对农业项目可行性研究报告中提出的项目必须建设的理由和重要性进行审查、分析和评估，这是后续分析与评估的基础和前提，也是项目周期中前期准备阶段的核心工作。事实上，一个项目是否可行，首先要看建设必要性，而必要性评估则依赖于项目建设背景及其衍生的市场需求分析。本章重点介绍项目宏微观背景分析和建设必要性评估的主要内容，并辅以案例直观呈现。

第一节 项目建设背景分析

一、项目建设背景评估的含义及内容

项目背景指最初设计或规划的投资项目的建设根据和理由，通常分为宏观背景和微观背景两类，相应地，背景评估也有宏观背景评估和微观背景评估之分。

1. 项目宏观背景评估

项目宏观背景评估主要是考察项目是否符合国家一定时期的方针、政策、规划等，重点把握其兴建的理由和背景是否充分、合理，所处环境是否有利于项目建设，项目审批程序是否符合有关政策规定，项目发展前景是否与本部门(行业)和地区的经济发展及地区经济结构相适应，项目设想是否能实现并估计能否达到预期目标。评估人员应充分把握各级政府一定时期的政策、方针、文件和规划，将项目动机与之结合，论证项目建设的内容与效益。

2. 项目微观背景评估

项目微观背景评估主要是从项目本身提出的理由着手进行分析评估。着重把握提出项目的理由和目的是否与企业发展的长远规划有联系和相吻合。通过分析投资该项目能给地方、部门和企业带来的好处、考察投资项目的提出理由是否充分；是否可以利用资源，或

增加加工产品的附加值，或填补本地区的空白，或替代进口、增加出口、扩大就业等。

二、项目宏观背景评估

(一)政治法律体系评估

1. 政治形势和制度

政治稳定性、战争风险、政策连续性和对外政策是政治形势和制度分析的几个重要方面，其中政治稳定性和对外政策分析更加重要。政治稳定性首先要看一个国家的政权是否稳定，政权的非正常更迭可能导致经济政策的变化并给投资者带来极大的损害；其次应看社会治安状况，良好的治安环境会对投资企业的正常经营带来方便。对外政策主要看能否积极有效地吸引外资，还是有所限制或完全拒绝。

2. 法律制度

法律制度主要表现在立法和执法。法律是否完整关系到立法系统的正常运行，法律的完整性主要指与投资相关的法律是否健全、配套。在立法系统完善的地区，项目可以明确自己的合法权益，可以指望通过各种法律和法规来保护自己的合法利益，项目活动及组织者之间的大部分关系都可以受到有关法律和法规的制约。执法则是保证法律稳定的一个重要环节，公正的执法会使投资者产生安全感，增强其投资的信心。如果法律得不到应有的支持，投资的风险就会很大。完善的执法系统将起到保护正当竞争的作用。

3. 国际组织和社会力量

不少国家和地区都与其他国家和地区建有不同性质的国际组织，这些国际组织往往规定在某成员国家(地区)的某些利益受到伤害，其他成员国家和地区将采取预先约定的共同制约手段。所以项目投资需要考虑到这种国际组织的存在。

社会力量的制约主要是指社会的各种机构、团体、传播媒介等具有一定制约力量的组织对投资项目的态度。这些态度是决定投资环境是否宽松的重要因素，如果投资项目不符合社会的要求，这些力量将会导致项目的运行出现较大的困难，所以必须在这些方面对项目做出评估。

(二)国民经济和社会发展长远战略评估

国民经济的发展是一个长久持续的过程，投资作为发展的主要动力之一，是促进经济发展的关键因素。因此，在任何时候都需要开发出恰当的投资项目以形成发展所需的国民财富。这就要求项目的开发人员在寻找投资机会时，关注与项目有关的国家长远发展战略规划，使项目的发展融入整个国家的经济发展之路。

国民经济发展战略规划是国家在一定时期内所要达到的主要目标，以及为实现这些目标所应采取的方针、政策和措施的概括，是经济发展目标、发展方式和发展途径的总和，国民经济发展战略具有全局性和综合性特点，在较长时期内指导着国民经济的发展，譬如《中华人民共和国国民经济和社会发展第十四个五年规划和2035年远景目标纲要》就是长远规划和中期计划的集中体现。

项目投资作为社会生产力的再生产活动，应与国民经济发展战略、长远规划和中期计划相一致，项目产品的选择必须符合相关规划、计划的要求。要使投资项目符合国民经济发展战略与长远规划的要求，即必须了解国家在一定历史时期的经济和社会发展战略，了解国家在该时期内的战略目标、指导方针和基本任务，作为项目决策的宏观依据。

(三)产业政策评估

政府的产业政策决定了不同时期政府鼓励什么和不鼓励什么的基本态度。对不同产业的支持或约束政策，会表现为财政税收，金融利率、价格体系等具体政策，它们直接影响到项目的投资成本；产业准入的政策条件又限定了投资的范围，对不能进入的投资者起到阻碍的作用，对允许进入的投资者，则起到保护投资的作用。所以政府的产业政策往往能形成对投资效果的直接影响。

事实上，产业政策是政府运用经济手段和行政干预办法，实现社会经济资源在各个产业部门的最佳配置，并促进产业结构高级化的必要措施。由于投资项目，特别是大中型骨干项目，直接构成产业结构的支柱，因此项目产品的选择必须符合我国的产业政策及产业结构的调整方向。我国正处于加快发展现代化产业体系，推动经济体系优化升级的关键节点，我们应坚持把发展经济着力点放在实体经济上，坚定不移建设制造强国、质量强国、网络强国、数字中国，推进产业基础高级化、产业链现代化，提高经济质量效益和核心竞争力，这需要集中力量调整好重大的产业比例关系，在投资项目的安排上，应充分注重第一、三产业项目的投资，适当提高第一、三产业的投资在国民经济投资总额中的比重，开发对经济增长有重大带动作用的高新技术，以及能够推动传统产业升级的共性技术、关键技术和配套技术，以加快农业现代化和促进第三产业的发展步伐。

(四)宏观经济形势评估

1. 国内生产总值(GDP)

国内生产总值(GDP)是反映经济发展状态的重要数值，项目宏观经济环境必须对此做分析。GDP的总量反映了经济整体发展力，GDP的人均量反映了经济增长的效果，GDP的增长率则反映了经济整体的发展速度，有些地区每月公布工业增加值的同比和环比增长率，对于项目投资必要性评估具有一定的参考作用。

2. 可支配收入

项目的经济效益最终取决于市场需求，市场需求受到市场实际购买力和购买意愿的影响。购买力受到现行收入水平、价格水平、储蓄率、负债及信贷状态等的影响，其中可支配收入决定了社会和个人的实际购买力，由此决定了潜在市场力量。因而，可支配收入与GDP一起可以起到影响项目发展空间的作用。同时应注意，可支配收入的分配结构决定具体产业所面临的市场容量和市场分布结构，影响着产业结构和产业布局，进而影响具体产业的发展空间。

3. 金融与财政形势

银行利率、信贷规模、政府投资、税收政策、外汇变化、股票行情、国际金融形势等，是构成项目财务环境的重要宏观因素，会对项目和投资者造成重大影响，需要逐一分析评估。具体地说，银行利率直接决定项目的财务费用，信贷规模是项目资金及其流动性的保证，税收的变化将引发项目运行成本的变化，涉及进出口的项目会受到外汇汇率变化的较大影响，股票市场的行情则是资本市场资金宽松程度的重要标志，国际金融环境会对国内的金融环境造成影响等。

（五）地区经济发展评估

由于每一个地区的经济发展水平和经济结构各不相同，为了满足当地的需要，应开发具有地方特色的投资项目。为此，应结合一地之实际进行分析，可重点关注地区的经济发展战略（如地方五年规划、部门规划等）、政府工作报告和经济运行分析报告等，同时需考量其资源禀赋并与国家战略协同。

地区经济发展战略是在国民经济发展战略与长远规划的指导下，根据地区的实际情况而制定的有利于发挥本地区各方面的优势推动本地区经济发展的目标和计划。地区经济发展战略的最大特点是区域性，对地区经济的发展有直接的指导作用。每一投资项目的建设必须符合所在地区的经济发展战略。

项目的建设应有利于发挥所在地区的资源优势。每个地区的优势是不同的，如自然资源、技术、人才等各方面的优势。要想把这些潜在的地区优势转化为经济优势，需要通过投资建设项目来创造条件，这样才能增强地区的经济实力，促进区域经济的发展，这也正是地区经济发展战略的目标和要求。

（六）行业发展战略评估

在国家经济发展战略指导下，各行业管理部门制定了行业的发展战略。行业发展战略指导着本行业内部的各项经济活动。它明确规定了各行业今后发展的重点产品、重点投资方向及相应的保证措施。

每个投资项目都属于某个特定的国民经济行业，投资项目建设及其产品的生产要符合行业发展战略与规划。应着重从以下几个方面来分析：应分析投资项目建成后生产的产品是否是本行业发展的重点产品；应分析投资项目生产产品质量在行业内是否领先；应分析项目产品是否具有较低的成本；应分析项目建设是否运用了新技术或填补了行业产品空白。

（七）区位背景评估

任何经济活动都离不开特定的空间，投资人应尽可能寻找能使利益最大化的地点进行建设或生产，因为不同投资项目对生产要素和相配套服务的要求不同，对市场距离、资源分布和环境等的依赖程度也有所差异。从区位角度看，项目对生产要素、市场和环境的区位指向类型主要有市场指向型、资源地指向型、原料供应地指向型、燃料及动力指向型、劳动力指向型、技术指向型以及集聚经济指向型等。

（八）技术环境评估

1. 基础设施

投资项目的基础设施环境是项目发展的重要技术因素，它包括区域的能源、交通、通信等几个方面的发展情况。区域能源（包括煤、电、水、气、燃料等）的供应设施条件和进一步发展的规划，区域交通设施（包括铁路运输、公路运输、水上运输和航空运输、高铁状况等方面设施)的现有状态和未来的发展趋势，通信(包括互联网、物联网、邮政、电报、电话、电传和卫星等方面的通信)的服务设施和条件等，都对项目的运行形成较大影响，应高度重视。

2. 技术进步的速度和趋势

技术是项目存在和发展的根本，一个项目的外部技术环境会对项目产生重大影响。如随着电脑信息技术的应用，机器人、卫星通信网络、光导纤维、计算机辅助设计和制造(CAD/CAM)生产中心、企业信息化技术等都得到了快速发展，这些都对项目所用具体技术产生很大的影响，如果项目的工艺技术和设备不能适应这种飞速发展的技术进步，项目将面临较大的技术风险，所以项目的宏观环境分析必须对此做出评估。当前技术进步的速度随着生物工程技术、纳米技术、航空航天技术、海洋技术、人工智能、大数据等的快速突破，每一个项目的评估都不能忽视这种宏观的技术效应。

(九)社会文化环境评估

社会文化环境通过两个方面影响项目：一是通过影响人口总量和人口分布、居民的价值观和生活方式，从而影响他们对产业和对项目的态度；二是通过影响企业内部人员的价值观和工作态度，从而影响企业的士气。

1. 文化环境

文化环境是指项目所在地居民的宗教信仰、生活方式、人际交往、对事物的看法、对储蓄和投资的态度、对环境保护的态度、职业偏好和选择性的大小等。这些当地居民的风俗习惯与价值观念能否与投资者的习惯与观念相融合决定了项目的成败，即投资者与项目所在地居民的文化习惯上的不一致间接影响到投资项目的经济效益。

2. 社会服务环境

项目的正常运行和有效运行离不开项目所在地的社会服务。社会服务环境主要指项目所在地政府机构的办事效率、金融系统的服务质量、投资项目所在地的生活条件和医疗卫生条件等，这些条件的改善和提高对投资者无疑具有很强的吸引力。

3. 社会统计数据

如家庭的大小、出生率和死亡率、人均寿命、人口地区分布、教育水平、人口在民族和性别上的比例等社会统计数据，可能直接影响项目的运营和产出，对此应做充分考量。

(十)自然环境评估

1. 自然地理环境

自然地理环境的优劣，包括投资项目所在地与原材料供应地点、产品销售市场的远近，这对于节约运输费用、降低经营成本有着重要影响。另外，良好的气候条件也会促进投资项目建设和生产的顺利进行。

2. 自然资源状况

自然资源是项目存在和发展的基础。一个区域的自然资源条件表现在资源的储量、品位、开采量、流通量等很多方面，它们对项目的建设成本和经营成本都会产生一定的影响。具体分析后文将进一步展开。

三、项目微观背景评估

(一)项目行业背景评估

1. 行业基础评估

行业基础包括行业发展现状和未来发展前景在内的行业基本特性，行业基本状况是项目最直接、最重要的微观环境。对一个新的项目而言，首先要判断自己将进入的行业是否存在发展的机会，要根据行业的寿命周期来判断行业所处的发展阶段。一个没有发展前景的行业，可能根本就没有必要新建项目。

2. 行业能力评估

行业内部既存在着竞争，又需要协作，行业做大需要这个行业具有一定的规模，如果行业规模很小，行业的技术就不能得到较快的发展，行业能力就比较弱，在这样的行业中发展新的投资项目就比较困难。

3. 行业竞争评估

行业竞争不可避免，一个投资项目必须充分评估本项目所加入行业的竞争情况。波特认为，行业的竞争强度是由 5 种基本竞争力所决定的。这 5 种竞争力是：①现有竞争者竞争；②潜在竞争者威胁；③替代产品威胁；④购买者讨价还价能力；⑤供应者讨价还价能力(图 2-1)。波特认为，上述竞争力的合力决定了一个行业的基本竞争潜力，这种潜力可用长期利润率来测定。

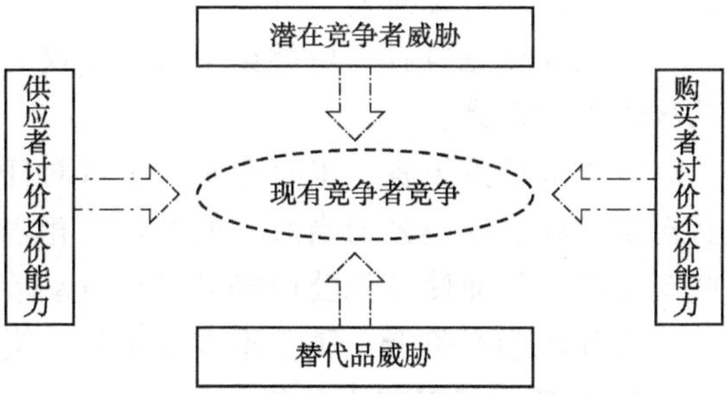

图 2-1　波特竞争模型图

4. 行业的吸引力评估

行业的吸引力是项目发展的重要因素。一般而言，一个行业的吸引力受到很多因素的影响，以下 3 个因素通常被认为是最重要的：市场规模；市场增长率；行业盈利率。市场规模使项目有进一步扩大发展的可能；市场不断增长的需求，可以保持行业的生命力，给行业内的企业更多生存和发展的机会；行业的盈利率是行业最吸引人的地方，也是行业内部竞争最激烈的原因。项目投资的必要性评估应该在这方面做出分析。

(二)项目运营环境评估

项目运营环境评估主要包括竞争者分析和市场分析。关于项目的市场分析第三章将作专门介绍，这里仅讨论竞争者问题。

项目竞争者评估主要集中在对主要竞争者进行分析。所谓主要竞争者是指那些对项目未来市场地位构成直接威胁或对项目未来目标市场地位构成主要挑战的竞争者。主要竞争者的评估包括以下 4 个方面内容。

1. 竞争者目标分析

竞争者似乎都在追求利润最大化、市场占有率和销售增长等目标。但实际上，大多数竞争者都不是追求单一目标，而是谋求一组目标的实现。各目标之间有轻重缓急、侧重点不同，每一个竞争对手在不同的时期都会为自己规定合理且可行的期望值。影响竞争者目标的因素包括该企业的规模、企业历史沿革、目前的管理方式以及经济状况等，所以，竞争者目标分析也包括对上述内容进行分析。对竞争者的目标进行分析有利于本项目投资必要性的判断。

2. 竞争者强势与弱点评估

评估竞争者的优势和弱点很重要，它有利于我们判断项目存在的价值。竞争者强弱的判断可以从很多方面展开，其中财务强弱尤为关键。竞争者的财务状况一般可用下列5种重要的比率来衡量：流动比率、杠杆资本结构比率、获利比率、周转率、普通股安全性比率。

3. 竞争者反应形态评估

竞争者的反应形态也会对项目产生影响，一般地说，竞争者的反应形态无非下面4种类型。

①沉默型竞争者　即竞争者对项目没有反应或反应不强烈。此时要搞清楚他们反应不强烈的原因是资源实力不济还是信心不足，或仅仅因为反应迟钝。

②选择型竞争者　该类竞争者可能仅对某些方面的攻击行为做出反应，面对其他方面的攻击不予理会。

③勇猛型竞争者　也有个别竞争者对任何有碍于它的进攻都会做出迅速而强烈的反应且对抗到底。这类公司当然一般都具有相当实力，其激烈的反应也是为了向竞争者表明其坚定态度，从而使其他公司轻易不敢发动攻击。

④随机型竞争者　属于难以确定的一类。

4. 竞争者战略能力分析

竞争者的战略和本项目准备采取的战略的比较是判断项目必要性的一个方面。常见的竞争战略主要有低成本战略、差别化战略、重点集中战略。避开竞争者已经采用的战略似乎是有效的，但必须分析竞争者为什么要采用这样的竞争战略，如果是为了竞争不得不采用，而在与其他竞争者采用同样战略的情况下，本项目处于劣势，则项目的必要性就存在问题了。

（三）投资者背景评估

投资者背景评估主要是分析投资企业的法人素质和整体素质、经济技术实力、经营管理水平、生产经营效益、资产负债状况及偿还能力，以确保投资者有足够能力进行建设运营。通常来讲，投资者评估包含企业素质、资金信用、运营能力、经济效益和发展前景5个方面。

1. 企业素质评估

企业素质是指企业各要素及其相互结合的质量状况，它是企业生存与发展的关键和根本，也是企业资信的基础和内在条件。企业素质主要包括领导和职工素质、产品素质、技术装备素质、资产素质、经营管理素质和企业行为等各种综合能力。

（1）领导和职工素质

对企业领导的考察，应站在组织者和管理者角度，从其思想觉悟、敬业精神、道德品质和行为准则等方面的评价着手，进一步评估工作经历、文化水平、知识结构和工作能力等业务素质，着重考察领导的创新、决策、组织、指挥、控制和协调应变等能力；还应对领导班子的年龄结构、知识结构、职责分工、团结合作程度，以及企业管理组织、机构职能和管理人员的素质等方面进行整体评估。

对企业职工素质的考察主要是分析职工的文化程度、技术等级及人员结构，以判断企业从事生产经营和管理活动的基本能力。

(2) 产品素质

对企业主要产品的品质、市场销售竞争能力和产品寿命期等进行分析，以判断企业的生存能力。

(3) 技术装备素质

对企业所采用的生产工艺和设备的先进性与适用性、生产规模的合理性和有效性、生产能力的协调性和平衡性等因素进行评估，以判断企业生产手段和生产资料要素的素质。

(4) 资产素质

对企业拥有的资产数量、质量和结构进行分析，以判断企业的获利能力和抗风险能力。主要通过固定资产净值率、无形资产占总资产比重、流动资金流动率、资产负债率等指标来衡量。

(5) 经营管理素质

对企业的组织、协调和控制等情况进行分析评估，以判断企业运用管理技术的能力。主要包括组织机构的合理设置和协作配合的运行能力与效果考核，企业自主权的运用能力，企业运行机制的正常化情况，以及管理目标、管理手段和决策方式的科学化、现代化和民主化等企业整体管理水平的考察与评价。

(6) 企业行为

对企业行为目标、行为规范以及影响企业行为的企业文化等因素进行分析评价、以此判断企业的内部凝聚力、团队精神，以及职工的责任感等，企业行为评价是衡量企业家素质的具体表现。

2. 企业信用评估

分析与评估企业在一定资产结构下所表现的信用状况，包括对企业的借贷资金信用、经济合同履约信用和产品信誉的分析与评价。

(1) 企业贷款资金信用

主要评价企业借贷资金占用、使用和偿还情况及信誉状况，也是反映企业经济效益水平和资信品质的重要内容。通过对各项借贷资金指标的测算，了解企业银行贷款和其他借款的偿还情况。

(2) 企业经济合同履约信用

对企业经济合同履约信用的评价，可以了解企业的法治意识和企业与其他单位经济活动往来的信誉状况。

(3) 企业产品信誉

产品信誉是企业赖以生存和发展的基本条件，对产品信誉的评估，主要是考察企业产品的一级品率、优质率和合格率、产品的市场占有率和竞争能力。不仅要重视企业产品的主体质量，而且还要注重产品的外包装质量和售后服务质量的评价。

3. 企业运营能力评估

企业运营能力反映了企业的整体水平，主要考察企业生产、销售以及资金周转情况，它既包括外部环境对企业的影响，也包括各生产要素之间的协调，还包括企业的管理水平。企业运营能力的评价可以采用新产品开发计划完成率、产品销售增长率、合同履约率、流动资产周转率、固定资产周转率、存货周转率、应收账款周转率等指标。

4. 企业经济效益评估

企业的经济效益是投资者、债权人以及经营者等各方高度关注的核心问题。经济效益评价主要从利税角度，通过测算企业的资金利润率、利税率、利润增长率、资本金利润率、销售利润率和资产报酬率等指标予以评价，以反映企业的经营水平和效果状况。

5. 企业发展前景评估

企业的发展能力主要取决于企业对目前社会与市场的适应程度。如果一个企业的发展能力不强，则应居安思危，增强生存感、紧迫感、危机感，在充分利用目前生产能力的同时，抓紧时间更新设备、进行技术改造，做好新上项目的分析论证，以尽快强化企业的发展能力，使企业具有良好的发展前景。企业发展前景评估除了采用净资产增长率、固定资产净值率等指标外，还应考察企业近期和远期的发展规划、目标与措施，产品的地位与市场竞争能力，企业的应变能力及发展趋势。

第二节　农业项目建设必要性评估

项目必要性分析是对项目提出实施的理由进行论证和阐释，通常分析实施的作用和意义，如对项目建设单位、当地政府、地方社会经济发展和产业结构调整、就业效果等，包括国内外现状、知识产权状况和发展趋势，技术突破对产业技术进步的重要意义和作用，项目可能形成的产业规模和市场前景。项目必要性评估则是对可行性研究报告所提出的必要性进行重新审查、分析和评估。如果一个项目根本没有建设必要性，则项目评估的其他技术经济也无从谈起，只有对拟建项目建设必要性进行科学严谨的审视、分析和评价，才能确定项目进行建设的必要程度，以保证项目规划和投资决策的正确性。

一、农业项目建设必要性评估的作用

1. 保证投资项目规划和投资决策的正确性

必要性评估是项目决策的前提条件，也是农业项目能否成立的重要依据。通过农业项目建设的必要性评估，可以确定农业项目建设的必要性程度，确保资源的有效利用，保证农业项目规划和项目决策的正确性。

2. 控制农业项目建设规模

农业项目建设的必要性评估需要对相关行业、地区和部门的信息资料进行分析和评价，通过对农业项目产品未来市场的供求情况进行调查预测，论证分析产品的市场竞争

力，能够正确制定农业项目的生产规模，避免重复生产和盲目建设的情况出现。

3. 增强农业项目产品竞争能力

通过对农业项目产品的生产能力和市场竞争能力的调查预测，分析未来市场的供求状况和项目产品的性能、质量、价格等要素，有利于进一步提高项目的投资效益和市场占有率，降低项目建设风险。

4. 指导投资者和贷款机构选择正确的投资方向

农业项目在管理上借鉴了建设项目的体制即由项目法人责任制、建设监理制、招标投标制和合同管理制这四大体制约束，由项目法人、承建商和监理单位直接参加的“三方”管理体制。但是这四大体制的共同不足是没有对参加“三方”对项目的经济效益责任进行约束，参与各方缺乏项目风险意识和项目执行的责任感。农业项目的必要性评估则是需要对国家的宏观经济政策、行业或地区的发展规划进行分析考察，掌握国家不同时期的经济政策和投资方向等信息。投资者和贷款机构通过对这些资料的了解，能够根据国家的方针政策调整资金投向，择优选择投资项目，实现资源的优化配置，满足国家与地方经济发展的需要。

二、农业项目建设必要性评估的内容

农业项目建设的必要性受到各种条件和因素的制约与影响。从宏观和微观两方面来看，评估内容主要包括以下两方面：

1. 农业项目建设宏观必要性评估

(1)农业项目建设是否符合国民经济发展及社会长远发展规划

对农业项目建设进行宏观必要性评估，需要重点考察项目建设是否符合国民经济平衡发展和布局经济的需要，以及是否符合国家的农业产业政策。长期以来我国农业投资的效率低下已经成为困扰各级决策部门的一个重要课题。据有关部门统计，中华人民共和国成立以来农业投资所取得的效益仅占投资总额的40%~60%，现有的水利投资取得的效益只占投资总额的30%~40%，用于农业的贷款又无力偿还而被核销的多达百亿元以上。发展农业是根本，如果农业项目建设符合国民经济发展的长远目标，对国民经济平衡发展和农业发展具有一定作用，则可以认为该农业项目的建设是必要的；否则，则认为项目的建设是不必要的。

(2)农业项目建设是否符合区域经济需求

一个国家、一个地区的经济开发和农业开发总是具有一定先后顺序，按照“梯级开发”的规律，坚持走中国特色农业现代化道路，顺应当今世界农业发展的基本趋势和规律，以发达地区的经济逐步带动落后或不发达地区经济的发展。农业项目建设是实现农业发展目标的重要步骤，是农业规划实施的具体化。从宏观上看农业项目的完成是推动我国农业、国民经济发展的关键；从微观上看农业项目的参与者即广大农户和个人也从中受益。中国经济发展进入新常态，农业发展面临农产品价格“天花板”、生产成本“地板”抬升、资源环境“硬约束”加剧等新挑战，迫切需要加快转变农业发展方式。合理的经济布局能够减少运输费用和生产成本，可以有效地利用各种资源，加快信息的传递，以同样的投资取得较好的经济效益。投资项目的建设应该符合区域经济布局的需要，促进地区间和地区内部的分工协作，从而达到促进地区经济和整个国民经济发展的目的。

(3)农业项目建设是否符合国家农业产业政策

农业产业政策是政府为了实现一定的经济和社会目标而制定的农业产业的一切政策总和，它在某种意义上最集中地反映了政府希望通过调整投资结构来实现农业经济发展目标的强烈愿望。农业产业政策确定了整个国民经济优先发展的农业板块和需要抑制的农业板块，对农业项目建设具有重要指导作用。中国农业正处在现代化转型和高质量发展推进阶段，目前农业数据采集、传输、存储、共享的手段和方式比较落后，农业物联网产品和设备还未实现规模量产，现代农业支撑电子商务发展的分等分级、包装仓储、冷链物流等基础设施还较为薄弱。

2. 农业项目建设微观必要性评估

(1)是否符合市场的要求

这主要是对农业项目产品的市场供求的审查、分析和评估。农产品需求量的调查主要包括：现有市场对拟建农业项目产品的需求量和销售量，是供不应求还是供过于求；市场潜在的需求量是多少，该产品在市场上可能达到的最大需求量是多少；不同市场对该农产品的需求情况，以及每一个市场的饱和点及潜在的能力；开拓国际市场，研究如何打入国际市场；研究国内外市场的变化动态和未来发展趋势。

对农产品供应能力的调查从4个方面入手：调查全国或本地区该农产品的现有生产能力，了解现有生产能力未被利用的比例及原因，防止错误估计供给量；根据涉农企业的计划分析现有企业增产潜力的大小；了解该农产品的拟建或在建项目的生产规模和竣工日期，以估计新增生产能力的大小；对农产品的库存及出口情况进行调查。

(2)是否具有市场竞争力

农业项目生产的农产品是否具有竞争能力，直接决定着农业项目投产以后的经济效益，这是不容忽视的一个环节，也是对农业项目必要性进行分析不可或缺的一个环节。对拟建项目产品竞争能力的分析主要包括以下内容：

①注意市场对农产品品种、规格、性能和质量的要求　产品是项目的核心。通过前期的市场调查，需要确定投资项目生产产品的基础品种规格、质量等基本情况。

②注意产品的寿命期　项目产品的生产策略需要根据产品所在市场的状况进行调整。产品的寿命期分为4个阶段，各个阶段的市场经营策略也不尽相同。

a. 导入期：新产品刚进入市场，消费者还不熟悉，过一段时间销售量才可能上升。这个阶段要控制产品的产量和单价，加大营销手段和广告支出，让新产品能够迅速为市场接受，尽可能减轻消费者对新产品的陌生感。

b. 成长期：经过前一阶段的推广，产品已被广大消费者熟悉，销量开始上升。这个阶段通常是产量提升和价格调整的阶段，企业的利润也会有所上升。企业进入了盈利阶段，就有可能获得最佳利润。

c. 成熟期：产品已逐步满足市场需要，同类型竞争商品也进入了市场，销量基本处于稳定状态，定价也基本不再变动，市场趋于饱和。这时发起人需要思考新的投资项目或新型产品来应对产品衰退期的利润下滑。

d. 衰退期：产品逐渐被新产品代替，销量下降，最后被市场淘汰。这是产品在市场上的必经之路，发起人应该提前做好准备，用新产品来稳固市场。

(3)农产品定价是否合理

农产品的定价需要考虑农产品的一般成本。对于新生产出来的原创型农产品，其定价主要是创新研发过程耗费的成本与生产制造成本加上合理的利润预期，与其他产品类似。但是功能或包装上有所改变的跟进型产品的价格则需要对比同类型产品进行定价。

(4)是否符合企业自身发展的需要

一个企业的发展有多种途径，包括改变产品结构、扩大生产能力、拓宽经营范围等。拟建项目应该符合企业发展的要求。评估人员首先要了解承担农业项目的企业的发展规划和要求，把企业的发展与全国的发展规划和地区或农业部门发展规划结合起来进行分析，判断涉农企业的发展是否与农业大环境吻合；然后把农业项目建设与企业的发展规划和要求结合起来进行分析，看其是否符合涉农企业发展规划和要求。

(5)生产规模是否合理

生产规模的大小直接影响对项目建设条件的要求、技术方案的选择和生产产品的成本与效益。合理生产规模的确定是在产品市场需求与市场竞争能力可行的前提下，结合产品生产所需原材料、能源、水资源及协作配套条件的可能性，依据行业规模经济原则与产业结构要求而进行的。生产规模评估是项目建设必要性评估的又一项重要内容，它是对可行性研究报告中提出的拟建项目的设计生产能力是否与产品的市场需求相适应，是否与资金、原材料、能源及外部协作配套条件相适应，是否与项目的合理经济规模相适应以及是否符合本行业的产业结构变化趋势所做出的深入分析与评价。如果投资项目的建设既符合市场需求，也能符合合理经济规模要求，那么该项目的建设就是必要的。

(6)是否可取得较好的经济效益、社会效益和环境效益

西方新古典经济学派认为：在完全竞争的理想市场上，经济活动会自发地产生一种高效率，同时这种高效率只要处理得当，就可以变成高效益。投资和投资项目决策的唯一动机就是获得更高的经济效益，这也是农业投资项目评估最终目的所在。这里需要进一步说明的是，市场经济的高效率是有前提条件的。西方经济学认为：市场经济的低效率主要来自市场失败、政府失败和优惠产品的存在。农业项目能否取得较好的经济效益、社会效益和环境效益，而且达到3个效益的统一也是需要考察的一个重要因素。拟建项目除了上述符合各级政府的农业发展规划、农业产业政策、适应市场的要求、把科研成果转化为社会生产力的要求外，还要着重看项目投产后能否取得较好的经济效益、社会效益和环境效益，并且达到3个效益的统一。首先分析项目投产后可能取得的经济效益、社会效益和环境效益，然后看这些效益能否达到有关部门的标准，能否统一。

第三节 农业项目建设必要性评估案例

一、项目名称

四川省××县农业科技园建设项目。

二、项目建设背景

（一）农业“十四五”政策规划

“十四五”时期是我国全面建成小康社会、实现第一个百年奋斗目标之后，乘势而上开启全面建设社会主义现代化国家新征程、向第二个百年奋斗目标进军的第一个五年。中共中央在《中华人民共和国国民经济和社会发展第十四个五年规划和2035年远景目标纲要》中明确提出，要提高农业质量效益和竞争力，强化农业科技和装备支撑，提高农业良种化水平。强化绿色导向、标准引领和质量安全监管，建设农业现代化示范区。推动农业供给侧结构性改革，优化农业生产结构和区域布局，加强重要农产品生产保护区和特色农产品优势区建设，推进优质粮食工程，发展县域经济，推动农村一二三产业融合发展，提高农业综合生产能力，丰富乡村经济业态，拓展农民增收空间。

（二）农业供给侧结构性改革

产业升级是“十四五”规划的重中之重，“十四五”产业规划顺应新时代的变化，提出农业高质量发展战略，尤其强化农业质效和竞争力提升。茶产业作为我国传统优势产业，应深化供给侧结构性改革，推动从追求“规模速度”向“品质效益”转变，实现高质量发展。茶产业是实施国家战略的特色产业，是“一带一路”倡议的重要载体、产业精准扶贫的重要抓手、助力乡村兴旺的主导产业、生态高效的健康产业和三产融合的特色产业，应加强产业全局研究和“十四五”高质量发展工作谋划，从科技创新、生态优化、绿色生产、产品升级、品牌提升等方面推动全面转型升级。随着高新技术不断发展，实现茶产业数字化改革意义重大。

××市先后出台《促进经济稳定增长和提质增效推进供给侧结构性改革二十三条政策措施》《××市推进供给侧结构性改革实施方案》《××市推进供给侧结构性改革去产能五个工作方案》等政策文件，着力增加有效供给、减少无效供给、加快短板补齐，在做大经济总量的同时推动经济结构优化、质量效益提升。在市委、市政府的带领下，××市特色农业稳步发展，新型工业主导地位凸显，现代服务业快速发展，“绿美××”正大步向前。

（三）四川省农业科技园区建设规划

贯彻落实《国务院办公厅关于推进农业高新技术产业示范区建设发展的指导意见》和科技部、农业部、水利部、国家林业局、中国科学院、中国农业银行《关于印发〈国家农业科技园区发展规划（2018—2025年）〉的通知》及四川省《关于加快建设现代农业“10+3”产业体系推进农业大省向农业强省跨越的意见》，进一步加强农业科技园区建设，提高农业综合效益和竞争力，推进农业农村现代化和乡村振兴发展，加快我省由农业大省向农业强省跨越。

××县积极宣传和落实服务业企业奖补政策，认真贯彻国务院《关于扩大对外开放积极利用外资若干措施的通知》、四川省政府《关于扩大开放促进投资若干政策措施的通知》精神，深入落实市委、县委经济工作总体发展思路，充分发挥本县产业和资源优势，调动县内外一切力量，形成全方位、多层次、宽领域招商引资格局，吸引市外项目和资金到××县投资，促进地方经济发展。支持服务业发展“双十条”和《××县关于进一步加快服务业发展的实施意见》文件精神，积极宣传和落实服务业企业奖补政策，同时，加大对已经梳理确定的服务业重点企业的培育力度，积极与重点企业对接，对符合入库条件的企业，及时纳入服务业企业统计库，同时，加大对已经梳理确定的服务业重点企业的培育力度。

(四) ××县乡村振兴战略

××县依托三条产业环线，大力发展产业，积极打造覆盖全县所有行政村，重点向31个贫困村倾斜的"高山有机茶、生态果蔬林竹、特色中药材"三条特色产业环线，"一户一策"建立"户产业台账"。同时，完善贫困户产业奖补政策，通过送政策、送种苗、送技术等方式，鼓励引导贫困群众发展经济林等长效产业；推行"林+茶""茶+蔬""林+养殖"、庭院经济等模式，帮助贫困户种植蔬菜、养殖小家禽、牲畜等"短平快"项目，长短结合促进贫困群众增加收入。全县已发展茶园面积11.8万余亩*，笋用方竹3.58万余亩，道地草本中药材1.68万余亩，时令果蔬3.4万余亩。

三、项目建设必要性

(一) 美村富民，践行国家乡村振兴战略

脱贫攻坚伊始，××县作为拥有31个贫困村、2925户7421名贫困对象的县，茶产业成为支柱产业，提供更多就业岗位，不断为群众创造财富，助推乡村脱贫攻坚。

××县将围绕全域脱贫的理念，加快茶产业带、中药材产业带、果蔬产业带的发展，通过产业统一管理、产业基地建设、促进农旅融合发展等方式，实现农业提质增效，带动农民可持续增收。依托3条产业环线，大力发展产业，积极打造覆盖全县所有行政村，重点向31个贫困村倾斜的"高山有机茶、生态果蔬林竹、特色中药材"3条特色产业环线，"一户一策"建立"户产业台账"。同时，完善贫困户产业奖补政策，通过送政策、送种苗、送技术等方式，鼓励引导贫困群众发展经济林木、茶叶等长效产业；推行"林+茶""茶+蔬""林+养殖"、庭院经济等模式，帮助贫困户种植蔬菜、养殖小家禽、牲畜等"短平快"项目，长短结合促进贫困群众增加收入。全县已发展茶园面积11.8万余亩，笋用方竹3.58万余亩，道地草本中药材1.68万余亩，时令果蔬3.4万余亩。

(二) 转型升级，引领地方农业高质量发展

项目以园区建设引领产业升级，建立现代农业产业科技园区，吸引农企、农民以及相关企业进驻建设，成为一个涵盖种植、管理、加工、交易、电商、物流、农旅等产业的现代农业产业链，带动电子商务、农旅融合等新兴业态的发展，打造特色茶农产品，赋予传统农业发展新的增长点。同时，通过构建"园区产业集群+大数据智联中心"模式，将农作物生长全过程纳入数据量化管理，以提升农产品品质和产出水平，助推农业精细化、高质量发展。

按照园区主导产业定位，加强区域特色优势产业关键共性技术攻关，构建创新链，提升价值链，着力培育现代农业发展和经济增长新业态、新模式，增强园区创新能力和发展后劲。强化"农业科技创新+特色优势产业"发展路径，加快先进适用技术成果转化应用，提高农业产业竞争力，推动产业链向中高端延伸。

(三) 深化改革，激发涉农企业产业创新

产业园区着力推进产学研用紧密结合，布局专家工作站、工程技术(研究)中心、企业

---

* 1亩=666.7 m^2。

技术中心、测试检测中心、技术创新中心、产业技术研究院、科研基地等创新服务平台，引导高等学校、科研院所的科技资源和人才向园区集聚。以改革创新为动力，加大园区科技体制机制改革力度，打造农业科技体制改革“试验田”，进一步整合科研院所、高等学校和龙头企业力量，深入推进“放管服”改革，充分调动产学研用各方面积极性，着力激发农业科技创新创业活力，探索园区建设和发展的新模式。

（四）培育主体，发展新时代职业农民

支持园区龙头企业开展技术创新和产学研协同创新，培育一批研发投入较大、技术水平较高、综合效益较好的农业创新型企业、科技型中小企业、高新技术企业以及星创天地、众创空间、科技企业孵化器为载体，推进大众创业、万众创新。支持家庭农场、农民合作社等新型农业经营主体开展技术创新。

加大培训投入，整合培训资源，增强培训能力，创新培训机制，建设具有区域特点的农民培训基地，提升农民职业技能，优化农业从业者结构鼓励院校、企业和社会力量开展专业化教育，培养更多爱农业、懂技术、善经营的新型职业农民。

本章小结

1. 项目背景指最初设计或规划的投资项目的建设根据和理由，项目建设背景有宏观背景和微观背景之分，项目建设背景评估也包含宏观和微观两种背景评估。

2. 项目宏观背景分析主要从政治法律体系、国民经济和社会发展长远战略、经济结构调整、产业政策、宏观经济形势、地区经济发展状况、行业发展战略、区位背景、技术和社会文化环境以及自然环境等维度进行分析。

3. 项目微观背景分析主要包含项目行业背景评估、项目运营环境评估和投资者背景评估。

4. 项目必要性分析是对项目提出实施的理由进行论证和阐释。项目必要性评估则是对可行性研究报告所提出的必要性进行重新审查、分析和评估。农业项目建设的必要性评估就是对农业项目可行性研究报告中提出的项目必须建设的理由和重要性进行审查、分析和评估。

5. 农业项目建设必要性评估主要作用为：①保证投资项目规划和投资决策的正确性；②控制农业项目建设规模；③增强农业项目产品竞争能力；④指导投资者和贷款机构选择正确的投资方向。

6. 农业项目建设必要性评估包含宏观和微观必要性评估，宏观必要性评估主要评估农业项目的建设是否符合国民经济发展及社会长远发展规划、是否符合区域经济需求、是否符合国家农业产业政策，微观必要性评估主要评估农业项目的建设是否符合市场的要求、是否具有市场竞争力、是否符合企业自身发展的需要、是否考虑了合理生产规模问题以及是否可以取得较好的经济效益、社会效益和环境效益。

重要概念

项目建设背景　农业项目建设必要性　企业素质　产业政策　国民经济发展战略规划

第三章　农业项目市场分析与项目规模评估

学习目的

(1) 掌握市场调查与预测的概念和特征。

(2) 掌握市场调查的作用、原则和内容。

(3) 了解市场调查与预测对农业项目发展的作用。

(4) 掌握农业项目的开发和发展需要进行哪些市场调查。

(5) 掌握农业项目市场调查和预测的方法。

(6) 了解项目规模、农业项目规模、规模经济以及农业规模经济的概念。

(7) 掌握农业规模经济的确定方法以及农业项目生产规模的制约和决定性因素。

(8) 掌握农业项目生产规模的确定方法。

(9) 掌握农业项目建设规模的评估依据、步骤以及评估结论。

本章主要讲述农业项目市场分析和项目规模。首先，市场调查和预测是人们了解、认识市场，分析研究市场变化规律的方法或工具，市场调查的内容主要包括社会环境调查、消费者调查、产品调查和市场营销活动调查 4 个方面，市场调查具有较强的目的性、社会性、内容的广泛性、形式的多样性、科学性等特征。农业项目调查则是对农业项目进行市场调查，除了一般的市场调查，还需要对其进行气候地理环境调查、农副产品资源调查、农副产品消费需求量调查，重点掌握市场调查与预测的方法。其次，通过了解项目规模、农业项目规模、规模经济以及农业规模经济等相关的概念，了解农业项目规模的衡量标准，掌握农业项目生产规模评估的方法。最后，通过案例展示农业项目建设规模的评估依据、步骤以及评估结论等。

第一节　市场调查与预测

一、市场调查与预测的基本概念

人们往往通过市场调查与市场预测的方法来认识、了解和分析市场上存在的一些情况和问题，研究市场变化及其发展的规律，通过市场调查来判断市场的走向，通过市场预测来分析未来一段时间内市场发展的情况。

（一）市场调查

市场调查也称市场调研，是以提高营销效益为目的，通过一些科学的调查方法，有计划、有系统地收集、分析和整理各种市场信息，以摸清市场规律并为市场预测和管理决策提供科学依据的一个客观过程。从调查的对象上来看，市场可分为多种类型，按商品交换的内容分为有形市场和无形市场，有形市场包括生产资料市场、劳动力市场、房地产市场和消费品市场等，无形市场则包括金融市场、信息市场等；按照企业营销的角度来进行划分的市场，包括现有市场和潜在市场，两者按照顾客的拥有程度来区分，现有市场指该企业已有的顾客，而潜在市场指企业未来的顾客；除此之外，按照地域可分为国内市场和国际市场；按照消费者的年龄可分为婴儿市场、儿童市场、青少年市场和中老年市场等；按照时间层次的不同可分为经常性、一次性和定期性市场调查等。市场调查就是针对不同类型的市场，采用对应的市场调查方法进行不同程度的市场调查，来发现该市场的规律。

(二)市场预测

市场预测是根据市场过去和现在的表现情况，应用科学的预测办法，对未来市场的商品供应和各种需求的变化进行预测，市场预测的目的在于最大限度地减少不确定性对未来市场的影响，为后续企业的发展指明方向，为科学决策提供依据。因此市场预测的各种方法适合用来分析市场未来的表现。我们可以进行市场预测的原因在于市场存在一定的需求，而需求是指在一定时期内，既定的价格水平下，消费者愿意且能够购买的商品数量。马斯洛的需求层次理论里就将需求分为5个层次的需求，分别为第一层，生理需求；第二层，安全需求；第三层，情感和归属感需求；第四层，尊重需求；第五层，自我实现需求。需求又可分为现实的需求和潜在的需求，潜在的需求可以转化为现实的需求，很多企业进行市场预测实际上就是将潜在需求转化为现实需求。不同层次的人具有不同的需求，有需求的存在就有市场的出现，我们就能对市场进行调查，通过调查的结果对市场进行分析，最后预测市场的走向。

二、市场调查的特征

(一)目的性

市场调查往往具有一定的目的，对市场各种情况进行分析，来研究和分析特定的市场问题，具有很强的针对性，针对不同地区、不同性别、不同年龄段和某一环节的市场调查等。另外市场调查的目的是为管理部门制定长远的战略规划和阶段性的具体政策或策略，从而做出营销决策或者为经营管理决策提供信息支持和参考依据等。

(二)社会性

市场调查面对的群体是整个社会，面对的对象主要是消费者和用户，内容涉及社会生活的各个方面，其本身也是面向社会的一种社会实践活动，因此具有社会性。

(三)广泛性

市场调查的内容涉及的方面各不相同，内容广泛，有比较简单的调查，如针对不同产品和生产过程的调查，针对不同年龄、性别、民族、地区的调查；也可用于测量较为复杂的问题，如被调查者的收入、支出、对某一事物的态度、个人爱好、参与某种活动的动机等。不同的调查内容之间又可自由组合，形成不同的调查范围，通过不同类型的市场调查内容，从而开发出新的市场。

(四)多样性

市场调查的组织方式是多样的，搜集资料的具体方法也是多样的。形式可以是线上问卷调查，通过电话调查，或线下采访等形式。

(五)科学性

市场调查搜集、整理和分析资料的方法，都是在一定的科学原理指导下形成的，并被实践证明是行之有效的，具有科学性和可行性。市场调查通过调查对象的大量观察和精心的设计、安排，可以消除偶然因素的影响，从而揭示出研究现象的必然性和本质特征。

三、市场调查与预测的作用

(一)为各种科学决策提供现实依据

企业在进行生产、销售和经营的决策时，可能对现在市场情况不够了解，企业之前进行的市场调查可能已经失去实用价值，这时就需要重新进行市场调查。企业根据调查反馈预测市场的发展方向，制定产品的销售策略、销售地区，扩大或缩小某一产品的生产规模等。管理者所做的决策是否合理，是否有利于企业的发展依赖于市场调查，决策实际上就是一种对市场调查进行的市场预测。

(二)实现企业生产目的的重要环节

市场调查是为了使发现市场的潜在需求，并将潜在需求转化为现实需求。企业的生产目的和市场需求之间是相互挂钩的，需求产生的原因就是人民日益增长的对美好生活的需要，企业生产的目的也是解决这一需求，通过调查就能发现这种需求，指导企业进行相应的生产。

(三)能促进社会生产的合理化

市场调查和预测对社会生产的重要作用，表现在社会生产的各个部门，它们是一个相互配套的过程，如增加农产品产量，需要增加多少的种子、农药、肥料等农业生产资料；增加工业产品需要增加多少电费、煤费、燃料等工业生产资料等。这时就需要通过市场调查来发现需求，根据需求来进行生产并进行资源的恰当配置，促进社会生产的合理化。

(四)增强企业竞争力、应变力的重要手段

市场的竞争是激烈的，情况也在不断发生变化。市场上的各种变化因素可以归结为可控制因素和非可控制因素两类，这两类因素的关系是相互联系、相互影响的，而且是不断变化的。及时调整可控制因素以适应非可控制因素的变化情况，才能应对市场上的竞争。只有通过市场调查才能及时了解各种非可控制因素的变化情况，从而有针对性地采取某种应变措施去应对竞争。

四、市场调查和预测的原则和内容

(一)市场调查与预测的原则

1. 客观性原则

一方面，市场调查面临被调查对象所提供信息的客观性问题；另一方面，它也很容易受到众多调查人员的自身素质对调查结果客观性的影响。

2. 全面性和系统性原则

市场调查的客观性本身要求调查的全面性和系统性。市场调查的全面性有两层含义，一是调查的样本必须具有代表性；二是调查收集到的资料必须全面，必须对相互联系的市场现象和各种影响因素做全面的调查。另外，必须对市场现象的发展变化全过程进行系统性的调查，不能将其一时一地的表现看作市场现象的普遍规律。

3. 计划性原则

市场调查工作应列入企业经营管理的整体计划之中，使之制度化、规范化。市场调查也是一项商业活动，自始至终都应该有计划地进行。

4. 时效性原则

在整个调查过程中，调查人员应该做到收集资料及时、统计分析及时、调查报告特别是调查结论的总结及时。此外，客观事物总是处在不断运动和变化之中，一次市场调查，只能反映某一个时点或时段的市场状况，企业要想获得及时的市场信息资料，只有通过经常性的市场调查工作予以提供。

5. 经济性原则

市场调查活动的效益体现在两个方面：一方面，企业通过它可以及时掌握市场动态行情，从而减少决策的盲目性，最终目的是为企业节省经营成本，提高效益；另一方面，市场调查活动本身也要体现经济性原则，要用尽可能少的经费获得相对满意的资料。

（二）市场调查的内容

根据市场调查对象的不同，将市场调查的内容分为社会环境调查、消费者调查、产品调查和市场营销活动调查 4 个方面。

1. 社会环境调查

社会环境涵盖广泛，消费者的任何活动、企业的生产经营等都离不开社会环境。不同地区有不同的社会环境，各地的风俗习惯、政治、经济、地理等因素千差万别，且这些因素往往是企业最难以驾驭和影响的。

社会环境调查包括总体环境调查、产业环境调查和竞争环境调查 3 个层面。其中总体环境调查包含的内容比较全面，这里我们着重介绍总体环境调查。总体环境调查包括政治环境调查、经济环境调查、文化环境调查、气候地理环境调查和法律环境调查。

2. 消费者调查

消费者调查也称为市场需求调查。对企业来说，市场就是具有一定支付能力的需求。平时所说的产品市场好坏、容量大小等实际上是针对消费者而言的。市场容量的大小制约着企业生产经营的规模，没有需求也就谈不上具有市场容量，当然就无法进行生产，需求变化，生产也会随之变化，所以针对消费者所进行的调查是市场调查内容中最基本的部分。消费者调查的主要内容包括消费者需求量调查、消费结构调查和消费者行为调查。

3. 产品调查

产品是企业实现盈利和发展的根本载体，针对产品的调查也是市场调查的核心内容。产品调查包括 4 个方面的调查：产品生产能力调查；产品实体和产品包装调查；产品生命周期调查；产品价格调查。

4. 市场营销活动调查

市场营销活动调查是指收集、整理、分析和解释有关市场营销各方面的信息，为管理者制定、评估和改进管理决策提供依据。市场营销活动调查包括竞争对手调查、分销渠道调查、服务调查和促销活动调查。

五、农业项目的市场调查与预测

由于农业特有的季节性、地域性和周期性特点的存在，农业项目的选择就显得格外重要。农业的季节性特点表明，农业的发展和季节有非常重要的关系，在不同的季节种植不同的品种，而且还要根据季节的变化，选择最适合种植的物种，这样才能达到产量最大化。农业的地域性特点表明，每个地区都有不同的气候条件，如光照、水、地形、土壤和热量等，而且不同的物种在不同地域上有不同的要求，生长发育也有不同的条件。农业也具有周期性特点，如稻米就有两季和一季之分，也就是一年可以种植两次和一年只能种植一次。

正是因为这些特点，使得农业项目的前期调查工作比较重要和烦琐，其中最重要的是进行社会环境调查中的气候地理环境调查。在日常生活中我们接触到的许多特色农产品都带有明显的地理标识，如宁夏枸杞、会理石榴、烟台苹果等，为什么这些产品能得到消费者的信赖呢？就是因为栽培地的气候环境、海拔等都极其适合这些作物的生长，其品质就能得到消费者的认可。许多农业项目可以围绕当地的特色产品进行开展，通过对这些产品的市场行情进行调查分析，找到市场需求的空缺。

六、农业项目的特定市场调查

（一）气候地理环境调查

进行气候地理环境调查是发展农业产业的必要环节，农业项目的发展是围绕着适宜当地种植的产品来进行开发的，如在雅安的蒙顶山区域有许多农户种植茶叶，那为什么在当地要发展茶叶呢？因为蒙顶山所在的雅安为著名的雨城，景区也多雨湿润，属于亚热带湿润季风气候，冬无严寒，夏无酷暑，年平均气温 15 ℃左右，1 月平均气温 5 ℃左右，7 月平均气温 23 ℃左右，无霜期 308 d，雨日多达 200 d 左右，秋多绵雨，夏为阵雨，这种环境极其适宜茶叶的生长。而在其他地区种植茶叶，可能会由于光照时间长，降雨天气少，茶叶的生长速度过快，茶叶的品质会下降，来不及采摘导致茶叶老化影响口感等。农业项目多是围绕所在地的农业特色产业来进行开展的，如雅安就根据茶文化进行了很多农业项目的深度挖掘，包括茶叶的体验性采摘、茶叶主题的民宿、茶文化的农家乐等。通过地理优势发展与茶叶相关的农业项目即可将乡村旅游、农业观光和生产相结合起来，衍生出一条第一、三产业深度融合的发展之路。

（二）农副产品资源调查

农副产品资源调查主要是对农业生产的情况、农产品的生产地域、农业生产技术的变化、农产品产量、农产品商品率等内容进行调查，还应特别注意农产品生产和收购的季节性。农业商品资源的总量，一般从国家统计部门的有关资料中得到，作为农业生产或营销企业，组织市场商品资源调查，必须根据本企业生产或营销的特点进行。生产企业主要是与同行比商品质量、功能，降低成本，提高利润，重视新产品开发等。营销企业主要是组织货源，对供大于求的农产品，要选择质量最好的货源，组织商品营销；对供不应求的农产品，要努力取得较多货源。

(三)农副产品消费需求量调查

农副产品消费需求量调查是农业产业能否顺利发展的一个重要调查环节，企业生产都是依据需求来进行的，通过调查这个地区某一产品的需求状况来制订企业的生产计划。不同的农业项目所提供的产品针对的是不同消费能力的群体，需要根据群体的消费能力来制订企业的生产计划。例如，某企业发展有机蔬菜的种植，主要的调查对象应该具有一定收入能力的人群进行调查，调查其收入、家庭人口数量、居住的地区等，即可分析出市场的容量和需求以及顾客对不同蔬菜的需求程度。

七、农业项目市场调查与预测的方法

(一)市场调查的方法

1. 询问调查法

询问调查法又称访问法、调查表法，是市场调查的主要方法。该方法是指将所要调查的问题事先设计成调查提纲、表格等，然后按照目标进行调查。这种方法手段多种多样，往往能达到较好效果，其又可细分为访问调查、邮寄调查、电话调查和网络调查。

2. 实验调查法

这是一定时期内通过试销、试用、广告等形式，经过销售实验对比，进行农产品市场销售情况调查的调查方法。具体有以下方法：

①将新产品试销给消费者，请消费者经过一段时间的使用后对农产品相关商品进行评价。

②采用广告宣传的方式，了解各方对产品的反映。

③采用产品展销的形式观察产品是否受消费者欢迎。

④将不同包装、不同款式的同一农产品投放市场，观察受消费者欢迎的程度。实验调查法的优点是客观、资料真实，缺点是耗时久、费用高，实施较困难。

3. 抽样调查法

抽样调查法是指在全部调查对象中，选择其中一部分样本进行调查，从而推算出总体情况的一种调查方法。该方法主要适用于不可能或不必要进行全面调查而需要获得总体资料的情况。抽样调查包括随机抽样与非随机抽样两类，具体又可分为简单随机抽样法、分层抽样法、整群抽样法、系统抽样法和多阶段抽样法。

(二)市场预测的方法

市场预测的方法很多，但它们的分类很明确，一般分为3类，即定性预测、定量预测和综合预测。定性预测主要包括专家预测法(经验判断预测法)、调查研究预测法(市场调查预测法)、类推预测法(历史类比法)。定量预测主要包括时间序列预测法和因果关系预测法(回归分析法、消费系数法、弹性系数法等)。综合预测是从宏观的角度，对关系到市场全局的指标进行综合分析和科学预测的方法。主要方法如下。

1. 专家预测法

专家预测法主要包括专家个别判断法、专家会议法和德尔菲法。德尔菲法主要是用匿名函询的方式，依靠专家小组“背靠背”的集体判断，来代替“面对面”的会议，使专家的意见能够充分发表。经过客观分析和几次的征询和反馈，使各种意见逐步趋于一致，从而得出比较符合市场发展规律的预测结果。

2. 类推预测法

类推预测法是根据市场及其环境的相似性，从一个已知的产品或市场区域的需求和演变情况，推测其他类似产品或市场区域的需求及其变化趋势的一种判断预测方法。它是由局部、个别到特殊的分析推理方法，具有极大的灵活性和广泛性，非常适用于新产品、新行业和新市场的需求预测。

根据预测目标和市场范围的不同，类推预测法又可以分为产品类推预测法、行业类推预测法和地区类推预测法 3 种。

3. 时间序列预测法

时间序列预测法是以预测对象历史的时间序列数据为基础，运用一定的数学方法循其规律外推，从而预测市场未来发展变化趋势的一种方法。时间序列数据是按间隔相等的时间顺序排列的一组对应经济变量的测定值。时间序列数据的变化受到两类因素的影响：一类是对市场供求关系起主导作用的规律性因素；另一类是对市场供求起辅导性及临时性作用的偶然性因素。

4. 回归预测法

时间序列预测法研究预测的变量或经济现象，都是与时间有关的变量。而有些实际问题往往涉及几个变量或几种经济现象，相互关联，并且与时间无直接关系，具体可以分两类：一类是确定性关系，即函数关系，如水温与蒸汽压、风速与阻力的关系等；另一类是非确定性关系，也称相关关系，大致分为相从变动及因果关系两种情况。根据自变量的个数，回归方程可以是一元回归，也可以是多元回归，根据研究问题的性质，回归方程可以是线性回归，也可以是非线性回归。

5. 消费系数法

消费系数是指某种产品在各个行业(或部门、地区、人口、群体、特定的用途等)的单位消费量。消费系数法是对某种产品在各个行业的消费数量进行分析，在了解各个行业规划产量的基础上，汇总各个行业的需求量，从而得出该产品的总需求量。以部门或行业消费为例，预测的具体程序包括以下几个方面。

①分析产品的所有消费部门或行业，包括现存的和潜在的市场。有时产品的消费部门众多，则需要筛选出主要的消费部门。

②分析产品在各部门或行业的消费量与各行业产品的产量，确定在各部门或行业的消费系数，消费系数=部门产品消费量/该部门产品的产量。

③确定各部门或行业的规划产量，预测各部门或行业的消费需求量，部门需求量=部门规划生产规模乘以部门消费系数。

④汇总各部门的消费需求量，产品的总需求量=各部门需求量之和。

6. 弹性系数法

弹性总是针对两个变量而言的，一般来说，两个变量之间的关系越密切，相应的弹性值就越大；两个变量越不相关，相应的弹性值就越小。弹性系数法可以分为需求收入弹性系数法和需求价格弹性系数法。

(1) 需求收入弹性系数法

需求的收入弹性是指由收入变化引起的需求变化程度。以不同年份作为观察年与基期年进行比较，往往会得到不同的收入弹性系数，需要求出其平均值，然后用此平均值预测对某种农产品商品的需求量。

(2) 需求价格弹性系数法

产品需求的价格弹性是指产品价格变动引起需求变动的程度，同样，在求出不同观察年对于基期年的价格弹性后，再求出它们的平均值，然后用此平均值预测对某种商品的需求量。

第二节　项目生产规模评估

一、规模经济理论

规模经济理论是研究不同类型的企业在当前技术和经济条件下最有效地运作所需的规模的理论。规模经济是现代产业组织理论中的一个重要概念，指的是在某一特定规模或特定规模范围内，最接近企业“最佳效率”的生产规模。这意味着，企业按照一定的生产规模组织生产，可以获得经济效益。规模经济可以分为生产规模经济和经营规模经济，工厂规模经济和企业规模经济，规模的内部经济性和外部经济性，这取决于实现领域。

(一) 项目规模概述

1. 项目规模

项目规模一般指生产力、劳动手段和劳动对象等生产要素与产品在经济实体中的投资规模，也可以指生产能力，指既定时期内能够生产的产品和服务的数量。

2. 衡量指标

衡量项目规模大小的指标有很多，常用的包括生产能力、职工人数、年吞吐量、装机容量、固定资产原值、受益面积等，可以根据不同的项目选择相应的指标进行衡量，以期找到项目的最佳规模。通常来说，项目规模的划分标准会随国民经济的发展而变化，特别是随着我国社会主义市场经济的发展、技术的进步，划分标准也相应地进行调整和变更。

(二) 生产规模的界定

从工业项目评估的角度看，规模经济中的规模一般是指工业企业的生产规模。工业企业生产规模是指生产要素在企业中的集中程度，其衡量指标主要包括产量、生产能力、产值、职工人数和资产价值等。其中，产量和生产能力指标应用较多。产量是指工业企业在一定条件下和一定时期内实际生产的产品数量。生产能力是指工业企业在一定生产技术条件下和一定时期内能够生产某种产品的最大能力。

（三）规模经济的内容

规模经济是经济活动中的一个普遍现象。一个项目如果规模过大，就会导致产品积压，由于市场容量小而无法销售。如果项目规模太小，就会浪费原材料和能源的成本，无法实现最大利润。随着经济的发展，对规模经济的追求日益渗透到各种经济活动中。

1. 规模

所谓规模是指生产的批量，也指事业、工程、运动、机构等包含的范围。具体有两种情况：一种是生产设备条件不变时，即生产能力不变时，生产批量的规模变化；另一种是生产设备条件，即生产能力变化时，生产批量的规模变化。规模经济概念中的规模指的是后者，即伴随着生产能力的扩大而出现的生产批量的扩大，而经济则具有节省和效率的含义。

2. 规模经济

规模经济是指在一定范围内，由于生产专业化水平的提高等原因，使企业的单位成本下降，从而形成企业的长期平均成本随着产量的增加而递减的经济现象。换句话说，规模经济理论是研究在现有的技术和经济条件下，为使效率最大化，实现最大的经济和社会效益所需的规模。

（1）生产上的规模经济和经营上的规模经济

生产上的规模经济是指由于实行专业化生产或流水作业，扩大了生产批量，或者采用大型高效设备，扩大了生产规模，从而使单位产品成本随着生产批量扩大或生产规模扩大而降低。经营上的规模经济是指由于扩大经营规模，节省了经营费用，生产要素物尽其用，从而使产品和技术开发能力提高，抵御经营风险的能力增强。生产上的规模经济多与企业的规模有关，但这并不意味着单一企业规模的无限扩大。在深化分工、小而专的企业，同样能够通过扩大生产批量，获取规模效益。经营上的规模经济通常也与企业规模有关，亦可以通过企业之间的横向联合来实现。

（2）工厂规模经济和企业规模经济

工厂规模经济是从设备、生产线、工艺过程等角度提出来的，是指单一产品生产工厂的单位产品生产费用会随着生产规模的扩大而降低。若扩大多种产品生产工厂的规模，单位产品生产费用也会有一定程度的下降，则称之为企业规模经济。特别是在联合型工厂里，由于集中、垂直地组织生产，也会产生共同费用的节约，从而实现了企业规模经济。图 3-1 说明了工厂规模经济。

在图 3-1 中，*LAC* 代表长期平均费用曲线，*SAC* 代表短期平均费用曲线。短期平均费用曲线是指生产能力一定时，单位产品费用随着产量变化而变化的曲线。长期平均费用曲线则是短期平均费用曲线最低点的包络线。由图 3-1 可以看出，规模经济就是随着生产能力的扩大，单位产品费用下降的趋势，即长期平均费用下降的趋势。另外还可以看出，长期平均费用曲线的下降不是无限的。当达到 *B* 点时就不再下降，*B*、*C* 之间处于水平状态，超过了 *C* 点，费用反而会上升。*B*、*C* 之间称为最佳规模范围，超过 *C* 点后费用上升的现象称为规模不经济性。*B* 点称为最小有效规模，*C* 点称为最大有效规模。

（3）规模的内部经济性和外部经济性

达到内部经济性指生产装置系统和企业生产经营要求处于最佳组合时的生产能力或产

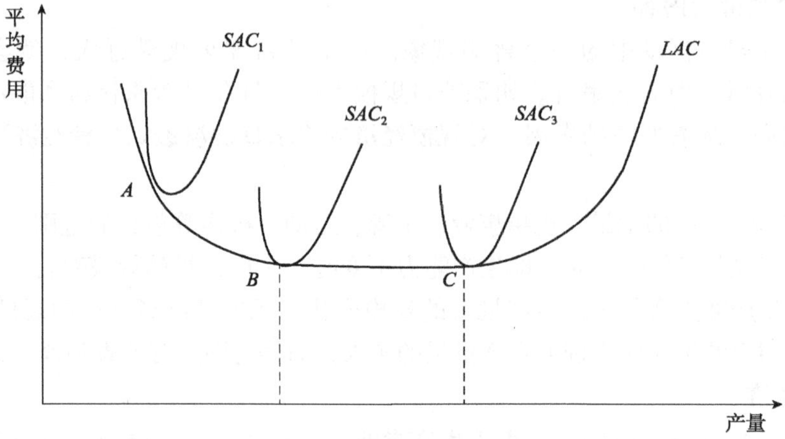

图 3-1 平均费用曲线图

量。产生规模经济的原因不仅与工艺系统的技术经济特点有关，而且还与工艺系统和企业大规模经营的节约效益有关。工艺系统的规模经济是企业规模经济的技术基础，一定规模的企业则是实现技术规模经济性的组织保证。规模经济企业不一定是大企业，专业化水平高的规模经济企业也可能是小企业，这取决于行业和国情。从行业来看，冶金、化工、汽车制造等行业适宜于建大型企业；食品、工艺品等行业则适宜于建中小型企业。

规模的外部经济性是指实现规模内部经济性所需的外部条件，如市场的规模及其分布、资源条件、运输条件、资金筹措条件等。如果市场广阔、资源丰富、运输方便、资金易筹措，则容易实现规模经济。

3. 规模不经济

规模经济的对立概念是规模不经济即一个经济实体的规模过小或过大而引起的不经济性。规模不经济意味着资源配置不合理，有限的资源不能得到有效利用。规模不经济可分为生产上的规模不经济和经营上的规模不经济，也可分为工厂不经济和企业规模不经济，还可分为规模的内在不经济性和外在不经济性。

(四)规模收益变动与规模经济区间

1. 规模收益变动

(1)规模收益递减

规模收益递减有两种情况，一种是收益的增加小于规模的增加；另一种是规模收益的绝对减少。

(2)规模收益递增

规模收益递增，即规模收益的增加大于规模的增加。当然，规模的扩大有一个限度，超过这个限度，规模收益就会减少。

(3)规模收益不变

规模收益不变，即规模增加等于收益增加。一般来说，这是从规模收益递增到规模收益递减的过渡阶段发生的情况，不太可能持续。

2. 规模经济区间

规模经济所要研究的就是企业的生产规模对成本和收益的影响，这必然和产品的营业收入、总成本费用、利润等有关。我们把平面直角坐标系上能够表示规模收益变动以及产量、成本、利润之间关系的一条曲线称为规模效果曲线，规模效果曲线如图 3-2 所示。

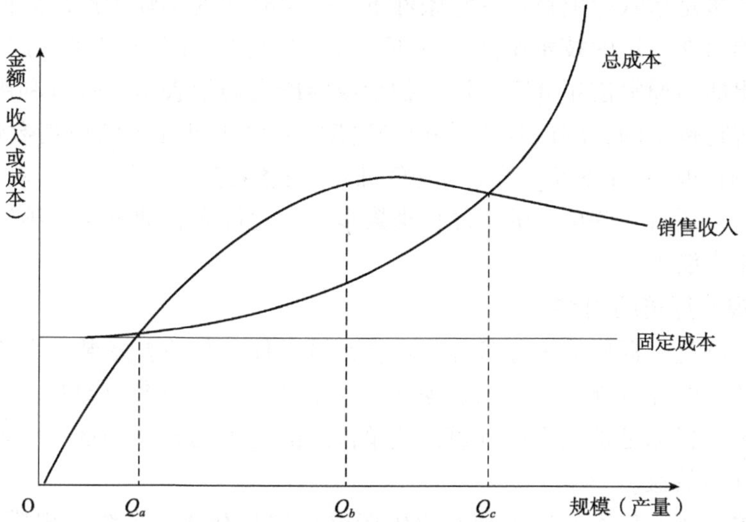

图 3-2　规模效果曲线图

从图 3-2 可以看出，当生产规模达到 Q_a 时，企业不盈不亏；生产规模超过 Q_a，企业开始取得净收益；当生产规模达到 Q_c 时，企业又出现不盈不亏的状态；超过该生产规模，企业又开始亏损。在 Q_a 至 Q_b 之间，企业的规模收益一直是递增的，即收益的增加幅度大于生产规模增加的幅度；超过了 Q_b，企业的规模收益递减，即收益的增加幅度小于生产规模增加的幅度，甚至生产规模扩大使边际收益为负值。据此可以认为，Q_a 至 Q_b 的区间是规模经济区间，Q_b 是最佳生产规模，因为在这个规模上，项目的边际收益等于边际成本。

（五）农业项目规模概述

农业项目规模通常指农业生产要素和农产品，如生产力、劳动手段和劳动对象，在经济实体中的投资规模，也可以指生产能力，即在一定时期内可生产的农产品和服务数量。一个农业项目的规模反映了农业生产要素在项目中的集中程度。

一般来说，农业项目规模的划分标准会随着国民经济的发展而变化，特别是随着我国社会主义市场经济的发展和技术进步以及我国乡村振兴政策，划分标准也会相应调整和变化。根据经济效益的高低，农业项目规模可分为亏损规模、起始规模、合理规模和最优规模。亏损规模是指项目总成本大于营业收入时的规模。起始规模也被称为最小经济规模和临界经济规模，是指农业项目总成本等于营业收入时的规模。起始规模是农业项目的收支平衡点，这意味着低于起始规模的项目将亏损，而高于起始规模的农业项目将盈利。合理规模也被称为适宜经济规模，是指农业项目总成本小于营业收入并达到一定盈利水平的生产规模。最佳规模是指经济效益最大化的规模，这里的经济效益最大化是指以最低的成本获得最大的收益。

(六)农业项目生产规模的界定

从农业项目评估的角度看，规模经济中的规模一般指的是农业项目的生产规模。农业项目的生产规模是指农业生产要素在农业中的集中程度，其衡量指标主要包括农产品产量、生产能力、产值、工作人数和资产价值。其中，农产品产量和生产能力指标使用最为频繁。农产品产量是指农业项目在一定条件下、一定时期内实际生产的农产品数量。产出能力是指农业项目在一定的技术生产条件下，在一定时期内生产某种农产品的最大能力。生产能力和产出能力通常按年计算，以实物量或标准实物量表示，也有利用原料成分对产量或生产能量进行衡量的，因此其产量和生产能力可以用可加工的原料数量来表示(如猪饲料加工厂)；有的项目用农机装备(如割草机)、设备容量(如化肥厂、农药厂)来表示其产量和生产能力；还有一些项目的产品种类繁多，变化性大，通常可以换算成标准实物量来表示产量或生产能力。

(七)农业规模经济的内容

农业规模经济是根据耕地资源条件、社会经济条件、物质技术装备条件、政治历史条件，确定一定的农业经营规模，目的是提高劳动生产率、土地产出率和农产品商品率。农业规模经济的主要目标是扩大生产规模，使单位产品的平均成本降低、收益增加，以获得良好的经济和社会效益。

随着农业关键核心技术的进步和农业生产过程的复杂化，最终的规模也在不断变化，农业企业利用规模经济的方式和形式因生产产品种类不同而不同，取决于其生产的技术特点。现代消费者对农产品需求的多样化和个性化并没有导致规模经济的丧失；相反，由于产品的系列化和高度完整的标准化，规模经济继续对农业生产和发展产生深刻的影响。对农业规模经济的研究是合理规划农业产业的重要基础。

人们根据农业生产力要素数量组合方式变化规律的要求，有意识地选择和控制农业生产规模，以达到产量最大化和成本最小化，同时获得最佳经济效益。规模经济或生产力经济是确定最佳生产规模的问题。

农业规模经济的优势是实现产品规格的统一和标准化，通过购买大量农业生产要素降低单位采购成本，促进行政和技术人员的专业化和效率，并促进新产品的开发，因此，实现规模经济的农业企业在市场上更具有竞争力。

在理解农业规模经济现象时，应注意这一现象是在技术水平保持不变的假设下运行的。或者说，当生产能力扩大时，即生产中使用的两种农业生产要素以相同的比例增加时，技术系数可以是可变的，也可以是不变的。但由于它并不改变技术系数，因此，农业生产要素的增加只是量的增加，这个规律是研究技术系数不变时，农业生产要素的增加引起的生产规模的扩大对产量的影响。

(八)农业规模经济的确定方法

1. 短期成本法

短期成本法是指在短期内，在现有农业企业扩张之前，只调整原材料和劳动力等的投入，与其各种产出量相对应的成本，而固定资产的投入量则不调整。短期成本法实际上是以盈亏平衡分析为基础，所以在实践中短期成本分为变动成本和固定成本，与最大利润相对应的产出被称为最佳经济规模。短期成本法是一种静态分析，适用性较差，因为它只能适用于短期经济活动的分析。

2. 成本函数法

成本函数法是指在产出一定的条件下，对投入要素进行优化配置时，以实现生产成本最小化目标的方法。其原理是，在满足一定生产函数关系的产出水平上可以找到成本函数，将不同产出水平上的许多这样的优化点连接起来，得到一条长期成本曲线，它是最接近理论成本曲线的，由此产生的企业经济规模具有实用价值。

3. 最小总费用法

最小总费用法也称最低总成本法，是指一定的生产技术组织条件下，通过制订各种可行的年产量方案，并分析计算出各种达到年产量的经济规模的方案所需支付的年总成本，然后分析比较各方案的总成本，在这些方案中选择总成本最低、代表最佳规模经济的年产量方案。实现年生产规模经济所需的年总成本包括生产和流通过程中的支付等。

4. 工程法

工程法在农业企业中的运用是根据农业生产技术和工艺特点，在生产能力平衡的条件下，考虑到成本、运输和投资 3 种费用，来确定农业企业的起始规模和最佳规模。为了做到这一点，提出了一些可能的方案。每种方案的 3 种成本都要分别计算，从中选出成本最低的方案作为合理方案，与此方案相对应的产能称为最佳经济规模。工程法是以设备负荷率(或设备利用率)为基础，从生产能力平衡的角度来确定农业企业的经济规模，这种方法是根据整个农业企业的技术人员、管理人员、技术工人、设备技术的素质，以及管理工作素质状态，考虑到资源的合理配置，从而确定的经济规模，这种规模能真实地反映农业企业的现状，而它不一定是效益最佳经济规模，即不一定是规模经济。

以上所描述各种方法，在实践中都有一定的适用性，但由于经济规模受到多种因素的制约，因此有一定的局限性。在实践中，应结合不同的方法进行综合分析和研究，最终确定合理的经济规模。

二、农业项目生产规模的制约和决定因素

(一)宏观经济政策

1. 政府对农业经济发展的规划

政府对农业经济发展的规划是指各级政府在一定时期内对农业经济发展的规定和安排。目前，中国已经建立并完善了农产品流通骨干网络，改造提升产地、集散地、销地批发市场，并布局建设一批城郊大仓基地，但在宏观上仍然需要政府的调节和控制。

2. 国家农业产业发展政策

在确定农业项目规模时，应考虑到国家发展农业行业的政策和生产力的区域分布。农业产业政策是国家加强宏观环境控制、提高农业产业质量、促进农村经济健康发展的重要手段。此外，规模的选择不仅要考虑经济效益，还要考虑生态环境保护、合理的产业布局、增加就业和社会可持续发展等其他综合社会效益，实现农业企业的微观经济效益与国家的宏观经济、社会效益的有机统一。

（二）市场需求

市场决定了农业项目的命运，项目产品必须有市场，才有必要实施该项目。农业项目的生产规模必须根据其潜在市场需求量来确定，这就需要在决定建设规模多大之前，进行调研和预测，了解公众对产品的需求，并考虑消费者的需求意向和公众的消费水平，避免规模过大或过小造成的资源浪费或资源闲置，保证农业项目的顺利实施和正常生产。

（三）技术经济特点

不同部门和行业对项目的生产规模有不同的要求，如以农产品为原料的工业的规模主要取决于农业原料生产、供应能力以及产品的需求能力，应根据农业项目所处的具体环境和所在行业的技术和农业经济特点，合理确定规模，采用大、中、小规模，以便利用规模经济实现规模收益。

（四）农业设施设备

农业项目生产规模的选择需要相关部门或单位的合作。在一定条件下，项目的规模是众多生产系统之间合理配置和能力平衡的问题。即如果项目涉及使用先进的生产技术和专用设备，能够实行大批量生产，项目生产规模可以定得高一些，否则应定得低一些。同时，在进行工艺技术装备选择时也不能脱离一定时期内的技术发展状况和设备供应条件等情况。在选择技术方案时，自动化程度和操作设备的比重不一定得过高，应选择性地使用先进技术。此外，现代化的特点之一是社会分工的细化和高度的专业化。一个农业项目的建设，必须与许多其他企业或单位合作，才能达到正常的生产能力和效用。

（五）社会经济资源条件

社会经济资源是项目生产资料所依赖的必要条件，对决定项目的生产规模有很大影响。

1. 自然资源

农业自然资源是农业生产的物质基础，其质量对农业生产有直接影响。因此，农业项目规模受自然资源条件的影响很大。如果一个项目的规模超过了自然资源的供应能力，这种规模就无法实现。

2. 资金条件

资本的有限性和稀缺性是经济发展的主要瓶颈，一般来说，随着项目规模的不同，所需资本的数量和资本运作的效率也不同。特别是农业生产受到其自身生长周期规律的约束，因此农业资金投放和回收的时间不一致，不能够像工业资金一样，比较容易按照人们的意愿缩短生产周期，而且由于农业生产具有极强的季节性，致使农业资金在整个循环周转中具有季节性。因此，项目规模的大小应该充分考虑项目生产周期等因素，并根据可提供的资金数量来合理安排，尽可能地提高资金的使用效率，减少资金的浪费。

3. 交通运输条件

由于农产品是易腐烂的，不易储存，运输条件也会对农业项目的规模起到限制作用。货物的数量、运输距离、运输成本和运输便利性是需要考虑的因素。特别是运输距离长、运输条件不利、运费高、运输成本高的项目，应根据运输条件调整生产规模，因此，必须在权衡各种因素后确定适当的项目规模。

4. 基本投入物

农业项目投资的基本投入是指项目运行所需的主要原材料、中间产品以及主要燃料和动力等。在一定时期内，资源的需求和供应往往是相互矛盾的，因为对资源的需求是无限的，而资源的供应总是有限的，这就是所谓的资源稀缺性。一个农业项目所需的基本投入物的来源可能在 3 个方面受到限制：第一，总供应量不能满足整个项目的需要；第二，基本投入物的质量不符合项目要求；第三，使用基本投入物的成本问题。在确定生产规模时，应考虑到所有这些因素。

(六) 专业化分工与协作条件

现代农业的分工越来越细，专业化程度越来越高，大而全(或小而全)的农业企业已不能适应形势发展的需要。也就是说，一个农业项目往往不是独立的，需要许多企业或组织或单位的支持才能投入正常运转，如提供原辅材料支持，还有生产配件支持等。因此，对拟建农业项目的规模应充分考虑协作配套条件，即把农业项目的规模调整到协作配套的水平。如果规模过小，就会造成浪费资源，协作配套企业或单位的能力或效益不能充分发挥；规模过大，项目的生产能力利用率低，也是一种资源的浪费。

(七) 经济效益

成本效益是限制和决定项目生产规模的主要因素。为了进行可行性研究和项目评估，根据经济效益的高低，项目的生产规模一般可以分为亏损规模、起始规模、合理经济规模和最佳经济规模 4 种类型。从以上 4 种规模可以看出，第四种规模是最理想的规模，拟建项目的生产规模最好能达到这个水平。但是，由于农业项目会受到诸多因素的限制，这种规模通常很难实现，而第一和第二种规模则无法选择。因此，一般来说，应优先考虑第三种规模。

三、农业项目生产规模的确定方法

(一) 分步法

分步法又称“逼近法”，其特点是先确定起始生产规模作为所选规模的下限，确定最大生产规模作为所选规模的上限，然后在上、下限之间，拟定若干个有价值的方案，通过比较，选出最合理的生产规模。具体步骤如下：

1. 确定起始农业项目生产规模

起始生产规模也就是项目盈亏平衡时(即保本)的最小经济规模。根据农业项目产品的性质，有以下 3 种确定起始生产规模的方法。

①若农业项目产品在国内销售，且无法用进口品替代，则农业项目的起始生产规模主要受技术和设备的制约。在一般情况下，若选择较小的生产规模，其生产技术往往比较落后，经济效益差，一方面会造成规模不经济；另一方面，在一些生产部门，可供使用的加工工艺和设备已按一定的生产能力标准化，若将生产能力较大的标准化设备用于较小的生产规模，会造成设备能力的闲置和成本费用的上升。在这种情况下，确定起始生产规模时，可利用规模效果曲线，对可供选择的工艺和设备进行分析，选定其中不至于出现亏损的工艺与设备，将其生产能力作为起始生产规模，如前述的规模效果曲线图(图 3-2)中的 Q_a 点。

②如果农业项目产品可以用进口替代，则应将生产成本费用与进口成本进行比较，确定起始生产规模。单位农业项目产品成本费用与单位进口产品成本的比较示意图如图 3-3 所示。

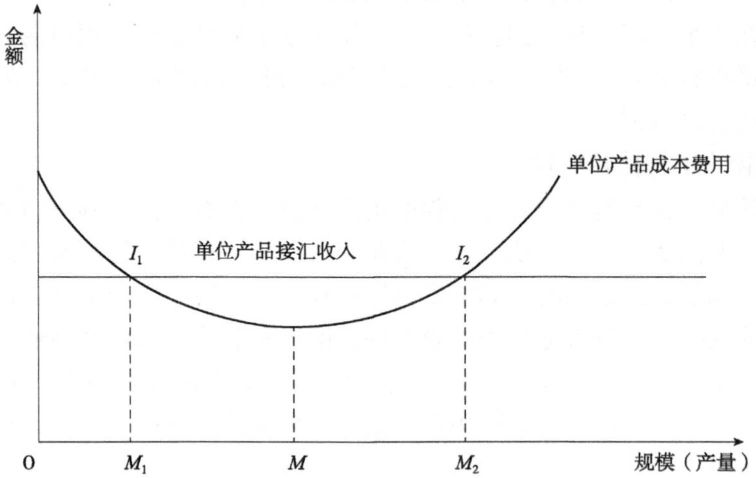

图 3-3　进口替代项目经济规模图

在图 3-3 中，假定进口产品的口岸价格比较稳定，这样，单位进口产品成本是一条比较稳定的水平线，而单位项目产品成本费用则随着该项目生产规模的扩大而有所变化。在产量为 M_1 到 M_2 之间，该项目生产是合算的；当生产规模小于 M_1 时，其生产成本费用高于进口成本。所以，M_1 是拟建项目的起始生产规模。

③如果项目产品可以出口，则应将项目生产成本费用与换汇收入进行比较，确定起始生产规模。单位项目产品生产成本费用与单位产品换汇收入的比较如图 3-4 所示。

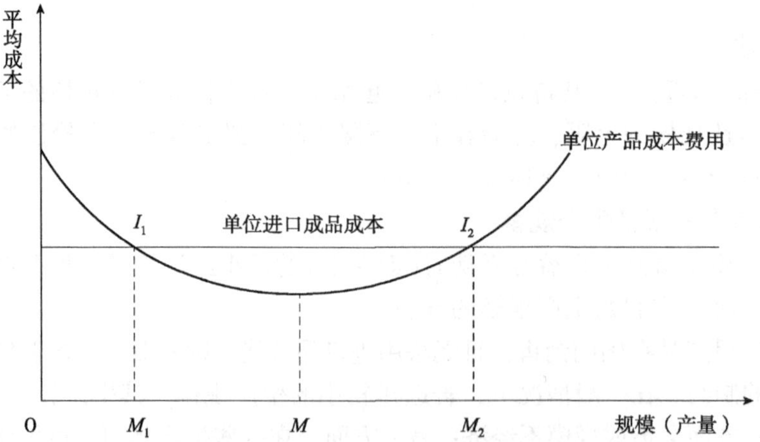

图 3-4　出口产品项目经济规模图

在图 3-4 中，假定国际市场比较稳定，这样，单位产品换汇收入是一条稳定的水平线，而农业项目产品单位成本费用则随着该项目生产规模的扩大而有所变化。农业项目生产规模在 M_1 至 M_2 之间，该农业项目生产是合算的；当农业项目生产规模小于 M_1 时，单位产品成本费用大于单位产品换汇收入，出口是不合算的。所以，M_1 是拟建农业项目的起始生产规模。确定起始生产规模后，以其作为确定拟建农业项目生产规模的下限，然后再确定最大生产规模。

2. 确定最大农业项目生产规模

在现实经济生活中，农业项目生产规模受到很多因素的制约。这就需要综合考虑各项因素对农业项目生产规模的限制作用，特别是要对制约农业项目生产规模的因素进行分析。在一定的投资条件下，某个因素对农业项目生产规模的大小可能起决定性的作用，即成为农业项目生产规模的"瓶颈"。通过对"瓶颈"因素的分析，可以确定在可行条件下的最大农业项目生产规模，作为所选生产规模的上限。

3. 确定合理的农业项目生产规模

起始生产规模与最大生产规模确定以后，就确定了拟建农业项目生产规模的上限和下限，可在此之间拟订若干不同规模的比较方案。在拟定比较方案中，起决定作用的是设备能力，我们可以在最小和最大规模之间，选择具有不同能力的设备或者对设备进行不同的组合，以拟定出不同的生产规模方案，然后计算不同生产规模方案的成本费用和效益，之后再对成本费用和效益进行比较。其中成本费用最低、效益最好的方案应为最终确定的拟建项目的生产规模。

（二）经验法

经验法是根据国内外同类企业的经验数据，充分考虑制约和决定生产规模的各种因素，确定拟建项目规模的方法。在确定农业项目的生产规模之前，必须确定与项目相同或相似的农业企业，特别是几个不同规模的农业企业，并计算这些不同规模企业的主要技术经济指标，如内部收益率。然后综合考虑了制约和决定项目预计生产规模的各种因素，确定了合适的规模。在实践中，这种方法得到了更广泛地应用。

（三）生存技术法

用"生存技术"确定生产规模的方法也可以称为经验方法，但它不同于经验法用经验数据确定项目生产规模的方法。此外，该方法的应用对项目评估员提出了更高的要求。利用生存技术确定最优生产规模的方法是由诺贝尔经济学奖获得者乔治·施蒂格勒提出的。他认为，由于企业所拥有的资源质量不同，不同的规模可能同样经济，现实中一个企业的活力和发展压力不仅取决于或不主要取决于生产成本，还取决于企业通过对数据的合理观察灵活适应技术和市场变化的能力，此时生存能力非常重要。"生产技术"法的本质是凡是在长期竞争中得以生存的规模都是最佳规模。乔治·施蒂格勒用这种"生存技术"研究了美国制造业，发现多种规模都是最优的，其中，决定企业规模的主要因素是工厂规模及其技术复杂程度。

（四）净现值准则法

在重点考虑经济目标的情况下，某农业项目追求的目标可以简化为同等条件下净盈利的最大化，而净现值就可以反映这种净盈利。由于生产规模的大小与投资紧密相关，最佳生产规模实际上就是项目获得最大净现值的生产规模。设某农业项目投资现值为 K_p，项目生命期内各年净收益为 NC_t，各年净收益的现值之和为：

$$NC_p = \sum_{i=1}^{n} NC_t(1 + r_t)^{-t} \tag{3-1}$$

式中 r_t——t 年的收益率，则净现值可以写成：

$$NPV = NC_p - K_p \tag{3-2}$$

净现值准则法指的是如果一项投资的净现值是正数，表明该项目可能盈利，就接受；反之，则拒绝。如果净现值为零，则接受和拒绝没有差别。如果当前的生产规模，使得净现值 NPV 大于0，那么此生产规模较合理，当然使得净现值 NPV 最大的生产规模是最佳生产规模。

第三节　农业项目建设规模评估案例

本节主要讲述农业项目建设规模的评估依据、步骤及结论，并提供一个案例进行分析。

一、项目评估依据、步骤及结论

1. 评估依据

农业项目建设的内容及规模的测算应准确把握其实质内容，提高科学性、合理性、可靠性，做到依据充分、论证科学，使农业项目建设更好地从求大求全转为提高投资效益。农业项目建设规模的评估，要符合国家颁布的相关规范及标准要求，项目建设规模并非越大越好，应结合实际效益，实现规模与建设总体目标和功能定位的最佳组合。

2. 评估步骤

(1)严格遵循项目实施标准

农业项目建设的实施必须严格执行招标投标、工程监理、合同管理及竣工验收制度。农业项目建设的工程建设要坚持先勘察、后设计、再施工的原则，严禁边勘察、边设计、边施工。建设单位必须严格执行审批文件，不得擅自变更建设地点、建设性质、建设内容、建设规模、建设标准等。确因客观原因需变更的项目，按程序向原项目审批单位申请办理变更。

(2)根据建设标准核实规模

目前，对于农村项目建设已有比较全面的可作为测算依据的建设标准。如《高标准农田建设标准》《马铃薯脱毒种薯繁育基地建设标准》《鱼、虾遗传育种中心建设标准》《种羊场建设标准》《水产良种场建设标准》《国家农作物品种试验站建设标准》《畜禽规模养殖污染防治条例》等，包含了农林牧渔等多种类别。评估项目建设规模时，应严格核实套用指标准确性，确认套用指标是否重复，是否超标，是否有特殊功能的设置。例如，《种羊场建设标准》中场址选择应符合国家相关法律法规、当地土地利用规划和村镇建设规划；应满足建设工程需要的水文地质和工程地质条件；应符合动物防疫条件，地势高燥、背风、向阳，交通便利；应距离居民点、公路、铁路等主要交通干线 10 m 以上，距离其他畜牧场、畜产品加工厂、大型工厂等 3000 m 以上；应选在最近居民点常年主导风向的下风向处或侧风向处。

(3)调研和论证相结合核实规模

针对尚无建设标准的农业项目，评估应审核其基本业务功能、特殊业务功能的设置及其服务量是否与总体目标相吻合，科学论证是否到位。服务功能定位及其服务量是测算项目建筑规模的主要依据，故应做到理由充分、结论明确。对于功能定位，尤其是特殊功能定位及其服务量，凡是没有明文规定的，应通过调查分析，总结实践经验、经科学论证确定，采用相关方法对项目规模是否合理进行测算。在这种情况下，评估应坚持原则，坚持调研和论证相结合。

3. 评估结论

结合多方因素对建设内容和规模进行完整评估后，应针对评估的数据和内容给出确切和客观地评估意见、结论。评估意见和结论应包括以下内容：

①用来确定项目建设的容量数据是否有据可依，预留的发展容量是否符合上级主管部门及国家、行业发展规划或批复。

②项目建设内容是否符合国家相关法律法规要求，及相应标准要求。

③建设规模指标是否符合相应标准要求，对于暂无相应标准的建设内容，应明确建设规模是否科学合理。

④项目建设内容和规模考虑是否具有前瞻性，考虑未来经济社会和行业发展的需求。

二、保定市徐水区高标准农田建设项目

1. 项目概况及范围

项目涉及保定市徐水区留村镇的山东营村、半壁店村、仪村、南亭村，共计 4 个行政村，建设规模为 0. 923 万亩。

2. 建设内容

项目设计以农田水利基本建设为重点，实施水田林路综合治理，全面夯实项目区农业基础设施。突出抓好农田节水灌溉，把发展农业节水灌溉摆在项目建设的突出位置，设计修复配套机井 155 眼，铺设低压输水管道 53 km，配套软管 3. 875 km。根据需要，安装架设变压器 5 台，将现有低压架空线路全部改为地下低压线缆，铺设低压电缆 44 km，满足农业用电要求。整修田间道路整修农路 9. 63 km，将群众急需整修的农路进行路面硬化。通过栽植防护林 3000 株，建设高标准农田防护林网。科技示范推广面积 1000 亩，做好先进科技示范与推广。

3. 项目投资

徐水区高标准农田建设项目总投资为 980 万元，全部为政府财政资金，徐水区 2017 年财政收入完成 47. 1 亿元，区政府高度重视高标准农田建设，资金可及时到位。其中水利措施投资 581. 42 万元，农业田间道路投资 356. 64 万元，林网措施投资 7. 44 万元，科技推广投资 10 万元，项目管理费 14. 7 万元、工程管护费 9. 8 万元，合计 24. 5 万元。

4. 投资概算

项目总投资 980 万元，其中水利措施投资 581. 42 万元，占总投资的 59. 33%；田间道路投资 356. 64 万元，占总投资的 36. 39%；林业措施投资 7. 44 万元，占总投资的 0. 76%；

科技措施投资 10 万元，占总投资的 1.02%。水利措施投资占主要部分，符合农业综合开发的基本思路；田间道路不超过 40%，符合项目立项政策要求；项目管理费 14.7 万元，提取比例不超过 3%；工程管护费 9.8 万元，提取比例不超过 1%，勘察设计费 6.36 万元，不超过 1%；监理费提取 9.03 万元，符合要求。

5. 规模评估

开发项目实施之后，由于农田灌溉采用低压管道输水灌溉形式，同时推行小畦灌溉，所以开发后灌溉水利用系数提高到 0.8。项目实施后，平水年综合灌溉定额为 178.5 m^3/亩，则农业年需水量为 205.94 万 m^3，项目区年需水量为 215.43 万 m^3；枯水年时，综合灌溉定额 210 m^3/亩，农业年需水量降至 242.29 万 m^3，项目区年需水量为 251.78 万 m^3。项目实施前地下水资源处于超采状态，项目实施后，减少了输水渗漏损失，提高了灌溉水的利用率，项目实施后解决了水资源供需矛盾，平水年节水 27.22 万 m^3，枯水年节水 31.57 万 m^3，需水量均低于可开采量 257.65 万 m^3，水量供需分析计算结果为盈余。

另外，本项目建设后，新增粮食生产能力 186.44 万 kg，新增农业总产值 409.72 万元，新增农民纯收入总额 405.20 万元，农民人均年纯收入增加 499 元。项目年运行费用包括能源动力费、管理费、维修费、折旧费等。能源动力费每年 90.02 万元；维修费是指对项目工程各组成部分的日常维修、养护、岁修、大修和易损件更新的费用，取其为项目总投资的 2.5%，则维修费为 980 万元×2.5% = 24.5 万元；管理费包括日常管理人员的工资、科学试验等费用，按每亩每年 5 元计算，则管理费为 4.62 万元；折旧费为该项目工程固定资产在使用过程中随着磨损而转移到成本中的那部分价值，徐水区高标准农田建设项目设计折旧年限定为 15 年。折旧费计算为：工程年折旧费 = 工程投资/设备折旧年限，结果为 61 万元。项目工程建设期为 1 年，生产经营期为 14 年，经济计算期为 15 年，工程建设第一年完成后，第二年产生效益。经济效益分析按动态法计算，财务评价指标基准收益率取 8%。从第二年起，预测每年的销售收入为 410 万元，成本为 119 万元，主要计算指标包括财务净现值、投资回收期和财务内部收益率，结合以上数据可以计算得出，项目的累计财务净现值为 1334 万元，依据净现值准则，目前的建设规模比较合理，可以大幅盈利。另外，财务内部收益率为 29%，项目回收周期为 5 年，各个指标都显示当前的投资规模较为合理。

6. 评估结论

项目必要性和可行性的分析基本充分；项目区年可供水量 257.65 万 m^3，实施后项目区年需水量为 251.78 万 m^3，项目区的水资源供需不平衡状况将得到缓解；项目区工程布局合理，建设内容及标准符合相关规定；项目投资规模合理，预测累计净现值为 1334 万元，其他经济指标也显示此项目可以盈利，未来效益显著，能够起到示范带动作用；项目实施后，将新增农业总产值 409.72 万元，新增农民纯收入总额 405.20 万元；组织实施和运行管护措施到位。

本章小结

1. 农业项目不仅包含着农业产品的生产过程，还包括通过和农业相结合产生的一些服务业和旅游业，都称为农业项目。对农业项目的市场调查最终的目的就是通过市场调查进行市场预测，而市场预测主要是判断其市场的发展方向帮助企业制定农产品的生产量和其生产规模，帮助企业制定产品销售价格和开展促销活动等。由此可以看出市场调查对于农业项目发展的重要性，通过各种调查使其能更好、更快发展。

2. 市场调查是了解市场、取得市场信息最基本的方法。这种方法分为直接调查与间接调查两类。常见的农业项目市场调查方法有询问调查法、实验调查法、抽样调查法等。农业项目市场预测的方法很多，但它们的分类很明确，一般分为 3 类，即定性预测、定量预测和综合预测。

3. 农业项目的生产规模是指农业生产要素在农业中的集中程度，其衡量指标主要包括农产品产量、生产能力、产值、工作人数和资产价值。农业规模经济是根据耕地资源条件、社会经济条件、物质技术装备条件、政治历史条件，确定一定的农业经营规模，目的是提高劳动生产率、土地产出率和农产品商品率。农业规模经济的主要目标是扩大生产规模，使单位产品的平均成本降低、收益增加，以获得良好的经济和社会效益。农业项目生产规模的确定方法主要有分步法、经验法、生存技术法和净现值法则等。

4. 农业项目建设规模评估要遵循其标准，核实其规模，对于无具体标准的农业项目评估应审核其基本业务功能、特殊业务功能的设置及其服务量是否与总体目标相吻合，科学论证是否到位，坚持原则，坚持调研和论证相结合。在对农业项目评估时，要从整体出发，评估其社会效益与经济效益，做到客观、公正、合理。

重要概念

市场调查　市场预测　农业项目市场调查　农业规模经济　农业项目生产规模

第四章　农业项目投资环境和选址评估

学习目的

(1) 了解投资环境的基本概念。

(2) 掌握投资环境的类型与特征。

(3) 熟悉区域投资环境评估的意义、原则与方法。

(4) 熟悉农业项目建设地点选择的基本步骤和选择方法。

(5) 掌握农业项目投资选址的基本原则和要求。

本章首先解释投资环境、项目选址等基本概念，阐述投资环境的主要分类及基本特征，提出区域投资环境评估指标系统的构建原则和评估方法，以及农业项目选址的基本步骤、原则和方法，最后对农业项目选址经典案例进行介绍。

第一节　区域投资环境评估

一、投资环境的定义

投资环境是一个复杂的概念，学术界尚未形成统一的定义。黄达等主编的《中国金融百科全书》中指出，投资环境是指“投资项目所在地的自然、技术、政治、经济和社会的各种条件的总和”。黄东兵等著的《投资环境的评价与改善》一书认为“所谓投资环境就是指环绕直接投资形式的投资主体和投资地点的一切时间、空间领域内的自然环境、社会环境、经济环境、政治环境中影响投资的一切因素的总和”。这两种观点的内涵更加全面，但仍只把物质环境作为投资环境的主要部分，还具有一定的局限性。

闵建蜀在《中国投资环境：一个概念性的探讨》一书中指出：“投资环境可分为硬环境与软环境，硬环境主要是指当地的基础设施，而软环境是指当地的行政管理效率、政策、法令、劳动生产率、资金市场、技术水平、外汇管理制度、原料、零件及元件市场等。”并认为软环境因素构成吸引外资的充分条件，硬环境因素构成吸引外资的必要条件。这种观点对投资环境的内涵作了更为严格和确切的规定，比前述观点有了较大的发展。

投资环境是指投资对象在进行投资时所面临的、影响投资行为的自然、经济、科技、管理、社会、法规和政治的各种条件和因素的总称。实际上，投资环境是一个内涵和外延非常丰富的系统。它包含了对投资有直接或间接影响的区域范围内的地理区位、自然资源、基础设施、原材料供应、市场化程度、竞争状况、人力资源、信息渠道、资金融通、纳税负担、社会服务、经济政策、法律法规、社会秩序、政治形势等这些有利或不利的条件与因素，涵盖了经济、社会、政治、文化、法律、自然地理、基础设施、信息、服务以及政策等方面。

二、投资环境的分类

投资环境是一个由若干个相互联系、相互制约、相互影响的子系统所构成的一个复杂的大系统，为了进一步认识它，就需要运用一定的标志对这个多因素、多层次的复杂系统进行科学分类。

(1)投资环境按表现形态可分为硬环境和软环境

投资硬环境是指投资环境中有形要素的总和，包括物质环境和区位环境。物质环境包括基础设施和生活服务设施等环境，区位环境包括自然区位环境和经济区位环境。投资软环境是指无形的投资环境中无形要素的总和，包括社会政治、社会法律和社会经济环境，以及社会文化、人的观念、风俗、习惯和政府的行政办事效率等。

硬环境是投资环境的物质基础，往往是人们首先关注的环境因素。但是，现在软环境在投资环境中起着越来越重要的作用。这是因为，总体投资环境等于硬环境与软环境的乘积，而在一定时期内硬环境的变化是有限的，有的硬环境，如资源储量，在一定时期内是无法改变的，因此，如果加强软环境的建设，就能弥补硬环境的不足，最终能成倍地提高整体投资环境的水平。

(2)投资环境按层次可分为国家与区域两种层次

国家投资环境体系主要包括一个国家政治状况、法制健全程度、经济发展总体水平等与投资有关的自然、经济、社会环境。区域投资环境是指包括一个地区政治状况、法制健全程度、经济发展水平、基础设施因素、社会服务因素等与投资有关的各类综合因素。

(3)按投资环境的地域可分为国内投资环境和国际投资环境

国内投资环境是指决定和影响国内投资的各种政治因素、经济因素、自然因素、社会因素和其他因素相互联系、相互作用所形成的矛盾统一体。国际投资环境是指决定和影响国际投资的各种政治因素、经济因素、自然因素、社会因素和其他因素相互联系、相互制约所形成的矛盾统一体。国际投资环境从地域范围角度分类，又可以分为东道国投资环境和地区投资环境。东道国投资环境是指整个国家范围内影响投资的各种因素的总和。地区投资环境是指一个地区范围内影响投资的各种因素的总和。

三、投资环境的基本特征

(一)综合性

投资环境是一个复杂的系统，它由若干个子系统组成，各个子系统又按照一定的结构、规模、时间、空间形式，以其各自的功能，相互作用、相互制约，构成一个完整的投资环境系统，投资环境的综合性不仅表现为投资环境在总体上对投资活动的制约与影响，而且表现为投资环境的各个子系统对投资活动的制约与影响。

(二)主导性

在不同的发展阶段上，社会经济各要素中总有一个或几个要素居于主要地位，它们在投资活动起主要甚至决定性的作用，影响和决定了这一时期地区经济的性质和特征，通常它们总是某些经济要素，当然也不排除一时一地社会文化、政治法律要素也可能决定投资环境的性质和特征。

(三)动态性

投资环境的各种因素不是一成不变的，而是随着时间的推移而不断变化的，一方面，由于投资的环境本身状况处于不断运动和变化中，有些投资环境因素变得对投资活动有利，有些投资环境因素变得对投资活动不利并处于恶化状态。另一方面，衡量投资环境的价值尺度也会随着时代的发展有所不同。认识投资环境动态性的特征，可以提高我们改善投资环境的预见性，从而提前创建良好的投资环境。

(四)差异性

投资环境对投资活动的制约与影响存在差异性。同一投资环境对不同部门、行业和项目的投资者有不同的制约与影响，一是由自然因素决定的；二是由技术和经济因素决定的；三是由社会人文等方面投资环境因素决定的。

四、投资环境评估的意义

影响一个区域投资环境因素有很多，自从世界各国利用各种指标对其投资环境的优劣和吸引投资者的力度进行评估、监测以来，采用评估指标及评估方法进行投资环境评价已经成为世界各国和区域吸引资金流入、促进经济社会持续发展的重要手段。中国作为一个发展中国家，技术和管理水平相对落后，大量引进外资会获得发达国家技术、诀窍、管理经验等稀缺资源，这等于将发达国家长期积累、高额投入的人力资源和知识技术存量转移到中国使我们获得所谓的溢出效应。其他发展中国家经济腾飞的历史经验也证明，FDI 的大量涌入将会为流入国带来新的管理技术诀窍、体现在资本设备中的新技术以及先进的国际市场营销手段。由于外商直接投资带来的益处，中国政府以及各级地方政府争相吸引外商直接投资，但是，由于中国地区间的差异，无论按流量还是存量来衡量，国际直接投资在我国各地区的分布极不平衡，即使在一个地区的内部，各城市间的外商直接投资的流入分布也呈现出不平衡的现象。当然，改善投资环境的目的绝不仅限于吸引外资，而是吸引异地投资企业，完善当地的产业配套，乃至借助于外来投资实现当地产业结构的调整才是其真正的目的。因此，研究如何构建衡量投资环境优劣及其吸引力大小的指标体系，并研究如何选择适当的方法对投资环境进行定量评估，为区域经济发展政策的制订和决策的实施，提供一个科学有效的参考依据，意义非同寻常。

五、区域投资环境评估指标系统的构建原则

对一个区域的投资环境进行评估分析，指标选择与指标系统的构建非常重要，直接关系到研究结论的科学性、准确性与可靠性。考虑到我国的国情及各个地区的区情，为了便于支撑投资评估研究方法，并科学、公正、全面地反映区域投资环境的状况和衡量区域投资环境质量优劣及水平的高低，在研究、选取和构建评估指标系统时，需遵循和贯彻以下原则：

(1)全面性原则

投资环境系统是由多因素构成的多层次的组织系统，同时又受到系统内外众多因素的

影响和制约。投资环境指标系统具有范围广、信息量大的特点，要求我们在遴选指标时必须尽量全面、完整地选择各级各类的指标。

(2)简洁性原则

如前所述，选择投资环境指标系统要遵循全面性的原则，但这并不是说选择指标时必须面面俱到，繁琐。相反，指标的遴选和设置需要考虑典型性和代表性，尽量使含义相同或相关性较大的指标不被选入，用尽可能少但信息量尽可能大的指标去反映多方面的问题。

(3)科学性原则

投资环境系统中的每一个指标都应具有确定的、科学的深刻内涵。指标系统的建立应该根据投资环境本身及经济社会发展的内在联系，依据投资环境评价理论和统计指标系统建立的科学理论和原则，选择含义准确、便于理解、易于合成计算及分析的具体、可靠和实用的指标，以客观、公正、全面、科学地反映区域投资环境的本质和规律性。

(4)系统性原则

投资环境系统是一个由具有一定结构和功能的要素构成的有机整体。指标和指标系统是一个相对的、不断动态发展变化的概念。因此在选择和确定具体指标来构建指标系统时，要综合考虑投资环境的整体性、动态性和系统性，既要选择反映和衡量系统内部各个子系统发展状况的指标，又要包含反映各个系统相互协调以及系统外部的环境指标(如政策变量等)；既要有反映和描述投资环境系统状况的静态指标，又要有反映和衡量系统质量改善和素质提高的动态指标。同时还要随着时间的推移、地点的变化和实际情况的不同，指标系统能够适应动态发展变化的需要而进行相应的适当调整。

(5)可比性原则

指标系统的构建应该通过借鉴和吸取国内外的研究经验和成果，便于国内各个地区对比，又能经过适当的调整而方便国际比较，还可以进行动态对比。因此为了加强各个区域投资环境的可比性，必须准确地分析和研究统计资料及其含义，参考统计年鉴和其他相关年鉴及文献选用范围和口径相对一致的相对指标和平均指标，同时也选用一些总量指标，一方面可以确保因素变量不会因为经济规模、人口多寡或面积大小等因素的影响而使分析结果产生偏差，另一方面也可以增加指标体系的综合性和关联性。

(6)可操作性原则

投资环境系统评估指标应该具有实用性和可行性，指标数据的选择、获得、计算或换算必须立足于现有统计年鉴或文献资料，至少容易获得、计算，并采取国际认可或国内通行的统计口径，指标的含义必须明确，便于有效进行定量的分析和评估。

六、区域投资环境评估指标系统构建

投资环境系统是一个以创造良好的投资场所，吸引外商直接或间接投资为中心目标的非常复杂的开放系统。投资环境系统具有一般系统的所有特征，即同样是一个由系统之下的子系统、子系统之下的更低层次的子系统，以及最低层次元素(要素或因素)所构成的有机整体。按照系统论的思想，依据构建投资环境指标系统全面、科学、系统、可比、可操作等原则，经过反复筛选和相关研究后选择了与投资环境密切相关、代表性大的 38 项指标，建立了评价中国区域投资环境的指标系统(表 4-1)。

表 4-1 中国区域投资环境指标系统

总目标	目标层	次级目标层	具体指标层	单位
区域投资环境指标系统	经济环境指标子系统	经济发展水平	国内生产总值	亿元
			全员劳动生产率	元/人
			人均财政收入	元
		产业结构	第二产业比重	%
			第三产业比重	%
		经济政策	优惠政策	个
			进出口商品总额	亿美元
		经济体制	外商投资总额占全国比重	%
			非国有企业产值占工业产值比重	%
		通货膨胀	商品零售价格指数	%
		金融环境	城乡居民存款余额	亿元
		外债	对外借款	亿美元
	市场环境指标子系统	市场规模	社会消费品批发零售贸易总额	亿元
		分销网点	社会消费品批发零售贸易业网点	万个
		市场化程度	出口占国内生产总值比重	%
			非国有企业产值占工业总产值比重	%
			工业产品市场占有率	%
			非农业人口占总人口比重	%
	科技与管理环境指标子系统	科技水平	专利批准数	万件
		管理水平	万人拥有专业技术人员数	人
		技术创新能力	人均研究与开发及情报文献机构支出额	元/人
	资源环境指标子系统	生产要素资源	从业人员	万人
			人均发电量	kW · h
		自然地理资源	抗灾率	%
			工业“三废”综合利用产值	万元
	文教环境指标子系统	人力资源	人均受教育年限	年
		文化素质	万人拥有高校在校学生数	人
		知识环境	万人图书销售量	册
	基础设施环境指标子系统	交通状况	货运量	万 t
		信息化程度	邮电业务量	亿元
		投资水平	万人固定资产投资额	元

（续）

总目标	目标层	次级目标层	具体指标层	单位
区域投资环境指标系统	社会服务环境指标子系统	生活质量	恩格尔系数	%
			职工平均工资	元
			人均寿命	年
			实际销售商品房面积	万 m^2
		医疗卫生条件	万人卫生技术人员	人
		社会服务水平	社会服务业从业人员	万人
		治安状况	财政基建支出中公检法经费比重	%

表 4-1 显示，投资环境指标系统可分为总目标、目标层、次级目标层和具体指标层 4 个层次。投资环境目标层系统涵盖了经济环境、市场环境、科技管理环境、资源环境、文化教育环境、基础设施环境和社会服务环境 7 大指标子系统，从 25 个次级目标层得到的 38 项具体指标层来描述和度量中国各个区域投资环境的恶劣。

七、区域投资环境评估方法

（一）冷热比较分析法

这一方法由美国学者伊西阿 · 利特法克和彼得 · 班廷提出，他们根据美国、加拿大、南非等国的资料，分析认为影响一国的投资环境因素主要有 7 个，把一地投资中不利于投资的因素称为冷因素，打负分；有利于投资的因素作为热因素，打正分。冷因素与热因素分值汇总后，总分值的正负、高低，可以定性和定量地反映该地投资环境的优劣。其提出的影响投资环境的 7 项因素是：①政治稳定性，政治越稳定，投资环境越好，则为热因素；②市场机会，一国的需求大，购买力强，则市场机会大，为热因素；③经济的成长及成就，一国的经济增长程度与稳定性，皆影响到企业形成成长的环境，经济增长稳定前景向好为热因素，经济发展滞后、前景不佳为冷因素；④文化一元化，一国的文化统一，各阶层人民相互融合，则为有利的投资环境因素，为热因素；⑤法令阻碍，法令繁多，法令阻碍大，会限制企业活动，影响投资环境，为冷因素；⑥实质阻碍，一国的地理位置差，地形复杂，交通不便，会阻碍企业的生产与经营，为冷因素；⑦地域及文化差距，投资者所在国与接受投资的国家如果文化迥异，思想差别会影响到交流，地域与文化差异大时，则为冷因素。

（二）等级尺度法

等级尺度法由美国学者罗伯特 · 斯托包夫于 1969 年提出的。他把影响投资环境的内容划分为资本抽回、外资股权、对外商的管制程度、货币稳定性、政治稳定性、给予关税保护的意愿、当地资本的可供程度、近五年通货膨胀率。然后对上述因素分别划分出子因素，此后根据每一个子因素对投资的有利程度，给予不同的分值（表 4-2）。最后将分值汇总，综合反映投资环境的优劣程度。

表 4-2 投资环境八大类因素评估打分表

投资环境因素	评分
一、资本抽回	0~12
无限制	12
只有时间上的限制	8
对资本有限制	6
对资本和红利都有限制	4
限制繁多	2
禁止资本抽回	0
二、外资股权	0~12
允许并欢迎全部外资股权	12
允许全部股权但不欢迎	10
允许外资占大部分股权	8
外资最多不超过股权 50%	6
只允许占少部分股权	4
外资不得超过股权 30%	2
不准外资控制股权	0
三、对外商的管制程度	0~12
外商与本国企业一视同仁	12
对外商略有限制但无管制	8
对外商有少许管制	6
对外商有限制并严加管制	4
对外商严加限制和管理	2
禁止外商投资	0
四、货币稳定性	4~20
完全自由兑换	20
黑市与官价差距在 10%以内	18
黑市与官价差距在 10%~40%	14
黑市与官价差距在 40%~100%	8
黑市与官价差距在一倍以上	4
五、政治稳定性	0~12
长期稳定	12
稳定但因人而治	10
内部分裂但政府掌权	8
国内外有强大的反对力量	4
有政变或动摇的可能	2
不稳定，政变和动荡极可能发生	0

（续）

投资环境因素	评分
六、给予关税保护的意愿	2~8
给予充分保护	8
给予相当保护但以新工业为主	6
很少或不保护	2
七、当地资本的可供程度	0~10
成熟的资本市场有公开的证券交易所	10
少许当地资本有投机性的证券交易所	8
当地资本有限外来资本不多	6
短期资本极其有限	4
资本管制很严	2
高度的资本外流	0
八、近五年的通货膨胀率(%)	2~14
<1	14
1~3	12
3~7	10
7~10	8
10~15	6
15~35	4
>35	2

(三)道氏公司评估法

美国道氏公司认为它在国外投资所面临的风险可分为两类：一是“正常企业风险”，这类风险存在于任何基本稳定的企业环境中，它们是商品经济运行的必然结果；二是“环境风险”，即某些可以使企业环境本身发生变化的政治、经济及社会因素。因此，它把影响公司投资经营的因素分为两大类各 40 个因素。一类是企业业务条件，另一类是企业的外部条件和外部压力，对这两类因素进行分析一应俱全，再做出投资决定。

(四)多因素评估法

多因素评估法将影响投资环境的因素分为 11 类，政治环境、经济环境、财务环境、市场环境、基础设施、技术条件、辅助工业、法律制度与法制、行政机关效率、文化环境、竞争环境。其中每一类因素又由一系列因素组成，在评估时，先对各类因素的子因素作出综合评价，根据优、良、中、可、差的判断，按 5 分制赋值，最后进行综合评分。

(五)层次分析法

层次分析法(AHP)是将决策总是有关的元素分解成目标、准则、方案等层次，在此基础之上进行定性和定量分析的决策方法。这种方法的特点是在对复杂的决策问题的本质、影响因素及其内在关系等进行深入分析的基础上，利用较少的定量信息使决策的思维过程数字化，从而为多目标、多准则或无结构特性的复杂决策问题提供简便的决策方法。

(六)因子分析法

因子分析法是将具有错综复杂关系的变量综合为数量较少的几个因子，以再现原始变量与因子之间的相互关系，同时根据不同因子对变量进行分类，它是属于多元分析中降维的一种统计方法。因子分析法主要适用于对多个区域进行比较分析。

第二节　项目建设地点选择的一般方法

一、项目建设地点选择步骤和内容

(一)成立选址工作组

在农业项目市场研究、发展战略、建设规模、工艺技术方案、总图等工作已具备阶段成果的基础上，在建设单位的主持下，由承担总体咨询任务的机构选派工艺、总图、运输、地质、建筑、结构、电气、给排水、技术经济等专业人员组成选址工作组，有条件时可邀请城市规划与建设、环境保护、交通运输、水文地质等有关单位派员组成。

(二)拟定建设地点选择条件指标

农业项目建设地点选择条件指标因项目性质、规模、生产技术等方面的差异而有所不同，但通常会涉及以下几个基础条件指标：

(1)场地面积及形状条件

建设农业项目所需的场地大小和形状与农业项目的类别、性质、项目生产技术和设备、建筑形式以及运输方式等因素相关。对大多数项目而言，应考虑以下几条基本要求：

第一，农场、农副产品加工等生产性质项目一般要求场地形状方正、集中，以便设施布置及场地利用；

第二，场地范围内尽量避免受到铁路、公路干线或自然屏障的切割；

第三，所选建设地点有效面积应符合农业项目生产和功能需要。

(2)地形条件

农业项目所在位置的地形要求随项目的类型而异，如种植业、养殖业和农产品加工业通常要求地形平坦开阔且具有一定坡度便于引排水。

(3)地质条件

重大开发性农业项目通常要求所在位置具备较好的地质条件以满足建筑物设计要求，普通农业建设项目则要求地基土性或岩性均一，且具有足够的承载能力。

(4)交通运输及位置条件

农业项目在建设和生产时，所需的材料、设备和各类物资来自各地，运输费用占比大，因此建设地点应尽量靠近铁路、公路或通航河流。

(5)生产生活条件

与农业项目建设地点相关的生产生活条件主要包括水源条件和能源供应条件。

(三)资料收集和建设地点初步拟定

访问有关部门收集气象、水文、地形地质、交通运输、能源、社会经济等资料，根据项目条件指标选择各备选建设地点，并进行现场勘探。

(四)建设地点分析及报告

根据现场勘探结果及资料，结合工艺技术、投入物分析、投资分析、财务分析等，对各建设方案进行技术经济分析比较，提出推荐建设地点并撰写项目建设地点选址报告。

二、项目建设地点选择方法

农业项目建设地点选择是在确定农业项目类型、规模和所需外部条件的基础上，选择若干建设方案进行技术经济分析比较，从而选择出一个最优的建设地点。常见的选择方法有方案比较法、分级评分法、重心法、线性规划法等，具体如下：

(一)方案比较法

方案比较法也可称为建设投资与生产经营费用(产品生产成本)分析法，这种方法主要是比较不同建设地点方案的费用，以确定技术上、经济上最优的建设地点。这里的费用主要由两部分组成：基本建设费用(一次性费用)和经营费用(平均年费用)。若一个建设地点方案的建设费用和经营费用均最小，该方案即为最优选择方案，方案列举见表 4-3 所列，其中甲方案为最优方案。

表 4-3　方案比较表

农业项目	建设地点方案		
	甲方案	乙方案	丙方案
建设费用(万元)	525	630	550
经营费用(万元)	225	329	400
总计(万元)	750	959	950

出现建设费用大而经营费用小，或建设费用小而经营费用大的不同方案时，可用年等值费用或增加投资的回收期两个静态指标来进行比较。

(1)年等值费用

$$Y=\frac{M}{T_0}+N=M\times E+N \tag{4-1}$$

式中　Y——方案年等值费用；

M——方案投资费用；

N——方案年经营费用；

T_0——基准投资回报期(不含建设期)；

E——基准投资效果系数(T_0 的倒数)。

在用年等值费用进行比较时，以年等值费用最少的方案为最优建设地点选择方案。

(2) 增加投资的回收期

$$G=\frac{Q_2-Q_1}{P_1-P_2} \tag{4-2}$$

式中 G——增加投资的回报期；

Q_1，Q_2——甲、乙两方案的投资费用；

P_1，P_2——甲、乙两方案的经营费用。

该公式实际上是用节省的经营费用来补偿多增加的投资费用，计算增加的投资通过经营费用节约来偿还所需的年限。计算出增加投资回收期后与行业基准投资回收期进行比较，若小于基准投资回收期则方案可行，反之则增加投资的方案不可取。

(二) 分级评分法

分级评分法是对项目建设地点方案中多种因素进行定性与定量分析的一种方法。其大致步骤是：

①在方案比较表中列出主要判断因素。

②将各判断因素按其重要程度给予一定的权重因子和评价值。

③将各方案判断因素权重因子和相应的评价值相乘，得出综合评价分，选其中评价分最高者为最佳方案。

例如，某农产品加工厂经初步评估后选择出 A、B、C 3 个建设地点方案，各项主要指标见表 4-4 所列。

表 4-4 不同方案主要指标判断因素表

序号	主要指标判断因素	方案 A	方案 B	方案 C
1	占地面积(m^2)	50 000	45 000	45 000
2	地形	平地	陡坡	山腰平坦处
3	地质	稳定	不稳定	较稳定
4	位置	靠近城区	靠近城区	远离城区
5	土石方工程量	土方少，无石方	土方多，石方多	土方少，石方多
6	拆迁补偿费	多	较多	少
7	施工条件	好	差	很差
8	水源条件	一般	差	好
9	能源供应条件	充足	一般	较差
10	交通运输条件	好	较好	差

根据表 4-4 所列各方案主要判断因素的实际情况，确定不同方案的条件和需要概率，见表 4-5 所列。

表 4-5　不同方案条件和需要概率表

序号	主要指标判断因素	不同方案的条件和需要概率			概率之和
		方案 A	方案 B	方案 C	
1	占地面积	0.300	0.350	0.350	1.000
2	地形	0.400	0.350	0.250	1.000
3	地质	0.450	0.200	0.350	1.000
4	位置	0.400	0.400	0.200	1.000
5	土石方工程量	0.400	0.350	0.250	1.000
6	拆迁补偿费	0.150	0.300	0.550	1.000
7	施工条件	0.400	0.350	0.250	1.000
8	水源条件	0.350	0.250	0.400	1.000
9	能源供应条件	0.450	0.350	0.200	1.000
10	交通运输条件	0.450	0.400	0.150	1.000

根据表 4-5 所列数据和比重计算出不同方案的价值分，结果见表 4-6 所列。

表 4-6　不同方案结合概率及价值分布表

序号	主要指标判断因素	比重因子	不同方案的结合概率			概率之和
			方案 A	方案 B	方案 C	
1	占地面积	8%	0.0240	0.0280	0.0280	0.080
2	地形	7%	0.0280	0.0245	0.0175	0.070
3	地质	5%	0.0225	0.0100	0.0175	0.050
4	位置	10%	0.0400	0.0400	0.0200	0.100
5	土石方工程量	5%	0.0200	0.0175	0.0125	0.050
6	拆迁补偿费	20%	0.0300	0.0600	0.1100	0.200
7	施工条件	12%	0.0480	0.0420	0.0300	0.120
8	水源条件	11%	0.0385	0.0275	0.0440	0.110
9	能源供应条件	8%	0.0360	0.0280	0.0160	0.080
10	交通运输条件	14%	0.0630	0.0560	0.0210	0.140
价值分		100%	0.3500	0.3335	0.3165	1.000

计算结果表明，方案 A 的价值分最高，因此方案 A 为最优方案，该农产品加工厂应当选择在方案 A 所确定的地点建设。

（三）重心法

重心法也称最小运输费用法，其特点是在进行农业项目建设地点选择时，如果项目的原材料由若干供应点供给或产品具有若干销售市场，为使运输距离最短以节省运输费用，可用物理学中的重心原理来选取建设地点。

例如，设某农业项目有 n 个原材料供应点，供应量分别为 $SQ_i(i=1, 2, \cdots, n)$ 吨 · 公里费用为 P_i；有 m 个产品销售市场，销售量分别为 $DQ_j(j=1, 2, \cdots, m)$，吨 · 公里费用为 P_j；已知各原材料供应点和销售市场距某个中心城市为参照点坐标分别为 (X_i, Y_i)、(X_j, Y_j)，则按照重心原理，建设地点位置坐标为 (X_0, Y_0)：

$$X_0 = \frac{\sum_{i=1}^{n} SQ_i P_i X_i + \sum_{j=1}^{m} DQ_j P_j X_j}{\sum_{i=1}^{n} SQ_i P_i + \sum_{j=1}^{m} DQ_j P_j}$$

$$Y_0 = \frac{\sum_{i=1}^{n} SQ_i P_i Y_i + \sum_{j=1}^{m} DQ_j P_j Y_j}{\sum_{i=1}^{n} SQ_i P_i + \sum_{j=1}^{m} DQ_j P_j}$$

但利用重心法确定建设地点 (X_0, Y_0) 时，如果理论计算结果恰在不宜建厂的地点，如水库、悬崖，或者距离交通干线太远，运输费用昂贵且不便，需要结合其他各方面的条件来选择理想的建设地点。

(四)线性规划法

线性规划法要求将预定建设地点的有关费用以数学表达式表达出来，并根据项目需要约束可能求解的范围，在可能的解答范围内找出最优点，即建立一个模型，求解该方程在约束条件下的最优值，具体步骤如下：

假设农业项目具有 m 个销售地点和 n 个备选建设地点，建设项目 $i(i=1, 2, \cdots, n)$ 所需要的投资费用为 K_i，项目 i 向市场 $j(j=1, 2, \cdots, m)$ 提供的产品占市场总需求的百分比为 X_{ij}。令 Y_i 为设厂参数，$Y_i=1$ 表示项目设在此处；$Y_i=0$ 表示项目不设在此处。C_{ij} 为建设农业项目时，满足市场需要的运输费用。

满足所有市场所需要的运输费用为：

$$\sum_{i=1}^{n} \sum_{j=1}^{m} C_{ij} X_{ij} \tag{4-3}$$

为满足所有需要所需的投资费用为：

$$\sum_{i=1}^{n} K_i Y_i \tag{4-4}$$

目标函数为全部费用 TC 最小，即：

$$\min TC = \sum_{i=1}^{n} \sum_{j=1}^{m} C_{ij} X_{ij} + \sum_{i=1}^{n} K_i Y_i \tag{4-5}$$

其中，约束条件为：

①$\sum X_{ij} \leqslant nY_i$；

②$\sum X_{ij} = 1$；

③$X_{ij} \geqslant 0$；

④$Y_i = (0, 1)$。

约束条件①表示当建设地点设在 i 时，所有的市场由设于 i 地的农业项目建设地点取得的产品供应数量不应超过需求总量；

约束条件②表示每个市场的需求都必须得到满足；

约束条件③表示每个变量 X_{ij} 都必须大于 0 才有经济意义；

约束条件④表示根据假定 Y_i 只能取 0 或者 1。

通过求解该数学模型，即可得出最优农业项目建设地点。

第三节　农业项目投资环境与选址

一、农业项目投资环境分析

项目选址是一项极其复杂和政策性很强的技术经济论证过程，同时与其他建设条件密切相关。选址的首要分析内容就是投资区域的环境分析，主要有以下内容：

（一）国家方针政策的要求

在特定的历史阶段，各国都制定了与之相适应的经济发展与社会发展相关的方针政策。所以，要从整体上考虑建设工程的选择问题，要把握好城市和农村、生产和生活、工业和农业的关系。

（二）合理利用土地的要求

注意合理分配和节约使用项目所需占用的土地，结合建设与生产的要求，尽可能使用贫瘠地、坡地、山地，尽量避免占用农田，特别是高产田。

（三）区域规划与城镇总体规划的要求

进行农业投资规划，应从基础着手，但乡的范围过小，不利于组织力量和全面考虑问题，因此一般说来以县为单位着手进行比较适宜。

（四）专业化协作的要求

通过分工合作来进行产业布局，不仅可以大大节省土地、基建投入，还可以使农业中的各种技术、装备得到充分地应用，从而使劳动生产力得到进一步的提升，使得农田整齐划一，也使得房屋的整体布局更加完善。

（五）环境保护与生态平衡的要求

根据建设项目位置的选择和布置，一定要考虑周围的自然环境情况，充分估计对环境、生态的影响和环境保护所花的代价大小，同时要考虑由于开发项目的建设会不会导致对文物古迹、风景名胜的破坏。

二、农业项目选址

（一）项目选址的概念

项目选址就是对项目的建设场地和工程所在地的选取，通常情况下，以整体规划为基础，再进行建设场地或开发区的选取，之后在所选取的场地或开发区范围之内，再进行特定的工厂所在地的选取，以决定建设场地的所在地。

选址通常分为 3 个阶段：项目初选、项目备选及项目评价。在项目初选的过程中，以对潜在的投资方向及目前所掌握的信息为基础，在项目初选的过程中，标记出一个大概的位置。并以原材料、能源、交通、水源、环境、市场以及当地的社会经济状况为依据，对其进行了大致的定位。在选择工程的过程中，要对工程选址进行预选和前期调研，并对若干有潜力的施工选址进行较为详尽的考察；在存在问题的关键点上，要对配套工程和公共设施进行专门的研究或者进行辅助研究，再与前期的调查结果相结合，对拟建项目的各个方案所需的位置建设成本进行估算，在进行项目评估的过程中，要进行更加详细的位置选择工作。要全面、系统、深入地综合调查，对建设项目可能的多个建设地点和特定位置的地形、地貌、气象、水源、动力、交通运输、环境保护、人力、法律以及施工条件和生活条件等方面进行综合的调查研究。并以此为依据，对选址建造成本进行更为准确地估算。

在此基础上，结合国家国情，结合农业项目的特征，提出了相应的对策。

(二)农业项目投资选址的基本原则

项目的选址与投资在各个地区的分配比例、开发区社会经济发展、自然生态环境、项目建设条件和产品生产要素以及未来产品销售市场等都有着密切联系，它具有全局性、长期性，是一个具有战略意义的问题。所以，在进行规划设计与选址的评价时，必须遵循如下的基本原则。

(1)承认并运用农业地区经济发展不平衡的规律

我国农业区的经济发展失衡是一种长期存在的自然和社会历史因素，不是短时间改变的。但我们可以通过有意识地减少区域间的不平衡，达到区域间的相对平衡。我国各区域之间的经济发展不平衡，体现在各区域之间的经济发展水平、生产要素等方面存在较大的差异。东南地区具有良好的自然、社会、经济状况，生产力较高。在西北地区，由于自然、社会、经济等方面的原因，农业生产效率低下，经济发展相对滞后，但是农业生产具有很大的增产潜力。就整个国家来说，仍然有很多地方还处于生产力低下，经济发展迟缓的状态。但是，这些地方通常都蕴含着丰富的自然资源，并且有很大的生产潜力。因此，对这几个地区的资源进行有效地开发和利用，不但对农业、对整个国民经济、对国防建设都有着非常重要的作用。

(2)因地制宜、扬长避短、趋利避害、发挥优势

自然环境要素是农业发展的物质基础，也是农业发展的基本前提。农业投资应根据当地的自然条件，根据当地的实际情况，进行合理的布局。农业生产也要有一定的社会和经济条件，而且要充分利用区域经济的优势。社会经济条件包括劳动力资源，科学技术水平，交通运输条件，与消费市场的距离，还有原来的生产基础等。在投资方面也是如此，有的地方只要解决了科技难题，或者交通难题，就可以很好地利用这一优势。有些还需要找到产品的市场，才能将自身优势发挥出来。

(3)农业投资布局要有利于实现农业生产专业化与综合发展

农业生产的专业化，既是社会劳动分工的产物，又是商品生产发展到一定程度的产物。在实行农业生产专业化的同时，还要求农业生产的综合开发。这就对农业投资布局提出了更高的要求，既要满足专业化的生产，又要考虑到整体发展的需求，要用科学的投资

布局来推动生态平衡，使自然资源和经济资源得到充分地利用，从而提升农业生产的专业化水平，并提升整体发展的经济效应。

(4)农业投资布局要有利于工业生产和农业生产间的配合

工业和农业存在相互依赖，相互制约，又相互促进的经济关系。这就要求两者在产业布局上相互配合。在已有的或正在建设的工业基地中，在解决粮食问题的前提下，要把农业投资的重点放在为工业基地服务的蔬菜、肉类、蛋类、奶、果品等农副产品的生产上。工业的生产方式，尤其是以农产品为原材料的轻工业和直接服务于农业的工业，农业投资的分配也要对这两类产业的发展给予一些保障。同时，工业也为高度集约化经营的农业生产提供了物质、技术、资本等方面的条件。

(5)农业投资布局还应统筹兼顾，正确处理多方利益关系

在国家与地区，国家与区域、生产单位之间，始终存在着全局与局部、长远与当前的利益关系问题。在这个问题上，我们必须顾及各个地区、各个部门、各个生产单位的部分利益，也必须顾及整个国家的经济、国防的建设需要。

三、农业项目选址的要求

在项目的建设地点(开发区)确定之后，具体位置的选择也是一项至关重要的工作，具体位置的好坏不仅关系到基建投资的多少，而且还与建成后的经济，安全和所发挥的作用密切相关。因此，位置的选择就是要分析研究这些相关因素满足要求达到的程度。

(一)距离要求

在建设项目的具体选址时，首先要考虑的是接近原料产地，还是接近消费中心(也就是产品市场)，这要分项目类型进行具体的分析。有的项目通常受资源分布和原料来源的限制，没有太多的选择空间，这些项目的选址不存在与原料或市场的经济距离问题，如种植业项目、渔业项目、一些农副产品加工项目等，由于受到土地资源、水资源和矿藏资源的限制，它们只能在资源分布区域进行选址；而其他项目的选址，则涉及了接近原料产地还是接近消费市场的问题，也就是说，对这些项目的具体选址和距离的选择，要以对几个备选的地址前的原材料和产品运输费用、生产成本、运行、管理和各种销售服务费用的计算结果来进行综合权衡。

(二)防洪排涝要求

在选址时，必须考虑到不受洪涝灾害威胁。对于位置的高度，一般的农业项目，应该是20年一遇的洪水水位以上，对于特殊的、大型的、重要的建筑物，应该是在50年或者更多的年份一遇的洪水水位以上。当因为条件的限制，而不能满足要求的时候，就应该采取防洪和排涝措施(如修筑防洪堤、防洪墙、排水站及其他防排措施)，来让其达到该要求的标准。

(三)安全要求

安全要求也是位置选择工作中需要考虑的主要课题之一，对易燃易爆产品的项目都要远离城镇和居民聚集区，对地下、高空作业项目要有安全防护措施。

第四节 农业项目选址案例

一、西集镇休闲农业项目

近年来，西集镇依托得天独厚的土地资源和水资源，以“留住乡愁留住美”为主题，加强生态保护，发展绿色产业，着力打造生态休闲小镇(图 4-1)。

西集镇隶属北京市通州区，位于北京东南，是通州新城规划的四镇之一，京津唐地区中部，是京津唐和环渤海经济圈的腹地。西集镇西距北京市区(四环)25 km，距通州核心区 15 km，距首都国际机场 35 km；东距香河 15 km；北距北京市人民政府 10 km，面积为 90. 65 km^2，现有人口 4. 2 万。

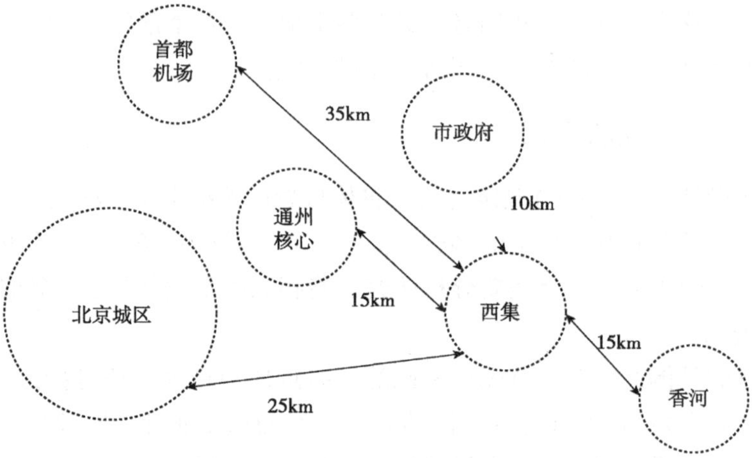

图 4-1 西集镇位置图

西集镇地理位置虽然较北京城区相对偏远，但是多条道路通区而过[京哈高速公路、京津公路(103 国道)、通香公路]，交通便捷，路况良好，从东五环行车时间约 30 min 可达。

根据北京市地勘局、北京市地热研究院等部门的披露，西集镇域打出了水温超过 90 ℃的地热井，出水温度高达 92 ℃，出水量也超出预想。其地热资源根据温度调整，在 50~100 ℃时，可利用其发展供暖，温室，工业干燥等民生工程和工业产业；在 20~50 ℃时，可利用其发展沐浴温泉，水产畜类养殖，土壤加温等旅游和农业产业。

通州区“春回运河，乐游西集”线路包括西集镇东升跃阳生态观光园、大樱桃种植园、曹女农场民宿、金果天地农业示范园 4 个精品点位，为市民提供了体验农耕文化、邂逅芳华美景的好去处。北京东升跃阳农业生态观光园位于西集镇金辛路东一号，该园建有露地种植区、设施种植区、亲子研学区及农耕体验区 4 个板块，将休闲业态与传统农业有机结合。

西集镇域产业格局描述为“一带、双核、外环”。

一带：沿京沈高速公路和通香公路沿线，布局都市产业发展带，形成西集城镇经济发展的主轴线。

双核：整合西集镇中心区和西集开发区管理中心，构成以配套、生活、服务等三产为主的复合型城镇综合服务中心。

外环：沿两河大堤，以保护性利用为手段，整合特色资源，发展休闲旅游、观光采摘、度假培训等功能，形成第一、三产业结合的环形滨河生态绿色产业发展带，带动外围村庄发展。

同时，西集镇位于通州区“十三五”规划的“一城一河两组团”中的“一河”——大运河生态保护区，西集镇将在生态、宜居、宜业方面下足功夫，着重从水环境建设和生态景观方面着手，实施建设污水处理厂以及村庄小型污水处理系统，真正实现镇域内污水零排放，着力打造北京城市副中心的后花园。

通州区为弘扬大运河文化，通力打造“运河文化产业带”，西集镇是产业带重要的辐射区域。西集镇已在全镇范围内发展100家民俗旅游户。镇政府和通州区旅游局聘请民俗旅游专家教授上门为西集镇沙古堆村和合站村、老庄户村等6个村的村民举办了民俗旅游接待户培训。培训从住宿与接待、服务规范与服务意识、民俗旅游推销与质量管理和食品安全等方面进行了辅导，使村民们对如何开展民俗旅游有了全新的认识，提升农旅发展水平。

二、辰溪稻花鱼农旅融合项目

辰溪县，古代称为辰阳，位于湖南省西部，辰水之畔。原本也是发展传统稻米种植和渔业养殖，随着科学技术的进步和社会的迅速发展，人们逐渐开始探索新的经济增长点，稻田养鱼就是生态农业发展的产物，袁隆平曾亲笔题字“中国稻花鱼之乡——辰溪”。“辰溪稻花鱼农旅融合项目”立足湘西秀美的自然风光，以“互联网+”创新精神，结合乡村振兴战略号召，挖掘现有资源，设计出一日游路线；形成了一个集现代农业、休闲旅游、田园社区于一体的具有特色小镇和乡村特色的田园综合体(表4-7)。

表4-7　辰溪稻花渔农旅融合项目具体活动情况表

活动名称	具体内容
一日游路线	辰阳—江东古寺—千里坪有机蔬菜基地—孝坪兵工城—稻田公园
配套设施	稻花鱼文化展览馆、稻田公园
休闲娱乐设施	彩虹道、网红桥
相关系列活动	大冲关、游船、帐篷露营等
相关系列比赛	瑶乡聚餐、稻花鱼厨神争霸赛、无人驾驶飞机摄影比赛

辰溪县属中亚热带季风湿润气候，境内年平均气温在16.5~17.9 ℃，年降水量为1328.4 mm，年日照时数1476.8 h。稻花鱼生长季节小气候特征明显，日照时间长、昼夜温差大、降雨丰沛，且光、热、雨耦合程度高，稻田生物多样、数量大、质量好，为稻、鱼正常生长与营养平衡提供了有利条件。

辰溪县委、县政府坚持把巩固拓展脱贫攻坚成果同乡村振兴有效衔接，乡村振兴与全国森林城市创建相结合，把“三线一单”生态保护与农民增收相结合，把保护优先与人工修复相结合，大力发展绿色油茶、稻田养殖、生态旅游为主的特色农业产业，推动辰溪生态文明建设。2021 年，辰溪获评中国稻花鱼之乡、全国稻鱼综合种养示范县、全国稻油水旱轮作试点县、全省粮食生产先进县、全省油料建设示范县。

三、安化县江南镇黄花溪村康养旅游

本案例(图 4-2)地处湖南省安化县江南镇南部黄花溪村，县道 X045 纵贯南北，由黄坪村和中洞村合并建制而成，距洞市老街 7. 6 km，距安化县城 45 km，资江横贯全境，水资源丰富，可全年通航；陆运交通便利，江南镇是安化县城通往长沙、益阳等大中城市最重要的大动脉 S308 线的首站，南与新化县接壤，东邻乐安镇，西接丘甲河村，北邻竹林溪村，村域面积为 16. 29 km^2。

图 4-2　美丽辰溪乡村景象

近年来，安化县本着“保护为主、统一开发”的主导思想，优化旅游资源分配机制，制定“安化县全域旅游规划”，拓展旅游项目来吸引投资，完善旅游基础设施，加快研究旅游整体性策略和促进营销，重点开展核心景点的建设，取得了显著成效。

黄花溪村的基础市场是以益阳市、常德市以及长株潭城市群为主，辐射到“长株潭 3+5 城市群”，依托自身区位优势，重点挖掘省内市场。安化县是中国“黑茶”之乡，“茶马古道”贯穿黄花溪村全境，村内有一定的茶叶种植、加工基础，旅游服务产业初具规模。因此，在产业发展策略上，强调加强产业之间的联系，建立特色经营模式，基于第一产业的稳固发展，着力提升第二、三产业发展速度。

(1)合理规划空间布局，因地制宜

乡村地域性特征的要素构成包括自然地理、社会经济和历史人文 3 个方面。以黄花溪村现有的自然地形为基底，充分发掘山脉与谷地的自然景观与地貌特征，营造黄花溪“一带三廊、四核六片”的旅游空间结构(图 4-3)。

图 4-3　竹泉村酒坊

“三廊”为北部山谷生态景观廊、中部山谷生态景观廊、南部山谷生态景观廊。黄花溪从两座山脉中部穿流而过，水质较好，两岸山脉植被覆盖率高，规划的黄花溪生态观光带，风景宜人。

“四核”为游客集散中心、文化创意核心、茶叶制作体验核心、中药膳食养生休闲核心。

“六片”为茶旅养生度假区、户外拓展体验区、中草药种植示范区、高山茶叶种植示范区、富硒果蔬采摘体验区、生态养殖示范区。6 个不同片区为不同年龄层次、不同需求游客设置，均可迎合游客“康体”旅游目的。

(2) 景观风貌协调，村景共荣

对村落空间进行合理的生态配置。修复周边地区的自然环境与生态系统。保护黄花溪村“三面环山，一水绕前”的自然环境，打造连续、独具特色的景观界面。

(3) 以旅带农，补齐产业发展短板

利用黄花溪村别具特色的山水自然风光，结合当地产业现状，对产业进行以下指导。重点引导发展现代农业。加强关键技术与核心工艺的培育，对村民们进行相关职业技能培训，努力引导个体向合作社发展，与企业对接，延长产业链，加强农产品精深加工，提高产品质量以增加产品附加值。

(4) 完善建设运营机制，优化服务

依据《湖南省安化县全域旅游规划》中“将安化打造成为集旅游观光、休闲度假、健康养生、文化体育、商务会展于一体的世界级康养旅游目的地”要求，已建“鹞子尖古道游客服务中心”为游客提供导游、住宿、饮食等服务，“鹞子尖生态农业专业合作社”为村民提供学习专业技能、新兴知识的渠道，以维护村民的利益，积极寻求合作，引入企业，培育品牌。

四、鲁南沂南县竹泉村乡村旅游

沂南县地处山东省东南部，面积约 1719 km^2，人口约 97 万人，是沂蒙革命根据地的中心和沂蒙精神的主要发源地，境内文物古迹、人文景观、红色遗址众多。沂南依托“红(红色文化)绿(绿色生态)古(历史文化)泉(温泉)”资源优势大力发展文旅产业，成功创建“全国休闲农业与乡村旅游示范县”，旅游业已成为全县的支柱产业之一。竹泉村位于沂南县城北部，因竹和泉而得名，该村占地面积 120 hm^2，人口约 600 人，迄今已有 400 多年历史。竹泉村原是一个小山村、贫困村，2007 年古村落迎来发展新机遇，在建设新村、腾空古村的“一古一新”理念指导下，保留古村落原有风貌，将竹泉景观、沂蒙民俗与自然生态有机融合，深入挖掘景区旅游功能和地方特色历史文化内涵，迅速成长为山东省乡村旅游行业的后起之秀。

(1)旅游资源禀赋优异，特色突出

竹泉村拥有得天独厚的自然风光和丰富多样的旅游资源，尤以翠竹、清泉、古村落和民俗文化为特色，传统村落景观保护与改造得当，景观格局完整而优良。从自然地理上看，竹泉村属于暖温带半湿润季风气候，孕育了北方罕见的“江南式”竹林，竹、泉、山、河、岭要素相依相称。沂蒙古村生态是竹泉村特有的资源优势，街道、房屋多以石板石块砌成，泉水、街道相伴流淌，形成了别具特色的村落街巷景观。浓郁独特的民风民俗民情文化，是竹泉村乡村旅游发展的重要文脉依托。景区内的手工编织、剪纸艺术和摊制煎饼工艺流传至今；“听泉斋”“澄心居”等承载着民间传说的门牌被挂在家家户户的门楼上；地域特色戏曲——柳琴戏、沂蒙山歌也为景区增添一分声色。这些生活、生产、节令习俗无不是竹泉村民俗文化资源魅力的重要体现，是人们记得住乡愁的载体，更是竹泉村拥有旺盛生命力的重要保障。

(2)政府政策制度支持，乡村旅游发展环境持续优化

产业发展离不开国家政府政策与制度环境的持续优化。2007 年和 2008 年，国家连续出台相关政策为乡村旅游发展奠定了政策基础。2009—2019 年，中央及各部委先后出台与乡村旅游相关的政策多达 273 份，中国乡村旅游政策体系基本形成，有效引导和推动了乡村旅游发展。同时，地方政府持续加大乡村旅游政策扶持力度。2017 年，山东省政府制定乡村旅游提档升级工作方案。2016 年，《临沂市乡村旅游产业发展规划(2016—2025 年)》提出打造区域丰富的乡村旅游形态。此外，沂南县从财政、用地和人才培养等方面营造良好政策环境，2013 年发布《加快乡村旅游发展的意见》，明确“六位一体”扶持政策，进一步推动产业跨越式提升。

(3)沂蒙精神传承发扬，先进理念引领发展

沂蒙是红色热土、全国著名革命老区，伟大的沂蒙精神在此孕育形成和创新发展。竹泉村从落后封闭的小山村到全国著名乡村旅游目的地的发展历程，正是开拓奋进、艰苦创业沂蒙精神的生动写照。

景区建设践行“景村融合”理念，采取政府指导下的市场化运作，实现了乡村生产生活生态和谐发展与村民致富。基于对携程、美团和抖音等主要媒体平台有关竹泉村景区的评论内容(截至 2021 年 6 月 20 日)统计分析，获得好评率分别为 92.72%(2179/2350)、87.3%(6531/7481)、98.69%(4755/4818)，总体好评率达到 91.92%，表明景区被认可度较高，形成了良好口碑。

(4)区位优势明显，交通便捷，客流辐射面广

竹泉村位于临沂市北部，地处临沂半小时经济圈范围和城市周边乡村旅游密集带上，

具有辐射省城和周边地区的区位优势。此外，日益完善的交通体系为竹泉村及周边旅游景点发展带来利好，极大提高了景区游客集聚能力。

本章小结

1. 投资环境是指投资对象在进行投资时所面临的、影响投资行为的自然、经济、科技、管理、社会、法规和政治的各种条件和因素的总称。

2. 投资环境系统是一个以创造良好的投资场所，吸引外商直接或间接投资为中心目标的非常复杂的开放系统。

3. 投资环境按表现形态可分为投资硬环境和投资软环境；按层次可划分为国家投资环境与区域投资环境；按地域可分为国内投资环境和国际投资环境。

4. 构建区域投资环境评估指标系统需要遵循和贯彻全面、简洁、科学、系统、可比、可操作等原则。

5. 区域投资环境评估方法主要有冷热比较分析法、等级尺度法、道氏公司评估法、多因素评估法、层次分析法、因子分析法等。

6. 项目建设地点选择是在确定农业项目类型、规模和所需外部条件的基础上，选择若干建设方案进行技术经济分析比较，并选出最优位置。常见的比较方法有方案比较法、分级评分法、重心法、线性规划法等。

7. 农业项目投资环境分析的内容分为国家方针政策、土地利用、区域规划与城镇总体规划、协作分工、生态环境效益 5 个部分。

8. 项目选址分为 3 个阶段：一是对预选的地址进行前期调研；二是结合调研信息对各个备选方案进行深入调查；三是以此为依据，对选址建造成本进行更为准确的估算。

9. 农业项目投资选址的基本原则是要遵循经济发展的规律，因地制宜。投资布局要专业与综合相结合，也要工业农业相配合，统筹兼顾。

10. 农业项目的选址对各类生产要素有距离上的要求，而在环境因素上要考虑自然灾害风险以及安全要求。

重要概念

投资环境　投资环境系统　区域投资环境　投资环境评估　项目选址　分级评分法　重心法　线性规划法

第五章　生产建设条件评估

学习目的

(1) 掌握生产建设条件评估的主要内容。

(2) 了解项目建设实施条件评估。

(3) 了解农业项目生产条件的具体程序。

项目建设和生产条件评估主要是审查、分析和评价拟建项目是否具备建设施工条件和生产经营条件，即对项目实施的可能性以及投产后能否顺利生产经营进行分析评价。对于投资项目来说，具备一定的建设和生产条件是投资项目实现预期目标、取得预计经济效益的保证，也是决定项目取舍的重要因素，因此，对项目的建设和生产条件必须进行全面的分析与评估。

第一节　项目生产条件评估

项目生产建设条件评估是在调查研究的基础上，对项目的内外条件能否满足项目建设和生产的需要及其利弊得失进行评价，以判断项目生存的可能性和可靠程度。评估内容包括自然资源条件，原材料、燃料及动力条件，基础设施条件和外部协作配套条件。

一、自然资源条件评估

（一）自然资源条件评估的概念

项目资源条件评估是指为了使项目能最大限度地利用资源，结合本地区的资源特点，通过对资源的分布、储量、品位、开采利用的可能性和经济性等所进行的实事求是的分析评价。建设项目资源条件评估中的资源是指狭义的资源，即项目所需要的能够为工业生产提供原材料和能量的自然资源，如各种矿产资源、土地资源、水资源及各种能源等。无论何种资源都具有在数量上的有限性和相对稀缺性及在分布上的不均衡性两大特点。

工业的自然资源分为矿产资源、森林资源和农业资源等几类。工业原材料的来源主要有工业内部、农业、海洋资源和废弃物回收利用 4 个方面。我国工业原料 40%来自农业，60%来自工业；就轻工业而言，70%来自农业，30%来自工业。

（二）自然资源条件评估的内容

对项目资源条件的评估，应考虑下述内容：

(1) 有无正式批准的资源储量报告

以矿产资源为原料的项目，必须具有国家矿产储量委员会批准的关于该资源储量、品位、成分、开采价值及运输条件的报告，作为项目建设的根据。在可行性研究报告中须说明：资源单位勘探工作的现有深度，已提出的经国家储量委员会正式批准的工业储量，以及水储量委员会批准的水储量。在项目评估时，需分析评估为项目提供的资源报告是否落实可靠。

对于矿产开采项目应附有国家矿产资源储量委员会批准的储量报告，水利资源开发项目应附有关部门批准的水利资源流域开发规划，森林采伐项目应附有关部门批准的采伐与迹地恢复规划，据此评估项目开发利用资源的合理性。

(2)资源的品种、品位、成分、特性是否符合项目的要求

必须明确项目所需自然资源的种类、性质和可供量。对于利用矿产资源的项目，须评价矿床规模(即总储量和可采储量)、类型特征、开采技术及加工条件(如选矿、冶炼条件)等有关矿床评估的主要因素，以及对矿床所处自然经济环境进行调查分析。对于利用农业资源的项目，应依据过去农产品资源供应产量及其部门、地区分布数据，估测有关农产品的目前供应与今后可能获得的品种和数量，对农产品资源，还要注意农村经济发展及世界农产品市场的变化。应根据项目特点，研究分析资源品质，评估项目规模和技术方案的合理可行性。

(3)资源的开采利用条件、目前和将来的生产规模、产量和价格能否满足项目的需要

分析资源的可供数量、质量、开采利用条件和服务年限。根据资源类型特征及其自然经济环境条件(如埋藏深度和储存方式)分析、研究资源的开采方式(如露天开采和地下开采)和供应方式(如铁路运输或水路运输)，按照确定的开采方案采取多层次的综合利用[如共(伴)生矿、等外品、边废料、附产物]，然后对资源开采的投资、服务年限、生产成本和综合开采利用价值进行综合分析评估。评估项目开采规模与开采年限和开采利用价值的合理性和经济性。

(4)研究技术进步对充分利用和发挥资源优势的作用和影响

一般情况下，采用先进的科学技术手段，提高对资源的深加工程度，可以充分发挥和利用资源的优势，挖掘资源的使用价值，增加资源利用的经济效益，如石油化工资源的利用。

(5)对于需要利用稀缺资源和供应紧张的资源的项目，须分析评估开拓新资源的可能前景及替代资源的途径

对矿山资源开采来说，应注意寻找接替矿，以利于保护矿山开采的可持续能力。因此，在项目可行性研究中须说明资源的近远期开发规划和计划、矿藏分布情况、使用期等与项目生存有关的有利和不利条件，并对资源进行分析化验，说明化验的目的。

(6)资源的供应是否有协议，以评估项目资源的供应是否可靠

资源开发利用应符合资源总体开发规划、资源综合利用、节约资源和可持续发展等要求，使资源储量和品质的勘探深度达到国家规定的要求，确保资源开发项目设定的生产规模和开采年限。对于森林资源开发，须符合国家保护生态环境的规定。

二、原材料、燃料和动力条件评价

(一)原材料供应条件评估

不同项目所需的资源条件及原材料供应的要求是不同的，所以各项目评价的侧重点也

会有所差别，但都应根据拟建具体原材料需求特点确定。除采掘工业主要是以自然资源为劳动对象外，所有的生产部门都需要原材料。

1. 原材料的分类及来源

原材料按其在生产过程中所起的作用，可分为主要原材料和辅助材料。凡是在生产过程中构成产品主要实体的原材料称为主要原材料；凡是参加生产过程，但不构成产品主要实体的，则称为辅助材料。辅助材料虽不构成产品主要实体，但是为生产过程所必需的材料，其可分为3类：一是在生产过程中被劳动资料消耗的(如润滑油)；二是加于原材料之中使之发生物质变化的(如纺织用的漂白粉)；三是帮助劳动过程进行的(如生产中照明用电)。燃料也是一种辅助材料，但由于它的消耗量大、影响大，在实际工作中将其单独列出。工业中所使用的原材料，主要来自工业原料、农业原料和海洋资源3个方面。

2. 原材料供应条件评估准则

原材料供应条件是指项目在建成投产后生产经营过程中所需各种主要原材料、辅助材料及半成品等的供应数量、质量、价格和供应来源、运输距离及仓储设施等方面的条件。每个项目所需的原材料是多种多样的，在项目评估阶段，没有必要对项目所需的全部原材料进行分析评价，应着重对几种主要的或关键性的原材料的供应条件进行分析评价。

3. 原材料供应条件的评估内容

(1)原材料的供应数量可靠性要求

在评估时，应根据项目的设计生产能力，选用的工艺技术和使用的设备来估算所需各种原材料的数量，并分析预测其供应的稳定性和保证程度。以工业项目的原材料供应为例，工业生产过程多是大批量的连续生产过程，稳定可靠地供应原材料是正常生产的必要条件。评价原材料供应的可靠性，必须从宏观和微观两个方面来进行考察。在宏观上，发展工业项目，首先遇到的是原材料、燃料、动力的供应问题，因此，考察原材料供应的可靠性，必须首先从宏观上把握各种原材料总体规模、结构、质量及供应效率。在微观上，为了保证原材料的可靠供应，还必须落实具体的供应渠道。在项目决策时，应对供应部门或者物料生产部门的供应能力做出可靠的调查与预测，最好能达成供应协议或意向书。

(2)原材料的质量分析

一般来说，投入物的质量性能特征对特定项目的生产工艺、产品质量和资源利用程度影响极大，因此，必须分析其是否符合特定项目对这些投入物在质量和性能上的要求。原材料首先应满足适用性的要求，即制造出的产品符合项目预定的要求。如要生产计算机打印纸、电容器纸、描图纸等技术用纸或中高档文化用纸，就必须选择木浆作为原料；如果是生产一般的箱板纸或低档纸，就可选择草浆来代替木浆做原料。为了保证原材料供应的适用性，在评价时就必须既要弄清楚项目产品要求的详细规格和质量，以及对副产品及“三废”排放物的要求，又要准确掌握所选择原材料制造的产品、副产品及“三废”排放物的实际工业生产数据。

(3)原材料的经济性分析

原材料供应的经济性是指项目原始投资和投产后的经营费用的高低程度。分析原材料供应方案的经济性，不能仅看原材料本身的价格高低，而是要综合分析原材料供应方案的采用，对整个项目的原始投资造成影响，对工艺技术方案及设备构成的影响，对燃料、动力及人工费用的影响等，选择综合经济效益最佳的方案。还应对原材料的价格进行分析。项目主要投入物的价格是影响项目经济效益的关键因素之一，所以，不但要观察主要投入物价格目前的变化动向，还要预测其未来的变化趋势。要充分估计到原材料供应的弹性和互补性，以保证原材料的合理替换和选择，这实质上是体现了资源优势利用和加工工艺的经济合理性。

(4)原材料运输方式、存储设施条件分析

项目所需主要原材料运输距离的远近及运输方式的选择等对项目生产的连续性和产品成本的高低都有很大的影响。由国内供应的原材料要注意就近取材，选择合理经济的供应距离和运输方式，以保证项目生产的连续性和产品成本的降低。在分析评价原材料供应条件时，应对运输能力和运输费用进行计算。对于季节性生产的原料，如农、林、水产品等，需说明短期进货数量。为保证项目产品的连续生产，应重视原材料存储设施的建设。原材料供应条件包括合理的储备量，在评估时，应分析拟建项目存储设施是否适应生产的连续性，其原材料的储备量是否合理。

(5)原材料国产化可能性分析

原材料的供应，首先要立足于国内，如果必须从国外进口，则应对需要进口的原材料和其他投入品进行说明。进口原材料一定要注意供应的稳定性和运输环节的可靠性，一旦国外供应来源有变化时需采取应变措施，并预测用国产原材料替代的前景。有些项目的原材料需要进口，要受到国际市场的制约和外汇拥有量的影响。为了保证原材料的可靠供应和节约外汇，对于一些项目的原材料供应，要考虑国产化原则，项目所需原材料尽量依靠国内生产，对于国内一时不能满足供应，需要进口的原材料，也要考虑尽快实现国产化的措施。

(二)燃料及动力供应条件评估

燃料、动力是项目建设与生产过程中的基本要素和重要的物质保证。建设和生产中所需的燃料通常有煤炭、石油和天然气等，所需动力主要有电力、蒸汽和水等。应审查项目所需燃料的需求量和可供应量，还需审查和分析燃料供应的有关政策，供应数量及供应方式。如果是消耗大宗燃料的项目(如热电厂、炼焦厂、炼油厂等)，还要落实燃料的储存设施条件能否应用或具备。当前，能源供应紧张，国家对燃料、动力供应控制得比较严格，在市场中自由机动数量较少的情况下，应力求避免在燃料、动力供应短缺或不足的地区建设耗能较多的项目。燃料及动力供应条件评估主要包括以下内容。

(1)分析和评价燃料供应条件

项目所需燃料的需求量能否得到满足，首先要依据产品生产过程、成本、质量、区域环境对所用燃料的要求进行选择。其次要分析燃料供应政策、供应数量、质量、来源以及供应方式。如果是消耗大宗燃料的项目，还要落实燃料的运输及储存设施。

(2)分析和评价供水条件

要计算项目生产和建设所需用水量以及供水价格对成本的影响，分析项目对水源和水质的要求，分析是否有节水的循环设施、污水净化设施，并估算水源、供水泵站以及管网等供水设施的费用。工业项目所需工业用水，按其使用性质可大致分为原料用水、锅炉用水、冷却用水、工艺用水和冲洗用水等。项目评估时，对项目工业用水供应条件的审查和分析，应根据对项目水源、水质的基本要求，审查正式水文地质资料和化验数据，并计算用水量、供水价格对产品成本的影响，以及生产中对工业用水的综合利用设施、污水净化设施，以及供水泵站、管网等供水设施方面的条件是否具备和完善。工业及生活用水主要取自河流、湖泊等的地表水和地下水，工业用水极少直接采用海水。对供水设施的评估，主要是分析项目对用水量、水质、水源的要求以及供水成本的大小，以选择最佳供水方案。

用水量的估计，应包括生产过程用水、辅助用途(如冷却、生产蒸汽等)用水及一般用水。对耗水量大的项目，如钢铁厂、啤酒厂、造纸厂、化工厂等，尤应注意考察供水水源的供水能力及供水成本。

(3)分析和评价供电条件

电力是工业生产的主要动力。对耗电量大，而又要求连续生产的工业项目(如轧钢项目、冶炼铝厂项目)，需要分析估算项目最大用电量、高峰负荷、设备启动负荷和对电网的冲击负荷，并注意供电的稳定性分析。对引进技术项目还应考虑其对供电质量的要求等，要按生产工艺要求计算日耗电量、年耗电量以及对产品成本的影响，还需计算变电所、输电线路及自备电厂的功率及其投资，要尽可能保证电力供应的稳定性。对于某些大型企业的供电，或一些消耗电量大而又要求生产连续性的项目(如铝厂、铁合金厂、特殊钢厂等)，还要考虑第二电源的问题。

(4)分析和评价其他动力供应条件

工业项目生产过程中所需的其他动力供应条件，主要是指提供汽、气等动力设施及其需求总量、供应方式，包括其对产品成本的影响等。如果是消耗量大且连续性较强需要自备供应设施的项目，还需计算所需蒸汽锅炉、煤气发生器、制氧机、空气压缩机及其供应管网的投资费用，并分析其技术经济上的合理性和安全性。在评估时，还要对产品生产中所需的其他动力(如蒸汽、煤气等)的总需要量进行测算，并分析其对产品成本的影响，分析自备设施投资、规模及设备选型、管网布置的合理性。

三、基础设施条件评估

(一)交通运输条件

交通运输条件直接关系到项目建设、生产和销售各个环节，从而也影响着生产过程的连续性和经济的合理性，因此，交通运输条件是项目生产建设的重要条件和关键环节。对交通运输条件的分析和评价，重点应注意运输成本、运输方式的经济合理性，运输中各个环节(即装、运、卸、储等)的衔接性及运输能力等方面。

(1)项目的运输条件分为厂外运输条件和厂内运输条件两个方面

厂外运输涉及的因素包括地理环境、物资类型、运输量大小及运输距离等。根据这些因素合理地选择运输方式及运输设备，对铁路、公路和水运做多方案比较。厂内运输主要涉及厂区布局、道路设计、载体类型、工艺要求等因素。厂内运输安排合理适当，可使货物进出通畅，生产流转合理。运输是沟通工厂内外联系，解决工厂原材料、燃料、半成品和成品进、出、供、求的纽带，它与工厂的经营管理质量和产品成本大小有着直接的关系。科学地选择运输方式和有效地组织运输，是使生产连续而有规律进行的可靠保证。

(2)运输方式包括厂外运输和场内运输

厂外运输是工厂为输入原材料、燃料，以及运出成品、半成品和废料而与国家或地区交通运输干线发生的联系，或工厂与其原料基地、码头、车站及其他协作单位之间发生的联系。运输的方式有铁路、公路、水路、航空、管道、架空索道、带式运输等多种。厂内运输是厂区内部各组成部分之间的材料、半成品、成品等物料的运输循环系统，是实现工厂正常生产的基本手段。厂内运输方式也有铁路、公路、管道、架空索道等方式并日趋多样化。

(二)运输设施的评估

运输设施的评估包括对运输方式、运输设备的选择，运输中的装、卸、运、储各个环节间的协调和组织管理，各种类型物料进、出量及其对生产过程和产品成本影响等内容。

其中运输方式的选择涉及的因素很多，是运输设施评估的重点。

运输方式及其运输设备的选择，通常是根据项目的规模、生产性质、产品类型与数量、地区自然条件、经营管理等要求来决定的。运输量的大小对运输方式的选择起主要作用。一般当年运输量超过5万t时，才考虑选用铁路运输。其次是产品的质量及其外形体积。产品单件质量及外形尺寸很大，汽车运输困难时，也可考虑敷设铁路专用线。最后是项目所在地的自然条件。

(三)通信条件

通信条件是指电话和网络系统，它们是现代生产系统顺利运转的保证条件之一。应重视有关通信项目的同步建设问题，主要分析当地是否具备便捷发达的通信设施和项目对通信条件的要求。

四、外部协作配套条件评估

(一)协作企业的条件评估

外部协作配套条件是指为拟建项目提供零部件、半成品或包装品的前序项目，为拟建项目提供零部件、半成品或包装品的前序项目，为项目提供投入品的协作企业的条件，或是将拟建项目生产的产品进行加工后销往市场的后序项目(使用项目产出品的协作企业或机构)的条件。对于前序协作户条件的评估，主要应考察协作厂对拟建项目所需零部件、半成品、包装品的供应能力、规格、型号是否与本项目的要求相适应，交货期是否可靠和运输条件是否方便，以及协作厂的地址和技术力量是否满足条件并调查研究协作件的质量、价格、运输费用等。

对于为拟建项目生产的产品加工后销售市场的后序协作厂，应在分析产品需求时，考虑本项目的后序协作配套问题，最好与协作厂签订合同，把供需关系固定下来，使产品的销售或原料的来源有保证。分析评估拟建项目的前序项目和后序项目与拟建项目及其内部主体工程与辅助配套工程项目之间在建设时间、生产技术和生产能力上的同步建设问题。

在时间上的同步，就是相关项目的建设在时间安排上相互衔接，同时建成投产，产生经济效益。在技术上同步，就是项目的投入与产出两个方面的技术水平应与前序项目和后序项目的技术水平相适应，能充分发挥综合经济效益；在生产能力上同步，就是分析研究相关项目之间的生产能力的相互协调配套和相互适应问题，即拟建项目与前序和后序项目的生产能力相适应。

(二)劳动力资源条件评估

劳动力资源是指能从事各类工作的劳动力人口，包括项目所需的工人、技术人员和管理人员。劳动力资源的数量和质量对知识密集型项目和劳动密集型项目形成制约。一个项目所拥有的工程技术人员、经营管理人员的数量、素质、经验构成一个企业技术能力的重要因素。劳动力资源条件的评估要注意以下几点：投资项目所需各类人员的数量、素质和技能，审查分析投资项目所需各类人员的来源是否可靠，各类劳动力成本是否合理等。

项目投产后需要新增人员的数量、技术水平、来源、成本及培训规划，分析劳动力的保障程度。在可行性研究中应提出企业主要工种的技术水平要求，结合人员来源和素质制订培训计划，需送国外培训人员要单独列计划，说明培训国别、人数、专业、培训方式、时间及出国培训的必要性。按照培训计划、培训人数、提前进厂人数、培训方法和培训时间等因素，遵照国家或行业现行规定的职工培训费定额进行培训费用估算，并将估算总额列入固定资产投资。分析新增技术人员的来源、数量、技能要求、质量和落实情况，以便分析项目投产后劳动力和技术力量的保证程度。重点分析主要经营管理人员的经营业绩、素质、薪酬水平及服务本项目的可能性。

第二节　项目建设实施条件评估

一、项目建设实施条件评估的内容

项目的建设实施条件，实质上就是在项目范围内全部工程的建筑生产条件，主要包括建筑用地的地貌、地质等自然条件、建筑材料供应条件、建设用设备供应条件、建设用水电供应条件、建设物资运输条件、工程设计施工力量及组织管理条件等。一般来说项目建设条件评估是审查拟建项目是否具备建设条件及其可靠性，即对项目实施的可能性进行分析评价，具体包括内部条件的评估和外部条件的评估。

(一)内部条件评估

内部条件是指人力、财力、物力等物质资料在项目中的结合情况。人力资源评估是指对拟建项目的劳动力的来源人员培训方案和技术力量等情况的分析评价；物力资源评估是指分析拟建项目工程建设所需的各种材料、设备的采购和供应、安装和管理状况；财力资源评估是指估算拟建项目所需资金的来源及评价筹措方案是否合理可靠。

(二)外部条件评估

外部条件是指拟建项目的建筑施工条件、相关项目的协作配套条件以及国家规定的环境保护条件。包括对项目厂址的地理位置、气象、水文、地形等建筑施工条件的评估，以及交通运输、水源、电力供应条件等协作配套条件以及环境保护及协作和资源、原材料和燃料动力供应条件的评价。

二、厂址选择评估

建厂地址选择包括两个阶段：首先确定建厂选址的范围，然后比较确定厂址的备选方案，提出具体的选址地点，并形成厂址选择报告。在我国，选厂工作可由筹建单位单独进行，通常按项目隶属关系，由主管部门组织有关规划、设计、地质、交通及地方有关单位联合进行。凡在城市辖区内选址的，要取得城市规划部门的同意，并且要有协议文件。不论单独选厂还是联合选厂，都应对比所选的各个地点，认真细致地收集有关的自然环境、社会经济情况，有关厂矿企业的现状和发展规划等方面的资料，经过实地查勘，综合研究，进行充分的论证，再比较确定。

(一)建厂地区选择评价的内容

(1)自然环境评估

从投资项目拟选地区的气候条件和生态环境等方面分析是否适合项目生产建设的需要。

(2)社会经济因素评估

应充分考虑国家政策、财政和法律的相关内容，地区工业布局、投资分配、经济结构和生态平衡等方面的内容都会影响厂址的选择。

(3)基础设施条件评估

具体分析项目需要哪些数量比较大或者有特殊要求的原料、燃料与水资源等；项目提供产品的主要销售市场位置，对象是谁；项目生产中产生的“三废”对周围环境污染程度与限制污染要求；政府、各部门以及国外合资者的意见等。选择项目的建设地区需要从项目的整体出发，再充分考虑自然、社会、基础设施等条件来选择厂址。

(二)选点的原则和要求

建设项目的选点问题实质是固定资产投资布局和生产力布局的问题，在选点审查时，必须从国民经济和社会发展的全局出发，运用系统观点和方法分析利弊得失。选点的原则如下。

(1)有利于平衡发展

各地区经济发展是不平衡的，合理安排沿海、中部、西部经济之间的关系，正确处理好集中与分散、地区生产专业化与综合发展的关系是十分重要的。

(2)有利于发挥地区优势

依据社会劳动地域分工规律，合理发挥地区自然资源、科学技术、劳动力、资金和投资环境等优势，必须破除不顾条件、各地自成体系的陋习，反对重复布局和重复建设，充分利用各地优势，因地制宜确定各地区经济发展的重点行业和项目。

(3)有利于降低劳动消耗

遵循提高社会劳动生产率的要求，使项目所在地尽可能靠近原料、燃料和动力产地，靠近产品消费地及交通枢纽，使生产过程以较小的耗费取得较大的收益。

(4)有利于城镇建设布局

建设项目的布局，要适应现有城镇的规模及发展方向，有利于新城镇的合理发展，促进全国性、地区性的大、中、小型经济枢纽的形成，通过各种交通运输方式将它们与广大农村密切联系起来。

(5)有利于经济交往及国防建设

根据客观的自然经济条件，考虑社会政治和国防要求。

(三)定址的原则和要求

(1)定址的原则

①避免过于集中　认真贯彻执行“控制大城市规模，合理发展中等城市，积极发展小城市”的方针。

②服从国家长远规划、区域规划和城镇总体规划和要求　使项目类型与所在城镇的性质和类别相适应。

③精打细算，节约用地　考虑项目发展预留用地时，必须根据正式规划，结合其他条件适当留用。

④有利于节约投资，降低造价　故要求所选厂址位置适中、公用外围工程不多、交通运输方便、拆迁工作量小。

⑤有利于环境保护、人文自然景观的保护和生态平衡。

⑥有利生产、方便生活、便于施工　选择厂址，必须有利于生产与专业化协作，与生活区的位置不能相距太远，尽可能处理好生产与生活的关系，此外，还应留有施工所必需的场地。

(2)定址的要求

定址是整个建设布局的最后环节，也是最为基础的一个环节，从工厂总平面的合理布置，以及满足项目生产建设需要出发，审查定址必须符合如下要求。

①地质地基要求　一般而言，建设项目都要有较好的地质条件，地质的各种性质必须满足建筑设计规模和规范的要求；对地基的要求主要是承载能力要求，即要求地基的土性或岩性均匀，具有足够的承载力。

②防洪安全要求　所有建设项目的定址都必须不受洪水威胁，厂址的高度必须达到建设项目所需的标准。如果条件限制无法满足，则应采取防洪措施，使之达到标准。

③占用土地和地形要求　对大多数建设项目，工厂地形长宽比最好近于 2∶1 或比较方正集中，以便于各种设施的布置和场地的利用；所选建设场地有效面积的大小，应能满足建设项目工艺流程的需要并考虑建设项目今后的发展；在厂区范围，不能受到铁路干线、山洪沟或其他自然屏障的切割。对项目所在地的地形，要求有一定的自然坡度，以利于场地的排水。在运输条件许可的情况下，可用阶梯式布置方式，因地制宜利用一些坡地。

④水源水质和动力要求　项目所在地必须有充足可靠的水源，能满足拟建项目对水量的要求且水质符合规定。从动力看，应尽量靠近电站或电网建厂，避免远距离接线；对需要煤气的项目，最好靠近城市煤气管网，并取得供应协议，否则应自建煤气站或液化站代替。

⑤交通运输和环境要求　一般运输量大，或产品单件在 10 t 以上或接轨条件方便的企业，可以考虑铺设铁路专线，无条件铺设专线，则要靠近铁路或尽可能靠近公路或水路。环境要求包括环境对项目的要求与项目对环境的要求两个方面，它们必须符合国家规定。

三、环境保护条件评估

一般来说，造成环境污染的主要因素是废水、废气、废渣、粉尘、垃圾、放射性物质以及噪声、震动等。对于工业项目来说，环境污染主要来自以下 3 个方面：

一是来自项目的投入物，如有毒或易爆的投入物，在没有密封和安全设施的条件下会污染环境；二是来自项目的产出物，如化肥农药及其他有毒化学物质，在储运使用过程中易发生污染；三是来自生产过程中排放的三废和其他污染因素。搞好综合利用，提高资源利用率，变事后处理为事先排除，是消除或减少工业污染的根本措施。审查评估时，应着重分析评价环保措施是否达到环保的目的，审查的主要内容是：

(1)全面分析项目对环境的影响，并提出治理措施

在分析产生污染的方式，可能受到污染的范围及程度的基础上，对治理措施进行评估。

(2)审查治理方案技术上的可能性及适应性

即有关技术要求或问题在现有水平基础上能够解决，所采用的技术应与所在部门和地区的技术水平相适应，尽量帮助企业选择合理的治理方案。

(3)审查“三废”治理方案的合理性

即要求治理“三废”取得的效益大于或等于治理“三废”的费用。

(4)审查投入环保工程的资金来源有无保证

应贯彻环保工程与主体工程同时设计、同时施工、同时投产使用的方针，以达到控制环境污染的目标。

(5)审查治理后能否达到有关标准和要求

项目在规划治理措施时，必须保证各种污染物的排放量低于国家环保部门规定的标准。对于国家尚未颁发标准的一些行业，应根据项目的具体情况，分析其对环境造成的污染程度，并结合国家关于环境质量的一些标准，来判断该项目的污染治理措施是否符合环保的要求。

四、建设实施条件评估

(一)资源条件评估

1. 资源条件审查评估

资源是人们可以从自然界获取的用于生产生活的物质和能量。它具有有限性和分布的不均衡性两个显著的特点，因此，在对项目资源条件进行审查时，要结合本地区的资源情况，使项目能有效地利用资源。对资源的分布、储量、品位质量、开采利用的可能性和经济性等，必须进行科学分析，实事求是地作出结论。对资源条件进行审查应注意以下问题。

①矿产资源要有国家矿产储备委员会批准的关于该资源储量、品位、开采价值及运输条件的报告，并以此作为项目建设的依据。同时，要分析矿床规模、类型特征、矿产形态及大小、矿体埋藏条件、矿石质量、伴生的有用或有害元素、矿床开采技术及加工条件等；此外，要对矿床所处自然经济地理环境进行调查分析。

②所需资源的供应数量、质量、服务年限，一般要求可供开采的年限应在 10 年或 15 年以上。同时要注意开采方式和供应方式、成本高低和运输难易等情况。

③重视技术进步对资源优势利用的影响，对稀缺资源或供应紧张的资源，要注意其开发前景和寻找新的替代资源。

④对农产品资源，要注意农村经济的发展及世界农产品市场的变化。

2. 资源的综合利用

经济建设的迅速发展需要大量矿产资源，由于矿产资源属于不可恢复资源，所以对矿产资源应注意综合开发利用方式的审查。

(1) 资源的综合开发利用

第一，对矿产资源必须综合开采。许多矿产资源受共同地质规律的作用，若干种矿物共生的情况比较普遍，这就要求我们综合找矿、综合评价、综合开采。第二，坚持贫富兼采，节约资源的原则。在相同条件下开采富矿，经济效果比较明显，当富矿藏量不大不能满足需要时，就应考虑对贫矿的开采。第三，应当正确确定资源利用方向，将资源开发和工业布局结合起来，尽量合理利用资源。第四，应科学确定开发强度和服务年限。

(2) 能源的综合开发利用

能源的综合开发利用是资源综合开发利用的一个重要方面。能源储量与人类永久需要相比较能源是难以满足需要的，因此，除积极开发研究新能源外，能源的综合利用是节能的重要方面。节能可以减少投资，降低能耗，又可以减少运输、贮存和污染，因而自然减少了产品成本。任何一个建设项目都与能源密切相关，建设项目性质不同，对能源的要求也不同。选择能源时，首先应考虑以自然能源代替人工能源，以原油代替重油，以煤代油，以劣质煤代替优质煤；在能源利用方面，应考虑电热结合、一能多用、合理利用，提高利用效果；同时，应注意余热回收利用、能源选型、选择好节能产品；此外，建筑物建设方案应充分考虑采用节能措施，尽可能开发利用沼气、地热、太阳能和核能等新能源。

(二) 生产投入物供应条件评估

1. 原材料供应条件审查评估

一个项目所需的原材料是多种多样的，一般只对主要的或关键性的原材料供应条件进行审查。原材料供应条件审查主要包括以下内容：

(1) 供应数量能否满足生产能力的需要

在分析时，应根据项目设计生产能力、选用工艺及设备来估算所需原材料的数量，并分析和预测其供应的稳定性和保证程度。在估算中，还要包括原材料在加工过程中所发生不可避免的损失。

(2) 原材料质量是否符合生产工艺的要求

原材料质量性能有物理性能、机械性能、化学性能、电磁性能等表现形式，这些质量性能一般可用理化指标表示。在分析时，指标的大小一定要适合生产工艺和产品质量的要求。

(3) 原材料的价格、运费及其变动趋势对项目产品成本的影响

一般来说，项目主要投入物的价格是影响项目经济效益的关键因素，分析时不但要预

测价格的变化趋势，而且要充分估计原材料的供应弹性和替代性能。由于运输费用高低与运输距离、运输方式密切相关，同时为了保证原材料有稳定的来源，原材料供应要立足国内，注意就地取材。

(4)原材料的存储设施条件

原材料供应包括原材料合理储备，审查原材料供应条件应注意原材料储备的合理性。

2. 燃料、动力供应条件审查

燃料、动力是项目建设和生产过程中的基本要素和重要的物质保证。建设和生产中所需的燃料通常有煤炭、石油和天然气等，所需的动力主要有水、电、风、汽、气等。燃料及动力供应条件审查应注意以下内容：

(1)燃料种类和供应条件审查

选择何种燃料，一般由产品生产过程、成本、质量、燃料对厂区环境影响共同决定，同时，要分析燃料供应政策、供应数量、质量和供应方式，对消耗大量燃料项目，还要落实燃料及存储设施。

(2)电力供应审查

对耗电大而又要求连续生产的建设项目，需要估算项目最大用电量、高峰负荷、备用量，并按生产工艺要求计算日耗电量、年耗电量及对产品成本的影响。同时，还要计算变电站、输电线路及自备电厂发电功率及其所需投资。对自动化程度高，要求启动负荷、冲击负荷大的设备，还要计算用电最大负荷、设备启动负荷和冲击负荷，注意供电的稳定。

(3)用水条件和其他动力供应审查

在项目审查评估中，要分析项目对水源、水质的要求，计算用水量、供水价格对产品成本的影响。同时，还要分析是否有水循环设施、污水净化设施，保证尽可能节约用水。此外，还要估算水源、供水泵站及管网等供水设施的费用。对其他动力，应估算其总需要量并分析对产品成本的影响。

(三)建设资金条件评估

按期足额投入项目所需的建设资金并保证资金来源符合国家有关政策规定是建设项目得以顺利实施和取得预定的投资效果的重要前提条件。因此，在项目建设前必须对建设项目的资金条件进行认真分析。其主要内容有以下几点：

(1)项目的资金需求预测

要认真核算项目建设总投资，按国家有关规定测算，不留缺口，并按照合理建设进度和资金来源分配年度投资使用计划。项目资金需求的预算要从筹措资金和合理安排调度资金角度来考虑，而且一定要反映出资金的支出时间。当企业涉及投资项目不止一个时，也可使用资金支出曲线来对资金流量进行预测。

(2)资金来源正当性和可靠性分析

根据不同资金的筹集方式，分析筹资条件和筹资成本，资金的来源要符合国家政策规定，资金数量要满足建设项目需要。对各种方式筹集的资金都要加以分析，以保证资金能及时足额投入到项目建设中。

(3)各项资金来源的使用条件及使用可能性分析

如果该项目使用外汇或国际融资，尤其要注意其使用条件和使用可能性，并符合国家有关政策，注意分析国际市场上物资价格和外汇汇率的变化，以防范筹集外资的风险和保证外汇物资的顺利采购。

(四)建设场地条件和交通运输条件评估

建设场地条件主要是指项目建设场地的自然条件、建设用地条件和建设场地的供水、供电等条件。项目评价中，需要通过对这些条件的分析，来评价判断项目建设的可行性。

(1)项目所在地(建设地址)的地形、地貌，工程地质和水文地质等自然条件的分析

在项目实施过程中，可能给施工总平面布置、建筑材料、施工机械和施工技术等方面带来的影响，尤其是对地下水位和土壤耐压力给基础工程和地下深部施工带来的不利影响应采取有效可行的措施。工业建设项目要求地质条件良好，土壤有较高的承载能力和较低而均匀的沉降量。

(2)建设用地的可行性分析

对于需要大量占用施工用地的项目，应进行建设用地的估算，分析施工占用土地的可能性和经济合理性。一般要求扩建地尽量预留在场地外，避免早征迟用。场地内不应受到铁路干线或一些自然屏障的切割。场地应比较方正集中，以便于各种设施的布置和场地利用，避免不规则形状造成的面积损失。

(3)对施工阶段供水、供电、交通运输等方面可靠性的分析

对于水和电，不仅要求从数量和质量上保证供应，而且要求时间上能保证供应，防止因供应中断而影响施工质量和施工进度所造成的严重损失。项目建设场地应能满足生产和生活，并注意工业与农业用水协调。耗水量大的项目(如制药、合成纤维、钢铁工业等)，应注意其取水高度不能相差太大。耗电较大的项目，如电镀厂、电炉、炼钢厂等，场地应选在电站附近，以减少送电工程的投资。运输量较大的企业应选择在靠近车站或铁路、公路、河流交通干线或有管道运输的地方，以便于企业所需物资的运输和产品的运出，减少各种运输费用，降低产品成本。

(4)运输条件审查

交通运输条件，关系到项目建设和生产所需的物资能否保证供应，也关系到产品生产成本的高低，即直接影响生产过程的连续性和经济的合理性。其审查的内容主要包括：厂内、厂外运输方式和运输设备的选择；运输进出量对生产过程和产品成本的影响；装、卸、运、储等运输环节的能力协调及组织管理问题。厂内运输方式有水平运输和垂直运输两类，选择何种方式，应根据厂区布局、道路设计方式等确定，运输设备的选择，取决于运输物资的类型、形态、运量、运距等因素。对交通运输条件的分析和评价，重点应注意运输成本、运输方式的经济合理性、运输中各个环节的衔接性及运输能力等方面。

(五)设计力量条件评估

工程项目设计质量是保证项目顺利建设和生产的重要条件。应根据项目的性质、特征、建设规模和技术设计的难易程度，来分析承担项目设计单位的技术方案和技术装备等状况，以达到项目总体设计方案合理，初步设计和施工图设计满足施工的要求等目的，最

终使项目总体设计符合质量安全可靠、技术先进适用和经济合理的要求。

(六)设备制造和供应条件评估

工艺设备制造技术(尤其是大型特殊设备制造技术)质量是直接影响企业产品质量和生产经营效益的关键。因此，在项目评估阶段，要对这类设备的制造技术进行可行性分析评估，以保证设备质量，并在项目实施阶段能按时进行设备安装和顺利进行设备的联动负荷试车。必要时可对设备制造承包单位的制造力量、技术水平和供应条件进行可行性评估。

(七)施工力量评估

在项目实施前必须对施工队伍的技术力量、管理水平、专业文化程度、人员素质和施工技术装备水平进行调查和分析，并对某些特大型或技术难度大的工程施工技术方案进行必要的可行性分析，组织力量攻关，防止产生不必要的损失和浪费。招聘高标准的工程施工技术工人和项目管理人员是使项目成功的关键因素之一，故还需分析和评价劳动力来源、招聘条件和培训设施等。

第三节　农业项目生产条件评估

农业项目与工业项目在内容和项目生命周期等方面有很大的不同，所以农业投资项目的评估有其自己独特的地方。

一、农业项目的独特性分析

传统的农业生产依赖于动植物的自然生长和再生产，并由农民对其加以控制和促进，所以传统农业的根本特点表现为生产是自然再生产和经济再生产相互交织的过程。农业投资项目和农业生产不仅受社会经济规律的制约，而且受自然条件和规律的显著影响。农业投资项目与国民经济其他部门的项目相比，具有以下几个方面的特点。

(一)对土地有特殊的依赖性

因为农业投资项目多数会使用土地，所以土地的诸多特性直接影响农业投资项目。由于土地具有自然特性和社会经济特性，其自然特性是指土地的不可位移性、非再生性和生产力持续性，而其社会经济特性是指土地用途、经济地理位置和所有性质等。例如，土地既可以视同为固定资产，但又不具备严格意义上固定资产的有形和无形磨损性。在农业投资项目论证与评估时需要慎重考虑和认真对待这些特性，因为农业投资项目的首要因素就是土地。

(二)周期长且涉及面比较广

农业投资项目因农业生产的周期比较长和收益相对比较难，所以农业投资项目的投资期都比较长，而且其投资效益往往较工业投资项目低。同时，农业投资项目的内容可以包括种植和养殖业、农产品加工以及农业资源的利用保护和有关的产业服务等，其涉及面比较广而且综合性较强。所以农业投资项目的财务效益、国民经济效益和环境与生态效益等都必须加以考虑，这是它与工业投资项目不同的地方。

(三)风险性高且不易评估

农业投资项目和农业生产都会受阴晴旱涝、天灾人祸和病虫害等影响，这些影响不但难以准确预测，而且难以完全控制，所以农业投资项目的潜在风险比较大。另外，农业投资项目(如农田水利、治山治水和改良土壤等)多半具有难度高、工程量大、费时费力等特点。这些特点和不利因素集合起来对农业投资项目的影响就极为复杂了，所以有时有些农业投资项目是很难评估的，甚至是无法准确地进行项目论证与评估的。

(四)地域性强

不同农业投资项目所处地区的土地资源、水资源、生物资源、气候条件、劳动力状况、社会历史、文化、风俗习惯和经济条件等都有着较大的差异，而农业投资项目运行与这些因素是紧密相关的，所以一个农业投资项目在此区域可行，而在彼区域就未必可行。这就是说，农业投资项目带有较强的区域特征，所以它的评估就需要考虑地域性强的特点。

(五)多重目标性

多数农业投资项目具有多重目标，即农业投资项目的目标是多方面的。例如，某江河流域的综合开发项目，一方面可能是为了获取更多的农产品，另一方面则可能是为了保护整个流域的生态环境和防止水土流失等。农业投资项目目标的多重性也就决定了项目效果评估工作的多样化，需要在项目评价中全面地考察和评价项目多重效益。

二、农业项目生产条件评估的内容

由于农业投资项目的上述各种特点和基本原则，农业投资项目的评估内容与工业投资项目有很多不同。农业投资项目的评估必须充分考虑项目所在地的运行条件，因为农业投资项目更多地依赖于项目所在地的自然条件，包括气候、水资源、土壤与肥料等。这一点完全不同于工业投资项目的评估，因为工业投资项目的运行条件多数是人为条件。因此，在农业投资项目的评估中必须充分考虑项目所在地是否具有与项目所需运行条件一致的自然条件(如气候情况、气温、湿度和风雨等)，一定要通过评估对此给出肯定和正面的回答，否则无法做出农业投资项目的最终决策。

根据农业项目目标，对项目的规模、地点、时间安排、技术措施、资源需求等作出评估。它涉及农业项目的人力、物力、财力等资源的投入和项目的产出，是进行其他方面分析的起点。主要评估内容为：

(1)项目规模

涉及多大地域、多少村庄、多少农户，最经济合理的规模应该多大。

(2)项目具体的地点和布局

这些地点的自然条件包括地形、地貌、植被、土地土壤、水源、农户习惯、耕作制度等；资源条件包括植物、动物、矿产、水、劳力等资源以及它们与项目的关系。

(3)土地情况

土质情况、利用情况、开发潜力、水土保持情况、土地坡度及植被。

(4)水源情况

天然供水包括降水量、地下水及分布；人工供水包括灌溉工程及排水工程，可能改善的情况。

(5)农业生产现状

种植的作物种类、产量，饲养牲畜种类及产量，农林牧副渔生产发展的情况(产量、产值、劳动力、成本)，发展潜力。

(6)农业机械化情况

农业病虫害及防治情况，旱、涝、风、雹等灾情。

(7)综合农业技术

种子改良、畜禽良种、化肥、农药、种植方式、轮作制度、栽培方法、机械化措施、产品加工措施等方面的采用，是否合理可行。

第四节　农业项目生产条件评估案例

案例名称：辽阳首山农业科技园规划建设评估案例分析。

1. 规划地点

辽阳市现代农林科技示范园区位于辽阳市南部，隶属于首山农场(东宁卫乡)，西北邻首山堡村，东南邻方家屯村。地理坐标为东经123°14′，北纬41°03′，占地总面积951亩。

2. 区位条件

辽阳地处辽宁中部城市群经济区，该区是东北地区经济发展的重要地域和辽宁省的经济核心地带，是世界上特别是东北亚地区少有的都市密集区，为辽阳地区发展都市型农业创造了有利的条件。规划区位于首山农场中部平原地区，距离辽阳市政府8 km，辽阳市的通乡公路通过示范园区，交通便利。距规划区10 km左右就是沈大高速公路，且在首山设有出入口，可顺利到达鞍山、本溪等附近的县市。随着辽阳市新一轮城市空间发展，规划区的相关配套设施将会进一步得到改善，从市区到达规划区的交通会更加便利。

3. 农业资源

(1)气象资源

规划区属于暖温带半湿润气候。全年气候温和、湿润，四季分明。春季回暖快，温暖少雨，多西南风，蒸发量大，日照时间较长，易春旱。夏季炎热多雨，盛行东南风，湿度大，降水集中，时遇北方气流，多有强对流天气。秋季降温缓慢，多晴朗天气，凉爽湿润，具有“一场秋雨一场凉，三场白露一场霜”之特点。冬季寒冷期较长，降水较少，严寒干燥，时遇寒潮北风雪。年平均温度8.4 ℃，无霜期160~180 d，大于等于10 ℃的有效积温在3400 ℃以上，日照时数在2559.3 h左右，降水量在600~800 mm，多集中于5~10月农作物的生长季，年蒸发量1649.9 mm。

(2)水资源

规划区距太子河直线距离仅约9 km，地表水资源丰富，且在规划区的西侧还有一条自然河道。规划区地下水资源也比较丰富。

(3)土壤资源

规划区主要有两种土地类型，即棕壤和草甸土。耕地耕层土壤肥力属于中上等，其中有机质含量 1.87%，全氮 0.1%，有效磷 7.1 mg/kg，有效钾 86.63 mg/kg。土壤肥沃，为农业生产提供了得天独厚的自然条件。

(4) 地形地貌

规划区地势平坦开阔，海拔 24~28 m，最大落差不超过 4 m。

4. 农业发展基础

规划区所在地辽阳是国家优质粮油和畜产品优势主产区，是辽宁省无公害农产品、绿色食品、有机食品整体推进试点市。全市粮食播种面积逾 200 万亩，年粮食总产量 90 万 t 左右。蔬菜面积逾 50 万亩，年产量逾 150 万 t。花卉种植面积逾 2 万亩。肉、蛋、奶产量分别为逾 20 万 t、11 万 t 和 5.2 万 t。年生猪出栏逾 110 万头，肉牛出栏逾 15 万头，肉(蛋)鸡存栏逾 3235 万羽，貂、狐狸、貉等毛皮动物出栏 80 万只。淡水鱼养殖面积逾 6 万亩，产量逾 10 万 t。规划区所在的首山农场是国家农垦企业。多年来，农场已经形成了蔬菜、食用菌、花卉、水果、养殖业等一系列主导农事产业，农业发展基础甚好。

5. 科技支撑条件

规划区所在地辽阳农业科技力量雄厚。辽宁省农业科学院经济作物研究所、辽宁省畜牧科学研究院、辽宁省淡水科学研究院坐落辽阳。辽阳与大专院校、科研院所建立紧密的合作关系，农业推广体系健全。辽阳市现代农林科技示范园区规划有辽阳市农林科学院办公区。辽阳市农林科学院是市级科研单位，农林科学院的科研领域涵盖农、林、果、蔬等学科。多年来，科学院围绕辽阳农业、林业生产的实际开展科研、技术推广、科技培训工作，为辽阳农业、林业生产的发展和农民增收提供了强有力的科技支撑。

6. 产业支撑条件

(1) 社会经济条件

2022 年，地区生产总值 617 392 万元，按不变价格计算，同比增长 0.9%。其中：第一产业增加值 58 170 万元，同比增长 0.7%；第二产业增加值 193 116 万元，同比下降 13.7%；第三产业增加值 366 106 万元，同比增长 6.7%。辽阳市工业门类比较齐全。包括石油化纤、轻工、纺织、冶金、化学、机械、电子、建筑材料、能源、医药和食品加工等十几个主要行业。其中，化纤工业是国家重点基地之一。辽阳石油化纤工业公司是中国以引进装置为主，具有现代化技术装备和管理水平的特大型石油化纤联合企业。辽阳有全国最大的制药机械厂和全国造纸机械、工业纸板生产基地，铁合金厂是国家铁合金行业的重点企业。辽阳农业和农村经济发达。西部平原土质肥沃，盛产水稻、玉米和淡水鱼，享有“粮仓”之称；东部山区林果茂盛，盛产山楂、南果梨。辽阳是国家、省商品粮基地和瘦肉型猪、淡水鱼养殖基地。以高产优质粮田、蔬菜温室大棚、畜牧业(黄牛、生猪、肉鸡)、林果业、淡水养殖业“五项开发”为重点的“高产、优质、高效”农业正向纵深发展。目前，全市农村建起了 9 大优质农产品生产基地，培育了 10 个主导产业和 10 条产业链，形成了与资源特点相适应的区域化格局。

(2) 土地利用

建设和生产用地不需要征地、租地，为农业综合开发创造了条件。土地集中连片，适宜机械化作业和发展规模经营。

(3)交通条件

示范园区所在地首山农场(东宁卫乡)农村公路网已初步形成。周边区、县、乡一级公路通达率达100%，路面铺装率达100%，等级公路100%，养护里程100%，已达到了县、乡相通，乡镇相通，乡村相通的路路相通的交通格局。

(4)环境条件

规划区生态环境良好，远离城区，附近无大、中型工矿企业，无工业“三废”污染，地下水和地表水水质优良。土壤肥沃，农田防护林已经形成。水资源、土壤条件、大气条件等达到优质，符合优质蔬果生产、高效设施农业等环境条件要求。

(5)基础设施

规划区内水、电、渠、路、林网等基础设施基本配套。

7. 主要限制因素

示范园区建设的限制因素，从园区的主体——辽阳农林科学院来看，农业科技研发的领域与都市型现代农业要求不匹配，传统农业技术实验推广占据主导，育种等“瓶颈”技术未得到突破，产学研一体化程度不高，科技研发及推广的区域影响力不足。从示范园所在区域来看，农业科技发展水平有待于大幅度提升，现代物质装备水平不足，主要出售农副初级产品，农产品加工升值潜力没有充分挖掘，农业生产结构不够优化，种植业在农业总产值中所占比重仍然较大，农业基础设施薄弱，农业资源的开发与利用不足，发展生态农业和休闲观光农业潜力没有得到充分挖掘。

本章小结

1. 建设和生产条件评估是在市场分析和生产规模确定的基础上，对拟建投资项目的建设条件、生产条件、环境条件和实施及配套条件进行分析和评价，其中最重要的是生产建设条件的评估，核心是厂址的选择。

2. 项目建设实施条件评估是对项目的建设实施条件是否满足项目建设的需要，是否能保证项目建设的预期速度和效率作出评价。项目的建设实施条件，实质上就是在项目范围内全部工程的建筑生产条件，主要包括建筑用地的地貌、地质等自然条件，建筑材料供应条件，建设用设备供应条件，建设用水电供应条件，建设物资运输条件，工程设计施工力量及组织管理条件等。

3. 农业投资项目的评估必须充分考虑项目所在地的运行条件，因为农业投资项目更多地依赖于项目所在地的自然条件，包括气候、水资源、土壤与肥料等。根据农业项目目标，对于项目的规模、地点、时间安排、技术措施、资源需求等作出评估。它涉及农业项目的人力、物力、财力等资源的投入和项目的产出，是进行其他方面分析的起点。

重要概念

项目生产条件　项目建设条件　农业项目生产条件评估

第六章　农业项目技术方案的分析评估

学习目的

(1)了解农业项目中设备选型评估的主要内容、影响因素及评估方法；重点理解不同评估方法在实际评估中的应用。

(2)掌握农业项目评估中技术评估的程序、分类；能够运用相关方法对项目技术方案进行评估。

(3)了解农业项目工艺技术方案评估内容；熟悉农业项目设备技术方案评估步骤。

本章共分为4个部分，即农业项目技术设备选型方案评估、农业项目技术方案评估、生产工艺技术方案评估、农业项目设备及技术方案综合评估。在农业项目技术设备选型方案评估部分，主要介绍影响设备选型因素及选型方法；在项目技术评估方案中，介绍了现阶段农业技术的主要分类、技术方案评估的原则及程序以及相关评估方法；在生产技术方案评估部分，主要介绍了技术方案评估分析内容与技术方案获取；最后通过一个案例综合展示了农业项目技术评估的重要步骤及主要内容。

第一节　农业项目技术设备选型方案评估

一、概述

项目技术方案评估是依据项目投产后的实际生产需要与建设可行性研究所提供的资料，分析比较拟建项目采用不同技术方案的利弊得失，促使建设项目选择既适应国家现代化建设要求，又符合本国资源特点和现有技术水平与经济条件的生产技术方案。项目技术方案的分析评估应遵循先进性、适用性、经济性、合理性、安全性和可靠性原则。

农业项目技术方案是指针对农业项目的技术方案，包括农业生产、农业机械投入、农产品加工与物流、农业信息化等方面的技术方案及其配套设施。农业项目技术方案评估过程需要综合考虑农业生产的特点、市场需求、资源环境等因素，同时要根据具体项目的实际情况进行综合评估。

农业项目技术设备选型方案评估是指对农业项目中涉及的各种技术设备方案进行综合评估和选择的过程。设备与技术的选择紧密相关，通常来讲工艺技术的水平和类型决定了相对应的设备选择。设备方案的选择是在研究和初步确定技术方案的基础上，对所需设备的规格、型号、数量、来源、价格、用途、适用场景等进行综合研究比选。

1. 农业项目分类

农业项目是指涉及农业生产、农产品加工和销售等方面的项目，常见的农业项目包括：

(1) 农产品生产项目

如粮食、蔬菜、水果、茶叶、花卉、畜牧、渔业等项目，这些项目的特点是需要占用土地和水源，投入较多的人力和物力进行管理和维护。

(2) 农产品加工项目

如食品加工、果蔬加工、饲料加工、畜禽产品加工等项目，这些项目需要建设生产线和生产设施，需要采购设备和原材料，同时也需要进行销售和市场开拓。

(3) 农村旅游项目

如乡村民宿、生态农业观光、果园采摘、休闲农业等项目，这些项目主要利用农业资源和特色，提供旅游服务和体验，吸引城市人群前来度假、休闲和观光。

(4) 农业科技项目

如种植、养殖、水利、土地整理、生态环境修复等项目，这些项目主要利用农业科技手段，提高农业生产效率，改善农业生产环境，促进农业可持续发展。

(5) 农产品销售项目

如批发市场、连锁超市、电商平台、农产品交易所等项目，这些项目主要利用现代化的销售渠道和技术手段，将农产品推向市场，提高销售额和农民收益。

2. 不同类型的农业项目对技术设备的要求确实有所不同

(1) 农产品生产项目

这些项目通常需要大量的机械化设备，如拖拉机、收割机、喷雾器等，以提高生产效率和降低成本。此外，还需要一些智能化设备，如气象监测仪、土壤分析仪等，以便进行精细化管理。

(2) 农产品加工项目

这些项目需要大量的生产线和生产设备，如烘干设备、切割设备、包装设备等，以进行加工处理和包装。此外，还需要质量检测设备，如分析仪器和测量设备，以确保产品质量和安全。

(3) 农村旅游项目

这些项目通常需要一些旅游设施，如住宿设施、景区设施等，以提供舒适的旅游体验。此外，还需要一些娱乐设施，如游乐场、农家乐等，以满足游客的需求。

(4) 农业科技项目

这些项目需要一些高科技设备，如农业机器人、无人机、传感器等，以进行自动化操作和数据采集。此外，还需要一些科学研究设备，如实验室设备、科研仪器等，以进行科学研究和技术创新。

(5) 农产品销售项目

这些项目需要一些电子商务平台、物流设备、支付设备等，以进行销售和物流管理。此外，还需要一些市场分析和数据分析软件，以进行市场营销和业务决策。

农业项目与一般的行业项目不同，它具有自己独特的行业特征，如具有公益性、投资回报周期较长、开发潜力巨大、机制体制相对完善等。因此，针对农业项目技术设备选型也具有相应特色。

二、设备选型评估的主要内容

在对农业项目技术设备方案进行选择时，需要从以下几个方面进行综合考量：

(1)项目需求

根据项目需求明确所需要的设备种类和规格，包括设备的性能、产能、适用范围等。

(2)技术可行性

评估设备的技术可行性，包括设备的技术指标、性能参数、质量认证等，保证设备能够满足项目需求并且可靠稳定。

(3)经济可行性

评估设备的经济可行性，包括设备的购置费用、运营成本、维修保养成本、寿命和折旧等，以确保设备的投资回报率和经济效益。

(4)安全环保

评估设备的安全性和环保性，包括设备的安全指标、使用风险、环保标准等，确保设备不会对生产和环境造成不良影响。

三、影响设备选型的因素

选择农业项目技术设备的基本原则是技术上先进，经济上合理。

(一)可靠性与先进性

符合并对农业项目技术方案可靠是设备选择的最基本原则。可靠性是指设备、系统在规定的时间内的稳定程度，或者说在一定时间内，不发生问题的概率。在选择设备可靠性时，一般要求设备平均无故障时间越长越好。具体地讲，是从设备设计选择的安全系数、贮备设计(也称冗余设计，即为完成规定功能而设计额外附加的系统或手段，使其中一部分出现故障时整台设备仍能正常工作)、耐环境(日晒、温度、湿度、沙尘、腐蚀、振动等)设计、元器件稳定性、故障保护措施、人机因素(不易造成操作差错，发生操作失误时防止设备发生故障)等方面进行分析。技术设备的先进性主要体现在所采用的工艺水平高低、产品性能质量的优劣、自动控制程度的高低。先进性的选择标准取决于所选用技术是否属于行业先导和领先。也就是说所采用的技术设备是可靠、先进的技术，其对生产的良好进行起至关重要的作用。

(二)经济合理性

经济合理性主要是指所采用的工艺技术设备配置合理、技术流程短、各工序协调、均衡、紧凑、自动化程度高、物流及运输方便、投资小、成本低、回报高。

(三)安全性

设备的安全性是指设备对生产安全的保障性能。选择设备时，要考虑设备的安全防护措施，应保证生产人员的安全和工作环境的安全。如设备在田间操作运转过程中应与农户保持距离，设备的防火、防漏电、防高温等性能均应符合行业安全生产标准，不满足上述要求的则不宜使用。

（四）环境保护

设备的噪声与“三废”（废气、废水、废料）的排放、放射性污染等可能对人与周围的环境造成的影响要符合有关环境保护规范的要求。也就是说，设备的环保性能要较好，对环境的污染是在可允许范围之内。

（五）灵活性

设备的灵活性即柔性，是指对要加工的原材料等条件要求的严格程度和设备适应生产方案改变的能力。柔性比较大的设备，在未来的生产中，比较容易适应改变后的产品结构，对减少项目的风险很有益处。加之当下，随着科学技术的发展，产品的更新换代速度日益加快，产品的生命周期日趋缩短，市场竞争压力加大，对于与工艺匹配的设备方案的灵活性要求也随之加大。

（六）政策性

由于农业项目技术设备与其他行业的设备相比具有独特性。农业是我国的基础产业，对此我国政府对于农业项目的技术设备提供了相对应的补贴政策。如四川省根据部省农机购置与应用补贴政策有关规定和要求，对病死畜禽处理设备、畜禽粪便发酵处理设备、畜禽粪便翻堆设备、撒（抛）肥机等品目分类分档并进行补贴。

第二节　农业项目技术方案评估

一、项目技术方案评估概述

项目技术方案评估的对象主要是物化技术，即对项目的生产工艺技术、设备选型、工程设计、节约自然资源等方案进行分析与评估工作。项目技术方案评估，一般而言，是指对一个项目的技术进行全面系统地评估，以评估技术的可行性、可靠性和经济性。其目的是确保技术方案符合项目需求和目标，能够实现项目的顺利实施和运行，并达到预期的效果。技术方案评估分析是进行可行性研究与项目评估不可或缺的一个环节，即从技术分类、技术方案分析的内容、技术方案分析评估的原则与要求、技术方案选择的方法等方面进行分析。

二、项目技术的分类

在进行技术选择时，可从资源（人、财、物）的占用、科技和信息含量的高低角度把技术分为以下几种：

（一）资金密集型技术

资金密集型技术指的是资金占用与消耗较多的技术。其具有以下特点：①资金的占有量多，资金的周转时间长，投资回收期也较长。②由于这一类技术较为先进，容纳的劳动力较少，单位劳动力效率较高。与此同时，其还具有规模经济型的优势，即消耗低、成本低、竞争能力强等优点。③风险高。由于研发资金巨大，周期长，而且成功率不高，如果没有足够的资本，将导致失败甚至出现灾难性的后果。④具有很高的门槛和专业性。这种技术需要高水平的人才、工具和设备，而且经常需要满足苛刻的标准和规范要求。由于资金密集型技术的研发投入巨大，因此在进行相关决策时需要进行充足的评估，否则容易造成大量资源和资金的浪费。同时，政府部门和金融界的有关协议也对资金密集型的技术进行了严格的限制，以确保相关技术的安全性，保护创新和投资的产权、普及和互惠性。

(二)劳动密集型技术

劳动密集型技术指投入的劳动中体力劳动所占比例较大、消费较多，而物化劳动消耗较少的劳动，如轻纺工业、农业、初级服务业等。与此同时，其具有相对应的特点：一是对劳动力的吸纳程度较高且对劳动力的素质要求较低；二是资金占用较少，行业的介入门槛较低。

(三)技术密集型技术

技术密集型是指由于使用机器设备较多，生产技术和劳动生产率水平较高，而单位劳动占用的物化劳动较多的那一类型的经济活动。这种技术的特点：一是对劳动力的技术的熟练程度与知识文化水平要求较高；二是可提供新技术、新材料、新能源、新工艺、新设备，并把劳动生产率提高到一个崭新的水平。一般将其运用到电子、航天、原子能等企业或行业。

(四)知识密集型技术

知识密集型技术是指生产中所投入的活劳动是很复杂的脑力劳动，资源、能源消耗少，研究与开发的投资额大，生产出的产品是知识含量高的一种技术，一般指的是软件开发技术等。这种技术的特点主要表现在两点：①从事该项技术活动的人多是中、高级科技人员和管理人员；②技术装备较为复杂，投资费用较为高昂，单位人力成本较高，不过该项技术占用劳动少、材料消耗少、对环境更为友好，随着科学技术的发展，该项技术的发展与应用前景好。

三、项目技术评估的原则与一般程序

对于项目技术不能盲目评选，需要正确合理选择相应技术，一般需要遵循相应的原则，择优选出适宜的项目技术方案。

(一)项目技术分析评估的原则

1. 创新性与先进性

技术的先进性是指对于生产的发展起着重要的作用，且在技术领域中属于前列的技术。技术的先进性对于衡量项目产品市场竞争力有着举足轻重的地位，是项目的核心竞争力。对于拟建项目来说，若要引进项目，则应该比国内现有技术先进，且要与国内的配套与消化能力相适应；若是国内项目，至少当前应该是国内比较成熟的技术。因技术的先进性对推动经济的发展具有直接的作用，在选择和确定项目技术方案时，应尽可能地使用先进技术。

2. 适用性

技术的适用性指能够与当地的资源条件和经济发展状况相适应，能在较快的时间内为其带来明显效益的技术。在项目拟建时，尽可能地选用当地可利用的优势资源，且适用的技术肯定不是落后技术，但也不一定是最先进的技术。此外，在选用相应的技术时，还应匹配相应的设备与人力资源。

3. 安全性与可持续性

技术的安全性是指在实践的过程中值得信赖的技术。项目采用的国内科研技术成果，则必须经过相应的工业试验与技术鉴定。引进的国外工艺、技术、设备等，则必须符合我国国情，技术必须是成熟的，若技术在试验和进一步研究阶段则一般不予引进。评估技术方案的可持续性，包括技术方案的环境友好性、社会可接受性、可持续发展性等，以确保技术方案不会对环境和社会造成负面影响。

4. 经济性

技术的经济性指在相同投入条件下能获得的最大经济效益，或者在获取同等经济效益前提下所付出的成本最小。从经济学角度讲，边际效用最大的还是"费用效果比"较好的技术方案，一般能成为较优的方案，而并不是总效用最大的方案。故在进行项目技术评估时，既要考虑获得效用，还要兼顾所付出的成本。

（二）技术方案分析评估的一般程序

技术方案分析评选是一项专业性强、难度大的工作。一般的程序如图 6-1 所示：

1. 初步认识阶段

首先需要初步评判所应用的技术方案的可行性，并对该技术的应用进行广泛的信息收集。项目技术方案选择成功与否，在很大程度上取决于资料的收集工作。如需要确定该项技术是什么类型的技术、目前发展状况怎样、是否有项目运用了该技术并获得了成功等。与此同时，收集的信息并不是都有效的，还要对信息进行筛选，要确认信息来源的可靠性。

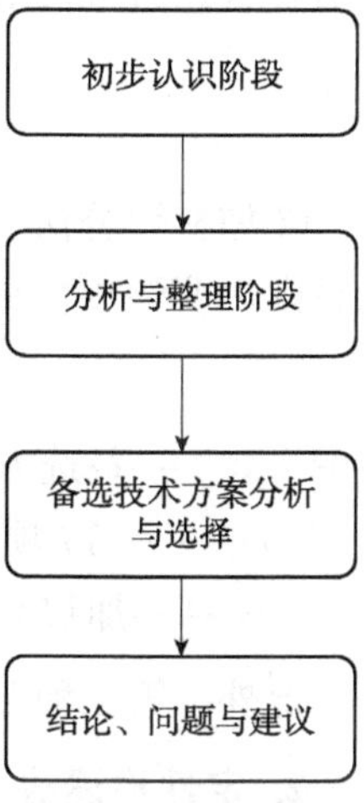

图 6-1　技术方案分析评估程序

2. 分析与整理阶段

分析与整理阶段包括对该项技术的发展前景进行预测，对技术产品的生命周期、替代品及互补品的发展状况进行研究。与此同时需要重点分析与预测项目所用技术的生命周期。技术生命周期一般分为 4 个阶段，依次为投入期、发展期、成熟期及衰退期。一般处于投入期及衰退期的技术，建设项目不能采用。

3. 备选技术方案分析与选择

该阶段需从项目的实际情况着手，依据项目技术评选的先进性、适用性、安全性、经济性等基本原则进行综合考察，作出初步的筛选，同时，要特别注意各方案的目标、技术经济指标、技术实施时间的一致性，以便结合财务分析和结论能够筛选出较优方案。

4. 结论、问题与建议

此部分应明确给出技术方案评估的结论。同时，对拟建项目应用该技术方案时可能发生的问题要及时指出，并对此提出合理的建议与解决方案，以便项目能够顺利实施。

四、项目技术评估的一般方法

在不同阶段主要使用专家评分法、定性描述法、投资效益评价法、多级过滤法等评估方法：

1. 专家评分法

专家评分法也称软评分法，是利用专家的知识和经验对项目技术方案做出判断和评价，并对所评价的项目均给出相应的评价等级，用分值来表示。然后将各个评价项目的分值经过运算，求出总分值，以此来决定取舍。由于专家评分法的计算方法略有不同，又分为加法评分法、连乘评分法、加权评分法。

①加法评分法　假设预选技术方案评价项目数为 n，其中第 j 个评价项目的得分值为 u_j；预选技术方案的总分值为 u，平均得分值为 $\bar{u}$，则技术方案的综合得分值为：

$$U_{加} = \sum_{j=1}^{n} u_j$$

$$\bar{u} = \frac{1}{n}\sum_{j=1}^{n} u_j$$

②连乘评分法　该方法是对各单项指标进行定量评分的基础上，通过指标连乘方式计算出各备选方案的总得分，然后依据总分由高到低进行取舍。

$$U_{乘} = u_1 u_2 \cdots u_n$$

$$U_{乘} = \sqrt[n]{u_1 u_2 \cdots u_n}$$

③加权评分法　其是根据各项指标的重要程度不同，分别赋予其一个加权。权重系数越高则说明该项指标的重要程度越高，反之亦然。其计算公式如下：

$$M = \sum w_i m_i$$

式中　M——备选方案的评价总分；

m_i——第 i 项评价指标的评分值；

w_i——加权系数。

此外，第二种形式的约束条件为 $\sum w_i = 1$。总分值最大的技术方案就是最优技术方案。

2. 定性描述法

该方法评价过程主要包括两个步骤，一是对各个备选技术方案的每一单项指标进行分析比较，如技术的先进程度、技术的配套程度、技术方案的经济与社会效果等；二是在各单项因素分析评价的基础之上，再加上评价者综合权衡基础上的倾向性意见。因该种方法无统一评判标准，故一般适用于技术方案的初筛阶段。

3. 投资效益评价法

投资效益评价法是经济学上常用的评价方法，常见的主要有以下几种。

(1)效用成本法

利用投资效益评价时，除非已选定了效用最大或成本最低的原则来进行决策，否则，任何项目技术方案都必须同时兼顾效用与成本费用两个方面，将单位成本带来的效用作为判别标准，该数值越大越好。其公式如下：

$$经济效果指数(\mathrm{I})=\frac{效益}{耗费}$$

$$经济效果指数(\mathrm{II})=效益-耗费$$

前者是相对指标，后者为绝对指标。当指数(Ⅰ)>1或指数(Ⅱ)>0时，方案可取，并取数值最大者为优；反之则不可取。

(2)内部收益率法

内部收益率法是指在备选方案计算期内，使效益的现值和费用的现值相等的贴现率。即将此贴现率与实际利率做比较，若小于实际利率，则舍弃；若大于实际利率，再对各方案的内部收益率进行比较，内部收益率较大者为优。

4. 多级过滤法

将对社会影响、环境保护、生态安全等作为对应的制约因素，制订一个最低标准，然后把相应技术方案与各项标准相比较，进行层级筛选，在满足最低要求的前提之下，最后以费用效益分析作为决策依据，并对各个备选方案进行筛选。

总而言之，技术方案的评选是一种系统研究。任何的技术实践，它所反映出来的都是经济、社会、政治、科学、技术以及环境的综合结果。我们不仅要考虑当前的、有形的、直接的结果，并且还需要评价长远的、无形的、间接的效果。既要有定性分析也要有定量分析。

第三节　生产工艺技术方案评估

工艺是指为生产某种产品所采用的工艺流程和制造办法。一般是指在产品生产过程中，制定出一系列的技术指导方案，以规范化和标准化生产流程，确保产品质量和生产效率的提高。在制造某种产品时，需要根据一定的工艺流程来完成产品的制造。这些工艺流程和制造办法是经过长期实践不断改进的，从而确保能够稳定产品质量和提高生产效率。

工艺技术方案分析是指对工艺技术方案进行全面、系统、深入地分析和评估，以确定其技术可行性和经济合理性。工艺技术方案分析是整个技术方案分析的核心和基础，其结果直接影响产品的生产质量、生产效率和成本控制等方面。在工艺技术方案分析中，需要考虑多个因素，如原材料的选取、处理和加工；设备、工具的选择和使用；生产线的规划、设计和优化；生产过程的控制和管理等方面。在工艺技术方案分析中，还需要采用科学的分析方法和工具，如流程图、模拟仿真、成本估算、环境影响评价等，从多个角度对工艺技术方案进行全面、深入地分析和评估，为工艺的设计、优化和改进提供科学的依据和支持。

一、生产工艺技术方案分析的内容

工艺技术方案是指为实现特定生产目标而制订的具体实施方案。它通常包括工艺流程如何设计、工艺设备如何选取、工艺参数如何调节以及安全和环保问题和对经济效益的追求。工艺流程是指在生产过程中各个工序之间所需遵循的操作流程和生产顺序，工艺流程需要根据产品的特性和生产需求来制定，以确保生产过程的顺畅和高效。选择合适的工艺设备可以提高生产效率、产品质量和生产安全性。工艺参数是指在生产过程中所需遵循的各项规范和标准，如温度、湿度、压力等，调节工艺参数是工艺技术方案的重要内容。安全和环保是生产过程中必须考虑的重要因素。工艺技术方案应当制订相关安全和环保措施，保障生产过程中人员的安全并尽最大可能降低对环境的破坏。经济效益是指需要对生产工艺技术方案的投资和运营成本进行评估，尽可能追求经济效益最大化。通过对这几个方面的分析，可以制订出最佳的生产工艺技术方案，不但能够提高生产效率、降低生产成本、提高产品质量和一致性，带来更好的经济效益，同时还能够保证安全和环保。

工艺技术方案分析除了应当遵循工艺技术方案选择决策的一般原则外，还应重点考虑以下几个方面的问题。

（一）工艺技术方案的可靠性和成熟性

方案的可靠性是指该方案是否能够稳定可靠地实现产品的生产目标，如生产量、产品质量等方面的目标。选择成熟可靠的工艺技术方案是非常重要的，这可以确保产品质量稳定，并减少生产过程中的风险和不确定性。

在选择项目工艺技术方案时，可靠性和成熟性是首要条件。这意味着所选择的技术方案必须经过实验室研究和中间试验阶段，并获得有关专家或权威部门的检验认证。同时，在生产一定数量的产品并通过一段时间的检验后，该技术方案必须被认定为成熟可靠的技术方案。成熟可靠的工艺技术方案对产品质量具有保证作用。这里的产品质量具有两方面的含义：生产的单个产品的技术参数指标必须合格；该技术方案连续生产时，产品质量必须具有稳定性，即正品率要高且稳定。

（二）工艺技术方案中工艺流程的合理性

工艺流程是指为了生产某种产品或完成某项工作而需要遵循的一系列工艺步骤的顺序和流程。它是将原材料、工具和设备等资源按照特定的方式组合和加工的过程，以完成最终的产品或工作。工艺流程的设计和优化是非常重要的，因为它们直接影响了产品的品质、生产效率、成本和环境影响等方面。所以工艺流程是否合理对于生产项目工艺技术方案分析尤为重要。那么，评价一个工艺流程是否合理，我们应当从哪些角度考虑呢？

首先，应当考虑的是原材料从投入到成品形成的过程是否流畅、便捷，且具有连续性。流畅、便捷且具有连续性的原材料加工流程可以带来许多好处，可以减少不必要的等待和浪费时间，还可以帮助厂商充分利用设备和人力资源，降低生产成本。从而提高劳动生产率和设备利用率。在研究工艺流程的合理安排时，需要同时考虑到生产的稳定性和灵活性。保证主要工序生产的稳定性可以确保产品的质量稳定和一致性。而根据市场需求的变化调整产品的品种规格，则可以满足不同客户的需求，增加销售收入。

此外，还要看工艺流程是否满足经济合理性。如果一个工艺流程不惜代价地购买机器设备，当然能够提高原材料加工流程的流畅性和便携性，但没有考虑到经济效益是否合理，那这样的工艺流程也是不可取的。因为合理的工艺流程不但要能够提高生产效率，还要能够降低生产成本、提高产品质量，从而增加销售收入，最终目的还是要增加经济效益。

二、生产工艺技术方案的获取

生产工艺技术方案的获得方式有多种途径。一方面，企业可以通过自身的技术研发，通过理论探索、实验验证、技术方案设计等途径，研发出符合自身需求和市场需求的生产工艺技术方案。这种方式对于企业而言，具有较高的自主性和掌控能力，可以更好地满足企业自身的发展需求。另一方面，企业也可以通过购买、许可证交易、合作开发等多种方式获得生产工艺技术方案。但是在实际应用中，企业需要根据自身的战略规划、资金实力和项目实际情况等因素进行选择。企业可以根据市场需求和技术现状，选择适合自身发展的生产工艺技术方案获得方式，既要满足企业自身的技术创新和生产需求，又要充分考虑投资成本和效益，实现最优的技术创新和生产效益。

(一)取得生产工艺技术的途径

1. 通过自主研发取得生产工艺技术

自主研发生产工艺技术方案是企业进行技术创新的重要途径之一，也是保持企业竞争力的必要手段。自主研发生产工艺技术方案包括以下几个阶段：

(1)明确研发目标，开展技术研究

在制订自主研发生产工艺技术方案之前，需要明确研发目标，确定要研发的产品或工艺的特点和需求，以及预期达到的技术指标和市场需求。在明确研发目标后，需要开展相关技术研究，包括理论分析、实验验证、技术方案设计等内容，通过科学的方法，寻找技术突破点和解决方案，确立技术路线和关键技术点。

(2)制订初步方案，实验验证和调整

在技术研究的基础上，制订初步的自主研发生产工艺技术方案，包括工艺流程、工艺参数、设备选型、操作规程等内容，根据实验数据和经验进行方案设计和优化。根据初步方案进行实验验证，对实验结果进行分析和评估，对方案进行调整和完善，尽量达到预期的技术指标和市场需求。

(3)编制正式方案

在实验验证和调整后，编制正式的自主研发生产工艺技术方案，包括详细的工艺流程、工艺参数、设备选型、操作规程、质量控制要求等内容，尽量达到标准化和规范化的要求。

(4)实施和优化

根据自主研发生产工艺技术方案进行实施，对生产过程进行监控和调整，根据实际情况进行优化和改进，不断提高产品质量和生产效率。

自主研发生产工艺技术方案需要具备相关专业知识和经验，需要投入大量的人力、物力和财力，在技术研究、实验验证、方案设计等方面需要耐心和细心，同时还要充分考虑知识产权和商业机密的保护，遵守相关法律法规。

2. 直接购买整套生产工艺技术方案

购买生产工艺技术方案的方式比较简单，其优势在于可以快速获取先进的生产工艺技术方案，避免了企业自主研发的风险和不确定性。企业可以通过购买其他企业或者专业机构的技术成果，获取相应的生产工艺技术方案。相较于企业自主研发，购买成熟的技术成果能够避免技术创新的不确定性和高风险，购买生产工艺技术方案可以大幅缩短研发周期和成本，提高技术应用的效率和成功率。购买生产工艺技术方案也存在着一些潜在的风险和限制，如购买的技术成果可能不符合企业的具体需求，或者购买后需要进行二次开发和改进才能真正适用于企业的生产流程。因此，在购买生产工艺技术方案时，企业需要结合自身的实际情况，进行全面地考虑和评估，选择最为适合的方案。

3. 许可证交易

企业也可以通过许可证交易的方式获得生产工艺技术方案，即通过向专利权人支付一定的许可证使用费，获得其专利技术的使用权。企业可以通过购买许可证使用权的方式，获得专利权人的核心技术和知识产权，从而快速获得先进的生产工艺技术方案，进而提高企业的技术水平和市场竞争力。这种方式不仅可以节省企业的研发成本和时间，还可以大大降低企业的技术风险和市场风险。不过，许可证交易也存在一些限制和风险。专利技术的使用范围和期限需要与专利权人进行协商和约定，否则可能面临侵权和法律诉讼等问题。而且专利权人可能会限制许可证使用方的生产数量和销售渠道，对企业的生产和市场发展造成一定的限制和影响。许可证交易的使用费用也可能相对较高，需要企业在预算和资金规划上进行考虑和管理。

4. 合作开发生产工艺技术方案

企业还可以通过合作开发的方式获得生产工艺技术方案。企业可以与其他企业、高校、科研机构等进行合作，共同研发生产工艺技术方案，实现技术共享和风险共担的目的。在这种方式下，合作伙伴可以共同探讨技术难题，分享经验和资源，达成技术创新和产业转型的共识。与此同时，合作开发还可以为企业带来更广泛的技术和市场资源。合作伙伴可以共享技术成果和知识产权，实现技术的共同推广和应用，扩大市场份额和影响力。此外，合作开发还可以促进产业集群的形成和发展，为企业创造更为稳定和可持续的发展环境。总的来说，合作开发是企业获得生产工艺技术方案的一种重要方式，可以带来更广泛的技术和市场资源，降低研发成本和风险，提高技术创新的成功率和效率。但在合作过程中，需要双方建立有效的合作机制和管理体系，解决合作中的问题和风险，确保合作的顺利进行和成果的共同分享。

（二）选择生产工艺获得途径应主要考虑的因素

生产工艺技术方案获得的途径多种多样，企业在选择工艺获得途径的过程中，应主要从以下几个方面考虑。

1. 企业的资金状况

企业的资金状况是企业在选择工艺技术的取得方式时必须考虑的重要因素之一。如果企业拥有充足的现金流和宽松的资金链，那么自主研发或购买成套技术可能是更好的选择。如果企业的资金链比较紧张，又需要控制项目的总投资，那么工艺许可证交易和合资经营的方式可能会更合适。因此，企业需要根据自身的资金状况和战略规划来选择合适的工艺技术取得方式，以实现企业的发展目标。

2. 企业战略

企业战略因素对工艺技术的获得方式起着至关重要的作用。当企业希望通过实施项目来获得行业领先优势、快速扩张、抢占市场份额以实现企业利润最大化时，选择购买成套技术成为一种可行的选择。购买成套技术可以快速获取所需的生产工艺技术方案，从而缩短研发周期和成本，提高生产效率和竞争力。然而，如果企业具有一定的经济和技术实力，则可以考虑加大研发投入，尽快开发出新的工艺技术。这种方法虽然投入较大，但如果成功开发出具有较高专利价值的技术，可以极大地提高企业的技术水平和市场竞争力，甚至可以成为该行业的技术领先者，从而获得更高的经济回报。

3. 经济效益

企业在获取工艺技术方案时，不仅要考虑企业的战略规划、资金实力和项目实际情况等因素，还需要强调企业的经济效益。在选择获取工艺技术的途径时，企业应该对各种可能的风险因素及其发生概率进行可靠的经济性分析，以期通过相对较小的成本及风险获得更多的收益。具体来说，企业可以首先确认每种方式产生的现金流，并分析各种可能的风险因素及其发生概率，以此计算出每种方式的净现值和期望净现值。然后，企业可以通过比较各种方式的期望净现值，选择最优的工艺技术获取方案。通过这样的经济性分析，企业可以更加全面地考虑各种因素对经济效益的影响，从而选择最适合企业自身的获取工艺技术的途径。这样，企业可以最大限度地降低风险和成本，提高经济效益，获得更多的收益，从而实现企业的可持续发展。

工艺技术的获得方式应综合考虑上述影响因素，从而选择符合企业战略、经济效益最大、风险相对较小的方案。

第四节　农业项目设备及技术方案综合评估

在确定生产工艺技术方案之后，为了保证工厂能够按照预定的生产规模和工艺程序进行生产，需要进行设备的选择。在选择设备的过程中，需要考虑不同型号和数量的设备，以满足工艺程序的要求。设备的选择和工艺技术密切相关，因为工艺技术的水平和类型会直接影响设备的选择。因此，在进行设备选择的过程中，重点是遵循工艺技术和项目的设计生产能力要求，并选择高效能的机器和设备，以确保生产的高质量和高效率。

一、设备概述

(一) 设备和农业设备

设备和机器与装备一样，都属于有形资产，都用于为其所有者提供收益。设备包括特定的非永久性建筑物、机器和仪器等组合资产；机器则包括单独的机器或机器组合，是指使用机械动力进行操作的机械设备，由具有特定功能的结构组成，用以完成特定的工作；而装备则是用来支持企业功能的附属资产。这些设备、机器和装备是生产过程中必不可少的一部分，并且是否合理选择机器设备对于企业发展而言至关重要。只有在合理选择和使用机器设备，才能够更好地满足企业的需求并提高生产效率，从而实现企业的可持续发展。

农业项目设备是指在农业生产中所使用的机器、工具、器具和装置等，用于完成各种农业生产活动的工具和设备。农业项目设备的范围很广，包括耕作、种植、施肥、除草、病虫害防治、收获、储存和加工等各个环节所需要的设备和工具。在现代农业生产中，农业项目设备已经成为不可或缺的一部分。随着技术的发展和创新，农业设备也在不断地更新和改进，以适应不同的农业需求和生产要求。现代化的农业项目设备不仅可以帮助农民提高农作物的产量和质量，还能帮助农民提高生产效率和质量，降低劳动强度，从而为农业生产和农村经济发展做出贡献。

(二)设备的分类

一般来说，项目的设备按照它在生产过程中发挥的作用不同，可以划分为生产设备、辅助设备、服务性设备以及备件和工具 4 类。

1. 生产设备

生产设备是用于加工和制造零部件、元器件及成品的多样化设备，涵盖机械加工、专用机器、电器设备、运输工具和质量检验设备。机械加工设备如车床、铣床等，专用机器如机器人，电器设备提供电力支持，质量检验设备确保产品质量。这些设备共同提高生产效率，降低成本，提升产品质量。

2. 辅助设备

在生产过程中，除了核心的生产设备，还需要依赖各种辅助设备以确保生产的正常进行，这些辅助设备虽然不直接参与产品制造，但对生产流程的顺畅至关重要，包括基础设施设备如供水、供暖、供气系统，它们维护工人的生产条件并确保生产环境的稳定；物流设备如叉车、起重机等，负责材料和产品的搬运，为生产提供物流支持；通信设备作为内部沟通和信息传递的关键，保障信息流通的效率和准确性；环保设备如“三废”处理设备，不仅满足政府的环保要求，也是企业社会责任的体现；以及仓储设备如货架、搬运车等，为原材料的存储和运输提供便利，共同构成了生产体系的支撑框架，确保生产活动的高效和有序。

3. 服务性设备

服务性设备虽然并不直接参与到生产制造过程中，但却为企业的日常运营提供了诸多支持和保障。其中，办公设备包括计算机、打印机、传真机等。安全保卫设备则是维护企业生产安全的关键，如消防设备、安防监控系统、安全门禁系统等，确保了企业生产经营活动的顺利进行。场地清洁设备则用于企业环境卫生的维护，如地面清洁机、吸尘器等，保障了员工的健康和工作效率。医疗卫生设施则是为员工提供医疗保健服务，如急救箱、医疗设备等。住宅和其他福利设施则是企业为员工提供的福利措施，如员工宿舍、餐厅、健身房等。

4. 备件和工具

备件和工具是生产设备的重要配套物资，它们包括易损易磨件的备用品和一般的通用与专用的工器具。备件是为了应对设备的突发故障而准备的，包括机械部件、电子元器件、液压元件等。在生产过程中，这些备件可以快速更换损坏的部件，以保证生产的连续性和稳定性。而工具则是用于修理、维护和调整设备的工具，它们有助于提高生产效率和设备的使用寿命。对于引进的设备，在没有国产化之前，要有一定数量的备品备件储备，否则可能影响正常生产。

二、农业项目设备技术方案的主要内容

农业项目设备的技术方案主要关心的是设备的选择问题，设备选择需要考虑到不同环节的设备和工具的配合及协调，以达到最佳的生产效果。在设备选择之前，需要进行设备评估，设备评估包括以下几个方面。

（一）设备生产性评估

设备的生产性是指设备在生产过程中所表现出的生产效率，通常用单位设备在单位时间内的生产能力来衡量。设备的生产能力是由设备生产效率和设备有效工作时间两个方面共同决定的。在评估设备的生产性时，需要核实以下几个方面：

（1）设备实际生产能力与项目设计能力的吻合程度

在设备选择和配置的过程中，必须从实际出发，既要留有余地，又不要造成实际生产能力的过多消费。因此，在评估设备的生产性时，需要对设备实际生产能力进行全面的核实。

（2）生产过程中各工序应配置的设备台数

在生产过程中，不同的工序需要不同的设备来完成生产任务。因此，在评估设备的生产性时，需要结合实际情况，确定各工序设备生产能力的配置比例及设备数量。设备数量的确定方法如下：

$$\text{单台(套)设备生产能力}=\text{设备有效工作时间}\times\text{单台(套)设备产量定额}$$

$$\text{某设备应配置台数}=\frac{\text{设计生产能力}}{\text{单台(套)设备生产能力}}$$

（3）设备达到生产能力的条件是否具备，提高设备生产能力的措施是否切实可行

在生产过程中，有时会出现设备无法达到设计生产能力的情况。因此，在评估设备的生产性时，需要核实设备达到生产能力的条件是否具备，同时评估提高设备生产能力的措施是否切实可行，以确保设备能够达到预期的生产能力水平。

（二）设备可靠性评估

设备可靠性评估是指设备在规定使用条件下，能否长期无故障正常运转。在引进设备方面，设备质量可靠性是一个重要的问题。有些引进设备可能是旧设备，没有商标、厂家和技术资料，缺乏可靠性保障。设备可靠性评估的关键在于确定评估指标和评估方法。评估指标应该包括设备可靠性、设备寿命、设备故障率等方面，以全面评估设备的质量和可靠性。而评估方法则应考虑设备的实际使用情况和工艺流程，综合运用多种方法进行评估，如经验判断法、统计分析法、试验验证法等。在评估过程中，要充分考虑设备的环境、使用条件、维护保养等因素对设备可靠性的影响，以准确评估设备的可靠性。

（三）设备耐用性评估

设备的使用寿命是企业使用设备的重要指标之一。一般来说，使用寿命越长，企业的生产成本就越低，效益就越高。而设备的耐用性是衡量设备使用寿命的重要因素之一。为

了准确评估设备的使用寿命，必须综合考虑设备的物质寿命、技术寿命和经济寿命。

设备的物质寿命是指设备从开始使用到报废所经历的时间。这个时间取决于设备的物质磨损程度、损坏程度等因素。设备的技术寿命是指设备从开始使用到因技术过时而被淘汰所经历的时间。在现代科学技术飞速发展的背景下，新技术和新设备不断涌现，使得设备的技术寿命不断缩短。设备的经济寿命也是评估设备使用寿命的重要因素之一。经济寿命是指设备从开始使用到需要高额使用费用来维持或全面淘汰所经历的时间。这个时间取决于设备的性能和维修保养情况。

（四）设备安全性评估

设备的安全性评估是保障生产安全的重要手段。在设备的设计和安装过程中，必须充分考虑设备的安全防护措施，以确保生产人员的人身安全和工作环境的安全。而在设备的使用过程中，还应该通过安装自动断电装置、自动停车装置等安全装置，对设备进行保护。这些装置可以在设备出现故障或异常情况时及时停机，避免事故的发生。在生产设备中安装自动断电装置，当设备出现电气故障时，可以自动切断电源，避免电气事故的发生。

（五）设备维修性评估

在设备的运行过程中，由于物质磨损，设备整机和零部件不可避免地会发生损坏，设备也就不得不定时进行维修。设备的维修性包括设备维修次数、零部件的互换性、标准化水平以及维修的难易程度等。如果设备的维修性能较好，则设备的结构合理，易于装卸和检验，标准化水平高，零部件互换性良好。在引进设备时，不仅需要考虑设备的维修难度，还应考虑是否可以在国内制造易损零部件或需要从国外取得这些部件。在性能和价格接近的情况下，应选择维修性能更好的设备。

（六）设备费用和能耗评估

在设备采购时，应以技术先进、安全可靠为前提，控制费用以降低总投资。可采取技术改造、工艺优化提高效率，模块化设计、标准化零部件、自动化装配降低制造成本。同时，注重节能，优先选择低能耗、高热效率设备，以减少成本、环境影响，促进可持续发展。

三、案例

本案例所涉及的农业项目是一个小型奶牛养殖项目。该项目旨在为当地社区提供新鲜的牛奶和奶制品，并提供可持续的就业机会。在这个项目中，将考虑评估该项目所需的各种设备和机械，包括但不限于奶牛饲养设备、挤奶设备、储奶设备、冷却设备、消毒设备等。

（1）需要了解该项目的生产需求

为了评估所需的设备和机械，需要了解该项目的规模、生产目标和预期产量。通过与项目负责人进行访谈和实地考察，项目评估团队确定了该项目的奶牛养殖规模为 50 头，每头奶牛预计每天产奶 25 L。根据这些数据，可以计算出该项目的日产奶量为 1250 L。

（2）需要确定所需设备的清单和数量

在进行设备评估时，需要将所有设备和机械进行分类，并逐一评估。根据评估团队的访谈和考察结果，将需要以下设备和机械（图 6-2）：

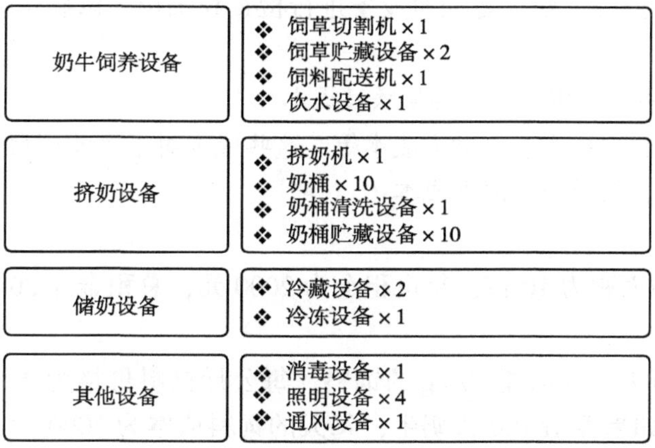

图 6-2　农业项目技术设备需求图

通过对每种设备进行评估，可以确定每种设备的数量和费用。例如，饲草切割机的价格为 8000 元，饲草贮藏设备的价格为 5000 元，饲料配送机的价格为 6000 元，饮水设备的价格为 2000 元。根据这些价格和数量，我们可以计算出奶牛饲养设备的总费用为 (8000+5000+6000+2000)×1＝21 000(元)。同样，可以按照这种方式评估其他设备的费用，最终计算出该项目所需设备的总费用。

(3) 需要考虑设备的维护和维修费用

设备维护和维修是保证设备长期正常运行的关键。在本案例中，我们建议每年将所有设备进行一次大修，并在设备日常使用中注意维护和保养。根据已有经验，设备维护和维修费用通常为设备总价值的 10%～20%。因此，可以计算出该项目设备的年度维护和维修费用为总价值的 15%，即设备总价值×15%。

(4) 需要考虑设备的折旧费用

设备的折旧是指设备因使用年限而失去价值的过程。在农业项目中，设备的使用寿命通常为 5～10 年，具体取决于设备的类型和质量。根据访谈和考察结果，本案例中的设备使用寿命为 5 年。因此，可以计算出每年设备的折旧费用为设备总价值的 20%，即设备总价值×20%/5。

(5) 需要考虑设备的保险费用

设备保险是为了保护设备免受突发事件的损害，如火灾、水灾等。设备保险费用通常为设备总价值的 1%～2%。因此，可以计算出该项目设备的年度保险费用为总价值的 1.5%，即设备总价值×1.5%。

综上所述，可以计算出该项目设备的总成本，包括购买成本、维护和维修成本、折旧成本和保险成本。以本案例中的设备为例，设备总价值为 38 000 元。年度维护和维修成本为设备总价值的 15%，即 5700 元。年度折旧成本为设备总价值的 20%，即 7600 元。年度保险费用为设备总价值的 1.5%，即 57 元。因此，该项目设备的总成本为 38 000+5700+7600+570＝51 870(元)。

在实际操作中，建议在设备采购前，对设备进行详细的评估和分析，以确保项目设备的合理性和经济性。此外，建议定期对设备进行检查和维护，以确保设备的正常运行和使用寿命。

(1)除了设备成本，还需要考虑其他项目成本

例如土地租金、饲料成本、劳动力成本等。这些成本对于农业项目的盈利能力有着重要的影响。在本案例中，需要考虑以下成本：

(2)土地租金

假设租用的土地面积为 10 亩，每亩租金为 2000 元，总租金为 20 000 元/年。

(3)饲料成本

假设每头奶牛每天需要消耗 10 kg 的饲料，每公斤饲料价格为 2 元，每头奶牛每天的饲料成本为 20 元。如果养殖 100 头奶牛，每天的饲料成本为 2000 元。一年的饲料成本为 2000×365＝730 000(元)。

(4)劳动力成本

假设需要雇佣 2 名工人，每月工资为 3000 元，每年的劳动力成本为 23 000×12＝72 000(元)。

(5)其他成本

例如医疗保健费用、电费、水费等。这些成本将根据实际情况进行估算。

综上所述，可以计算出该农业项目的总成本。假设该项目养殖 100 头奶牛，设备总成本为 51 870 元，土地租金为 20 000 元/年，饲料成本为 730 000 元/年，劳动力成本为 72 000 元/年，其他成本为 10 000 元/年。则该项目每年的总成本为 51 870＋20 000＋730 000＋72 000＋10 000＝901 870(元)。

最后，需要对项目的盈利能力进行估算。可以根据市场行情和过去的销售记录估算出奶牛乳制品的售价和销售量。假设每天销售 1000 L 牛奶，每升售价为 10 元，每天销售额为 10 000 元。每天奶制品销售额为 10 000×30＝300 000(元)，年销售额为 300 000×12＝3 600 000(元)。

综合考虑项目成本和盈利能力，可以计算出该项目每年的净利润。净利润＝销售额－总成本＝3 600 000－901 870＝2 698 130(元)。该项目的净利润为正数，表明该项目具有良好的盈利能力，可以带来可观的收益。

总之，农业项目设备评估是农业项目规划和运营的重要环节。通过对设备成本、维护和维修成本、折旧成本、土地租金、饲料成本、劳动力成本、其他成本等进行综合考虑，我们可以计算出该项目的总成本，并通过市场需求和销售记录来估算项目的盈利能力和净利润。这些数据可以帮助我们决定是否投资该项目，以及在运营过程中如何最大限度地提高收益并降低成本。

此外，还应该注意以下几点：

①设备的质量和性能对项目的盈利能力具有重要影响。因此，应该选择优质的设备，并对设备进行定期维护和维修，以确保其正常运行和使用寿命。

②劳动力的素质和技能也对项目的盈利能力具有重要影响。因此，应该选择具有相关经验和技能的工人，并为他们提供必要的培训和支持。

③在农业项目运营过程中，应该时刻关注市场需求和行情，并及时调整生产和销售策略，以适应市场变化和最大化收益。

④在项目规划和运营过程中，还应该充分考虑环境保护和可持续发展的因素，例如合理使用水源和土地资源、减少污染和废弃物的产生等。

通过科学合理地评估和管理，可以最大限度地提高农业项目的盈利能力和可持续发展性，为社会和经济发展作出贡献。

本章小结

1. 项目技术方案评估是依据项目投产后的实际生产需要与建设可行性研究所提供的资料，分析比较拟建项目采用不同技术方案的利弊得失，促使建设项目选择既适应国家现代化建设要求，又符合本国资源特点和现有技术水平与经济条件的生产技术方案。项目技术方案的分析评估应遵循先进性、适用性、经济性、合理性、安全性和可靠性原则。

2. 项目技术可以分为资金密集型技术、劳动密集型技术、技术密集型技术与知识密集型技术。

3. 工艺技术方案选择决策的一般原则包括对备选方案的可靠性、合理性、适用性、经济性、安全性和环保性等方面的考察。除此之外，工艺技术方案分析最终的决策也应该符合项目的实际资金、市场需求、技术水平和人力资源状况，并且能够带来良好的经济效益。

4. 农业项目设备评估中需要考虑设备生产性、设备可靠性、耐用性、安全性、维修性、费用与能耗等问题。

重要概念

项目技术分类 农业项目设备 设备选型的方法

第七章　农业项目投资评估

学习目的

(1) 了解项目投资的一般概念。
(2) 了解农业项目投资的特点及项目评估的目的与内容。
(3) 熟悉农业项目投资估算的主要方法。
(4) 掌握建设期利息计算的方法。
(5) 理解流动资金计算的方法。
(6) 掌握运营成本的概念并了解主要计算方法。

第一节　农业项目投资概述

一、项目投资的一般概念

项目投资是一种以特定建设项目为对象，直接与新建项目或更新改造项目有关的长期投资行为。项目投资的目的是获取项目建设和运营所带来的收益，同时也要承担项目实施过程中的风险。

一般而言，项目的总投资指工程项目从建设前期的准备工作到工程项目全部建成竣工投产为止所发生的全部投资费用，包括基本建设投资、流动资金、其他费用等。其中，基本建设投资是指为了建设工程项目而进行的固定资产投入，包括土地、建筑物、设备、安装、基础设施等。流动资金投资指为了保证工程项目正常运营而需要的各种流动性资金，包括原材料、半成品、成品、应收账款等。其他费用则包括工程项目建设和运营有关的其他各种费用，包括设计费、咨询费、监理费、试运行费、培训费等。

在项目决策之前，应当对涉及的投资进行事前评估，对拟实施项目的必要性、可行性、合理性及效益、费用进行有效的审核和科学的评价。有效的事前评估不但能够提高投资项目决策水平，为投资主体和投资管理部门提供决策依据，还能够提高投资效益，避免决策失误带来损失，提高工程咨询前期工作质量与效率，避免重复返工造成资源浪费。

二、农业项目投资的特点

农业项目投资是指为了获得一定的利益，而对与农业相关的项目或者说是产业投入一定量的资金，以及有形、无形的资产等，从而进行农业方面的生产活动。相对于一般性项目投资，农业项目投资有以下几个特征：

(1) 对农业环境有较强的依赖性

农业项目投资的成本和效益受到自然条件、气候变化、生物病虫害等因素的影响，需要适应农业生产的季节性、周期性和不稳定性。

(2)具有明显的区域差异性

农业项目投资要考虑不同地区的土壤、水源、气候、生态、市场、政策等因素，不能一概而论，要因地制宜，选择适合当地的项目类型和技术方案。

(3)具有较强的综合性

农业项目投资不仅涉及农业生产本身，还涉及农村基础设施、农产品加工、农村社会服务、农民培训等方面，需要协调各方面的利益和需求，实现多方共赢。

(4)具有较大的风险性

农业项目投资的回收期较长，收益率较低，受到市场竞争、价格波动、政策变化等因素的影响，需要进行充分的风险分析和防范措施。

(5)效益的发挥具有滞后性

农业项目投资通常需要经过一定的建设期和运营期才能看到效果，而且效益不仅体现在经济上，还体现在社会和环境上，需要综合评价。

【案例 7-1】 项目名称：云南省某县农村饮水安全 PPP 项目

项目概述：该项目旨在改善云南省某县农村地区的饮水安全问题，提高当地居民的生活质量和健康水平。该项目采用 PPP(公私合作)模式，由政府和社会资本共同投资、建设和运营。项目涉及新建和改造水源工程、输配水工程、水厂、水质监测系统等设施，以及提供水费收取、水务管理、水资源保护等服务。

项目投资：该项目总投资约为 1 亿元人民币，其中政府出资 30%，社会资本出资 70%。政府以土地使用权、现有水务设施等形式提供出资。社会资本以现金、技术等形式提供出资。

项目回报：该项目采用可行性缺口补贴+收益分成的回报机制。政府根据项目的社会效益和经济效益，按照一定比例向社会资本提供可行性缺口补贴，以保证社会资本的最低回报率。同时，政府和社会资本按照约定的比例分成项目的收益，以激励社会资本提高项目的运营效率和服务质量。

项目风险：该项目面临以下主要风险：①政策风险：政府在项目实施过程中可能出现政策变化、合同违约、监管不力等情况，影响项目的正常运行和收益。②市场风险：由于农村地区的人口流动、收入水平、用水习惯等因素，可能导致项目需求预测不准确、水费收取困难、收入不稳定等问题。③技术风险：由于农村地区的地理环境复杂、水资源短缺、水质污染等问题，可能导致项目的技术方案不合理、设备故障频繁、运维成本高昂等问题。④环境风险：由于农村地区的生态系统脆弱、气候变化不确定、自然灾害频发等问题，可能导致项目的环境影响评估不充分、环境保护措施不到位、环境责任难以界定等问题。

三、农业项目投资评估的目的

科学的事前评估是农业项目投资决策的重要内容，其目的主要有以下几个方面：

(1)为项目建设提供技术依据

通过对项目技术方案、工艺流程、设备选型等进行评估，确定最优化的技术方案，提高项目技术水平和质量。

(2)为项目投融资提供经济依据

通过对项目成本收益、财务指标、经济效益等进行评估，确定最合理的投资规模和融资方式，提高项目经济效率和回报率。

(3)为项目管理提供社会依据

通过对项目社会效益、环境影响、政策法规等进行评估，确定最符合社会需求和发展目标的管理措施，提高项目社会责任和公信力。

四、农业项目投资评估的内容

对农业项目的投资评估主要包括以下几个方面：

①对投资部分的测算与评估，主要是确定项目的建设费用和流动资金。

②项目投资运营成本的估算，主要指根据项目的资源需求和计划，以及市场上各种资源的价格信息，估算项目运营中的各种活动的成本。

③对项目现金流的预测与评估，指项目在其生命周期内产生的现金流入和流出的差额，也就是净现金流。

④采用投资回收期、净现值、内部收益率等指标测算项目价值。其中，项目价值测算将在第九章详细阐释，本章主要介绍前三部分，即项目投资与运营成本的估算，以及在此基础上的现金流测算。

第二节　农业项目投资的估算

农业项目的投资指的是固定资产投资，也就是建设厂房、设备和设施所需的资金，通常还包括了建设期间支付的利息。对于生产经营性项目，除了固定资产投资外，还需要一笔流动资金来购买原料、半成品、燃料和动力等。因此，建设项目总投资由三部分组成：建设投资、建设期利息和流动资金，各阶段投资等于三部分之和。

一、建设投资

建设投资是进行项目投资财务分析的基础数据，其估算根据项目前期研究不同阶段、对投资估算精度要求以及相关规定而加以确定。主要有工程量清单法、类比法、参数法及综合法等。

1. 工程量清单法

工程量清单法按照工程量清单计价办法和招标文件的有关规定，根据施工设计图纸及施工现场实际情况，编制反映工程实体消耗和措施性消耗的工程量清单。然后根据当地的材料价格和施工费用，计算出各项工程的造价，再加上其他费用，得到建设投资。工程量清单法的优点是具有较为准确的计算基础，测算的透明度更高。但其缺点也非常明显，即需要有较为详细和准确的设计图纸和工程量，工作量通常较大，对测算者的专业水平要求较高。

(1) 工程质量清单法的分类

工程量清单法可以分为单一计价法和分部分项计价法。单一计价法是指只用一个综合单价来表示一个清单项目的费用，包括直接费、管理费、利润、税金等。分部分项计价法是指用多个分部分项单价来表示一个清单项目的费用，包括人工费、材料费、机械费等。

(2) 工程质量清单法的计算

工程量清单法在运用中的计算方法，如成本计算法、系列设备插入估价法、分部组合估价法、定额估价法等。成本计算法是根据非标准设备的材料费、加工费、辅助材料费、专用工具费、废品损失费、外购配套件费、包装费、利润、税金等组成部分来计算其原价的方法。系列设备插入估价法是根据已有系列设备中相邻两个规格设备之间价格差与规格差之比来插值求出非标准设备原价的方法。分部组合估价法是根据非标准设备各部件或组件在已有系列设备中所占价格比例来计算其原价的方法。定额估价法是根据非标准设备各部件或组件所需工时和定额单价来计算其原价的方法。

(3) 工程量清单法的步骤

①根据项目的工程设计方案和图纸，按照工程项目、辅助工程、公用工程等分类，列出各项工程的工程量清单；②根据当地的材料价格和施工费用，计算出各项工程的综合单价；③根据综合单价和工程量清单，计算出各项工程的造价；④根据项目的其他费用，如开办费、保险费、税金等，计算出其他费用；⑤将各项工程造价和其他费用相加，得到建设投资。

2. 类比法

类比法是根据同类型或相似的已建成或在建的项目的投资资料，按照一定的比例或系数，调整项目的规模、技术水平、地域差异等因素，估算出建设投资的方法。它是以过去类似活动的参数值(如范围、成本、预算和持续时间等)或规模指标(如尺寸、重量和复杂性等)为基础，来估算未来活动的同类参数或指标的技术。该方法综合利用历史信息和专家判断，常用在项目的早期阶段。通常，它仅仅作为粗略估算方法，在运用中需要根据项目复杂性方面的已知差异进行调整。与其他估算技术相比，它通常成本较低、耗时较少，但准确性也较低。如果以往活动是本质上而不只是表面上类似，并且从事估算的项目团队成员具备必要的专业知识，那么它就最为可靠。

(1) 类比法的整体实施步骤

①确定拟建项目的主要特征和参数，如工程类型、规模、地点、技术水平等；

②查找已建或在建的同类或相似项目的相关数据，如工程量、成本、预算、工期等；

③比较拟建项目和已有项目之间的异同，分析影响因素，如设计标准、物价水平、施工条件等；

④根据比较结果，对已有项目的数据进行适当调整，得到拟建项目的估算值；

⑤对估算值进行评价和验证，确定其可信度和精度。

(2) 类比法在具体应用中的分类

类比法分为全局类比法和局部类比法。全局类比法是指对整个项目进行整体估算，局部类比法是指对项目的部分或分项进行单独估算。全局类比法适用于项目特征明显且与已有项目高度相似的情况，局部类比法适用于项目特征不明显或与已有项目差异较大的情况。

类比法在技术层面可以采用不同的指标估算。如生产能力指数法、系数估算法、比例估算法或混合法等。其中，生产能力指数法是根据已建成的类似项目生产能力和投资额来粗略估算同类但生产能力不同的拟建项目静态投资额的方法。系数估算法也称为因子估算法，它是以拟建项目的主体工程费或主要设备购置费为基数，以其他工程费与主体工程费的百分比为系数估算项目的静态投资的方法。比例估算法是根据已知的同类建设项目主要生产工艺设备占整个建设项目的投资比例，先逐项估算出拟建项目主要生产工艺设备投资，再按比例估算拟建项目的静态投资的方法。混合法是根据相关资料，采用两种方法混合估算其相关投资额的方法。

整体而言，类比法的优点是简单易行，不需要详细的设计资料，只需要知道项目的主要特征和参数，以及已有项目的相关数据。该方法的缺点是依赖于历史信息和专家判断，可能存在主观性和偏差，且难以考虑项目的特殊性和复杂性。

3. 参数法

参数法是一种根据已有项目的某些参数值(如单位面积、单位体积、单位功率、单位产能等)，来推算未来项目的同类参数值的估算技术。这种方法较为精确，但要求有充足的可比较项目数据，并且要调整项目之间的差异因素，如地域、时间、技术水平等。

(1)参数法的类型

参数法分为单一参数法和多元参数法。单一参数法只用一个参数指标来估算，如单位面积投资法、单位体积投资法等。多元参数法用多个参数指标来估算，如生产能力指数法、比例估算法等。单一参数法适合结构简单、功能单一的项目，多元参数法适合结构复杂、功能多样的项目。

(2)参数法的计算方法

如成本计算法、系列设备插入估价法、分部组合估价法、定额估价法等。成本计算法是按照非标准设备的各项成本(如材料费、加工费、辅助材料费、专用工具费、废品损失费、外购配套件费、包装费、利润、税金等)来计算其原价。系列设备插入估价法是根据已有系列设备中相邻两个规格设备的价格差与规格差之比来插值求出非标准设备原价。分部组合估价法是根据非标准设备各部件或组件在已有系列设备中所占价格比例来计算其原价。定额估价法是根据非标准设备各部件或组件所需工时和定额单价来计算其原价。

(3)参数法的优缺点

能够充分利用历史数据和经验知识，提高估算精度和效率，缺点是需要有大量的可靠的项目数据，且要注意参数指标的选择和调整，否则会导致估算偏差和误差。

(4)参数法在应用中的实施步骤

①确定拟建项目的主要特征和参数，如工程类型、规模、地点、技术水平等。

②查找已建或在建的同类或相似项目的相关数据，如工程量、成本、预算、工期等。

③选择合适的参数指标，如单位面积投资、单位体积投资、单位功率投资、单位产能投资等。

④根据拟建项目和已有项目之间的异同，分析影响因素，如设计标准、物价水平、施工条件等。

⑤根据影响因素，对已有项目的参数指标进行适当调整，得到拟建项目的参数指标。

⑥根据拟建项目的参数指标和工程量，计算出拟建项目的估算值。

⑦对估算值进行评价和验证，确定其可信度和精度。

4. 综合法

综合法是指按照建设投资的一般工作分解结构，自下而上、分类分层地分别进行估算，最后汇总成项目的总投资的方法。综合法是一种较为精确和科学的估算方法，适用于可行性研究阶段和方案设计阶段。

(1)综合法的核心

确定各单项工程和费用项目的单位投资指标或系数，这些指标或系数应反映当时当地的市场价格水平，同时也要考虑项目的特殊性和复杂性。综合法的难点是处理各单项工程和费用项目之间的关联性和影响因素，如设备与安装工程之间的配套关系，土建与安装工程之间的协调关系，以及不同专业之间的交叉作业等。

(2)综合法的优缺点

能够全面反映建设项目的投资构成和特点，提高估算的准确度和可靠性；综合法的缺点是需要有较为详细和完善的设计图纸和工程量清单，编制工作量较大，对估算人员的专业水平要求较高。

(3)综合法在应用中的实施步骤

①确定估算框架和内容，按照建设项目的工程划分、费用构成和投资分类，编制估算表格。

②收集和分析估算依据，包括设计图纸、工程量清单、定额标准、价格指标、费率等。

③选择合适的估算方法，根据不同的工程项目和费用项目，采用单位工程量法、单位实物量法、概算指标法、系数法等。

④计算各单项工程和费用项目的投资额，根据估算方法和依据，计算出各单项工程和费用项目的直接费用、管理费、利润、税金等。

⑤汇总各单项工程和费用项目的投资额，得出建设投资总额，并按照规定计算基本预备费、涨价预备费、建设期利息等。

⑥编制投资估算报告，说明估算目的、范围、依据、方法、结果等，并附上相关表格和图表。

二、建设期利息

建设期利息是指工程项目在建设期间内发生并计入固定资产的利息，主要是建设期发生的支付银行贷款、出口信贷、债券等的借款利息和融资费用。

建设期利息的计算方法一般是按照借款的实际发放和还款情况，根据年利率或月利率计算各年或各月的应付利息，然后累加得到总的利息支出。为了简化计算，在编制投资估算时通常假定借款均在每年的年中支用，借款第一年按半年计息，其余各年按全年计息。

计算公式为：各年应计利息=(年初借款本息累计+本年借款额/2)×年利率

【例 7-1】 某项目贷款金额 10 000 万元，分 3 年投入。第一年贷款 5000 万元，第二年贷款 3000 万元，第三年贷款 2000 万元，第四年项目投产。该项目贷款期限 10 年，贷款利率为年率 6.12%(基准利率)。则该项目建设期贷款利息支出见表 7-1 所列。

表 7-1　项目建设期贷款利息支出表

年份	年初借款本息累计(万元)	本年借款额(万元)	年末还本付息(万元)	年末借款本息累计(万元)	本年应计利息(万元)
1	0	5000	0	5306	306
2	5306	3000	0	8807.75	350.75
3	8807.75	2000	5914.03	5177.75	543.06
4	5177.75	0	5914.03	0	368.14
合计	—	—	—	—	1567.95

三、流动资金

流动资金是指项目运营期内长期占用并周转使用的营运资金，主要包括现金、应收账款、存货以及其他流动资产等短期高流动性资产需求扣除流动负债中的商业性应付，即项目的净营运资本①。流动资金是项目投入总资金的重要组成部分，是项目建成后顺利投入生产所必需的。流动资金的充足与否直接影响项目的正常运营和经济效益。

其中，应收账款是指项目已对外销售商品或提供劳务，但尚未收回货款的资金，也就是项目的应收销售款。应收账款是项目的一项流动资产，反映了项目的销售信用和回款能力。存货是指项目为保证正常生产或销售而储备的各种货物，主要包括原材料、辅助材料、燃料、低值易耗品、修理用备件、包装物、在产品、自制半成品和产成品等。存货也是项目的一项流动资产，反映了项目的生产经营活动和库存管理水平。其他流动资产是指除货币资金、短期投资、应收票据、应收账款、其他应收款、存货等流动资产以外的流动资产，主要包括待抵扣增值税以及预交税金、待认证进项税额、待摊费用、一年内到期的理财产品、可供出售债务工具等。其他流动资产也是项目的一项流动资产，反映了项目的其他经营活动和财务状况。

流动资金常用的估算方法有扩大指标估算法和分项详细估算法。扩大指标估算法相对简单，是指参照同类项目流动资金占销售收入、经营成本或固定资产投资的比率，或参照同类项目单位产量占用流动资金的数额估算流动资金。分项详细估算法则相对复杂，指分别按项目占用的存货、现金、应收账款和应付账款估算非定额流动资金。

【例 7-2】 某项目预计年销售收入为 1000 万元(含税)，年经营成本为 800 万元(含税)，固定资产投资为 5000 万元，单位产量占用流动资金为 0.5 万元。根据扩大指标估算法，假设流动资金占销售收入的比率为 10%，则流动资金为 1000×10%=100(万元)；假

①部分情况下，估算者会采取相对保守的观点，仅计算流动资产需求，不扣除商业性应付款和预收款等商业信用。采用这种方式是因为项目投入的预算阶段对未来运营阶段项目的商业性应付的付款期通常难以估算，存在较大的不确定性，采用净营运资本计算流动资金需求存在一定风险。

设流动资金占经营成本的比率为 12%，则流动资金为 800×12% = 96(万元)；假设流动资金占固定资产投资的比率为 2%，则流动资金为 5000×2% = 100(万元)；假设项目年产量为 2000 t，则流动资金为 2000×0.5 = 1000(万元)。根据分项详细估算法，假设存货、现金、应收账款和应付账款的周转次数分别为 4 次、6 次、5 次和 3 次，则各项的计算公式如下：

存货 = 年经营成本/存货周转次数 = 800/4 = 200(万元)；

现金 = (年工资及福利费+年其他费用)/现金周转次数，假设年工资及福利费为 100 万元，年其他费用为 50 万元，则现金 = (100+50)/6 = 25(万元)；

应收账款 = 年销售收入/应收账款周转次数 = 1000/5 = 200(万元)；

应付账款 = (年外购原材料+年外购燃料)/应付账款周转次数，假设年外购原材料为 300 万元，年外购燃料为 50 万元，则应付账款 = (300+50)/3 = 116.67(万元)；

流动资金 = 存货+现金+应收账款−应付账款 = 200+25+200−116.67 = 308.33(万元)。

第三节　项目投资的运营成本估算

一、运营成本的概念与计算方法

运营成本是指项目投入生产后，为保证正常运营所需的各项费用，主要包括人工费、材料费、能源费、维修费、管理费、销售费等。运营成本是项目投资预算中的重要组成部分，反映了项目的经济效益和竞争力。

1. 运营成本的计算方法

(1) 扩大指标法

根据同类项目或行业的平均水平，确定运营成本占销售收入或经营成本的比率，然后乘以项目的预计销售收入或经营成本，得到运营成本的估算值。这种方法简单易行，但准确性较低，适用于项目初期或缺乏详细数据的情况。

(2) 分项详细法

根据项目的具体情况，分别估算各项运营成本的单价和数量，然后相乘求和，得到运营成本的估算值。这种方法较为精确，但需要较多的数据和信息，适用于项目后期或有充分数据支持的情况。

(3) 工作量法

根据项目的预计工作量和单位工作量所需的运营成本，相乘求和，得到运营成本的估算值。这种方法适用于工作量与运营成本有较强相关性的项目，如建筑施工、物流运输等。

2. 运营成本的估算步骤

(1) 确定估算范围和目标

明确要估算哪些项目、哪些阶段、哪些费用类别，以及估算的目的、要求和标准。

(2) 收集和分析数据

收集与项目相关的各种数据和信息，如市场调研、历史数据、行业报告等，并进行分析和整理，提取出有用的参数和指标。

(3) 选择合适的估算方法

根据项目特点和数据可靠性，选择一种或多种合适的估算方法，并确定相应的计算公式和参数值。

(4) 进行运营成本估算

根据选择的估算方法和参数值，进行运营成本的计算，并得出估算结果。

(5) 检验和优化估算结果

对估算结果进行检验和评价，分析其合理性、可行性和风险性，并根据实际情况进行调整和优化。

二、运营成本估算中的要点

(一) 考虑通货膨胀因素

相比于固定资产投资，运营成本有更长的持续期限。由于通货膨胀会导致货币贬值和物价上涨，因此在估算运营成本时，需要将不同时间点的货币折算为同一时间点的货币，以保持货币的可比性。通常可以采用以下两种方法来处理通货膨胀因素：

(1) 现值法

将未来各年度的运营成本按照预期的通货膨胀率折算为现值，然后求和得到总的运营成本现值。这种方法适用于以现值为评价标准的项目。

(2) 恒定价格法

将各年度的运营成本按照基准年度的价格水平进行调整，然后求和得到总的运营成本恒定价格。这种方法适用于以恒定价格为评价标准的项目。尽管形式上有所区别，但实质上两种方法是一致的，其结果也应当相同。

【例 7-3】 某乡村振兴项目计划在未来 5 年内建设一个农业生态园，预计每年的营运成本为 100 万元人民币，假设通货膨胀率为 3%，请用现值法对营运成本进行调整，并比较两种方法的区别。

现值法是一种将未来的现金流量按照一定的折现率折算成现在价值的方法，用于比较不同时期的资金价值。根据题目要求，采用现值法对营运成本进行调整，可以分为以下几个步骤。

第一步：确定折现率。根据题目给出的信息，可以选择通货膨胀率作为折现率，即 3%。

第二步：查表或者直接计算给定折现率 r 和期数 T 的折现系数 k，公式如下：

$$k(rT)=\frac{1}{(1+r)^{T}} \tag{7-1}$$

第三步：计算各期运营成本现值，其数值等于运营成本的名义值 100 万乘以贴现率和期数对应的贴现系数 k。结果见表 7-2 所列。

表 7-2　现值法计算运营成本表

时间期数	营运成本(万元)	通货膨胀率	贴现系数	现值(万元)
1	100	3%	0.97	97.09
2	100	3%	0.94	94.26
3	100	3%	0.92	91.51
4	100	3%	0.89	88.83
5	100	3%	0.86	86.23

注：本部分调整没有考虑无风险收益，考虑无风险利率的现值计算详见第九章。

(二)考虑税收因素

由于税收会影响项目的净收益和净现值，因此在估算运营成本时，需要考虑税收对运营成本的影响。通常可以采用以下两种方法来处理税收因素：

(1)*税前法*

将运营成本按照税前金额进行估算，然后根据项目的所得税率计算出应纳税额，并从项目收益中扣除。这种方法适用于以税前利润为评价标准的项目。

(2)*税后法*

将运营成本按照税后金额进行估算，即在计算运营成本时就扣除相应的所得税额，并将税后运营成本与项目收益进行对比。这种方法适用于以税后利润为评价标准的项目。

(三)考虑风险因素

由于项目存在各种不确定性和风险，因此在估算运营成本时，需要考虑风险对运营成本的影响。通常可以采用以下方法来处理风险因素：①情景分析即根据不同的假设条件，预测投资项目未来可能出现的不同的情况和结果，用以评估投资项目预测的不确定性和稳健性。通常采用情景分析至少需要分别估算可能的最好情况、最差情况和常规情况，比较不同情况下的变动。②敏感性分析是一种通过改变某个或某些关键变量的值，来观察项目评价指标变化情况的技术。通过敏感性分析，可以识别出对项目评价指标影响最大的变量，并对其进行重点控制和管理。③储备分析是一种为应对不确定性而设置一定数量或比例的预算或时间储备的技术。通过储备分析，可以为项目提供一定程度的缓冲和保障，并提高项目成功的可能性。

近年来，随着可得数据以及计算能力的爆发性增长，模拟分析在投资项目预测与评估中的应用也逐渐变得流行。模拟分析是一种根据概率统计原理，通过计算机模拟产生大量随机数，反复模拟投资项目未来可能出现的各种情况和结果的方法，用于评估投资项目的概率分布和风险水平。模拟分析的步骤如下：①确定影响因素和参数。根据投资项目的特点和目标，选择影响项目收益和成本的主要因素和参数，如市场需求、价格变化、技术进步、政策变化等。②确定概率分布和相关性。根据历史数据、专家意见、市场调研等，确定影响因素和参数的概率分布和相关性，如正态分布、均匀分布、泊松分布等，以及各个参数之间的相关系数或协方差矩阵。③生成随机数并计算结果。根据影响因素和参数的概率分布和相关性，利用计算机模拟产生大量随机数，代表各个参数的可能取值，并根据相应的公式或模型计算各种情况下的投资收益和成本。④分析结果和结论。根据计算结果，绘制投资结果的概率分布图或累积分布图，计算投资结果的期望值、标准差、置信区间等指标，评估投资项目的风险水平和可接受性，并提出相应的建议或措施。

本章小结

1. 项目投资是指以特定建设项目为对象的长期投资行为，旨在获取项目建设和运营所带来的收益，同时承担项目实施过程中的风险。项目的总投资包括基本建设投资、流动资金投资和其他费用，而事前评估对于提高投资项目决策水平、提高投资效益和避免决策失误带来损失具有重要作用。

2. 农业项目投资具有对农业环境的依赖性、区域差异性、综合性、风险性和效益滞后性等特点。

3. 农业项目投资评估的目的是为项目建设提供技术依据、为项目投融资提供经济依据、为项目管理提供社会依据，以提高项目的技术水平、经济效益和社会责任。

4. 农业项目的投资评估主要包括投资部分的测算与评估、项目投资运营成本的估算、项目现金流的预测与评估以及项目价值的测算。

5. 建设投资是进行项目投资财务分析的基础数据，其估算根据项目前期研究不同阶段、对投资估算精度要求以及相关规定而加以确定。主要有工程量清单法、类比法、参数法及综合法等。

6. 建设期利息是指工程项目在建设期间内发生并计入固定资产的利息，主要是建设期发生的支付银行贷款、出口信贷、债券等的借款利息和融资费用。

7. 流动资金是项目运营期内长期占用并周转使用的营运资金，包括现金、应收账款、存货以及其他流动资产，对项目的正常运营和经济效益有直接影响。

8. 运营成本是项目投入生产后为保证正常运营所需的各项费用，包括人工费、材料费、能源费、维修费、管理费、销售费等。运营成本的计算方法有扩大指标法、分项详细法和工作量法，估算步骤包括确定范围和目标、收集和分析数据、选择合适的估算方法、进行运营成本估算以及检验和优化估算结果。运营成本估算需要考虑通货膨胀、税收以及预测风险。

重要概念

项目投资　农业项目　建设投资　工程量清单法　类比法　参数法　综合法　流动资金　运营成本　贴现法

第八章　农业项目融资评估

学习目的

(1)了解项目融资的一般概念。

(2)了解农业项目融资特征。

(3)熟悉 BOT、BT 及 PPP 等项目融资模式。

(4)理解项目融资质量的概念。

(5)理解项目融资风险的概念与构成。

(6)掌握融资成本的测算方法。

第一节　农业项目融资概述

一、项目融资的基本概念

项目融资是一种以项目未来的收益和资产作为偿还融资资金来源和安全保障的融资方式。一般而言，项目融资指贷款人向特定的工程项目提供贷款协议融资，对于该项目所产生的现金流量享有偿债请求权，并以该项目资产作为附属担保的融资类型。

中国银行业监督管理委员会《项目融资业务指引》第三条的规定，项目融资为符合以下3个特征的贷款：第一，贷款用途通常是用于建造一个或一组大型生产装置、基础设施、房地产项目或其他项目，包括对在建或已建项目的再融资；第二，借款人通常是为建设、经营该项目或为该项目融资而专门组建的企事业法人，包括主要从事该项目建设、经营或融资的既有企事业法人；第三，还款资金来源主要依赖该项目产生的销售收入、补贴收入或其他收入，一般不具备其他还款来源。上述对项目融资的定义也是以列举项目融资的主要特征的方式进行的，但其含义的界定有较强的局限性，即把项目融资限定在贷款范畴且对贷款的用途、借款人的性质也进行了限定。此外，该定义把项目融资等同于贷款，而不是一种融资活动。

国内金融监管机构则采取了相对狭义的定义，将其定义明确为贷款融资，但另外一些观点对项目融资的界定则更加宽泛。《美国财会标准手册》把项目融资看作对需要大规模资金的项目采取的金融活动。借款人原则上将项目本身拥有的资金及其收益作为还款资金来源，将项目资产作为抵押，而该项目实施实体的信用能力通常不作为重要因素来考虑。该定义强调项目融资的两个主要特征：第一，以项目资产作抵押，以项目收益还贷付息；第二，项目实施实体本身的信用不重要。在实践中，项目实施实体常常是为实施项目而专门成立的特殊目标实体(special purpose vehicle，以下简称 SPV)，没有任何历史信用记录，因而其信用能力不作为融资考虑的重要因素。但是，该定义仅表明项目融资是筹集项目资金的金融活动，而没有明确具体的融资工具。根据这种观点，项目融资不但包括项目贷款，还包括权益资本、证券化和结构化融资等多种模式。

综合来看，不管是广义定义还是相对狭义的定义，项目融资公认具有4个基本特征：第一，项目融资是以一个经济实体为主体安排的融资，而不是以项目主办人为主体；第二，项目融资中偿还贷款的资金来源仅限于项目本身产生的现金流；第三，进行清算时，一般只限于项目本身的资产，如果有担保的话，一般不超过担保范围，是一种无追索权或有限追索权的融资；第四，项目债权人承担一定的项目风险。其基本思想是以项目自身的资信为主来筹集项目所需要的资金。

因此，项目融资可定义为项目主办人通过风险隔离安排和信用增进措施，以项目资产、预期收益或权益做抵(质)押，为获得一种无追索权或有限追索权的债务资金而进行的融资活动。与一般的企业债务与权益融资相比，项目融资在融资主体、融资基础不同、追索程度、风险分担、控制权分配、会计处理以及融资成本等方面都存在较大程度的区别(图8-1)。

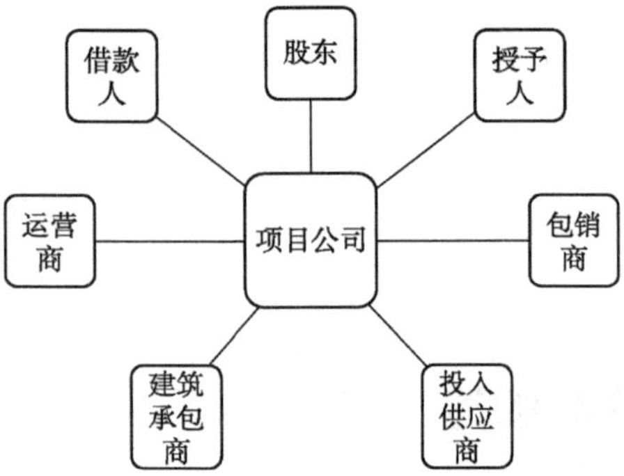

图8-1　项目融资的结构示意图

二、农业项目融资的特征

与一般工商业项目相比，我国农业项目在风险收益以及生产组织形式方面有着自身鲜明的特性，主要包括以下方面：第一，农业项目的目标更加注重促进农业生产、农民增收和乡村振兴，而一般项目的目标更加注重经济效益和市场竞争。第二，农业项目的特点更加突出资源利用、生态环境、社会影响等方面，而一般项目的特点更加突出技术创新、管理优化、风险控制等方面。第三，农业项目的立项需要考虑国家的农业政策、行业规划、产业标准等因素，而一般项目的立项需要考虑市场需求、投资回报、竞争对手等因素。第四，农业项目的实施过程需要与农民、合作社、科研院所等多方合作，而一般项目的实施过程主要由企业自主管理。

农业项目融资的方式相对于一般项目融资在结构和模式上并没有太大区别，但由于农业项目本身的特点，其获得融资的难度更大，方式更多。农业项目融资与一般项目融资有以下几个区别：第一，农业项目融资的发起主体多为农民、合作社、龙头企业等；而一般项目融资的主体多为公司或个人。第二，农业项目融资的渠道多样，包括政府补贴、银行贷款、合作社集资、风险投资等；而一般项目融资的渠道相对单一，主要依靠银行项目贷款或工商业资本，虽然例如棚改或者公用事业等类公益项目也会涉及政府补贴，但通常不涉及合作社集资等模式。第三，农业项目融资的风险较高，受到市场、气候、疫情等不确定因素的影响；而一般项目融资的风险较低，受到技术、管理、竞争等确定因素的影响，导致农业项目融资的实施难度更大，融资成本更高。第四，农业项目融资的方式多为无追索权或有限追索权的项目融资，即贷款人只能依靠项目的现金流量和资产偿还；而一般项目融资的方式多为有完全追索权的公司融资，即贷款人可以追索借款人的所有资产。第五，农业项目融资的结构较复杂，需要与政府、科研院所、供应商、承包商等多方的合作和协调；而一般项目融资的结构较简单，主要由项目融资的发起人自主管理。

【案例 8-1】 某市农业局计划在未来三年内实施一个农业生态园项目，旨在建设一个集种植、养殖、加工、销售、旅游、教育为一体的综合性农业示范区，促进当地农民增收和乡村振兴。该项目总投资额为 10 亿元人民币，预计每年可实现营业收入 2 亿元人民币，净利润 5000 万元人民币。

该项目采用项目融资典型结构，具体如下：

1. 发起主体

该项目由当地农民、合作社、龙头企业等多方共同发起，成立一个专门的项目公司（以下简称 SPV），作为借款人和运营主体。SPV 由当地最大的果蔬种植合作社（以下简称 A）持股 40%，当地最大的畜禽养殖企业（以下简称 B）持股 30%，当地最大的食品加工企业（以下简称 C）持股 20%，当地最大的旅游开发企业（以下简称 D）持股 10%。SPV 的法定代表人由 A 指定，董事会由四方各派代表组成，执行团队由各方推荐专业人员组成。

2. 融资渠道

该项目通过多种渠道筹集资金，包括政府补贴、银行贷款、合作社集资、风险投资等。具体如下：

（1）政府补贴

该项目符合国家和省市县的农业发展规划和政策要求，可享受多项政府补贴和优惠政策。其中，国家财政部门提供 2 亿元人民币的无偿资金支持；省市县财政部门提供 1 亿元人民币的低息贷款担保；省市县农业部门提供 5000 万元人民币的技术指导和培训；省市县旅游部门提供 5000 万元人民币的宣传推广和客源引导。

（2）银行贷款

该项目通过向当地农村商业银行申请 5 亿元人民币的长期项目贷款，期限为 10 年，利率为 4.5%。该贷款由 SPV 作为借款人，以项目资产和现金流量作为还款来源和担保物，无须其他担保或保证。银行与 SPV 签订贷款合同，并设立专用账户，监督贷款资金的使用和回收。

（3）合作社集资

该项目通过向参与 SPV 的合作社成员发行债券或股权，筹集 1 亿元人民币的资金。该债券或股权由 SPV 作为发行人，以项目收益作为还本付息或分红来源，无须其他担保或保证。合作社成员可根据自身意愿和能力，选择购买债券或股权，享受项目带来的经济和社会效益。

（4）风险投资

该项目通过向当地一家专注于农业领域的风险投资基金（以下简称 E）出让 10% 的股权，筹集 5000 万元人民币的资金。该股权由 SPV 作为转让方，以项目前景和潜力作为定价依据，无须其他担保或保证。E 作为投资方，可参与 SPV 的管理和决策，享受项目带来的增值收益，并在一定期限后退出。

3. 风险分析

(1) 市场风险

该项目的主要产品为果蔬、肉蛋、加工品等农产品，受到市场需求、价格、竞争等因素的影响，可能出现销售不畅或利润下降的情况。为了降低市场风险，该项目采取了以下措施：一是通过与大型商超、电商平台、餐饮企业等签订长期合作协议，确保产品有稳定的销售渠道和价格；二是通过开展农业旅游、农业教育、农业体验等多元化业务，增加项目的收入来源和盈利能力；三是通过加强品牌建设、质量管理、营销推广等，提高产品的知名度和美誉度，增强市场竞争力。

(2) 气候风险

该项目的主要生产活动为种植、养殖等农业生产，受到气候条件、自然灾害、疫情等因素的影响，可能出现产量下降或损失的情况。为了降低气候风险，该项目采取了以下措施：一是通过引进先进的设施农业技术，建设温室大棚、智能灌溉、环控系统等，实现对生产环境的精准控制和调节；二是通过购买农业保险，将部分风险转移给保险公司，获取保障和补偿；三是通过建立应急预案，加强灾害监测和预警，及时采取防范和救助措施。

(3) 融资风险

该项目的主要资金来源为银行贷款、合作社集资、风险投资等外部融资，受到融资成本、融资条件、融资渠道等因素的影响，可能出现融资不足或融资难度增大的情况。为了降低融资风险，该项目采取了以下措施：一是通过与政府部门沟通协调，争取政府补贴和优惠政策，降低融资成本和门槛；二是通过与银行建立良好的信用关系，提供充分的担保物和还款来源，提高融资可信度和可持续性；三是通过与合作社成员和风险投资基金建立合作伙伴关系，分享项目收益和风险，扩大融资渠道和规模。

第二节　农业项目融资途径

一、常规融资途径

1. 政策性融资

政策性融资指政府或政策性金融机构通过财政补贴、贷款贴息、信用担保等方式，为农业项目提供优惠的资金支持。这种方式适用于符合国家战略和社会公益的农业项目，如粮食安全、生态保护、扶贫开发等。

2. 商业性贷款

商业性贷款指农业项目通过向商业银行或其他金融机构申请贷款，或者通过发行股票、债券等证券在资本市场筹集资金。这种方式适用于具有较高盈利能力和市场竞争力的农业项目，如休闲农业、特色农产品等。

3. 民间融资

民间融资指农业项目通过向亲友、同行、村集体或其他个人组织借款，或者通过网络平台如众筹、P2P 等募集资金。这种方式通常成本较高，仅适用于资金需求较小、抵押物不足、信用记录不佳的农业项目，如家庭农场、小型养殖场等。

4. 价值链融资

价值链融资指农业项目通过与上下游的产业链合作伙伴建立合作关系，利用其信用或订单作为担保，从金融机构或其他渠道获取资金。这种方式适用于与大型企业或品牌有稳定合作关系的农业项目，如订单农业、龙头企业带动型农业等。

二、项目融资途径

相比一般融资模式，项目融资具有更加复杂的结构特征。根据不同的特点和适用范围，项目融资的主要模式可以分为以下几种：

(一)建设-经营-转让(BOT)模式

1. 建设-经营-转让(BOT)模式的概念

建设-经营-转让是指 BOT(build-operate-transfer)模式，是一种让私营企业参与公共基础设施建设并提供社会公共服务的方式。BOT 模式(图 8-2)下，政府部门通常就某个项目与中标的私人企业(项目公司)签订特许权协议，授予签约企业承担该项目的投资、融资、建设和维护。在协议规定的特许期限内，许可其融资建设和经营特定的公用基础设施，并准许其通过向用户收取费用或出售产品以清偿贷款，回收投资并赚取利润。政府对这一基础设施有监督权，调控权，特许期满，签约方的私人企业将该基础设施无偿移交给政府部门。

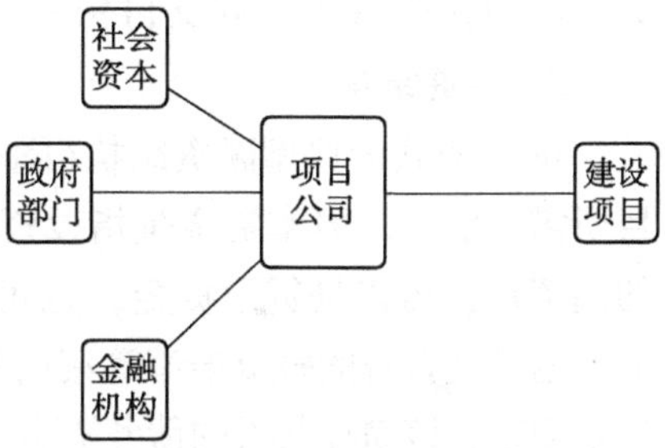

图 8-2　BOT 模式的典型结构示意图

2. 参与主体

典型的 BOT 模式结构主要包括以下参与主体：

(1)公共实体

主要是地方政府，政府向一家中标的企业授予特许权，让其为一个项目提供融资、建设和运营，目的是在一定期限(通常为 20 年或 30 年)内收回投资。

(2)投资人

投资人通常是项目的中标公司，也是项目公司的股东，负责提供项目的部分或全部股本资金，承担项目的风险，享受项目的收益。

(3)项目公司

投资人(中标企业)通常会成立一个没有先前业务或记录的特殊目的实体(SPV)或项目公司来执行项目。项目公司是 BOT 项目的主体和承担方，负责筹集项目所需的股本资金和债务资金，组织项目的设计、建设、运营和维护，向设施使用者收取费用，回收投资并获取利润，特许期满后将项目移交给政府。

(4)债权人

债权人是项目公司的债务融资方，负责提供项目的部分或全部债务资金，收取利息和本金，对项目有一定的担保权和优先偿还权。

(5) 建设承包商

建设承包商是项目公司委托的建设方，负责按照合同规定完成项目的建设任务，保证工期、质量和成本，并向保险公司或担保机构提供相应的担保。

(6) 运营承包商

运营承包商是项目公司委托的运营方，负责按照合同规定完成项目的运营管理任务，保证服务质量和效益，并向保险公司或担保机构提供相应的担保。

(7) 保险公司

保险公司是为项目各方提供风险转移和补偿服务的机构，负责对项目各方不愿承担或无法承担的风险进行保险，如建设风险、运营风险、政治风险等，并收取保费。

(8) 供应商

供应商是为项目提供设备、燃料、原材料等必需品的机构或个人，负责按照合同规定向项目公司提供所需的物资，并收取货款。

(9) 产品购买商或接受服务者

产品购买商或接受服务者是项目公司的客户或用户，负责按照合同规定向项目公司购买产品或接受服务，并支付费用。

3. 融资结构

BOT 模式的典型融资结构(图 8-3)是项目公司通过股本资金和债务资金两种方式筹集项目所需的资金。股本资金是指投资者以自有资金或筹集的非债务性资金认缴项目公司或 SPV 的出资额，可以是货币资金，也可以是实物资产或无形资产等。债务资金是指项目公司或 SPV 通过其自身的融资渠道筹集的资金，一般来自向银行等金融机构贷款和发行专项债券等。通常而言，该途径获得的债务资金使用成本高，但对于项目建设非常关键，是融资管理的重点。

BOT 模式的项目特点是投资规模大、运营周期长，项目公司为了最大化投资收益，会尽量降低投资成本。因此，BOT 模式的融资有以下优势：筹资规模大、使用期限长、融资成本低。另外，BOT 模式不受筹资来源的限制，融资渠道更加多样化。同时，外部资金更关注项目本身的盈利能力，对项目公司的信用水平要求相对宽松，比传统融资方式更有弹性(图 8-3)。

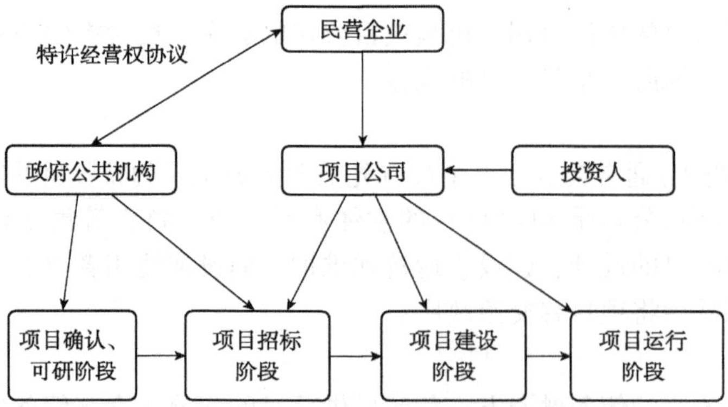

图 8-3　BOT 模式的典型融资结构

4. 融资结构设计的关键点

BOT 模式的典型融资结构设计需要考虑以下几个方面：

(1)项目的资金需求量与年限

要根据项目投资的不同阶段和期限，预算所需的资金量和性质，以及偿还计划等，制订合理可行的融资计划。

(2)股本资金和债务资金的比例

要在保障项目资金链正常运转的前提下，尽可能地降低项目的资金成本。一般来说，股本资金占比越高，项目的抗风险能力越强，但是投资收益率越低；债务资金占比越高，项目的杠杆效应越明显，但是风险也越大。在我国，根据项目所属行业、所在地区以及项目投资额，政府会给出债务/股本金的比率范围。

(3)债务资金的基本结构

要根据项目的特点和市场情况，选择合适的债务融资方式和渠道，如银行贷款、专项债券、商业票据、租赁融资等。要考虑债务期限、利率、偿还方式、担保条件、提前还款权等因素，以降低融资成本和风险。

【案例 8-2】　涉农项目 BOT 融资案例

中国农业银行与湖南省农业投资集团有限公司合作的湖南省农村饮水安全工程项目采用了 BOT 模式。该项目是湖南省政府为解决农村饮水安全问题而启动的重大民生工程，涉及全省 14 个市州 100 个县市区 2000 多个乡镇 1.2 亿人口的饮水安全。该项目采用 BOT 模式，由湖南省农业投资集团有限公司作为承包商，负责项目的投资、建设、运营和维护，由中国农业银行作为主要金融机构，提供项目融资支持。该项目于 2019 年开工建设，计划于 2023 年竣工移交，届时将为湖南省农村居民提供安全、可靠、便捷的饮用水服务。

该项目的总投资额为 100 亿元人民币，其中：①中国农业银行提供 60 亿元人民币的长期优惠贷款，占 60%；②湖南农业发展投资集团有限责任公司提供 20 亿元人民币的股权投资，占 20%；③湖南省政府提供 10 亿元人民币的无偿资金补助，占 10%；④其他社会资本提供 10 亿元人民币的债券或股权融资，占 10%。

SPV 作为借款人和运营主体，以项目资产和现金流量作为还款来源和担保物，无须其他担保或保证。SPV 与中国农业银行签订贷款合同，并设立专用账户，监督贷款资金的使用和回收。SPV 作为股东和合作伙伴，与湖南农业发展投资集团有限责任公司、湖南省政府、其他社会资本签订股东协议或合作协议，并设立董事会和监事会，共同参与项目的管理和决策。SPV 作为建设方和运营方，与设计单位、施工单位、监理单位、供应商、承包商等签订建设合同或运营合同，并设立项目部和运营部，负责项目的建设和运营。SPV 与政府或其他主体签订移交协议，并在约定的期限后将项目移交给政府或其他主体。

(二)建设-移交(BT)模式

1. 建设-移交(BT)模式的概念

建设-移交模式即 BT(build-transfer)模式，是一种典型的项目融资模式，指项目发起人通过与投资者签订合同，由投资者负责项目的融资、建设，并在规定时限内将竣工后的项目移交项目发起人，项目发起人根据事先签订的回购协议分期向投资者支付项目总投资及确定的回报。这种模式通常适用于政府需要外包的项目，如学校、医院、体育场等。

2. 参与主体与组织结构

BT 模式的典型组织结构是由政府、投资方、项目公司、工程承包商、工程监理和金融机构等多方参与的。政府与投资方签订 BT 合同和回购协议，确定项目的建设和移交条件。投资方设立项目公司(或 SPV)，由项目公司负责项目的融资、建设和管理。项目公司与工程承包商签订总承包合同，由工程承包商负责项目的设计和施工；与工程监理签订监理合同，由工程监理负责对项目的质量、进度和安全进行监督。在融资方面，项目公司还需要与金融机构进行融资协商，获取贷款或其他形式的资金支持。项目建成后，经过政府验收，由项目公司无偿移交给政府，政府按照合同约定分期向投资方支付回购款。典型的 BT 模式参与者包括：

(1)政府部门

政府部门是 BT 模式的发起方和最终受益方，负责确定项目的建设需求、招标选取投资方、签订 BT 合同和回购协议、提供政策支持和担保、组织验收移交等。政府部门的主要职能是指导、监督和协调项目的实施，保障项目的公共利益和社会效益。

(2)投资方

投资方是 BT 模式的主要承担方和风险承担方，负责投资建设项目、设立项目公司、融资管理项目、与工程承包商和工程监理签订合同、监督施工进度和质量等。投资方的主要职能是筹措资金、组织建设和移交项目，获取合理的投资回报。

(3)项目公司

项目公司是 BT 模式的执行主体和法律主体，由投资方设立，负责与政府部门签订 BT 合同和回购协议，与金融机构进行融资协商，与工程承包商和工程监理签订合同，管理项目的建设和运营等。项目公司的主要职能是实施项目的融资、建设和移交，保障项目的经济效益和技术效益。

(4)工程承包商

工程承包商是 BT 模式的建设实施方，由项目公司通过招标选取，负责项目的设计和施工，按照图纸和规范完成工程任务，向项目公司提交竣工报告等。工程承包商的主要职能是完成项目的设计和施工，保障工程的质量、进度和安全。

(5)工程监理

工程监理是 BT 模式的建设监督方，由项目公司通过招标选取，负责对工程承包商的设计和施工进行监督、检查和评价，向项目公司提供监理报告等。工程监理的主要职能是对项目的建设进行监督、检查和评价，保障工程符合合同要求。

(6)金融机构

金融机构是 BT 模式的融资支持方，由项目公司通过协商选择，负责向项目公司提供贷款或其他形式的资金支持，收取利息或其他收益等。金融机构的主要职能是提供资金支持，分享项目收益。

BT 模式的典型组织结构如图 8-4 所示：

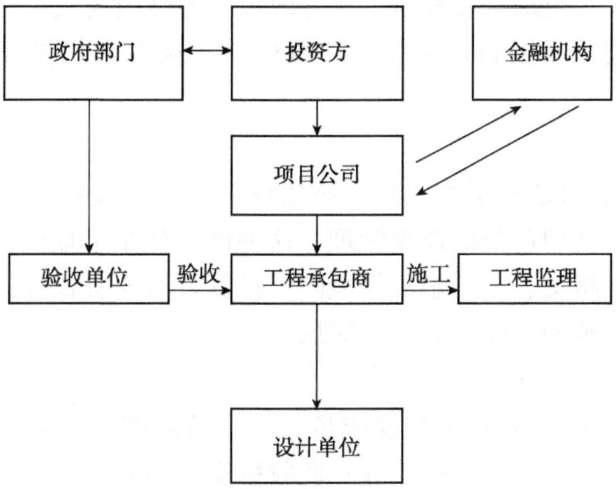

图 8-4　BT 模式的典型组织结构图

3. BT 模式的融资安排

(1) 融资主体

一般是由投资方设立的项目公司，负责与政府部门签订 BT 合同和回购协议，与金融机构进行融资协商，与工程承包商和工程监理签订合同，管理项目的建设和运营等。项目公司的主要职能是实施项目的融资、建设和移交，保障项目的经济效益和技术效益。

(2) 融资方式

一般是由项目公司通过银行或其他金融机构获取贷款或其他形式的资金支持，收取利息或其他收益等。融资方式的选择要考虑项目的特点、风险、回报、期限等因素，以达到最优的融资成本和结构。

(3) 融资担保

一般是由政府部门或其指定的机构提供给项目公司的政策支持和担保，以降低融资风险，提高融资效率。融资担保的形式可以有多种，如政府信用担保、政府回购协议、政府收费权转让、政府税收优惠等。

(4) 融资回收

一般是由政府部门按照 BT 合同和回购协议分期向投资方支付项目总投资及确定的回报，作为项目公司偿还贷款和获取利润的主要来源。融资回收的方式要考虑政府的财政能力、项目的现金流、投资方的收益要求等因素，以达到公平合理的分配机制。

4. BT 模式融资的风险

(1) 项目的融资风险

BT 模式的项目需要投资方设立项目公司，负责筹集资金，建设工程，并在工程移交后获得政府的回购款。这种模式存在融资难度大、成本高、期限长、回收不确定等风险。投资方需要有足够的自有资金和信用，以及与金融机构和政府的良好合作关系，才能保证项目的顺利实施。

(2) 政策风险

BT 模式的项目涉及政府和社会资本的合作，需要政府提供一定的政策支持和扶持，如税收优惠、贷款担保、土地开发权等。这些政策可能会因为政府部门的变动、法律法规的修改、社会环境的变化等因素而发生变化或取消，从而影响投资方的收益预期和回报能力。

(3)建设风险

BT 模式的项目一般都是大型的基础设施建设项目，需要投资方组织施工单位进行工程建设，并接受政府和监理单位的监督管理。这种模式存在工程设计不合理、施工质量不达标、工期延误、成本超支、安全事故等风险。投资方需要有较强的建设管理能力和风险控制能力，以保证工程按期、按质、按量完成。

(4)移交风险

BT 模式的项目需要投资方在工程建成后，经过政府部门的验收合格，将工程移交给政府，并获得政府的回购款。这种模式存在验收标准不明确、验收程序不规范、移交时间不确定、回购价格不合理等风险。投资方需要与政府部门签订明确、完善、规范的 BT 合同和回购协议，以保障自身的合法权益。

【案例 8-3】 BT 模式农业综合开发项目

某市农业局计划在未来 3 年内实施一个农业综合开发项目，旨在建设一个集水利、土地、林业、牧业、渔业等为一体的综合性农业开发区，促进当地农民增收和乡村振兴。该项目总投资额为 15 亿元人民币，预计每年可实现营业收入 3 亿元人民币，净利润 7500 万元人民币。该项目采用了项目融资典型结构中的 BT 模式，即由某市农业局与某省农业开发集团有限公司(以下简称省农开)签订合同，由省农开负责项目的建设和融资，然后在约定的期限后将项目移交给某市农业局。

该项目的总投资额为 15 亿元人民币，融资结构如下：①省农开提供 3 亿元人民币的股权投资，占 20%；②某市农业局提供 1.5 亿元人民币的无偿资金补助，占 10%；③某国家级开发银行提供 9 亿元人民币的长期优惠贷款，占 60%；④其他社会资本提供 1.5 亿元人民币的债券或股权融资，占 10%。

省农开作为建设方和融资方，以项目资产和现金流量作为还款来源和担保物，无须其他担保或保证。省农开与某国家级开发银行签订贷款合同，并设立专用账户，监督贷款资金的使用和回收。

作为股东和合作伙伴，省农开与某市农业局、其他社会资本签订股东协议或合作协议，并设立董事会和监事会，共同参与项目的管理和决策。省农开作为建设方和运营方，与设计单位、施工单位、监理单位、供应商、承包商等签订建设合同或运营合同，并设立项目部和运营部，负责项目的建设和运营。省农开与某市农业局签订移交协议，并在约定的期限后将项目移交给某市农业局。移交后，某市农业局将向省农开支付一定比例的收益权转让费用，作为对其投入回报的补偿。

(三)政府和社会资本合作模式(PPP)模式

1. 政府和社会资本合作模式(PPP)模式的概念

政府和社会资本合作模式又称 PPP(Public-Private-Partnership)模式，即政府和社会资本合作，是政府与私人企业通过合同或其他形式，在公共服务或基础设施领域进行合作，共同承担风险和收益的一种融资方式。这种模式可以有效地利用私人部门的效率和创新能力，提高公共服务的质量和可持续性，因而适用于社会福利类的项目，如教育、卫生、环保等。PPP 模式的基本理念是“利益共享、风险共担、全程合作”，旨在充分发挥政府和社会资本各自的优势，提高公共产品和服务的供给效率和质量。

在具体实施中，政府方和社会资本方是 PPP 项目的合同签约主体，共同出资成立项目公司(SPV)，并按照合同约定分担风险和收益。项目公司负责项目的融资、建设、运营等事项，与融资方、承包商和分包商、原料供应商、专业运营商、保险公司以及专业机构等签订相应的协议或合同，明确各方的权利和义务。产品或服务购买方是项目的用户或消费者，购买或使用项目提供的公共产品或服务，为项目提供收入来源。政府方还负责对项目进行监管和评估，确保项目的质量和效益。

相对而言，BOT 以及 BT 等属于具体的运营与融资模式，而 PPP 模式的概念则更加广泛，是一大类模式的统称。根据项目的特点、融资方式、收费机制等因素，PPP 模式可以选择 BOT、BOO、BT、TOT、ROT、TBT 等不同的合作模式。因此，PPP 模式不仅是一种融资手段，而且是一种体制机制创新，涉及行政体制改革、财政体制改革、投融资体制改革等方面。从 2015 年开始，PPP 模式在我国已经得到广泛地应用和推广。

2. 参与主体与组织结构

PPP 模式的参与主体主要包括以下几类：

(1)政府

政府是 PPP 项目的核心主体之一，负责项目的规划、采购、管理、监督等行政管理职能，同时也是公共产品或服务的购买者或代理人，与社会资本方签订合同并履行相应的权利和义务。

(2)社会资本方

社会资本方是 PPP 项目的另一个核心主体，负责项目的筹资、建设、运营等商业活动，与政府方签订合同并履行相应的权利和义务，享有项目的特许经营权和收益权。

(3)融资方

融资方是 PPP 项目的重要支持者，为项目提供必要的资金支持，通常是金融机构或其他投资者。

(4)承包商和分包商

承包商和分包商是 PPP 项目的实施者，为项目提供设计、施工、设备供应等服务，通常由社会资本方或其指定的第三方组成。

(5)原料供应商

原料供应商是 PPP 项目的配套者，为项目提供必要的原材料、能源等供应，通常由社会资本方或其指定的第三方组成。

(6)专业运营商

专业运营商是 PPP 项目的管理者，为项目提供运营、维护、管理等服务，通常由社会资本方或其指定的第三方组成。

(7) 产品或服务购买方

产品或服务购买方是PPP项目的用户或消费者，购买或使用项目提供的公共产品或服务，通常是公众或其他有关机构。

(8) 保险公司

保险公司是PPP项目的保障者，为项目提供风险转移和赔偿保障，通常由社会资本方或政府方选择并委托的第三方组成。

(9) 专业机构

专业机构是PPP项目的咨询者、评估者、监测者等，为项目提供专业性的咨询、评估、监测等服务，通常由政府方或社会资本方选择并委托的第三方组成。

3. PPP模式的融资安排

在PPP模式中，一般以项目公司为融资主体，采用股权融资和债务融资相结合的方式，以实现项目的最优化融资结构(图8-5)。社会资本或者政府代理人在一些情况下会对项目公司的债务融资提供担保，或者通过其他方式进行增信，以降低债务融资的难度并降低债务成本。SPV公司在PPP模式中有以下优点：一是可以实现项目风险的隔离，保护投资人和合作商的利益；二是便于政府进行监管与税收落地，增加项目所在地政府财政收入；三是便于政府从项目公司微观层面对社会资本履行行为进行管理。

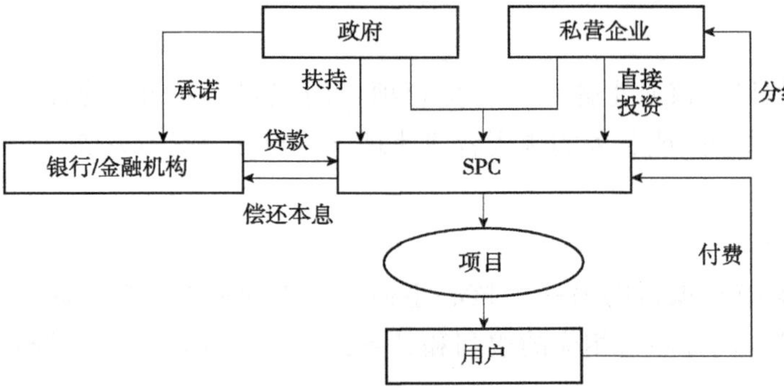

图8-5 PPP模式的典型组织结构

PPP模式的股权融资是指项目公司通过引入股权投资基金等社会资本，增加项目的资本金，降低项目的负债率，提高项目的信用等级，从而吸引更多的债务融资。股权融资的优点是可以分散风险，增加项目的可持续性和盈利能力，缺点是会降低原有股东的控制权和收益率。

PPP模式的债务融资包括了银行贷款以及债券融资。其中，银行贷款主要指银行的项目贷款。项目贷款是指银行或其他金融机构根据项目的预期收益、资产以及政府扶持措施的力度而不是项目投资人或发起人的资信来安排融资。债券融资指项目公司通过发行债券或其他债务工具，向金融机构或社会公众筹集资金，用于项目的建设和运营。综合运用项目贷款和债券融资可以扩大融资渠道，降低融资成本，增加项目的现金流量，但过高的负债率会增加项目的偿债压力和违约风险。

4. PPP 模式融资的风险

从 2015 年开始，PPP 模式在我国广泛采用，但伴随着金融去杠杆政策，大量采用 PPP 模式的项目因为监管政策或者融资环境的变动暴露了风险，一些企业因此而陷入了财务困境。PPP 模式可能的风险主要包括以下部分：

(1) 政策风险

PPP 融资高度依赖于政府部门的政策执行，如果政策发生变化，可能导致项目的可行性、合法性或收益性受到影响的风险。例如，政府政策的变化、政府履约能力的下降、政府监管失效等。

(2) 法律风险

法律风险指由于法律法规的缺失、不完善或变更而导致项目的合同无效、权利义务不明确或纠纷无法解决的风险。例如，PPP 法律框架的不健全、合同条款的不合理、司法裁决的不公正等。

(3) 金融风险

金融风险指由于金融市场的波动或金融机构的行为而导致项目的融资成本增加、融资渠道受限或资金流断裂的风险。例如，利率的上升、汇率的波动、信贷紧缩、银行违约等。

(4) 建设风险

建设风险指由于项目设计、施工、采购等环节出现问题而导致项目的工期延误、成本超支或质量不达标的风险。例如，设计不合理、施工不规范、材料不足、环境恶劣等。

(5) 运营风险

运营风险指由于项目运营管理不善或外部因素干扰而导致项目的服务水平下降、运营成本增加或运营收入减少的风险。例如，维护不及时、设备故障、人员流失、需求变化等。

(6) 市场和收益风险

市场和收益风险指由于市场竞争或用户行为而导致项目的市场份额下降或收费标准无法实现的风险。例如，竞争对手的出现、用户需求的下降、用户抵制收费等。

(7) 财政风险

财政风险指由于政府财政状况恶化或财政支持政策变化而导致政府无法按时按量支付约定费用或补贴的风险。例如，财政赤字增加、预算安排不足、补贴标准调整等。

【案例 8-4】 广东省农业供给侧结构性改革基金

广东省农业供给侧结构性改革基金是由广东省政府、广东省农业农村厅、广东省财政厅、广东省发展改革委等部门联合发起设立的，旨在支持广东省农业供给侧结构性改革和乡村振兴战略的实施，促进农业产业化发展和现代农业建设。该基金总规模为 100 亿元，其中政府出资 20 亿元，社会资本出资 80 亿元，采用 PPP 模式运作。

该基金是国内首个以 PPP 模式运作的省级农业基金，具有以下特点：

(1) 政府引导，社会参与

该基金由政府和社会资本共同出资，政府出资比例不超过 20%，社会资本出资比例不低于 80%，形成了政府和社会资本的利益共享和风险共担机制。

(2) 市场化运作，专业化管理

该基金由专业的基金管理公司负责运作管理，按照市场化原则进行投资决策、项目评估、风险控制等，实现了政府和市场的有效分工。

(3) 产业化投资，多元化收益

该基金主要投资于广东省重点农业产业链的上下游环节，包括种植养殖、加工制造、仓储物流、品牌营销等，通过股权投资、债权投资、混合投资等方式获取收益，并通过退出机制实现资本回收。

(4) 政策支持，风险防范

该基金享受政府提供的税收优惠、土地供应、项目推荐等政策支持，并通过多层次的风险防范机制，包括风险评估、风险备付金、风险补偿机制等，降低投资风险。

(四) 其他融资模式

整体而言，项目融资的方式非常灵活，还包括了 BOOT、ABS、TOT 等多种模式，并不固定或唯一，还可以根据实际情况进行组合或创新。

1. BOOT 模式

BOOT 模式即建设-拥有-运营-移交模式，是指投资者在获得政府的特许权后，组建项目公司进行项目的融资、建设、运营和维护，在一定期限内拥有并经营该项目，并在特许权到期后将其无偿移交给政府。这种模式与 BOT 模式的区别在于投资者在特许期内既有经营权，也有所有权。这种模式适用于私有化程度较高的项目，如电信、水务等。

2. ABS 模式

ABS 模式即资产收益证券化融资模式，是指以项目资产可以带来的预期收益为保证，通过一套提高信用等级计划在资本市场发行债券来募集资金的一种项目融资方式。这种模式可以有效地分散风险，降低融资成本，扩大融资渠道。这种模式适用于具有稳定现金流量的项目，如房地产、汽车贷款等。

3. TOT 模式

TOT 模式即移交-经营-移交模式，是指政府与投资者签订特许经营协议后，把已经投产运行的可收益公共设施项目移交给民间投资者经营，凭借该设施在未来若干年内的收益，一次性地从投资者手中融得一笔资金，用于建设新的基础设施项目；特许经营期满后，投资者再把该设施无偿移交给政府管理。

4. PFI 模式

PFI 模式即私人融资计划模式，是指政府从私人处购买服务，这种方式多用于社会福利性质的建设项目。

第三节　项目融资质量分析

一、农业项目融资质量的概念

农业是我国国民经济的重要支柱，但农业投资项目与其他投资活动相比，往往具有投资规模小、生产周期长、风险高等特点。其中，环境风险尤为突出，常给农业项目投资带来巨大的挑战。因此，针对农业项目的特性，设计合适的融资结构至关重要。只有通过多渠道、多层次和多元化的融资方式，才能有效降低融资成本和减轻项目风险，提高农业项目的弹性和抗压能力，同时也能分散风险，减少意外情况的影响。

项目融资的质量是指项目融资的效果和效率，即项目能否以合理的成本和风险，获得足够的资金，实现项目的目标和价值。高质量的项目融资指融资的规模和期限与项目匹配，而且融资成本低的融资方式。相反，项目融资质量低则通常指项目规模和项目错配，融资成本过高。在选择融资方案时，需要综合考虑成本和风险之间的平衡，对项目融资质量进行正确评估。只有在多种可行的融资方案中进行充分分析和比较，才能找出最优解，以满足农业项目的最低资金需求，并且最大化收益。总之，通过恰当的融资结构和合理的融资方案，可以保障农业投资项目的成功。

项目融资的质量包括了融资成本和风险两个维度，在风险可控的情况下，成本越低则质量越好。在成本相同的情况下，融资可持续性，与投资的期限匹配性越好则融资质量越好。因此，在评估项目融资质量时，需要从融资风险和融资成本两方面进行分析。

二、农业项目融资风险

融资风险是指在筹集和使用项目所需资金过程中可能出现的不利情况和结果，包括市场风险、信用风险、政策风险、法律风险等。一般来说，融资风险越低，项目融资质量越高，因为这意味着项目可以避免或减少因为无法按时还款或违反合同条款而造成的损失或惩罚。因此，在选择融资方案时，需要考虑各种融资方式的偿还保障、违约责任、争议解决等因素，选择风险最低的方案。相对于其他项目，农业项目在投资端有着更加突出的风险特征，更加容易受到自然风险、市场价格风险的影响，因而在融资端也需要更加深入的分析和评估，才能选择高质量的融资结构。项目的融资风险分析主要关注融资短期的流动性风险、长期的债务可持续性和融资期限与投资期限的匹配性 3 个方面。

(一) 短期流动性风险

短期流动性风险是指项目没有足够的现金流偿付到期的利息与债务等偿付义务，导致项目违约或破产的风险。短期流动性风险主要由项目的现金流量或者资产流动性变现能力不稳定或不足引起，可能有以下原因：一是项目收入低于预期，如因市场需求下降、价格波动、竞争加剧等原因，导致项目销售额或利润率下降；二是项目支出高于预期，如因成本上升、税费增加、投资超支等原因，导致项目运营成本或投资支出增加；三是项目资金管理不善，如因资金计划不合理、资金调度不及时、资金挪用或浪费等原因，导致项目现金流量出现断裂或紧张。

为了降低短期流动性风险，需要采取以下措施：一是加强市场分析和预测，制定合理的收入计划和定价策略，提高项目收入水平和稳定性；二是加强成本控制和预算管理，制定合理的支出计划和节约措施，降低项目支出水平和波动性；三是加强资金管理和监督，制定合理的资金计划和调度机制，优化项目资金结构和流动性。

(二) 长期融资可持续性风险

长期融资可持续性风险是指尽管项目短期内没有流动性问题，但其债务融资过高，无法滚动融资维持对应的负债水平，导致财务困境或债务危机的风险。长期融资可持续性风险主要由项目的财务杠杆过高或不适当引起，可能有以下原因：一是项目过度依赖债务融资，如因自有资金不足、股权融资难度大、债务融资成本低等原因，导致项目借款额度或比例过高；二是项目债务结构不合理，如因债务期限过短、债务利率过高、债务条件过于苛刻等原因，导致项目债务负担过重或难以调整；三是项目信用状况恶化，如因信用记录不良、信用评级下降、信用保障缺失等原因，导致项目融资渠道受限或融资成本上升。

为了降低长期融资可持续性风险，需要采取以下措施：一是适度控制债务融资规模和比例，根据项目的收益能力和偿债能力，确定合理的财务杠杆水平和目标；二是优化债务结构和配置，根据项目的资金需求和供给，选择合适的债务期限、利率、条件等，提高债务的灵活性和可调整性；三是改善信用状况和保障，根据项目的信用历史、信用条件、信用保障等，采取相应的措施，提高项目的信用等级和信誉。

（三）期限不匹配风险

期限不匹配风险是指项目的债务期限短于投资期限，项目需要不断展期或滚动再融资以支持投资，导致融资不稳定或中断的风险。期限不匹配风险主要由项目的投资回收期长或不确定引起，可能有以下原因：一是项目投资规模大，如因项目建设周期长、投入成本高、回收效率低等原因，导致项目投资回收期超过债务到期期限；二是项目投资收益低，如因市场竞争激烈、价格波动大、利润率低等原因，导致项目投资收益无法覆盖债务利息或本金；三是项目投资风险高，如因市场需求不确定、技术变化快、政策变化多等原因，导致项目投资回收期难以预测或发生变化。

为了降低期限不匹配风险，需要采取以下措施：一是缩短投资回收期，通过提高项目建设效率、降低投入成本、提高回收效率等方式，加快项目投资回收速度；二是提高投资收益水平，通过提高产品质量、优化定价策略、扩大销售渠道等方式，增加项目投资收益额度；三是降低投资风险程度，通过进行市场分析、技术评估、政策研究等方式，减少项目投资回收期的不确定性和波动性。

三、农业项目融资成本

融资成本是指项目融资所需支付的各种费用，如利息、手续费、担保费、税费等，反映了项目融资的难易程度和市场供求状况。

1. 项目融资成本的构成

（1）资金使用相关直接成本

资金使用相关直接成本是指项目为了使用资金而向资金提供者支付的报酬，如股息、利息、租金等。这部分成本通常是项目融资成本的主要组成部分，它反映了资金提供者对项目的风险和收益的要求。一般来说，资金使用相关直接成本与项目的融资方式、融资规模、融资期限、融资条件等因素密切相关，不同的融资方式有不同的成本水平和计算方法。例如，股权融资的成本通常用股权资本成本率来衡量，它反映了股东对项目的期望回报率；债务融资的成本通常用债务资本成本率来衡量，它反映了债权人对项目的借款利率；租赁融资的成本通常用租赁费用率来衡量，它反映了租赁方对项目的租赁收益率。

(2) 融资过程中的相关费用

融资过程中的相关费用是指项目在筹集资金过程中发生的各种费用，如注册费、代理费、手续费等。这部分成本通常是项目融资成本的次要组成部分，它反映了项目在筹集资金过程中所需要支付的各种中介服务费用。一般来说，融资过程中的相关费用与项目的融资方式、融资规模、融资渠道等因素密切相关，不同的融资方式有不同的费用水平和计算方法。例如，股权融资的费用通常包括发行费用、承销费用、上市费用等；债务融资的费用通常包括贷款审批费、担保费、抵押费等；租赁融资的费用通常包括评估费、保险费、维修费等。

(3) 机会成本

机会成本是指项目为了使用某种资源而放弃的该资源用于其他用途可能获得的最高收益，如自有资金的平均收益率等。这部分成本通常是项目融资成本的隐性组成部分，它反映了项目在使用某种资源时所牺牲的其他机会。一般来说，机会成本与项目所使用资源的稀缺性和替代性密切相关，不同资源有不同的机会成本水平和计算方法。例如，自有资金的机会成本通常用自有资金平均收益率来衡量，它反映了如果将自有资金投入其他项目或市场中所能获取的平均收益率；外部借款或租赁资源的机会成本通常用市场利率或租赁率来衡量，它反映了如果将外部借款或租赁资源用于其他用途所能获取的市场收益率。

(4) 风险成本

风险成本是指项目由于债务融资而面临的破产风险和财务困境风险所造成的企业价值损失，如法律费用、管理费用、效率损失等。这部分成本通常是项目融资成本的潜在组成部分，它反映了项目在使用债务融资时所承担的额外风险。一般来说，风险成本与项目的债务融资比例、债务融资结构、债务融资条件等因素密切相关，不同的债务融资方式有不同的风险成本水平和计算方法。例如，破产风险成本通常用破产概率乘以破产损失率来衡量，它反映了项目在无法偿还债务而被迫破产时所造成的企业价值损失；财务困境风险成本通常用财务困境概率乘以财务困境损失率来衡量，它反映了项目在面临偿债压力而陷入财务困境时所造成的企业价值损失。

(5) 代理成本

代理成本是指项目由于资金使用者和提供者之间的委托—代理关系而产生的监督和约束费用，如审计费用、保证金、股权激励等。这部分成本通常是项目融资成本的必要组成部分，它反映了项目在解决资金使用者和提供者之间的利益冲突和信息不对称问题时所需要支付的各种代价。一般来说，代理成本与项目的融资方式、融资规模、融资渠道等因素密切相关，不同的融资方式有不同的代理成本水平和计算方法。例如，股权融资的代理成本通常包括股东监督费用、股东利益损失费用等；债务融资的代理成本通常包括债权人监督费用、债权人利益损失费用等；租赁融资的代理成本通常包括租赁方监督费用、租赁方利益损失费用等。

2. 项目融资综合成本的测算

尽管项目融资有多种可能的资金来源，但我们总是可以从资本结构的角度计算项目的加权平均资本成本(WACC)，度量项目的整体融资成本。项目的WACC即项目各种资金来源(如股权、债权、租赁等)所占比例与其相应成本(如股权成本、债务成本、租赁成本等)的加权平均值，反映了项目投资者的平均期望回报率，也是项目投资决策的最低收益要求。

WACC的经济内涵是反映企业筹集和使用资金的整体代价，它是企业投资决策和融资决策的重要依据。WACC越低，说明企业融资成本越低，投资收益越高，企业价值越高；反之亦然。因此，企业应该寻求降低WACC的途径，如优化资本结构、选择低成本的融资方式、利用税收抵扣等。

WACC的计算公式是指企业以各种资本在企业全部资本中所占的比重为权数，对各种长期资金的资本成本加权平均计算出来的资本总成本，具体如下：

$$WACC=\frac{E}{V}R_e+\frac{D}{V}R_D(1-T_c)$$

式中 E——项目公司(SPV)股本的市场价值。由于项目融资的SPV不是上市企业，所以通常以实缴资本作为股权价值；

D——公司债务的市场价值，但在项目公司中常以债务融资的账面价值度量；

V——企业的市场价值，等于企业的债务价值D与权益价值E之和；

R_e——股本成本，是投资者的必要收益率；

R_D——债务成本，即债务出资人要求的回报率；

T_c——实际企业所得税率。

【例8-5】 某市农业综合开发项目总投资额为15亿元人民币，项目净现值(NPV)为0，故项目整体价值等于总投资额。项目融资结构如下：①省农开提供3亿元人民币的股权投资，占20%；②某市农业局提供1.5亿元人民币的无偿资金补助，计入所有者权益，占10%；③某国家级开发银行提供9亿元人民币的长期优惠贷款，占60%；④其他社会资本提供1.5亿元人民币的债券融资，占10%。假设股权资本成本为15%，债务资本成本为4.5%，公司所得税率为25%。

根据该项目的融资结构，可以得到以下数据：

股权 $E=3+1.5=4.5$(亿元)；

债务 $D=9+1.5=10.5$(亿元)；

项目价值 $V=15$(亿元)；

权益和债务成本分别为 $R_e=0.15$，$R_D=0.045$；

所得税率 $T_c=0.25$。

因此，项目的加权平均成本为

$$WACC=\frac{4.5}{15}\times0.15+\frac{10.5}{15}\times0.045\times(1-0.25)=0.03+0.014\ 175=4.42\%$$

3. 降低项目综合成本的方式

(1)优化资本结构

资本结构是指企业所采用的不同融资方式(如股权、债权、租赁等)之间的比例关系。不同的融资方式有不同的成本水平和风险程度，因此，不同的资本结构会影响企业的WACC。一般来说，债务融资相对于股权融资有两个优势：债务利息可以在计算所得税前扣除，从而降低税后债务成本；债务融资可以增加企业财务杠杆效应，从而提高股东收益率。然而，债务融资也有两个劣势：债务融资会增加企业偿债压力和破产风险，从而提高债务成本；债务融资会引起股东和债权人之间的代理问题，从而增加代理成本。因此，在优化资本结构时，需要综合考虑各种因素，找到使WACC最小化的最优债务比例。

(2)选择低成本的融资方式

在确定了最优债务比例后，还需要在各种具体的融资方式中进行选择和组合，以降低各种融资方式的成本水平。一般来说，在选择融资方式时，需要考虑以下几个因素：一是市场条件，如市场利率、市场需求、市场竞争等，影响各种融资方式的供求关系和价格水平；二是项目特征，如项目规模、项目期限、项目风险等，影响各种融资方式的适用性和可行性；三是融资条件，如融资期限、融资利率、融资担保等，影响各种融资方式的成本水平和风险程度。因此，在选择融资方式时，需要根据市场条件、项目特征、融资条件等因素，进行综合分析和比较，选择成本最低的融资方式。

(3)利用税收抵扣

税收抵扣是指企业在计算所得税时可以扣除的一些项目，从而降低所得税负担。税收抵扣对于降低WACC有两个作用：一是降低债务成本，因为债务利息可以在计算所得税前扣除，从而降低税后债务成本；二是降低股权成本，因为股权收益可以享受一定的税收优惠，从而降低税后股权成本。因此，在利用税收抵扣时，需要充分了解相关的税法规定，合理安排财务报表，合法避税，最大化税收抵扣效果。

拓展阅读

PPP模式在农业基础设施领域应用前景广阔

新的形势要求进一步创新农村基础设施投融资体制机制，为推进基础设施政府和社会资本合作发展提供了新的契机。

近20年来，随着灌溉基础条件的不断完善，我国整体粮食种植面积稳中有升。1998—2020年，全国粮食播种面积由11 379万 hm^2 扩大至11 677万 hm^2。同时，整体粮食产量也跟随灌溉设施发展而稳步提高。这充分说明推动农村灌溉基础设施投资、提升灌溉面积是推动粮食连年丰收的决定性因素。

“十三五”期间，我国农业基础设施建设投资大幅增加，约3.4万亿元，完成了8亿亩旱涝保收、高产稳产的高标准农田建设任务；“十四五”期间，随着粮食安全战略和乡村振兴战略的推进，农业基础设施建设必将迎来更大发展。

值得关注的是，近年来，虽然农业基础设施建设在粮食安全保障和农村现代化进程中发挥了突出作用，但与农业高质量发展要求还存在一定差距。一是农业基础设施薄弱、功能老化；二是智慧农业基础设施与终端配套不足；三是农业基础设施建成后得不到有效管护；四是农业基础设施建设仅靠政府投资远远不够，还存在较大缺口。

在这种背景下，2022 年 12 月召开的中央农村工作会议指出，保障粮食和重要农产品稳定安全供给始终是建设农业强国的头等大事，国家要实施新一轮千亿斤粮食产能提升行动。新的形势要求进一步创新农业基础设施投融资体制机制，为推进基础设施政府和社会资本合作发展提供了新的契机，并且有如下优势。

(1)政策支持多

近期，国家发展改革委、农业农村部等多部委多次发文，鼓励采用 PPP 等模式，支持农村基础设施建设。

(2)发展空间大

据统计，财政部 PPP 在库项目中，农业类 PPP 项目仅 89 个，仅占总量的不到 1%。说明农业基础设施建设 PPP 项目还有很大发展空间。

(3)运营效率高

在社会资本参与的大中型灌区、高标准农田等农业基础设施建设中，由于引入社会资本参与项目运营，提升了运营效益，延长了工程寿命，更好地发挥了工程效益。

鉴于此，建议加快引入社会资本以推进农村基础设施建设。

首先，加大农业 PPP 项目的融资支持。加快设立农业 PPP 项目担保基金；引入中国 PPP 基金参与农业项目投资，增加社会资本的退出渠道。

其次，推动农业 PPP 项目的实施。引导社会资本在农业基础设施重点领域与政府开展合作；对适宜采取 PPP 模式的部分乡村振兴项目，推荐并进行评审论证，推动复制、推广，择优列为农业 PPP 示范项目。

最后，缩短农业 PPP 项目落地时间。对于前期论证清晰，符合相关政策的农业 PPP 项目，应作为各级政府基建重大重点项目，缩短项目方案编制和审核时间，加快项目落地。

（《中国经济时报》，2023 年 1 月 11 日）

本章小结

1. 项目融资是一种以项目未来的收益和资产作为偿还融资资金来源和安全保障的融资方式，指贷款人向特定的工程项目提供贷款协议融资，对于该项目所产生的现金流量享有偿债请求权，并以该项目资产作为附属担保的融资类型。

2. 相比一般融资模式，项目融资具有更加复杂的结构特征。根据不同的特点和适用范围，项目融资的主要模式包括 BOT、BT 及 PPP 等。

3. 项目融资的质量是指项目融资的效果和效率，即项目能否以合理的成本和风险，获得足够的资金，实现项目的目标和价值。项目融资的质量包括融资成本和风险两个维度，在风险可控的情况下，成本越低则质量越好。在成本相同的情况下，融资可持续性，与投资的期限匹配性越好则融资质量越好。

4. 项目的融资风险分析主要关注融资短期的流动性风险、长期的债务可持续性和融资期限与投资期限的匹配性 3 个方面。

5. 融资成本是指项目融资所需支付的各种费用，如利息、手续费、担保费、税费等，反映了项目融资的难易程度和市场供求状况。可以从资本结构的角度计算项目的加权平均资本成本(WACC)，度量项目的整体融资成本。

重要概念

项目融资　建设经营移交(BOT)模式　建设-移交(BT)模式　政府和社会资本合作模式(PPP)模式　项目融资质量　融资风险　融资成本　WACC

第九章　农业项目财务测算与评估

学习目的

(1)熟悉财务数据的测算内容。

(2)掌握财务能力评估相关指标的含义、计算方式与评估方法。

(3)熟悉财务生存能力评估的概念和内容。

(4)掌握项目基本财务报表的编制方法。

项目财务评估结果准确与否，一方面取决于基础数据的可靠性，另一方面取决于所选取指标体系的合理性。财务效益指标是用于衡量和比较投资项目可行性优劣，从而据以进行方案决策的定量化标准与尺度，它是由一系列综合反映长期投资的效益和项目投入产出关系的量化指标构成的指标体系。只有选取了正确的指标体系，财务评估的结果才能与客观实际情况相一致。本章主要介绍项目财务基础数据测算，项目基本财务报表的编制以及财务能力评估和项目财务生存能力分析等内容。

第一节　财务基础数据测算

一、资金筹措方案与资金使用计划

1. 合理制订资金筹措方案与资金使用计划

合理地制订资金筹措方案与资金使用计划可以大幅提高项目的可行性，是项目成功实施的重要前提。在项目评估中，可按如下步骤进行：

①准确估算项目的资金投入状况　在此基础上编制资金使用计划。

②根据资金使用计划确定筹资需求量　既要防止留缺口而影响项目的正常实施，又要避免高估冒算造成的不必要成本。

③制订具体的资金筹措方案。

2. 制订具体的资金筹措方案

①根据项目自身的条件及所处的经济环境确定内部融资与外部融资的比例　资本雄厚、经营稳定的项目法人可以更多地利用内部资金，以降低资金成本；反之，则需依赖外部融资。具体到各个国家，项目的资金来源分布又会有很大的不同，这与所处的经济环境、经济习惯有关。

②分别分析内外融资的情况，确定各自的内部结构比例　随着经济的发展和金融市场的完善，项目的资金筹措有越来越多的选择，企业要根据自身经营特点和优势制订最有利

的筹措方案。制订资金筹措方案与资金使用计划时，要着重分析资金来源的可靠性和资金结构的合理性，力求在低风险与低资金成本的基础上做出最佳的选择。

二、项目投资估算

项目投资是指为建成项目而垫付的资金总额，包括项目的固定资产投资、流动资金投资、无形资产投资和建设期资本化利息等。其中，项目资本化利息是指在建设期中发生的各种长期资产的贷款利息。项目总投资包括如下具体内容：

1. 项目固定资产投资

项目固定资产投资包括工程费、设备费、设施费、预备费（项目风险费用）和其他费用。对于长期项目投资需要分阶段进行计算，而且不同项目因计算期、计算依据和计算方法等不同，会使最终的固定资产投资估算结果有所不同。常用的项目固定资产估算方法主要有两大类：一类方法是粗略而精度不高的方法（也叫自上而下法），这包括参数估算法和类比法等；另一类方法是详细而精度高的估算法（也叫自下而上法），这包括工料测量法和资料统计法等，主要是估算出项目固定资产投资各构成部分后汇总得出固定资产投资总额。详细估算法中各个项目投资科目及其估算方法如下。

（1）实施费估算

这是根据项目实施内容计算的，计算方法如下：

$$实施费=实施估算的综合单价\times实施工作量\times修正系数 \tag{9-1}$$

其中，实施估算的综合单价是指项目实施工作的单位费用，实施工作量是指该项目实施工作的总量，修正系数是指无法按照综合单价计算的补充部分。

（2）设备费估算

这是根据项目设备购置情况估算的，其计算方法如下：

$$设备费=项目所需设备完全单价\times设备数量 \tag{9-2}$$

需要特别注意的是项目设备费估算中必须计算采购项目设备的完全成本，如项目进口设备应该包括设备本身价格、设备国际国内运费、运输保险费、关税和增值税等。

2. 无形资产投资

无形资产是指企业为生产商品或者提供劳务、出租给他人或为管理目的而持有的、没有实物形态的非货币性长期资产。无形资产分为可辨认无形资产和不可辨认无形资产。可辨认无形资产包括专利权、非专利技术、商标权、著作权、土地使用权等；不可辨认无形资产是指商誉。在项目评估中，无形资产投资包括土地使用权、技术转让费和一些其他费用。无形资产投资的估算主要包含以下 3 种方式：

（1）购入的无形资产

按实际支付的买价以及与其直接相关的费用（如咨询费、公证费、鉴定费、注册登记费等）计价。

（2）投资者投入的无形资产

按投资各方商定的价值作为实际成本。

(3)接受捐赠的无形资产

捐赠方提供凭据的按凭据上标明的金额加上应支付的相关税费作为实际成本；捐赠方没有提供凭据的，可以按市场价值估算，或用收益现值法进行估算。

在项目评估的过程中，无形资产投资较难做出准确估算，评估人员要根据项目的具体情况，综合各种因素尽可能地做出合理估算。

3. 建设期贷款利息

建设期借款利息是指项目债务性资金在建设期内发生的应计利息及其他融资费用。其他融资费用是指部分融资发生的手续费、承诺费、管理费、信贷保险费等，为简化计算，一般不单独计算，而是采用适当提高利率的方法进行处理。建设期借款利息的估算是先将各种外部借款，无论是按年计息还是按季、月计息，均简化为按年计息。再假定借款均在每年年中支用，借款当年按半年计息，其余各年按全年计息，通过公式计算建设期利息。

将名义利率折算为有效年利率的计算公式为：

$$R=\left(1+\frac{r}{m}\right)^{m}-1 \tag{9-3}$$

式中 R——有效年利率；

r——名义年利率；

m——每年计息次数。

建设期借款利息的计算公式为：

$$\text{每年应计利息}=(\text{年初借款本息累计}+\frac{\text{本年借款额}}{2})\times\text{有效年利率} \tag{9-4}$$

4. 预备费估算

项目预备费应该按项目风险损失的大小和概率进行估算，其中的项目资源涨价预备费则需要根据国家发布的预测数据来估算，具体估算式如下所示：

$$P_E=\sum_{t=0}^{n}I_t+[(1+f)^t-1] \tag{9-5}$$

式中 P_E——涨价预备；

I_t——建设期第 t 年的投资计划额；

n——建设期年份数；

f——年均投资价格上涨率。

从项目现金来说，在项目计算期期末会收回项目固定资产的残值和全部流动资金。项目固定资产的折旧年限等于项目生产经营期时，项目固定资产净残值可以用固定资产原值乘以既定净残值率来计算，项目固定资产在项目生产经营期提前回收，其净残值可以根据其固定资产原值和预计净残值率来进行计算。项目流动资金在项目期末全部退出生产和流通，所以按照全额以货币形式回收。

三、流动资产与流动负债的测算

流动资产是指可以在 1 年或者超过 1 年的一个营业周期内变现或耗用的资产，主要包括现金、银行存款、短期投资、应收及预付账款、待摊费用、存货等。在项目评估中，流动资产主要考虑应收账款、现金和存货。

1. 现金需要量估算

现金是指企业资金周转过程中以货币形式表现的那部分流动资产，包括企业库存现金、银行存款和其他货币资金。现金需要量的计算公式为：

$$现金需要量=\frac{年工资及福利费+年其他费用}{年现金周转次数} \tag{9-6}$$

$$年其他费用=制造费用+管理费用+销售费用-前3项费用中的工资及福利费、折旧费、摊销费 \tag{9-7}$$

2. 应收账款估算

应收账款是指因销售活动形成的应收客户的款项，在项目评估时，只计算应收账款。其计算公式为：

$$应收账款=\frac{年销售收入}{应收账款周转次数} \tag{9-8}$$

3. 存货估算

存货是指企业在正常生产经营过程中持有以备出售的产成品或者将要出售的仍然处在生产过程中的在产品，又或是将在生产过程和提供劳务过程中耗用的材料、物料等。从具体的占用形态来看，存货包括原材料、辅助材料、燃料、低值易耗品、维修备件、包装物、在产品、自制半成品、协作件以及商品等。为简化计算，估算时仅考虑外购原材料、燃料、在产品和产成品。其计算公式为：

$$存货=外购原材料+外购燃料及动力+在产品+产成品 \tag{9-9}$$

流动负债是指将在1年或者超过1年的一个营业周期内偿还的债务，包括应付账款、短期借款、应付票据、预收货款、预提费用等。在项目评估中，流动负债主要考虑应付账款，应付账款是指企业在经营过程中因购买商品、材料、物资或接受劳务而发生的待清偿债务。其估算公式为：

$$应付账款=\frac{外购原材料+外购燃料及动力}{年应付账款周转次数} \tag{9-10}$$

四、项目运营成本

项目财务评估中有关项目运营期的现金流出主要是项目运营成本，项目运营成本所涉及的内容包括如下几个方面：

1. 项目运营总成本

项目运营总成本是指项目在一年时间内所发生的全部成本和费用，它有两种计算方法。一种是按项目成本科目进行汇总计算，公式如下：

$$项目运营总成本=生产成本+销售费用+管理费用+财务费用 \tag{9-11}$$

其中，生产成本由直接材料、直接人工、其他直接支出和制造费用构成，期间费用包括销售费用、财务费用和管理费用。

另一种方法是先计算项目产品的各项成本，然后把这些成本相加且再加上项目期间费用而得到运营总成本，公式如下：

运营总成本＝原材料费+能源动力费+工资及福利费+修理费+折旧费+摊销费+利息支出+其他 (9-12)

上述两种方法可以按照国家或地区的规定去选用，因为两种核算方法本质是一样的，只不过表现形式有所不同。

2. 项目经营成本

项目经营成本是指项目运营期发生的，为满足项目正常生产经营而支付的成本。它是项目运营中最主要的现金流出科目，是项目运营总成本中的付现部分，所以运营总成本扣除非付现部分就得到项目经营成本，扣除项目主要为折旧费、摊销费、利息支出。折旧费和摊销费虽然也是公司财务会计中的成本构成内容，但他们是过去支付的，对当期来讲是非付现成本，因此，在计算项目现金流量时不能再看成支出，否则会重复计算。利息支出虽是付现成本，但不是日常经营费用，因此予以剔除。项目经营成本和运营总成本的关系可由下式给出：

项目经营成本＝运营总成本－折旧费－摊销费－利息支出 (9-13)

根据上式可以得出项目经营成本的计算式如下：

项目经营成本＝原材料能源动力费+工资及福利费+修理费+其他费用 (9-14)

五、项目收益

项目收益主要是从项目销售收入获得的现金流入，所以项目总收益等于项目的销售收入。项目的利润则是项目销售收入和项目成本与税金的差额，下面给出了有关项目销售收入、税金和利润的计算方法与公式。

1. 项目销售收入

这是项目运营期主要的现金流入，即销售项目产品或服务所得的收入。项目销售收入的计算公式等于项目产品或服务的销量(在项目财务评估时等于项目产品或服务的产量)乘以项目产品或服务的售价。

2. 项目税金

项目销售收入和项目带来的企业收入中都含有税金，包括项目的销售税和企业所得税等。其中，销售税涉及消费税、城乡维护建设税及教育费附加费等科目，企业税主要包括企业所得税和增值税等税收科目。

3. 项目利润

项目利润又分为税前利润和税后利润，所以它需要调整后才能成为项目现金流量的科目。其中，税前利润是项目销售收入与成本费用相抵后的余额，而从项目税前利润中减去企业所得税即为项目税后利润，项目税后利润有如下两种计算方法：

税后利润＝销售收入－总成本－税金及附加－企业所得税 (9-15)

税后利润＝销售收入－经营成本－折旧－摊销－利息－税金及附加－企业所得税 (9-16)

六、贷款还本付息估算

贷款还本付息估算主要是测算各年应偿还的本金和利息，从而考察项目的偿债能力和收益，为财务分析和决策提供依据。

1. 还本付息的资金来源

根据国家现行财税制度的规定，还本付息的资金来源主要是项目投产后所取得的利润和摊入成本费用中的折旧费、摊销费以及其他资金来源。

(1)利润

用于归还借款的利润，一般应是可供分配利润中提取盈余公积金、公益金后的未分配利润。在项目投产初期，如果用规定的资金来源归还贷款的缺口较大，也可暂不提取盈余公积金、公益金，但这段时间不宜过长，否则将影响到企业的扩展能力。

(2)固定资产折旧

项目投产初期无须进行固定资产更新，所提取的折旧基金作为固定资产重置准备金暂时处于闲置状态。为了有效地利用一切可能的资金，以缩短还款期限，可以使用部分新增折旧基金作为偿还贷款的来源之一。一般来说，投产初期可以利用的折旧基金在全部折旧基金中的比例较大，随着时间的推移，可利用的折旧基金比例逐步减小，最终所有被挪用的折旧基金将由未分配利润还贷后的余额回垫，以保证折旧基金从总体上不被挪作他用，在还清贷款后恢复其原有的经济属性。

(3)无形资产及其他资产摊销费

按现行财务制度，无形资产及其他资产摊销费计入项目总成本费用，但这笔资金并无具体的用途规定，处于闲置状态，因此可以作为还款来源之一。

(4)其他还款资金

其他还款资金主要是指按有关规定可以减免的销售税金。在进行估算时，如果没有明确的依据，这种还款来源可以暂不考虑。

项目在建设期借入的全部建设投资贷款本金及其在建设期发生的借款利息(即资本化利息)所构成的项目贷款总额，在项目投产后可由上述资金来源偿还。在生产期内，建设投资和流动资金的贷款利息，按现行的财务制度均应作为财务费用计入项目总成本费用。

2. 借款利息的计算

(1)建设期贷款利息

因为事先无法确定每笔贷款的实际发生时间，所以近似地假定当年贷款均发生在年中，按半年计息，转入以后年度则按全年计息。

(2)生产期贷款利息

还款假定都在当年年末，因此还款当年按全年计息。其近似计算公式为：

$$\text{生产期贷款年应计利息}=\text{年初借款累计额}\times\text{年利率} \tag{9-17}$$

七、财务报表编制

项目财务报表分析的内容主要有财务盈利能力分析和项目清偿能力分析。要对这两项内容进行分析必须借助于项目的财务报表，即现金流量表、利润表、资产负债表、还本付息表等。

1. 项目现金流量表

项目现金流量表是以项目自有资金为计算基础，把项目自有资金、借款本金偿还和利息支出作为现金流出，用以计算税后的项目自有资金、财务内部收益率和财务净现值等评价指标，衡量项目自有资金的盈利能力和向外部借款对建设项目是否有利。项目财务现金流量表的分析内容包括：鉴定财务现金流量表的编制格式是否符合国家有关规定和要求，判断各项指标的计算是否正确。对于项目财务现金流量表，在评估中应注意审核现金流量的计算是否符合该表设定的计算前提，以及在项目财务现金流量表的分析中是否已剔除现金流出中的全部利息支出(表 9-1)。

表 9-1　项目现金流量表　　万元

序号	科目	建设期		投产期	达到生产能力期							
		1	2	3	4	5	6	7	8	9	10	…
1	现金流入											
1.1	产品销售收入											
1.2	回收固定资产余值											
1.3	回收流动资金											
2	现金流出											
2.1	固定资产投资											
2.2	无形资产投资											
2.3	流动资金											
2.4	经营成本											
2.5	销售税金及附加											
2.6	所得税											
3	净现金流量											
4	累计现金流量											
5	税前现金流量											
6	税前累计净现金流量											

2. 项目利润表

利润表是反映建设项目计算期内各年利润总额、所得税及税后利润分配情况的重要财务报表，综合反映了项目每年实际的盈利水平，在项目财务评价中可用于计算投资利润率、投资利税率和资本金利润率等评价指标；同时还须进行利润分配，据此计算出可以用于偿还贷款的利润额。对利润表的分析评估主要是审核表中数据是否真实可靠，编制格式是否符合要求，指标计算是否正确。审查分析项目的利润总额及其分配的顺序是否符合国家有关规定(表 9-2)。

表 9-2　项目利润表　　万元

序号	科目	投产期	达到生产能力期						
		3	4	5	6	7	8	9	10	…
1	销售收入									
2	税金及附加									
3	运营总成本									
4	利润总额									
5	所得税									
6	税后利润									
6.1	盈余公积金									
6.2	应付利润									
6.3	未分配利润									
6.4	累计未分配利润									

3. 项目资产负债表

资产负债表是表示企业在一定日期(通常为各会计期末)财务状况的会计报表。该表能综合反映项目计算期内各年年末的资产、负债和所有者权益的增减变化情况及其相互间的对应关系用以考察企业的资产负债、资本结构是否合理，是否有较强的还债能力。根据此表计算项目的资产负债率、流动比率和速动比率等评价指标进行偿债能力测算，以此分析企业生产经营情况、资金周转和资金筹集与运用的策略，衡量项目建成投产后企业生产经营水平和项目投资回收能力。债权人也能及时掌握流动资金应付账款情况，有利于资金周转、提高贷款使用效率和贷款质量(表 9-3)。

表 9-3　项目资产负债表　　万元

序号	科目	建设期		投产期	达到生产能力期						
		1	2	3	4	5	6	7	8	9	10	…
1	资产											
1.1	流动资产总额											
1.1.1	应收账款											
1.1.2	存货											
1.1.3	现金											
1.1.4	累计盈利资金											
1.2	在建工程											
1.3	固定资产净值											

（续）

序号	科目	建设期		投产期	达到生产能力期							
		1	2	3	4	5	6	7	8	9	10	…
1.4	无形资产净值											
2	负债及所有者权益											
2.1	流动负债总额											
2.1.1	应付账款											
2.1.2	流动资金借款											
2.1.3	其他短期借款											
2.2	长期借款											
	负债小计											
2.3	所有者权益											
2.3.1	资本金											
2.3.2	资本公积金											
2.3.3	累计盈余公积金											
2.3.4	累计未分配利润											

4. 项目还本付息表

此表反映了建设项目计算期内各年借款的使用、还本付息，以及偿债资金来源，用以计算项目借款偿还期。对此表的分析评估，应鉴定该表编制格式是否符合国家有关规定和要求，审查表中数据与相应报表的数据是否一致，判断各项指标的计算是否正确。需要注意的是，表中生产期利息应计入项目生产费用总额的财务费用中(表 9-4)。

表 9-4　项目还本付息表　　万元

序号	科目	建设期		投产期			达到生产能力期					
		1	2	3	4	5	6	7	8	9	10	…
1	年初欠长期借款											
2	年初欠流动资金											
3	借长期借款											
4	借流动资金											
5	建设期利息											
6	付息合计											
6.1	长期借款利息											
6.2	流动资金利息											

（续）

序号	科目	建设期		投产期			达到生产能力期				
		1	2	3	4	5	6	7	8	9	10	…
7	还本合计											
7.1	长期借款还本											
7.2	流动资金还本											
8	还本资金来源											
8.1	税后利润											
8.2	折旧											
8.3	摊销											
8.4	其他											

5. 项目财务外汇平衡表

财务外汇平衡表是专门反映项目计算期内各年外汇收支及余缺的一种报表，内容包括外汇来源和外汇运用两大项目，其表现形式是：外汇来源等于外汇运用，其中外汇来源包括产品外销的外汇收入、外汇贷款和自筹外汇等，自筹外汇包括在其他外汇收入项目中；外汇运用包括建设投资中的外汇支出进口原材料和零部件的外汇支出、在生产期用外汇支付的技术转让费、偿付外汇借款本息和其他外汇支出。表中的外汇余缺即外汇来源与外汇运用的差额(表 9-5)。

表 9-5　项目财务外汇平衡表　　万美元

序号	科目	建设期		投产期			达到生产能力期					
		1	2	3	4	5	6	7	8	9	10	…
1	外汇来源											
1.1	产品销售外汇收入											
1.2	外汇借款											
1.3	其他外汇收入											
2	外汇运用											
2.1	固定资产投资中外汇支出											
2.2	进口原材料											
2.3	进口零部件											
2.4	技术转让费											
2.5	偿付外汇借款本息											
2.6	其他外汇支出											
2.7	外汇余缺											

第二节 财务能力评估

项目财务能力评估是从项目或企业的财务角度出发，根据国家现行财税制度和价格体系，分析、预测项目投入的费用和产出的财务效益，编制基本财务报表，计算评价指标，考察项目的盈利能力、清偿能力等财务状况，据以判别项目的财务可行性，以便为项目的投资决策提供科学依据。

财务能力评估的概念包含以下几个方面的含义：

①财务能力评估仅从项目或企业财务的角度出发，分析、预测项目投入的费用和产出的效益。也就是说，在财务能力评估中只分析由项目引起的直接费用和直接效益产生的内部效果，不考虑由项目引起的但不能在财务效果上反映的间接费用和间接效益。例如，由于项目的开工，对周围生态环境产生的污染，给其他企业或社会带来的损失属于项目的间接费用，不计入项目费用。又如，由于项目的投产增加了对其他某种产品的需求，使生产该产品的企业销售量增加并提高了收益，这属于项目带来的间接收益，也不计入项目的效益。

②财务能力评估的依据是国家现行财税制度和价格体系。项目的财务费用和效益的计算必须充分体现国家现行财税制度的规定；同时，项目财务能力评估是以现行价格体系为基础的预测价格。财务能力评估涉及的价格有基价、时价和实价 3 种价格标准。基价是指以指定的基年价格水平表示的、不考虑后续价格变动的价格。基年的选择一般取评估工作进行时的年份，也可以选择预计的建设开始年份。时价是指任何时候的当时市场价格，它包含了相对价格变动和绝对价格变动的影响，以当时的价格水平表示。实价是以基年价格水平表示的、只反映相对价格变动因素影响的价格，可以由时价扣除通货膨胀因素的影响来求得。评估时应注意价格标准的选择。

③财务能力评估的基本内容和任务是分析及考察项目的财务盈利能力、清偿能力以及外汇平衡能力等财务状况。

④财务能力评估的最终目的是判断项目的财务可行性。前一节进行的项目投资估算，资金筹措以及项目投资成本、生产成本与费用、收益与利润等财务基础数据的估算，为项目财务能力评估提供了基础数据，项目财务能力评估在此基础上进行，从而判断项目是否可行。

一、盈利能力分析

考核项目盈利水平的方法可以分为静态分析方法和动态分析方法。相应的评价指标也分为静态指标和动态指标。其中，静态指标主要有投资利润率、投资利税率、资本金利润率和静态投资回收期，动态指标主要是财务净现值、动态投资回收期、财务净现值率和财务内部收益率。

(一)静态指标

1. 投资利润率

投资利润率是指项目达到设计生产能力后的一个正常生产年份的年利润总额或项目生

产期内的年平均利润总额与项目总投资的比率。它是从全部投资的角度考察项目单位投资盈利能力的静态指标，对生产期内各年的利润总额变化幅度较大的项目、应计算生产期内平均利润总额与项目总投资的比率。其计算式为：

$$投资利润率=\frac{年利润总额}{总投资}\times 100\% \tag{9-18}$$

在财务评价中，将项目的投资利润率与行业的基准投资利润率相比，以判别项目单位投资盈利水平是否达到本行业的平均水平。计算出的投资利润率若大于或等于标准投资利润率或行业平均投资利润率，则认为项目是可行的，反之是不可行的。

2. 投资利税率

投资利税率是指项目达到设计生产能力后的一个正常生产年份的利润总额或项目生产期内的年平均利税总额与项目总投资的比率。该指标不仅从投资有关各方的权益角度，还从国家财政收入的角度考察了项目为国家所创造的积累，尤其是对于一些税大利小的企业，用投资利税率能较合理地反映项目的财务效益。其计算式为：

$$投资利税率=\frac{年利税之和}{总投资}\times 100\% \tag{9-19}$$

其中，年利税之和＝年利润总额+年销售税金及附加。

若年利税之和波动较大，可取其生产年份的平均值，否则，取其正常生产年份的年利税之和即可。投资利税率是衡量项目为社会所提供的剩余产品的多少、对国家财政贡献大小的静态指标。计算出的投资利税率若大于或等于行业平均投资利税率，则认为项目是可行的，反之是不可行的。

3. 资本金利润率

资本金是指项目的全部注册资金，资本金利润率是指项目达到设计生产能力后的一个正常年份的年净利润总额或项目生产期内的年平均利润总额与资本金的比率。该指标从项目投资者所投入资本金的角度反映了项目盈利能力的大小。其计算式为：

$$资本金利润率=\frac{年利润总额}{资本金}\times 100\% \tag{9-20}$$

$$税后年利润额=年利润总额-年所得税 \tag{9-21}$$

显然，对于项目投资者而言，资本金利润率更好地反映了项目资本金的增值能力是否能够满足投资者追求利润最大化的要求。在财务评价中，应该将投资项目的资本金利润率同投资者主观上预定的期望平均报酬率相比，以判别项目投资盈利能力是否达到预期水平。如果投资项目资本金净利润率大于或等于期望平均报酬率，接受投资项目；反之，则拒绝投资方案。如果有若干投资项目可选，应该选择平均报酬率最高的投资项目。

4. 静态投资回收期

静态投资回收期 P_t 是指以项目每年的静态收益回收项目全部投资所需要的时间，是考察项目财务上投资回收能力的重要指标。全部投资既包括固定资产投资，又包括流动资金投资。其计算式为：

$$\sum_{t=1}^{P_t}(CI-CO)_t=0 \tag{9-22}$$

式中　$(CI-CO)_t$——项目第 t 年的净现金流量。

静态投资回收期一般以年为单位，通常自项目建设开始年算起，当然也可以自项目建成投产年算起，但对于这种情况，需要加以说明。

①若项目建成投产后各年的净收益(即净现金流量)均相同，则静态投资回收期的计算式为：

$$P_t=\frac{K}{R} \tag{9-23}$$

式中　K——全部投资；

R——每年净收益。

②项目建成投产后各年的净收益不同，则静态投资回收期可根据财务现金流量表(全部投资)中累计净现金流量计算求得。其计算式为：

$$P_t=\text{累计净现金流量开始出现正值的年份数}-1+\frac{\text{上年累计净现金流量的绝对值}}{\text{当年净现金流量}} \tag{9-24}$$

在财务能力评估中，求出的投资回收期 P_t，若小于或等于行业标准投资回收期 P_n，即 $P_t \leqslant P_n$，表明项目投资能在规定的时间内收回，项目是可行的，反之则是不可行的。静态投资回收期主要优点是计算简便，且对于风险分析有特别重要的意义。但其缺点是没有考虑投资收回后的财务效益情况，忽视了长期投资的特点，也没有考虑资本金的时间价值因素，具有和其他静态指标相同的缺点和局限性。

(二)动态指标

1. 财务净现值

财务净现值(FNPV)指在项目计算期内，按行业基准折现率或设定折现率计算的各年净现金流量现值的代数和，简称净现值，其计算式为：

$$FNPV=\sum_{t=1}^{n}(CI-CO)_t(1+i_c)^{-t} \tag{9-25}$$

式中　$(1+i_c)^{-t}$——第 t 年的折现系数。

计算出的净现值有 3 种可能：

①当 $FNPV>0$ 时，表明项目的获利能力高于基准收益率，付息后尚有盈余，项目是可行的。

②当 $FNPV=0$ 时，表明项目的获利能力刚好满足基准收益率的要求，项目是可行的。

③当 $FNPV<0$ 时，表明项目的获利能力低于基准收益率的要求，付息不足，项目不可行。

财务净现值指标的优点是考虑了资金时间价值，可以清楚地表明方案在整个寿命期内的绝对收益，其含义简单、直观。缺点是折现率 i 或基准收益率 i_c 的确定比较困难，而折现率或基准收益率的大小又直接影响方案的经济性。此外，净现值反映的是方案的绝对经济效益，不能说明资金的利用效果大小。为了解决这一问题，常需要借助净现值比率这一指标。

2. 动态投资回收期

动态投资回收期 P'_t 是指在考虑了资金的时间价值的情况下，以项目每年的净收益回收项目全部投资所需要的时间。该指标克服了静态投资回收期未考虑资金的时间价值的弊端。其计算式为：

$$\sum_{t=1}^{P_t}(CI-CO)_t(1+i_c)^{-t}=0 \tag{9-26}$$

动态投资回收期可从财务净现值流量表中求得，其计算式为：

$$P'_t=m-1+\frac{\left|\sum_{1}^{m-1}FNPV_t\right|}{FNPV_m} \tag{9-27}$$

式中　$\left|\sum_{1}^{m-1}FNPV_t\right|$——第 1 至第 $m-1$ 年累计净现值的绝对值；

$FNPV_m$——第 m 年的净现值。

在财务能力评估中，求出的动态投资回收期 P'_t 若小于或等于行业基准回收期 P'，即 $P'_t \leqslant P'$，项目被认为是可行的；反之，则认为项目是不可行的。动态投资回收期的优点是考虑了资本金的时间因素，能正确反映投资的回收时间，缺点是计算比较复杂和麻烦。

3. 财务净现值率

财务净现值率(FNPVR)是项目净现值与全部投资现值之比率，即单位投资现值的净现值。它说明项目单位投资现值所能实现的净现值的大小，是一种动态投资收益率指标，也是用于衡量不同投资方案获利能力的评估指标。实际上，它是对财务净现值指标的一种补充，也是多方案选择时的一种补充判别条件。对获得相同净现值而投资额不等的投资项目和方案，应采用财务净现值率这个相对效果评估指标作为衡量方案优劣的标准。当评估单个建设项目时，要求财务净现值率大于零；多方案比较时，选择财务净现值率大的方案。其计算式为：

$$FNPVR=\frac{FNPV}{I_P} \tag{9-28}$$

财务净现值率可根据财务现金流量表(全部投资)中有关数据计算求得，作为财务净现值的补充指标，正好弥补了财务净现值指标的缺陷。这是由于 *FNPV* 只能衡量投资项目未来净收益的大小，而没有和产生这些净收益所需要的总投资联系起来。而多方案比选时，各方案的投资额可能不尽相同，此时仅根据 *FNPV* 的大小可能做出错误的选择。因此，还需计算财务净现值率指标，作为比选的依据。

4. 财务内部收益率

财务内部收益率(FIRR)是指在项目整个寿命期内，各年净现金流量现值累计等于零时的折现率。它反映项目以每年的净收益归还投资后，所能获得的最大投资利润率，表明项目整个寿命期内的实际收益率，也就是项目内部潜在的最大盈利能力，故称为内部收益率，可以根据财务现金流量表求得，其计算式为：

$$\sum_{t=1}^{n}(CI-CO)_t(1+FIRR)^{-t}=0 \tag{9-29}$$

FIRR 之所以被称为内部收益率，是由于其完全是根据项目本身自己所反映出来的获利能力。其经济实质乃是被占用的、尚未回收投资的收益率，不能理解为初始投资的收益率。按照项目分析评估的范围和对象不同，财务内部收益率可分为项目全部投资财务内部收益率、自有资金(资本金)财务内部收益率(简称自有资金收益率)和投资各方财务内部收益率(投资各方收益率)。

(1)项目全部投资财务内部收益率

它是以项目全部投资均为自有资金作为计算基础，考察项目在未确定融资方案和所得税前整个项目的盈利能力，为项目投资决策者对项目方案比选和银行贷款单位进行信贷决策，提供不同方案进行优选的可比性基础。

(2)自有资金财务内部收益率

它是以项目自有资金为计算基础，考察项目扣除所得税后自有资金可能获得的投资收益水平。

(3)投资各方财务内部收益率

它是以投资各方的出资额作为计算基础，考察投资各方能获得的投资收益水平。在财务能力评估中，求得的财务内部收益率，若 $FIRR \geq i_c$，则项目是可行的；否则，项目不可行。

财务内部收益率的经济意义在于能够把项目的收益与投资总额联系起来，据以判断项目财务获利能力的大小，其主要优点在于它揭示了投资项目所具有的最大获利能力，从而使之成为衡量投资项目收益高低的非常有用的财务能力评估指标。但财务内部收益率过高或过低时，往往缺乏实际意义。

一般来说，一个项目的财务内部收益率与财务净现值具有等价性，即用 *FIRR* 和 *FNPV* 指标评估财务盈利能力通常会得到相同的结果。但在项目比选时，会出现相反的结果，因此，*FIRR* 指标只用于判别项目是否可行，不用于项目的比优上。

计算项目财务内部收益率的简易方法，可根据现金流量表中净现金流量采用试差法，也可采用专用软件的财务函数计算。计算步骤是：先按实际贷款利率或基准收益率进行折现，求得项目财务净现值。如为正值，则采用更高折现率，使计算得到的净现值接近于零的负值。然后运用下列插入公式，求得净现值为零的最大折现率：

$$FIRR=i_1+\frac{PV(i_2-i_1)}{|PV|+|NV|} \tag{9-30}$$

式中 i_1——当净现值为接近于零的正值时的折现率；

i_2——当净现值为接近于零的负值时的折现率；

PV——采用低折现率 i_1 时净现值的正值；

NV——采用高折现率 i_2 时净现值的负值。

应注意折现率 i_1 和 i_2 之间的差值不应超过 1%~2%，最大不超过 5%。

财务内部收益率是反映项目获利能力的一个重要的动态评估指标，但它不是唯一的评估项目效益的判别指标，还应与财务净现值等指标结合起来判断项目在财务上的可信程度。在利用 *FIRR* 进行盈利能力判断时，应注意计算口径的可比性。对于在计算期内分期建设以及在经营期内某几年的净现金流量多次出现正负值交替现象的非常规项目，财务内部收益率可能出现无解或不合理的情况。此时，可只以财务净现值作为评估指标。

二、偿债能力评估

项目偿债能力评估用于考察项目计算期内各年的财务状况及偿债能力，主要是通过贷款还本付息估算表、资金来源与运用表和资产负债表计算借款偿还期、资产负债率、流动比率、速动比率等评价指标。

1. 借款偿还期

借款偿还期是指以项目投产后可用于偿还借款的资金还清建设投资借款本息(不包括已用自有资金支付的建设期利息)所需的时间，一般以年为单位。偿还借款的资金来源包括折旧费、摊销费、未分配利润、以前年度结余的可用于还本的资金、用于还本的短期借款和其他可用于还款的资金等。借款偿还期可利用贷款还本付息估算表的有关数据进行计算。其计算公式为：

$$\text{借款偿还期}=\text{偿还借款本息的资金来源大于年初借款本息累计的年份}-\text{开始借款的年份}+\frac{\text{年初借款本息累计}}{\text{当年实际偿还借款本金的资金来源}} \quad (9\text{-}31)$$

如果项目的借款偿还期小于贷款机构要求的期限，则认为项目有足够的偿债能力；否则，认为项目的偿债能力不足，即项目从偿债能力角度考虑是不可行的。

2. 财务比率分析

资产负债率、流动比率和速动比率是依据资产负债表中的数据计算而得到的，资产负债表综合反映了项目经济寿命期内各年年末资产、负债和所有者权益的增减变化及对应关系，以考察项目资产、负债、所有者权益的结构是否合理。

(1)资产负债率

资产负债率是反映项目各年所面临的财务风险程度及偿债能力的指标。其计算公式为：

$$\text{资产负债率}=\frac{\text{负债合计}}{\text{资产合计}}\times100\% \quad (9\text{-}32)$$

资产负债率这项指标不仅在项目筹资时具有重要的作用，而且也是衡量投资风险程度的尺度。该比率越小，说明回收贷款的保障性越大；反之，说明投资风险越高。提供贷款的机构可以接受100%及以下的资产负债率；如果大于100%，则表明已资不抵债。

(2)流动比率

流动比率是流动资产与流动负债的比例。它表示短期可变为支付手段的资产与短期负债的关系，反映投资项目清偿短期债务的能力。其计算公式为：

$$\text{流动比率}=\frac{\text{流动资产总额}}{\text{流动负债总额}}\times100\% \quad (9\text{-}33)$$

流动比率越大，说明短期偿还能力越大；流动比率越小，说明短期偿还能力越小。对于债权人来说，流动比率越大越好；但对于投资项目而言，若流动比率过高，则表明流动资产未得到充分利用，存货可能有积压或者滞销，或者可能拥有过多的现金。通常说来，该比率 1.2~2.0 较适宜，但不同行业这一比率的适宜范围有所差别。通过流动比率，我们还可以了解到，流动资产中利用了多少外来的短期资金(流动负债)以及周转资金(流动资产)依赖于流动负债的程度。因此，这一指标的使用较为广泛，但它也有一定的局限性。这是因为在流动资产中包括某些存货，而存货的适销性有限，不易全部推销出去，从而变为现实的支付能力。鉴于这种原因，我们通常要用速动比率作为辅助指标，与流动比率一起反映投资项目的偿债能力。

(3)速动比率

速动比率是速动资产与流动负债的比率，也是反映项目快速偿付流动负债能力的指标。速动资产是指能够快速转变为现金的资产，通常以流动资产减去存货的余额计算。因此，速动比率可表示为：

$$速动比率=\frac{流动资产-存货}{流动负债总额}\times 100\% \tag{9-34}$$

由于流动资产中包含的速动资产与存货的比例不同，所以对于相应的流动负债的快速偿还能力有很大差别。例如，虽然流动比率较高，但流动资产中存货的比例很高，则相应的速动比率就会很低，这样就不能说具有良好的偿债能力。速动比率通常以 1.0~1.2 为宜。

3. 综合偿债能力评估

(1)偿债覆盖率

偿债覆盖率是将项目贷款条件(如贷款年限、利率、宽限期、还款方式和每年还本金等)作为约束条件下，可用于还款的资金(即偿债资金)与应还本金利息的比率。按下式计算：

$$偿债覆盖率=\frac{偿债资金}{应付贷款本息}\times 100\% \tag{9-35}$$

偿债覆盖率一般不得低于 130%，加工项目不得低于 200%。偿债覆盖率在还款期内逐年计算，并据此以当年还款额占总借款额的比率为权重计算平均偿债覆盖率。其计算式为：

$$项目平均偿债覆盖率=\sum_{t=1}^{n} w_t \cdot f_t \tag{9-36}$$

式中 f_t——第 t 年项目偿债覆盖率；

w_t——第 t 年的还款额(K_t)占总结款额($K_{总}$)的比率。

(2)利息保障率

利息保障率是指项目在生产经营期的年利润总额和年利息费用之和与年利息费用的比率，可按下式计算：

$$利息保障率=\frac{利润总额+利息费用}{利息费用}\times 100\% \tag{9-37}$$

利息保障率一般不低于200%，以此说明项目偿还借款利息费用的能力和保障程度。

三、外汇平衡分析

对于涉及外汇收支的项目，应编制外汇平衡表进行外汇平衡分析。衡量项目财务外汇效果的指标主要有财务外汇净现值和财务换汇成本。

1. 财务外汇净现值

财务外汇净现值($FNPV_F$)是指把项目计算期内各年的净外汇流量用设定的折现率(一般取外汇借款综合利率)折算到建设期初的现值之和。它是分析、评估项目外汇收支平衡状况的重要指标，反映项目实施对国家外汇的贡献。财务外汇净现值可以通过外汇平衡表直接求得。其计算公式为：

$$FNPV_F = \sum_{t=1}^{n}(FI - FO)_t(1 + i)^{-t} \tag{9-38}$$

式中　FI——外汇流入量；

FO——外汇流出量；

i——折现率；

n——项目的计算期。

与财务净现值指标类似，$FNPV_F$ 是反映外汇收支平衡效果的绝对指标，可直观、明确反映项目对国家外汇的净贡献($FNPV_F>0$)或者净损耗(即 $FNPV_F<0$)。$FNPV_F$ 绝对值的大小，反映了项目创汇或用汇量的多少(考虑了资金时间价值)，但并不能完全用此指标衡量项目的真正经济效果。例如，靠进口原料来生产某些国内消费品的项目，虽然 $FNPV_F$ 为负，但并不能仅依此就推断项目的经济效果不好。

当有产品替代进口时，可按净外汇效果来计算外汇净现值。

2. 财务换汇成本

财务换汇成本是指生产出口产品获得1单位外汇净收入所需花费国内资源的人民币价值。它是反映项目产品在国际市场上竞争能力强弱的指标，可用以判断产品能否出口，是评价出口项目的常用指标。

实践中，财务换汇成本既有静态指标，也有动态指标。静态指标不考虑资金时间价值，是国内资源投入的年成本与项目投产后正常生产年份的年创汇收入的比值；动态指标则是项目计算期内生产出口产品所投入的国内资源的现值与财务外汇净现值的比值。其计算公式为：

$$静态财务换汇成本=\frac{正常生产年份出口产品投入的国内资源成本(人民币)}{正常生产年份出口产品创汇额(外币)}$$

$$动态财务换汇成本=\frac{\sum_{t=1}^{n}DR_t(1+t)^{-1}}{\sum_{t=1}^{n}(FI-FO)_t(1+t)^{-1}} \tag{9-39}$$

式中 DR_t——项目在第 t 年生产出口产品投入的国内资源总价值(包括投资、原材料、工资及其他投入);

其他符号的概念同前。

如果项目产品不出口，但可代替进口产品，则财务评价中要使用财务节汇成本指标，即节约 1 单位外汇所需投入的国内资源的人民币价值。财务节汇成本指标的计算公式与财务换汇成本的计算公式类似。

财务换汇成本或财务节汇成本指标的数值越小越好，数值小说明项目为创汇或节汇所花费的人民币少。通常的评价准则是：如果经计算得出的财务换汇成本或财务结汇成本低于市场汇率，则该项目的外汇效果好；反之，认为该项目的外汇效果不理想。

第三节　财务生存能力分析

财务生存能力分析应编制现金流量表，通过考察项目计算期内的投资、融资和经营活动所产生的各项现金流入和流出，计算净现金流量和累计盈余资金，分析项目是否有足够的净现金流量维持正常运营，以实现财务可行性。拥有足够的经营净现金流量是财务可持续性的基本条件，特别是在运营初期。各年累计盈余资金不出现负值是项目财务生存的必要条件。

一、经营活动产生的现金流量分析

1. 销售收入与成本支出对比

销售收入与成本支出对比是将销售商品、提供劳务收到的现金与购进商品、接受劳务付出的现金进行比较。在项目经营正常、购销平衡的情况下，对二者进行比较是有意义的。二者比率大，说明项目的销售利润大，销售回款良好，创现能力强。

2. 销售收入与经营活动总收入比较分析

将销售商品、提供劳务收到的现金与经营活动流入的现金总额进行比较，可以大致说明项目产品销售现款占经营活动流入现金的比重有多大。若比重大，则说明项目主营业务突出，营销状况良好。

3. 本期与前期比较

将本期经营活动净现金流量与上期进行比较，增长率越高，说明项目成长性越好。

二、投资活动产生的现金流量分析

当项目扩大规模或开发新的利润增长点时，需要大量的现金投入，若投资活动产生的现金流入量补偿不了流出量，投资活动净现金流量就为负数。但如果项目投资有效，将会在未来产生现金净流入用于偿还债务、创造收益，项目就不会有偿债困难。因此，分析投资活动现金流量，应结合项目目前的投资项目进行，不能简单地以现金净流入还是净流出来论优劣。

三、筹资活动产生的现金流量分析

一般来说，筹资活动产生的现金净流量越大，项目面临的偿债压力也越大。但如果现金净流入量主要来自项目吸收的权益性资本，则不仅不会面临偿债压力，其资金实力反而会增强。因此，在分析时，可将吸收权益性资本收到的现金与筹资活动现金总流入进行比较，所占比重大，说明项目资金实力增强，财务风险降低。

四、现金流量构成分析

1. 现金流入比较分析

分别计算经营活动现金流入、投资活动现金流入和筹资活动现金流入占现金总流入的比重、可以了解现金的主要来源。一般来说，经营活动现金流入占现金总流入比重大的项目，经营状况较好，财务风险较低，现金流入结构较为合理。

2. 现金支出比较分析

分别计算经营活动现金支出、投资活动现金支出和筹资活动现金支出占现金总流出的比重，能具体反映项目的现金用于哪些方面。一般来说，经营活动现金支出比重大的项目，其生产经营状况正常、现金支出结构较为合理。

第四节　农业项目财务估算案例

近年来随着农业集聚化的快速发展，用于农业生产的各种机器人逐渐成为农业技术、装备研发的重要内容。农业机器人的出现和应用不仅缓解了农村劳动力短缺和结构不合理的问题，也改变了传统的农业劳动方式，极大地促进了现代农业化发展。据统计，近 10% 的机器人企业在进行农业机器人相关技术及产品的研发。毋庸置疑，农业必将成为未来机器人产业落地的重要领域，农业机器人也将为高效、安全、智能的农业生产和农业绿色发展做出突出贡献。

随着华伟智慧农业股份有限公司业务范围的拓展，该公司计划投资一个农业机器人项目，公司团队拟对该项目的建设投资情况与财务收支的发展变化进行合理测算，研判项目的可行性、评估其所带来的财务效益，从而为公司的经营决策提供可靠的依据。

(一) 项目名称及项目单位

项目名称：农业机器人项目

项目单位：华伟智慧农业股份有限公司

(二) 项目建设地点

本期项目选址位于佛山更合镇，占地面积约 70.00 亩。项目拟定建设区域地理位置优越，交通便利，规划电力、给排水、通信等公用设施条件完备，非常适宜本期项目建设。

(三)建设投资估算

本期项目建设投资 22 637.37 万元，包括工程费用、工程建设其他费用和预备费 3 个部分(表 9-6)。

1. 工程费用

工程费用包括建筑工程费、设备购置费、安装工程费等；工程建设其他费用包括：建设管理费、勘察设计费、生产准备费、其他前期工作费用，合计 18 811.43 万元。

①建筑工程费估算　根据估算，本期项目建筑工程费为 10 651.05 万元。

②设备购置费估算　设备购置费的估算是根据国内外制造厂家报价和类似工程设备价格，同时参照《建设项目概算编制办法及各项概算指标》规定的相应要求进行，并考虑必要的运杂费进行估算。本期项目设备购置费为 7631.54 万元。

③安装工程费估算　本期项目安装工程费为 528.84 万元。

2. 工程建设其他费用

本期项目工程建设其他费用为 3288.97 万元。

3. 预备费

本期项目预备费为 536.97 万元。

表 9-6　建设投资估算表　　万元

序号	项目	建筑工程	设备购置	安装工程	其他费用	合计
1	工程费用	10 651.05	7631.54	528.84		18 811.43
1.1	建筑工程费	10 651.05				10 651.05
1.2	设备购置费		7631.54			7631.54
1.3	安装工程费			528.84		528.84
2	其他费用				3288.97	3288.97
2.1	土地出让金				1857.12	1857.12
3	预备费				536.97	536.97
3.1	基本预备费				294.55	294.55
3.2	涨价预备费				242.42	242.42
4	投资合计					22 637.37

(四)建设期利息

按照建设规划，本期项目建设期为 12 个月，其中申请银行贷款 9233.98 万元，贷款利率按 4.9%进行测算，建设期利息 226.23 万元(表 9-7)。

表 9-7　建设期利息估算表　　万元

序号	项目	合计	第 1 年	第 2 年
1	借款			
1.1	建设期利息	226.23	226.23	0.00
1.1.1	期初借款余额			9233.98
1.1.2	当期借款	9233.98	9233.98	0.00
1.1.3	当期应计利息	226.23	226.23	0.00
1.1.4	期末借款余额		9233.98	9233.98
1.2	其他融资费用			
1.3	小计	226.23	226.23	0.00
2	债券			
2.1	建设期利息			
2.1.1	期初债务余额			
2.1.2	当期债务金额			
2.1.3	当期应计利息			
2.1.4	期末债务余额			
2.2	其他融资费用			
2.3	小计			
3	合计	226.23	226.23	0.00

(五)流动资金

流动资金是指项目建成投产后，为进行正常运营，用于购买辅助材料、燃料、支付工资或者其他经营费用等所需的周转资金。流动资金测算一般采用分项详细测算法或扩大指标法，根据企业流动资金周转情况及本项目产品生产特点和项目运营特点，该项目流动资金测算参照同行业流动资产和流动负债的合理周转天数，采用分项详细测算法进行测算。根据测算，本期项目流动资金为 6427.76 万元(表 9-8)。

表 9-8　流动资金估算表　　万元

序号	项目	第 1 年	第 2 年	第 3 年	第 4 年	第 5 年
1	流动资产		23 568.59	29 460.74	31 424.79	39 280.99
1.1	应收账款		10 605.87	13 257.34	14141.16	17 676.45
1.2	存货		8249.01	10 311.26	10 998.68	13 748.35
1.2.1	原辅材料		2474.71	3093.38	3299.61	4124.51
1.2.2	燃料动力		123.74	154.67	164.98	206.23
1.2.3	在产品		3794.54	4743.18	5059.39	6324.24

（续）

序号	项目	第 1 年	第 2 年	第 3 年	第 4 年	第 5 年
1.2.4	产成品		1856.03	2320.03	2474.70	3093.38
1.3	现金		1885.49	2356.86	2513.98	3142.48
1.4	预付账款		2828.23	3535.29	3770.98	4713.72
2	流动负债		19 711.94	24 639.92	26 282.58	32 853.23
2.1	应付账款		7096.30	8870.37	9461.73	11 827.16
2.2	预收账款		12 615.64	15 769.55	16 820.86	21 026.07
3	流动资金		3856.66	4820.82	5142.21	6427.76
4	流动资金增加		3856.66	964.16	321.39	1285.55
5	铺底流动资金		7070.58	8838.22	9427.44	11 784.30

（六）项目总投资

本期项目总投资包括建设投资、建设期利息和流动资金。根据谨慎财务估算，项目总投资 29 291.36 万元，其中：建设投资 22 637.37 万元（表 9-9），占项目总投资的 77.28%；建设期利息 226.23 万元，占项目总投资的 0.77%；流动资金 6427.76 万元，占项目总投资的 21.94%。

表 9-9　固定资产投资估算表　　万元

序号	项目	指标	占总投资比例
1	总投资	29 291.36	100.00%
1.1	建设投资	22 637.37	77.28%
1.1.1	工程费用	18 811.43	64.22%
1.1.1.1	建筑工程费	10 651.05	36.36%
1.1.1.2	设备购置费	7631.54	26.05%
1.1.1.3	安装工程费	528.84	1.81%
1.1.2	工程建设其他费用	3288.97	11.23%
1.1.2.1	土地出让金	1857.12	6.34%
1.1.2.2	其他前期费用	1431.85	4.89%
1.1.3	预备费	536.97	1.83%
1.1.3.1	基本预备费	294.55	1.01%
1.1.3.2	涨价预备费	242.42	0.83%
1.2	建设期利息	226.23	0.77%
1.3	流动资金	6427.76	21.94%

(七)资金筹措与投资计划

本期项目总投资 29 291. 36 万元，其中申请银行长期贷款 9233. 98 万元，其余部分由企业自筹(表 9-10)。

表 9-10　项目投资计划与资金筹措一览表　万元

序号	项目	数据指标	占总投资比例
1	总投资	29 291. 36	100. 00%
1. 1	建设投资	22 637. 37	77. 28%
1. 2	建设期利息	226. 23	0. 77%
1. 3	流动资金	6427. 76	21. 94%
2	资金筹措	29 291. 36	100. 00%
2. 1	项目资本金	20 057. 38	68. 48%
2. 1. 1	用于建设投资	13 403. 39	45. 76%
2. 1. 2	用于建设期利息	226. 23	0. 77%
2. 1. 3	用于流动资金	6427. 76	21. 94%
2. 2	债务资金	9233. 98	31. 52%
2. 2. 1	用于建设投资	9233. 98	31. 52%
2. 2. 2	用于建设期利息		
2. 2. 3	用于流动资金		
2. 3	其他资金		

(八)经济评价财务测算

1. 营业收入估算

本期项目达产年预计每年可实现营业收入 65 400. 00 万元，具体测算数据详见表 9-11 所列。

表 9-11　营业收入、税金及附加和增值税估算表　万元

序号	项目	第 1 年	第 2 年	第 3 年	第 4 年	第 5 年
1	营业收入		39 240. 00	49 050. 00	52 320. 00	65 400. 00
2	增值税		1653. 64	2139. 65	2301. 65	2949. 66
2. 1	销项税		5101. 20	6376. 50	6801. 60	8502. 00
2. 2	进项税		3447. 56	4236. 85	4499. 95	5552. 34
3	税金及附加		198. 43	256. 76	276. 20	353. 96
3. 1	城建税		115. 75	149. 78	161. 12	206. 48
3. 2	教育费附加		49. 61	64. 19	69. 05	88. 49
3. 3	地方教育附加		33. 07	42. 79	46. 03	58. 99

2. 达产年增值税估算

根据《中华人民共和国增值税暂行条例》的规定和《关于全国实施增值税转型改革若干问题的通知》及相关规定，本期项目达产年应缴纳增值税计算如下：达产年应缴增值税=销项税额-进项税额=2949.66万元。

3. 综合总成本费用估算

本期项目总成本费用主要包括外购原材料费、外购燃料动力费、工资及福利费、修理费、其他费用(其他制造费用、其他管理费用、其他营业费用)、折旧费、摊销费和利息支出等。

本期项目年度综合总成本费用的估算是以产品的综合总成本费用为基点进行，根据谨慎财务测算，当项目达到正常生产年份时，按达产年经营能力计算，本期项目综合总成本费用49 310.88万元，其中：可变成本42 854.62万元，固定成本6456.26万元。达产年项目经营成本47 694.26万元。具体测算数据详见表9-12所列。

表9-12　项目总成本费用估算表　　万元

序号	项目	第1年	第2年	第3年	第4年	第5年
1	原材料、燃料费		24 285.98	30 357.47	32 381.30	40 476.63
2	工资及福利费		2377.99	2377.99	2377.99	2377.99
3	修理费		752.41	752.41	752.41	752.41
4	其他费用		4087.23	4087.23	4087.23	4087.23
4.1	其他制造费用		257.59	257.59	257.59	257.59
4.2	其他管理费用		334.48	334.48	334.48	334.48
4.3	其他营业费用		3495.16	3495.16	3495.16	3495.16
5	经营成本		31 503.61	37 575.10	39 598.93	47 694.26
6	折旧费		1127.01	1127.01	1127.01	1127.01
7	摊销费		37.14	37.14	37.14	37.14
8	利息支出		452.47	452.47	452.47	452.47
9	总成本费用		33 120.23	39 191.72	41 215.55	49 310.88
9.1	其中：固定成本		6456.26	6456.26	6456.26	6456.26
9.2	可变成本		26 663.97	32 735.46	34 759.29	42 854.62

4. 税金及附加

本期项目税金及附加主要包括城市维护建设税、教育费附加和地方教育附加。根据谨慎财务测算，本期项目达产年应纳税金及附加353.96万元。

5. 利润总额及企业所得税

根据国家有关税收政策规定，本期项目达产年利润总额(PFO)：

利润总额=营业收入-综合总成本费用-税金及附加=15 735.16(万元)。

企业所得税税率按25%计征，根据规定本期项目应缴纳企业所得税，达产年应纳企业所得税：

企业所得税=应纳税所得额×税率=15 735. 16×25%=3933. 79(万元)。

6. 利润及利润分配

该项目达产年可实现利润总额15 735. 16万元，缴纳企业所得税3933. 79万元，其正常经营年份净利润：净利润=达产年利润总额-企业所得税=15 735. 16-3933. 79=11 801. 37(万元)(表9-13)。

表9-13　利润及利润分配表　　万元

序号	项目	第1年	第2年	第3年	第4年	第5年
1	营业收入		39 240. 00	49 050. 00	52 320. 00	65 400. 00
2	税金及附加		198. 43	256. 76	276. 20	353. 96
3	总成本费用		33 120. 23	39 191. 72	41 215. 55	49 310. 88
4	利润总额		5921. 34	9601. 52	10 828. 25	15 735. 16
5	应纳所得税额		5921. 34	9601. 52	10 828. 25	15 735. 16
6	所得税		1480. 34	2400. 38	2707. 06	3933. 79
7	净利润		4441. 00	7201. 14	8121. 19	11 801. 37
8	期初未分配利润		0. 00	3996. 90	10 078. 24	16 379. 48
9	可供分配的利润		4441. 00	11 198. 04	18 199. 43	28 180. 85
10	法定盈余公积金		444. 10	1119. 80	1819. 94	2818. 09
11	可供分配的利润		3996. 90	10 078. 24	16 379. 48	25 362. 77
12	未分配利润		3996. 90	10 078. 24	16 379. 48	25 362. 77
13	息税前利润		7854. 15	12 454. 37	13 987. 78	20 121. 42

(九)项目营利能力分析

1. 财务内部收益率(扣除所得税后)

项目财务内部收益率，系项目在整个计算期内各年净现金流量现值累计为零时的折现率，根据表9-14以及相关资料测算项目财务内部收益率为32. 00%

本期项目投资财务内部收益率32. 00%，高于行业基准内部收益率，表明本期项目对所占用资金的回收能力要大于同行业占用资金的平均水平，投资使用效率较高。

2. 财务净现值(扣除所得税后)

扣除所得税后财务净现值系项目按设定的折现率，根据表9-14以及相关资料计算各年现金流量的现值之和为27 382. 87万元。

以上计算结果表明，财务净现值27 382. 87万元(大于0)，说明本期项目具有较强的盈利能力，在财务上是可以接受的。

3. 投资回收期(扣除所得税后)

投资回收期是指以项目的净收益抵偿全部投资所需要的时间，是财务上投资回收能力的主要静态指标；全部投资回收期(P_t)=(累计现金流量开始出现正值年份数)-1+{上年累计现金净流量的绝对值/当年净现金流量}，根据表 9-14 计算项目投资回收期为 4.63 年。

本期项目全部投资回收期 4.63 年，要小于行业基准投资回收期，说明项目投资回收能力高于同行业的平均水平，这表明项目的投资能够及时回收，盈利能力较强，故投资风险性相对较小。

表 9-14　项目投资现金流量表　　万元

序号	项目	第 1 年	第 2 年	第 3 年	第 4 年	第 5 年
1	现金流入	0.00	39 240.00	49 050.00	52 320.00	65 400.00
1.1	营业收入	0.00	39 240.00	49 050.00	52 320.00	65 400.00
2	现金流出	22 637.37	35 558.70	38 796.02	44 053.18	50 297.93
2.1	建设投资	22 637.37	0.00			
2.2	流动资金		3856.66	964.16	4178.05	2249.71
2.3	经营成本		31 503.61	37 575.10	39 598.93	47 694.26
2.4	税金及附加		198.43	256.76	276.20	353.96
3	所得税前净现金流量	-22 637.37	3681.30	10 253.98	8266.82	15 102.07
4	累计所得税前净现金流量	-22 637.37	-18 956.07	-8702.09	-435.27	14 666.80
5	调整所得税		1963.54	3113.59	3496.95	5030.35
6	所得税后净现金流量	-22 637.37	2200.96	7853.60	5559.76	11 168.28
7	累计所得税后净现金流量	-22 637.37	-20 436.41	-12 582.81	-7023.05	4145.23

计算指标：

①项目投资财务内部收益率(所得税前)：42.07%；

②项目投资财务内部收益率(所得税后)：32.00%；

③项目投资财务净现值(所得税前，i_c=12%)：44 056.91 万元；

④项目投资财务净现值(所得税后，i_c=12%)：27 382.87 万元；

⑤项目投资回收期(所得税前)：4.03 年；

⑥项目投资回收期(所得税后)：4.63 年。

(十)财务生存能力分析

从经营活动、投资活动和筹资活动全部现金流量来看，计算期内各年累计盈余资金都大于零，运营期不需要增加维持运营所需投资，说明本期项目有足够的净现金流量维持正常生产运营活动，而且，累计盈余资金逐年增加，项目现金流量状况较好。因此，本期项目具备较强的财务盈利能力。

（十一）偿债能力分析

1. 债务资金偿还计划

本期项目按照“按月还息，到期还本”的模式偿还建设投资借款计算，还款期为 10 年。借款偿还资金来源主要是项目运营期税后利润。

2. 利息备付率测算

按照《建设项目经济评价方法与参数（第三版）》的规定，利息备付率系指在借款偿还期内的息税前利润（*EBIT*）与应付利息（*PI*）的比值，它从付息资金来源的充裕性角度反映出项目偿还债务利息的保障程度，本期项目达产年利息备付率（*ICR*）为 44.47。

本期项目实施后各年的利息备付率均高于利息备付率的最低可接受值，说明本期项目建成正常运营后利息偿付的保障程度较高。

3. 偿债备付率测算

按照《建设项目经济评价方法与参数（第三版）》的规定，偿债备付率系指在借款偿还期内，可用于还本付息的资金（*EBITDA-TAX*）与应还本付息金额（*PD*）的比值，它表示可用于还本付息的资金偿还借款本金和利息的保障程度，本期项目达产年偿债备付率（*DSCR*）为 38.35（表 9-15）。

根据约定的还款方式对本期项目的计算表明，在项目实施后各年的偿债率均高于偿债备付率的最低可接受值，说明项目建成后可用于还本付息的资金保障程度较高。

表 9-15　借款还本付息计划表　　万元

序号	项目	第 1 年	第 2 年	第 3 年	第 4 年	第 5 年
1	借款					
1.1	期初借款余额		9233.98	9233.98	9233.98	9233.98
1.2	当期还本付息	226.23	452.47	452.47	452.47	452.47
1.2.1	还本					
1.2.2	付息	226.23	452.47	452.47	452.47	452.47
1.3	期末借款余额	9233.98	9233.98	9233.98	9233.98	9233.98
2	利息备付率					44.47
3	偿债备付率					38.35

（十二）财务评价结论

根据谨慎财务测算，项目达产后每年营业收入 65 400.00 万元，综合总成本费用 49 310.88 万元，税金及附加 353.96 万元，净利润 11 801.37 万元，财务内部收益率 32.00%，财务净现值 27 382.87 万元，全部投资回收期 4.63 年。本期项目具有较强的财务盈利能力，其财务净现值良好，投资回收期合理。综上所述，本期项目从经济效益指标上评价是完全可行的。

本章小结

1. 项目投资是指为建成项目而垫付的资金总额，包括项目的固定资产投资、流动资金投资、无形资产投资和建设期资本化利息等。

2. 项目运营总成本是指项目在一年时间内所发生的全部成本和费用。

3. 项目经营成本是指项目经营期发生的，为满足项目正常生产经营而支付的成本。它是项目运营中最主要的现金流出科目，也是项目运营总成本中的付现部分，主要指折旧费、摊销费、利息支出。总成本和经营成本的关系是：项目经营成本=运营总成本-折旧费-摊销费-利息支出。

4. 还本付息的资金来源主要是折旧费、摊销费和项目投产后所取得的利润以及其他资金。

5. 项目财务能力评估是从项目或企业的财务角度出发，根据国家现行财税制度和价格体系，分析、预测项目投入的费用和产出的财务效益，编制基本财务报表，计算评价指标，考查项目的盈利能力、清偿能力等财务状况，据以判别项目的财务可行性，以便为项目的投资决策提供科学依据。

6. 盈利水平的方法可以分为静态分析方法和动态分析方法。相应的评价指标也分为静态指标和动态指标。其中，静态指标主要有投资利润率、投资利税率和资本金利润率、静态投资回收期，动态指标主要包含财务净现值，财务内部收益率、动态投资回收期。

7. 静态投资回收期是指以项目每年的静态收益回收项目全部投资所需要的时间，是考察项目财务投资回报能力的重要指标。

8. 财务净现值 *FNPV* 是指在项目计算期内，按行业基准折现率或设定折现率计算的各年净现金流量现值的代数和，简称净现值。

9. 财务内部收益率 *FIRR* 是指在项目整个寿命期内，各年净现金流量现值累计等于零时的折现率。

10. 借款偿还期是指以项目投产后可用于偿还借款的资金还清建设投资借款本息所需的时间。

11. 财务生存能力主要通过考察项目计算期内的投资、融资和经营活动所产生的各项现金流入和流出，计算净现金流量和累计盈余资金，分析项目是否有足够的净现金流量维持正常运营，以实现财务可行性。

重要概念

经营成本　投资成本　净现值　回收期　偿还期　流动比例　速度比例　财务能力评估　财务生存能力

第十章　农业项目国民经济评估

学习目的

(1)掌握国民经济评估与财务评估的区别；掌握经济效益与费用的识别、影子价格的含义和实际测算；重点掌握费用效益分析方法。

(2)理解国民经济评估的含义，对项目进行国民经济评估的必要性。

(3)了解需要进行国民经济评估的项目范围；熟悉国民经济评估的步骤。

本章共分为4个部分，即国民经济评估概述、经济效益与费用评价、影子价格及其测算、国民经济评估的主要方法。在国民经济评估概述部分，主要论述国民经济评估的含义，介绍国民经济评估与财务评估的区别以及国民经济评估的步骤。在经济效益与费用评价部分，介绍识别和度量效益及费用的原则，以及转移支付和国民经济评估参数。在影子价格及其测算部分，在对项目的投入物和产出物进行分类的基础上，主要介绍外贸货物和非外贸货物以及特殊投入物影子价格的确定方法。国民经济评估的主要方法是费用效益分析和费用效果分析。

第一节　国民经济评估概述

一、国民经济评估的含义

国民经济评估是按照资源合理配置的原则，从国家整体角度和社会需要出发，采用影子价格、影子汇率、影子工资、社会折现率等经济评价参数(或称国家参数)，计算和分析国民经济为投资项目所付出的代价(费用)以及项目对国民经济所做出的贡献(效益)，评价投资项目经济合理性的方法。

根据国家发展改革委和建设部发布的《关于建设项目经济评价工作的若干规定》要求，对于费用效益的计算比较简单，建设期和运营期比较短，不涉及进出口平衡等的一般项目，如果财务评估的结论能够满足投资决策的需要，可不进行国民经济评估；对于关系公共利益、国家安全和市场不能有效配置资源的经济和社会发展的项目，除应进行财务评估外，还应进行国民经济评估；对于特别重大的投资项目，尚应辅以区域经济与宏观经济影响分析方法进行国民经济评估。在实践中，需要进行国民经济评估的投资项目，一般是在财务评估的基础上进行国民经济评估，但有的项目是直接进行国民经济评估。其实两者并没有本质区别，是在财务评估的基础上进行国民经济评估，还是直接进行国民经济评估，取决于项目评估人员的不同偏好。国民经济评估的思路和程序与财务评估基本相同，也是通过编制一系列表格，计算一系列技术经济指标评价项目的经济合理性，所不同的主要是在价格和费用及效益的界定上。

二、国民经济评估的项目范围

(一)从项目性质角度确定的范围

(1)自然垄断项目

对于电力、电信、交通运输等行业的项目，存在着规模效益递增的产业特征，企业一般不会按照帕累托最优规则进行运作，从而导致市场配置资源失效，需要进行国民经济评估。

(2)公共产品项目

由于市场价格机制只有通过将那些不愿意付费的消费者排除在该物品的消费之外，才能得以有效运作，因此，市场机制对公共产品项目的资源配置失灵。

(3)具有明显外部效果的项目

产生外部效果的行为主体由于不受预算约束，因此常常不考虑外部效果承受者的损益情况。这样，这类行为主体在其行为过程中常常会低效率甚至无效率地使用资源，造成消费者剩余与生产者剩余的损失及市场失灵。

(4)国家控制的战略性资源开发及涉及国家经济安全的项目

对于国家控制的战略性资源开发及涉及国家经济安全的项目，往往具有公共性、外部效果等综合特征，不能完全依靠市场配置资源。

(二)从投资管理角度确定的范围

①政府预算内投资(包括国债资金)的用于关系国家安全、国土开发和市场不能有效配置资源的公益性项目和公共基础设施建设项目、保护和改善生态环境项目、重大战略性开发项目。

②政府各类专项建设基金投资的用于交通运输、农林水利等基础设施、基础产业建设的项目。

③利用国际金融组织和外国政府贷款，需要政府主权信用担保的建设项目。

④法律法规规定的其他政府性资金投资的建设项目。

⑤企业投资建设的涉及国家经济安全，影响环境资源、公共利益，可能出现垄断和涉及整体布局等公共性问题，需要政府核准的建设项目。

三、国民经济评估与财务评估

(一)国民经济评估与财务评估的联系

一般来说，财务评估是国民经济评估的前提和基础，国民经济评估是最终决策的先决条件和主要依据。对财务评估和国民经济评估分析的结论，原则上以国民经济评估的结论为决策的依据。

①如果项目财务评估和国民经济评估都可行，那么实施这个投资项目就是十分理想的资源配置方式，从经济角度看，项目是可行的。

②如果项目财务评估是可行的，却没有增加国民经济的正效益，甚至给国民经济带来了负效益，这就违背了经济的效率原则，从经济角度看，该项目就是不可行的。

③如果项目财务评估是不可行的，但国民经济评估合理，项目方案应根据国民经济评估所提供的信息进行优化，必要时可提出相应的财政政策方面的建议，调整项目的财务条件，使项目在财务上也可行。如放松价格管制、允许部分产品以较高的价格出售，或者给予税收优惠，或者给予项目优惠贷款或增加直接投资减轻项目负债等。

（二）国民经济评估与财务评估的区别

1. 评价的角度和目的不同

财务评估是从企业的角度出发，考察项目的盈利能力，以确定投资行为的财务可行性及进行方案的比选，同时考察项目的偿债能力、生存能力、利润分配情况以及投资方盈利能力等。国民经济评估是从整个国家或社会的角度出发，考察项目对国民经济的影响，考察资源是否在国家范围内充分利用与合理分配，以确定投资行为的经济合理性。

2. 费用和效益的含义及范围划分不同

财务评估着眼于货币的流入与流出。凡是流入项目的货币就是财务效益，如补贴需计入财务效益；凡是流出项目的货币就是财务费用，如各种税金和利息就需计入费用。国民经济评估则是着眼于项目引起的社会资源的变动，即项目为社会提供的有用产品和服务增加了社会资源，就计入国民经济意义上的效益；由于项目的投入，耗费了社会资源，则计入国民经济意义上的费用。补贴、税金和国内借款及利息均作为转移支付，不计入国民经济评估的效益或费用。

财务评估的范围仅包括发生在项目范围内的费用或效益，而国民经济评估不仅考察项目本身的经济效果，还要考察项目对国家范围内其他相关部门产生的影响。所以它不仅包括国民经济意义上的直接费用和效益，还包括由项目引起的、在直接费用和效益中未得到反映的间接费用和效益，也称外部性或外部效果。

3. 价值尺度不同

财务评估是计算和分析在现行价格下企业的实际盈利水平，度量费用和效益的价值尺度是现行市场价格。国民经济评估则采用能反映资源的稀缺性和有效利用，追求社会经济结构的合理化，纳入国内国际市场价格体系，在完全竞争条件下反映市场供求关系的影子价格。

4. 主要参数不同

财务评估使用官方汇率换算、度量费用和效益；使用各部门、各行业的基准收益率或者是投资者的最低可接受收益率作为折现率，而且不同项目的折现率是不一样的。而国民经济评估采用的是国家统一测定、定期公布的影子汇率和社会折现率。

四、国民经济评估的步骤

(一)在财务评估的基础上进行国民经济评估的步骤

1. 效益和费用范围的调整

(1)剔除已计入财务效益和费用中的转移支付。

(2)识别项目的间接效益和间接费用，对能定量的应进行定量计算，不可量化地进行定性分析。

2. 效益和费用数值的调整

(1)建设投资的调整

剔除属于转移支付的引进设备、原材料等物料投入的关税、消费税和增值税，并用影子汇率和进口费用等参数对引进设备价值进行重新调整，对于国内设备价值则用其影子价格进行调整；根据建筑工程消耗的劳动力、建材、其他大宗材料、电力等，用影子工资及货物、电力等影子价格调整建筑费用，或通过建筑工程影子价格换算系数直接调整建筑费用；若安装费中材料费占很大比重，或有进口安装材料，也应按材料等影子价格调整安装费用；用土地的影子价格代替占用土地的实际费用；调整其他费用。

(2)流动资金的调整

调整由于流动资金估算基础的变动引起的流动资金占用量的变动。

(3)经营费用的调整

可以先用货物的影子价格、影子工资等参数调整费用要素，然后加总计算出经济分析中的年经营费用。

(4)营业收入的调整

先确定项目产出物的影子价格，然后重新计算营业收入。

3. 编制表格与计算指标

编制项目投资经济效益费用流量表(表 10-1)，并据此计算经济内部收益率和经济净现值指标。

表 10-1　项目投资经济效益费用流量表　　万元

序号	项目	计算期								合计
		1	2	3	4	5	6	…	n	
	生产负荷(%)									
1	效益流量									
1.1	产品营业收入									
1.2	回收固定资产余值									
1.3	回收流动资金									
1.4	项目间接效益									

（续）

序号	项目	计算期								合计
		1	2	3	4	5	6	…	n	
2	费用流量									
2.1	建设投资									
2.2	流动资金									
2.3	经营费用									
2.4	项目间接费用									
3	净效益流量(1~2)									

（二）直接进行国民经济评估的步骤

①识别和计算项目的直接效益。对能为社会经济提供产出物的投资项目，首先根据产出物的性质确定是否属于外贸货物；其次根据定价原则确定产出物的影子价格；最后按照项目的产出物种类、数量及其逐年的增减情况和产出物的影子价格计算项目的直接效益。对能为社会经济提供服务的投资项目，应根据提供服务的数量和用户的受益情况，按照支付意愿价格计算项目的直接效益。

②用货物的影子价格、土地的影子价格、影子工资、影子汇率、社会折现率等参数直接进行项目的投资估算。

③流动资金估算。

④根据生产经营的实物消耗和各种货物的影子价格、影子工资、影子汇率等参数计算经营费用。

⑤识别项目的间接效益和间接费用。能定量的应进行定量计算，难以量化的应做定性分析。

⑥编制有关表格，计算相应的技术经济指标。

第二节　经济效益与费用评价

一、经济效益与费用的识别和度量原则

（一）经济效益与费用的识别原则

1. 增量分析原则

项目的国民经济评估应建立在增量费用和增量效益识别与计算的基础之上，不应考虑沉没成本和已实现的效益。应按照"有无对比"增量分析的原则，通过项目的实施效果与无项目情况下可能发生的情况进行对比分析，作为计算机会成本或增量效益的依据。

2. 考虑关联效果的原则

关联效果指由于项目的建设和运行，在项目以外对相关联的社会其他部门及利益群体

等引起的关联效应。项目的国民经济评估应考虑项目投资可能产生的其他关联效应。

3. 以本国居民作为分析对象的原则

经济效益与费用的识别应以本国社会成员作为分析对象。对于跨越国界对本国之外的其他社会成员产生影响的项目，应重点分析对本国公民新增的费用和效益。项目对本国以外的社会群体所产生的效果，可进行单独陈述。

4. 剔除转移支付的原则

正确处理转移支付是经济效益与费用识别的关键。转移支付代表购买力的转移行为，接受转移支付的一方所获得的效益与付出方所产生的费用相等，转移支付行为没有导致新增资源的发生。在进行国民经济评估时，一般不得再计算转移支付的影响。

(二)经济效益与费用的度量原则

1. 支付意愿原则

所谓支付意愿是指消费者因为受益意愿为项目的产出支付的价格。在市场供求完全均衡时，市场价格就是意愿支付价格。项目产出物的正面效果的计算遵循支付意愿原则，用于分析社会成员为项目所产生的效益愿意支付的价值。

2. 受偿意愿原则

所谓受偿意愿是指因为项目的产出，使消费者接受某种不利影响而要求项目或活动主体予以补偿的货币数额。项目产出物的负面效果的计算遵循接受补偿意愿原则，用于分析社会成员为接受这种不利影响所得到补偿的价值。

3. 机会成本原则

项目投入的经济费用的计算应遵循机会成本原则，用于分析项目所占用的所有资源的机会成本。机会成本应按资源的其他最有效利用所产生的效益进行计算。

4. 实际价值计算原则

项目的国民经济评估应对所有费用和效益采用反映资源真实价值的实际价格进行计算，不考虑通货膨胀因素，但应考虑相对价格变动。

二、经济效益与费用的识别与度量

(一)直接效益与直接费用

1. 直接效益

项目的直接效益是指由项目产出物产生的并在项目范围内按照产出物的影子价格计算的经济效益，表现为项目投产后为社会提供的物质产品、成果和服务所产生的效益。

(1)当项目产出物用来满足国内新增加的需求时，其直接效益表现为国内新增需求的支付意愿。

(2)当项目产出物直接出口或替代进口产品使得进口减少时，项目的直接效益表现为国家外汇收入的增加或外汇支出的减少。

(3)若项目产出物用于替代其他厂商的产品或服务，使得被替代厂商减产或停产，从而节省了社会资源，此时项目的直接效益就表现为这些节省的社会资源价值。

2. 直接费用

项目的直接费用是指由项目投入物产生的并在项目范围内按照投入物的影子价格计算的经济费用，表现为保证项目建设和运营而消耗的各种物料、人工、资金、技术以及自然资源等社会资源的价值。

(1) 当社会扩大生产规模用于满足项目对社会资源的需求时，项目的直接费用表现为社会扩大再生产规模所增加耗用的社会资源的价值。

(2) 当项目投入物导致进口增加或出口减少时，项目的直接费用表现为国家外汇收入的减少或外汇支出的增加。

(3) 当社会不能通过扩大生产规模满足项目对社会资源的需求，导致其他厂商放弃这些资源来满足项目需求时，项目的直接费用表现为社会因其他厂商放弃使用这些资源而损失的效益。

(二) 间接效益与间接费用

1. 间接效益

在国民经济评估中间接效益是指正的外部性(即外部经济性)。一个投资项目间接效益的表现形式是多种多样的，主要包括以下几个方面：

(1) 技术培训和技术推广

在某个地区建设一个使用新工艺或新技术的投资项目，会培养和造就数量众多的工程技术人员和管理人员，这些人才所带来的效益大部分为项目所吸收，但因为人才的流动、技术的交流，这些人才可能会给该地区，乃至整个社会经济的发展带来好处。这部分间接效益比较容易识别，但很难量化，在国民经济评估中一般只可做定性分析。

(2) 给上、下游企业带来的效益

项目对上、下游企业所产生的效益，主要表现在以下两个方面：

①项目投产后，使上、下游企业闲置的生产能力得以充分利用而增加了净效益　如某投资项目，在建设之前，因为为其提供原材料的企业产品的市场需求不足，因而不能充分利用现有的生产能力。该项目投产后，增加了市场需求量，使得上游企业提高了生产能力利用率，从而增加了净效益。

②项目投产后，使上、下游企业的生产规模达到了规模经济　特别是上游企业，因为为了满足对投入物所增加的需求量，不得不增加该种产品的供给，从而使其增加生产规模，达到规模经济。

项目对上、下游企业产生的效益是非常复杂的，在鉴定时要进行充分的分析和论证。对于第一个方面的表现要有两个条件：未被利用的生产能力是国内需求不足或供给不足所致，除采取拟建投资项目投资措施外，并没有其他办法可以提高需求量或增加供给；只考虑整个项目生产期内这种闲置生产能力被利用所增加的净效益。

对于第二方面的表现也要有两个条件：上游和下游企业的生产规模处于规模不经济状态；上、下游企业达到规模经济除采取拟建投资项目投资措施外，别无其他途径可以使其达到规模经济状态。

从实践来看，在计算上、下游企业的效益时，往往重视第一个方面的表现，因为它可能产生较大的可量化的间接效益，而对第二个方面的表现可忽略不计，因为对其识别和估算比较困难，产生的影响用数据表示又不是很明显。除非特殊情况，一般不值得花很大精力考察这部分间接效益。

2. 间接费用

国民经济评估中的间接费用是指负的外部性(即外部不经济性)，如项目对自然环境和生态环境造成的损害。对自然环境造成的损害主要指环境污染所造成的价值损失。环境污染有空气污染、水污染、固体废物的堆积和噪声造成的污染等，环境污染造成的损害包括健康状况的变化、空气或水污染对基础设施的破坏、美学效益下降或娱乐机会的丧失以及产量的变化等。对生态环境造成的损害主要是指对区域生态环境破坏所造成的价值损失，如为一个水产项目所进行的土地清理可能需要对湿地进行改造，导致鸟类栖息地减少和水质退化等。

对于项目所造成的环境破坏的价值损失，首先要进行鉴别，确认项目与环境影响之间的函数关系，然后对环境影响赋予货币价值。对价值损失部分能用货币量化的尽可能量化，计入项目的费用项中；量化确实有困难的，可做定性分析；如果破坏确实严重的，可以通过定性分析结果否定该项目。传统的量化方法有 3 个：计算为了清除污染或减少污染社会所消耗的资源的价值，作为项目的间接费用；计算由于环境污染导致的其他企业或有关单位和人群的效益下降值作为项目的间接费用；计算项目为其产生的污染所支付的赔偿金和罚款等，作为项目的间接费用。

三、转移支付

(一)税金

税金是企业或个人向政府的转移支付，如房产税、土地使用税和车船使用税等。在财务评估中，房产税、土地使用税和车船税在管理费用中列支，营业税金及附加是企业按销售收入的一定比例计算上交给国家财政，它们记为项目的支付。但国民经济评估是站在整体社会经济角度考察项目的，以是否增加社会经济的资源消耗或增加社会经济的收入来判定费用或效益。各种税金的支付实际上并不耗费任何资源，只是项目所在部门把这笔款项转移给财政部门，因而在国民经济评估中，这些税金不应列入项目的费用，否则会高估项目的代价，从而降低项目的经济效益。

(二)补贴

补贴主要是指价格补贴，是政府为鼓励或扶持项目的建设所给予的价格上的优惠。不论何种形式的补贴，对于财务评估来说，可以直接或间接减少项目的费用，增加项目的净收益。在国民经济评估中，各类补贴并不影响社会资源的增减，是与税费相反的转移支付，不应把它视为项目的收益，以免低估项目的经济成本，人为增加项目的经济效益。

(三)国内借款及利息

国内借款及利息是在国家范围内，项目和其他社会实体(如银行)之间的货币转移，仅仅代表资源支配权利的转移，并未伴随社会资源的变动。因而，也是一种转移支付，在国民经济评估中不应把国内贷款及利息列入项目的费用。

四、国民经济评估参数

国民经济评估参数是指在投资项目的国民经济评估中为计算费用和效益，衡量技术经济指标而使用的一些参数。从理论上来讲，国民经济评估参数应反映最佳的资源分配、宏观经济目标、政府价值判断和一定时期的经济政策等，既是数量度量的标准，也是价值判断标准，在国民经济评估中有着重要的作用，直接影响着一个投资项目评价和选择的结果。

国民经济评估参数主要包括社会折现率、影子汇率换算系数、影子工资换算系数和土地影子价格等。其中，社会折现率和影子汇率换算系数是国民经济评估中必须采用的。根据国家发展和改革委员会、建设部发布的《关于建设项目经济评价工作的若干规定》要求，国民经济评估中采用的社会折现率、影子汇率换算系数等，由国家发展改革委与建设部组织测定、发布并定期调整。有关部门可根据需要自行测算，补充国民经济评估所需要的其他行业参数，并报国家发展改革委与建设部备案。

（一）社会折现率

社会折现率是衡量项目经济内部收益率的基准值，也是计算项目经济净现值的折现率，是项目经济可行性和方案比选的主要依据。从这个意义上来说，社会折现率是投资项目决策的重要工具。适当的社会折现率可以促进资源的合理配置，引导资金投向对社会经济净贡献大的投资项目。原则上，选取的社会折现率应使投资资金的供需基本平衡。如果社会折现率定得过高，投资资金供过于求，将导致资金积压，也会过高估计货币的时间价值，使投资者偏爱短期项目；如果定得过低，有过多的项目通过检验，将导致投资资金不足，同时也会过低估计货币的时间价值，使投资者偏爱长期项目。

社会折现率应根据国家的社会经济发展目标、发展战略、发展优先顺序、发展水平、宏观调控意图、社会成员的费用效益时间偏好、社会投资收益水平、资金供给状况和资金机会成本等因素综合测定。根据国家发展改革委和建设部发布的《关于建设项目经济评价工作的若干规定》要求，目前测定的社会折现率为8%；对于收益期长的投资项目，如果远期效益较大，效益实现的风险较小，社会折现率可适当降低，但不应低于6%。

（二）影子汇率

影子汇率在国民经济评估中将外汇折算成人民币，对于非美元的其他国家货币，可先按当时国家外汇管理局公布的汇率折算为美元，再用影子汇率折算为人民币。影子汇率影响投资项目决策中的进出口决策，间接影响项目的经济合理性。一般认为，在国家实行外汇管制和没有形成自由外汇市场的条件下，官方汇率往往低估了外汇的价值。所以在国民经济评估中必须对官方汇率进行调整，选用较能反映外汇真实经济价值的影子汇率，即外汇的机会成本。外汇的机会成本是在一定的经济政策和经济状况下，由于项目投入或产出而减少或增加外汇收入而给社会经济带来的净损失或净效益。对于投入物来讲，是指因为增加1美元的外汇，国家实际所得到的人民币收入。影子汇率通过影子汇率换算系数计算，影子汇率换算系数是影子汇率与国家外汇牌价的比值。影子汇率应按式(10-1)计算：

$$\text{影子汇率} = \text{外汇牌价} \times \text{影子汇率换算系数} \tag{10-1}$$

根据我国外汇收支、外汇需求、进出口结构、进出口关税、进出口增值税及出口退税补贴等情况，目前我国的影子汇率换算系数取值为 1.08。

(三)影子工资

在国民经济评估中，用影子工资度量劳动力费用。影子工资是指拟建项目使用劳动力，而使社会为此而付出的代价。影子工资由两部分组成：一是劳动力的机会成本，即由于所分析项目的建设而使其他部门流失的劳动力的边际产出；二是因劳动力就业或转移所增加的社会资源消耗，如交通运输费用、城市管理费用和安家补偿费等。这些资源是因项目存在而消耗的，但并没有因此提高劳动力的生活水平。

从理论上来讲，影子工资包括劳动力的机会成本和社会为劳动力的就业或转移所消耗的资源价值。但实际上，劳动力的机会成本是很难计算的，即难以准确地计算出已有的边际劳动力产品，至于后一部分的估算就更困难了，因为在项目评估阶段，难以预测项目建成或投产时会增加多少社会资源的消耗。所以，一般以财务评估中现行工资及福利费为基础，乘以影子工资换算系数，即变换为影子工资。影子工资换算系数是指影子工资与项目财务评估中的劳动力工资的比值。影子工资可按式(10-2)计算：

$$\text{影子工资} = \text{财务工资} \times \text{影子工资换算系数} \tag{10-2}$$

选用影子工资换算系数应坚持的原则：一般的项目，可选用 1.0，对于某些特殊项目，在有充分依据的前提下，可根据项目所在地的劳动力的充裕程度，以及项目技术的特点，适当提高或降低影子工资换算系数，即大于 1.0 或者小于 1.0。若是项目所在地区就业压力大，或所用的劳动力大部分是非熟练劳动力，那么可以取小于 1.0 的影子工资换算系数，如可取 0.2~0.8 的影子工资换算系数。因为在这种情况下，劳动力的机会成本是相对比较小的。若是占用大量短缺的专业技术人员的投资项目，可取大于 1.0 的影子工资换算系数。因为在这种情况下，劳动力的机会成本相对比较大，为培训、转移所消耗的社会资源也较多。根据国家发展改革委和建设部发布的《关于建设项目经济评价工作的若干规定》要求，可选择 0.5 作为非熟练劳动力影子工资换算系数。

第三节　影子价格及其测算

一、影子价格的含义

在国民经济评估中，要用合理的价格对投入物和产出物的现行价格进行调整，这种合理的价格，我们借助经济数学的定义，称其为影子价格。影子价格的概念是 20 世纪 30 年代末 40 年代初由荷兰数理经济学、计量经济学创始人之一詹恩 · 丁伯根和苏联数学家、经济学家康特罗维奇分别提出来的。原来意义上的影子价格是指当社会经济处于某种最优状态时，能够反映社会劳动的消耗、资源稀缺程度和对最终产品需求情况的价格。也就是说，影子价格是比市场交易价格更为合理的价格。这里所说的“合理”，从定价原则来讲，应当能更好地反映产品的价值、市场供求关系和资源的稀缺程度；从产生的效果来讲，应当能使资源配置向优化的方向发展。

这种原来意义上的影子价格是通过线性规划计算出来的，规划从优化资源配置出发，本身并不含资源的价格，但由于对偶规划的存在，一旦实现了资源的最佳配置，各种资源的最优计划价格也就如影随形地产生了。这就是影子价格这一用语的由来，也就是通常所说的“影子价格是线性规划对偶解”的含义。这种求影子价格方法在逻辑上比较严密，但因为受各方面条件的限制，很难用这种方法计算出来。根据国外的一些做法和我国的实际情况，一般以口岸价格(国际市场价格，下同)为基础确定投入物和产出物的影子价格。

二、调价范围和货物的划分

(一)价格调整的理论基础

在我国目前的市场条件下，产品市场不能达到普遍的完全竞争，现行市场价格就不可能反映这些产品的社会价值，那么在进行国民经济评估时，就必须调整市场价格，使之达到社会最优。同样，如果要素市场不能实现完全竞争，要素的市场价格就不能反映它们对社会的机会成本，从而实现不了社会资源配置的最优状态。如劳动力这样的闲置资源可能被估价过高，资本和外汇这样的稀缺资源可能被估价过低。因此，市场价格必须校正，直到能正确反映这些资源的社会价值。如上所述，从理论上讲，产出物的现行市场价格一般用支付意愿价格进行调整，投入物的现行市场价格用机会成本进行调整。但这种理想化的价格调整，将耗费大量的时间和资金，所以在实际的国民经济评估中，一般考虑用接近合理的价格代替现行的市场价格。

(二)价格调整的范围

由于国内的现行价格不能保证都是合理价格，因此需要在进行国民经济评估时对投入物和产出物的价格进行调整。这里所说的价格不合理，指的是现行价格体系不合理，并不否认有些产品的价格基本合理。另外，有些投入物和产出物在项目的费用和效益中占的比重较大，调整其价格对项目的总费用量或总效益量影响比较大；而有些投入物和产出物在项目的费用和效益中占的比重较小，调整其价格对项目的总费用量或总效益量影响比较小。因此可以得出结论，并不是每一种投入物和产出物都要调价，而是有一个大致的范围，即有两个约束条件：价格严重不合理；在总费用或效益中所占的比重较大。只有符合这两个条件的投入物和产出物，才需要调整其价格。

(三)货物的分类

在确定影子价格时，把项目的投入物和产出物划分为可外贸货物、非外贸货物和特殊投入物3种类型。

可外贸货物是指其生产、使用将直接或间接影响国家进出口水平的货物。可外贸货物包括所有的外贸货物，以及我国在自由贸易条件下可以进口或出口，但由于存在诸如进口关税这样的贸易壁垒而不能进口或出口的货物。产出物中包括直接出口、间接出口(替代其他企业的产品使其增加出口)或替代进口；投入物中包括直接进口、间接进口(占用其他企业的投入物使其增加进口)或减少出口(占用原可用于出口的国内产品)。

非外贸货物是指其生产或使用不影响国家进出口水平的货物。除基础设施产品和服务外，它还包括受运输、贸易政策等条件限制不能进行外贸的货物。也可以说，非外贸货物是指就其性质而言无法外贸的货物，或者是指从经济上讲外贸不合算的货物。

特殊投入物包括劳动力、土地和自然资源。

三、外贸货物影子价格的确定方法

影子价格属于重要的国家参数，一般应由国家权威机构测算并发布。但作为可投入和产出的货物成千上万，受各方面条件限制，不可能测算出所有投入物和产出物的影子价格，大部分还需要项目评估人员自己进行测算。为此需要了解确定影子价格的基本方法，特别是外贸货物影子价格的确定方法。

（一）产出物的定价方法

属于外贸货物的产出物包括直接出口的产出物、间接出口的产出物和替代进口的产出物等。其影子价格的计算公式为：

$$\text{产出物的影子价格(出厂价)} = \text{离岸价格(FOB)} \times \text{影子汇率} - \text{出口费用} \tag{10-3}$$

式中，离岸价格(FOB)是指出口货物运抵我国出口口岸交货的价格；出口费用是指货物进出口环节在国内所发生的所有相关费用，包括运输费用、储运、装卸、运输保险等各种费用支出及物流环节的各种损失、损耗等。

（二）投入物的定价方法

属于外贸货物的投入物包括直接进口的投入物、间接进口的投入物和减少出口的投入物等。其影子价格的计算公式为：

$$\text{投入物的影子价格(到厂价)} = \text{到岸价格(CIF)} \times \text{影子汇率} + \text{进口费用} \tag{10-4}$$

式中，到岸价格(CIF)是指进口货物运抵我国进口口岸交货的价格，包括货物进口的货价、运抵我国口岸之前所发生的境外的运输和保险费；进口费用是指货物进出口环节在国内所发生的所有相关费用，包括运输费用、储运、装卸、运输保险等各种费用支出及物流环节的各种损失、损耗等。

【例 10-1】某地新建一个农产品加工基地需进口全套加工设备。假定加工设备的本国到岸价格为 9000 美元，官方汇率为 1 美元＝7.13 元人民币；影子汇率换算系数为 1.08；进口关税为到岸价格的 10%；进口设备增值税税率为 17%；设备在本国的装卸、营销费用为到岸价格的 5%；设备运抵项目所在地的运输费为 3000 元人民币；设备在运输途中支付的保险费为 500 元人民币；假设设备在本国的装卸、营销的财务费用与其经济费用相等，运输的经济费用比其财务费用大 1.6 倍。

请根据上述资料推算该项目进口设备的财务价格和经济价格。

财务评估：

(1)进口设备的到岸价格换算为人民币：9000×7.13＝64 170(元)

(2)进口设备关税：64 170×10%＝6417(元)

(3)进口设备增值税：(64 170+6417)×17%＝11 999.9(元)

(4)我国港口贸易费用：64 170×5%＝3208.5(元)

(5)港口到项目所在地的运费和保险费：3000+500＝3500(元)

(6)将以上项目内容加起来即为进口设备的财务价格：

64 170+6417+11 999.9+3208.5+3500=89 295.4(元)

国民经济评估：

(1)关税、增值税为转移支付，不计为经济费用；

(2)进口设备影子价格：64 170×1.08=69 303.6(元)；

(3)根据已知条件，贸易费用不用调整，为3208.5元；

(4)运输经济费用：3500×2.6=9100(元)。

进口设备的经济价格：69 303.6+3208.5+9100=81 612.1(元)。

四、非外贸货物影子价格的确定方法

(一)产出物的定价方法

非外贸产出物影子价格的确定有以下两种情况：

(1)增加供应数量满足国内消费的产出物

供求均衡的，按财务价格定价；供不应求的，参照国内市场价格并考虑价格变化的趋势定价，但不应高于相同质量产品的进口价格；无法判断供求情况的，取上述价格中的较低者。

(2)不增加国内供应数量

只是替代其他相同或类似企业的产出物，致使被替代企业停产或减产的。质量与被替代产品相同的，应按被替代企业相应的产品可变成本分解定价；提高产品质量的，原则上应按被替代产品的可变成本加提高产品质量而带来的社会经济效益定价。其中，提高产品质量带来的效益，可近似地按国际市场价格与被替代产品的价格之差确定。

(二)投入物的定价方法

非外贸投入物影子价格的确定有以下3种情况：

(1)能通过原有企业挖潜(不增加投资)增加供应的，按可变成本分解定价。

(2)在拟建项目计算期内需通过增加投资扩大生产规模来满足拟建项目需要的，按全部成本分解定价。当难以获得分解成本所需要的资料时，可参照国内市场价格定价。

(3)项目计算期内无法通过扩大生产规模增加供应的(即只能减少原用户的供应量)，参照国内市场价格与国家统一价格加补贴中较高者定价。

(三)非外贸货物的成本分解方法

1. 成本分解方法的基本原理

(1)口岸价格代表了国际市场价格，国际市场价格是基本合理的价格，对现行价格进行调整，应以口岸价格为基础。

(2)外贸货物的影子价格以口岸价格为基础进行测算，非外贸货物也必须以相同的基础来估价，以保证每种产出物和投入物都始终以相同的基础进行估价。当然非外贸货物不能直接以口岸价格为基础定价，因为它们不是外贸品，但生产非外贸货物所用的原材料、零部件、燃料、动力等可能有外贸货物。

因此，对非外贸货物的财务成本进行分解，并分别对各生产费用要素进行调价，其中的外贸货物以口岸价格为基础，按照外贸货物的调价方法调价，非外贸货物用规定的方法调价。

分解成本可分解变动成本，还可分解总成本。前者适用于在产出物中项目产品替代其他同类企业产品，致使被替代企业停产或减产的情况，以及在投入物中通过现有企业挖潜增加供应的情况；后者适用于通过增加投资扩大生产规模满足项目投入物需求的情况。

2. 成本分解的程序

首先，对所分解的投入物或产出物按现有生产该种物品的企业的成本费用要素进行分解，并剔除其中的税金，因为税金属于转移支付，不计入物品的费用。这里的税金主要是指包括在成本中的房产税、土地使用税、车船使用税、进口原材料的关税、进口增值税等。其次，对分解出来的原材料、燃料、动力及其他物料投入进行分类，分为外贸货物、非外贸货物、特殊投入物，并按规定的各自调价方法分项进行调价。其中重要的是，在总费用中占比重较大的属于非外贸货物的物料投入要进行第二轮分解。最后，调整再生产费用中的折旧和流动资金贷款利息。因为折旧是用静态方法计算出来的，并且作为计算基础的建设投资是没有调过价的，对其调整就是要用调过价的建设投资作为计算基础并以动态方法进行计算。流动资金贷款利息调整是因为在原成本费用中，利息是按照没有调过价的流动资金计算的，所用的利率是现行利率，对其调整就是要按调过价的流动资金和社会折现率来重新计算。

成本分解方法比较复杂，如果项目评估人员掌握充分的资料，可以采取成本分解法为相应的非外贸货物定价；如果项目评估人员缺乏必要的资料，可以放弃这种方法，而考虑以下方法：如果项目处于竞争性市场环境中，可以采用市场价格作为计算项目投入物或产出物的影子价格的依据；如果项目的投入和产出的规模很大，项目的实施足以影响其市场价格，导致“有项目”与“无项目”两种情况下市场价格不一致，可以取二者的平均值作为测算影子价格的依据。

五、特殊投入物影子价格的确定方法

(一)劳动力影子价格的确定方法

劳动力影子价格即为劳动力的影子工资。计算公式为：

劳动力的影子价格=财务分析中所用的工资及福利费×影子工资换算系数　(10-5)

影子工资换算系数由国家统一测定发布。影子工资换算系数的大小取决于项目所在地区劳动力的充裕程度以及项目所用劳动力的技术熟练程度。项目所在地区劳动力越充裕，项目所用劳动力的技术熟练程度要求越低，影子工资换算系数越低，反之亦然。这里需要注意如下 3 个方面的问题：

①并不是所有的投资项目在进行国民经济评估时，都要用影子工资换算系数进行换算如果工资部分在项目的总成本中占有较大的份额，并且是劳动密集型投资项目时，就必须用影子工资换算系数进行换算，把财务评估中的实际工资额换算成劳动力的真实费用；如果工资部分相对于成本中的其他部分所占的份额很小时，可能就没必要进行换算了。

②计算劳动力的影子价格是一个比较复杂的工作过程，得出一个很精确的数值是非常困难的。因此，可以先根据有限的数据估算出一个大致的近似值，然后对影子工资(近似

值)进行敏感性分析。如果这个分析表明，一个投资项目的经济内部收益率对于影子工资的变化不是太敏感，可以不做进一步的精算；如果一个投资项目的经济内部收益率对于影子工资相对来说比较敏感，就可以进一步精算，以计算出劳动力的真实费用。

③有些投资项目可能涉及从国外雇佣熟练劳动力即管理人员、专业技术人员和技术工人等，向他们支付的所有费用都有机会成本。流向国外的支付款项是一种国外支付，应按实际发生的费用考虑。

(二)土地影子价格的确定方法

土地影子价格是指项目使用土地资源而使社会付出的代价。土地作为投资项目的一项投入，社会经济为此而付出的代价为增加的资源消耗和土地机会成本。土地的影子价格应按式(10-6)计算：

$$\text{土地影子价格}=\text{土地机会成本}+\text{新增资源消耗} \tag{10-6}$$

社会经济为土地投入而增加的资源消耗是指该项投资项目所支付的拆迁补偿费和安置补助费等。无项目，不会发生这部分支付；有项目，这部分资源的消耗不可避免。这部分费用在项目的投资中已经支付，在国民经济评估中作为费用处理。

土地影子价格可根据项目占用土地所处地理位置、项目实际情况以及取得方式的不同分别确定，具体可作如下处理：

①通过招标、拍卖和挂牌出让方式取得使用权的国有土地，其影子价格应按财务价格计算。

②通过划拨、双方协议方式取得使用权的土地，应分析价格优惠或扭曲情况，参照公平市场交易价格，对价格进行调整。

③经济开发区优惠出让使用权的国有土地，其影子价格应参照当地土地市场交易价格类比确定。

④当难以用市场交易价格类比方法确定土地影子价格时，可采用收益现值法或以开发投资应得收益加土地开发成本确定。

在国民经济评估中，以收益现值法计算土地的影子价格作为土地费用有两种处理方法：计算项目占用土地期间各年净收益的现值之和，作为一项土地费用计入项目的建设投资中；将各年的净收益现值之和换算成等值效益，作为项目每年的费用。一般采用第一种处理方式。

【例 10-2】 某拟建农业投资项目，建设期 3 年，生产期 17 年，占用水稻耕地 100hm^2，占用前 3 年平均每公顷产量为 7.5t，每吨收购价格 1000 元，出口离岸价格预计为 180 美元/t。假设从建设期起，该地区的水稻年产量以 4%的速度递增，社会折现率取 8%，影子汇率取 8.0 元/美元，进口费用率取 6%，水稻调价后的生产费用按收购价格的 40%计算。运距 500km，运输影子价格 0.035 元/(t · km)。

根据上述数据计算该土地的机会成本如下：

(1)每吨稻谷按口岸价格计算的影子价格

离岸价 180 美元/t，折合人民币为：$180\times8.0=1440$(元)

运输费用$=0.035\times500=17.5$(元)

$$产地影子价格=\frac{1440-17.5}{1+6\%}=1341.98(元)$$

(2)每吨稻谷的生产费用按收购价格的40%计算

$$1000\times40\%=400(元)$$

(3)该土地生产每吨稻谷的净效益

$$1341.98-400=941.98(元)$$

(4)20年内每公顷土地的净效益现值

$$P=941.98\times7.5\times\sum_{t=1}^{20}\left(\frac{1+4\%}{1+8\%}\right)^t=108\,563.68(元)$$

(5)项目占用100hm^{2}土地20年内的净效益现值

$$108\,563.68\times100=1085.64(元)$$

在国民经济评估中，取该值为土地的机会成本，计入项目的建设投资。

或者，计算净效益现值的年等值(A)：

$$A=1085.64\times(A/P,\ 8\%,\ 20)=110.57(元)$$

国民经济评估中也可取该值作为每年的土地费用，计入项目的总费用。

项目如需占用农村土地，应以土地征用费调整计算土地影子价格。具体可做如下处理：

对项目占用农村土地，土地征收补偿费中的土地补偿费及青苗补偿费应视为土地的机会成本，拆迁补偿费及安置补助费应视为新增资源消耗，征地管理费、耕地占用税、耕地开垦费、土地管理费和土地开发费等其他费用应视为转移费用，不列为费用。

对于土地补偿费、青苗补偿费和安置补助费等确定，如与农民进行了充分的协商，能够充分保障农民的应得利益，土地影子价格可按土地征收补偿费中的相关费用确定；如果存在征地费用优惠，或在征地过程中缺乏充分协商，导致土地征收补偿费低于市场定价，不能充分保障农民利益，土地影子价格应参照当地正常土地征收补偿费标准进行调整。

(三)自然资源影子价格的确定方法

一个投资项目使用的矿产资源、水资源和森林资源等都是对国家资源的占用和消耗，应当在国民经济评估中反映出来。自然资源是指自然形成的，在一定的经济、技术条件下可以被开发利用以提高人们生活福利水平和生存能力，并同时具有某种稀缺性的实物性资源的总称。国民经济评估中将自然资源分为资源资产和非资产性资源，在计算中，只考虑资源资产的自然资源。资源资产是指所有权已经界定，或者随着项目的实施可以界定，所有者能够有效控制并能够在目前或可预见的将来产生预期经济效益的自然资源。

水和森林等可再生的自然资源的影子价格一般按资源的再生费用计算，矿产等不可再生自然资源的影子价格一般按资源的机会成本计算。但如果该种资源的供给有时限性，即在未来的一个有限时间内会耗尽，其影子价格就不能用机会成本计算，因为现在耗用这种资源的代价，就是当其枯竭时，用户不得不转向其他费用更高的替代物来满足需求。所以，现在开发使用该种资源的费用是将来必须使用更昂贵替代物的额外费用的现值。

第四节 国民经济评估的主要方法

一、费用效益分析

费用效益分析是投资项目国民经济评估的核心方法，主要是通过编制经济费用效益流量表，计算经济内部收益率和经济净现值等指标，分析项目的经济盈利能力。

经济费用效益流量表的编制，可以按照经济效益费用的识别和度量原则与方法直接进行，也可以在财务评估的基础上将财务现金流量经过调整转换为反映真正资源变动状况的经济费用效益流量。

(一)直接进行经济费用效益分析

1. 进行费用效益的识别和计算

(1)进行费用效益识别

将投入物和产出物分为具有市场价格的货物，不具有市场价格的货物，特殊投入物(人力资源、土地、资产资源)。按照经济费用效益识别和计算的方法与原则，分别计算其经济价值。

(2)进行费用效益计算

对于难以进行货币量化的产出效果，应尽可能地采用其他量纲进行量化。难以量化的，进行定性描述，以全面反映项目的产出效果。

2. 估算投资费用和经营费用

(1)编制投资费用估算表

在投资费用估算中应注意：

①由于采用影子价格，不考虑涨价因素，故预备费中不包括涨价预备费。

②由于不考虑融资问题，投资费用中不含建设期利息。

③固定资产其他费用中的土地费用，应当将实际征地费用调整为影子价格，即按土地的机会成本和新增资源消耗两部分进行计算。

④流动资金部分，应当按投入物的影子价格计算，并且不包含现金、应收、应付、预收、预付等不反映实际资源消耗的部分。

(2)编制经营费用估算表

在经营费用估算中，除投入物必须使用影子价格并且不考虑流转税外，工资需按影子工资反映；在“其他费用”一栏中，不包含各种税费。

3. 编制经济效益费用流量表

将尽可能货币化的间接效益和费用填入表内。注意产出物(非外贸货物)的影子价格含流转税。计算出经济内部收益率和经济净现值。对其他量纲计量的和完全无法计量的间接费用和效益，分别进行定量和定性的描述。

4. 进行不确定性分析

在经济费用效益分析中，虽然采用影子价格体系，但是估算和预测出来的数据不可避免地存在不确定性，所以必须通过敏感性分析和概率分析判断项目的抗风险能力，为决策提供依据。

(二)在财务评估基础上进行经济费用效益分析

1. 用影子价格对原财务价格进行调整

项目投入物和产出物的原财务价格，需要逐一甄别，按相关原则采用影子价格。使用外汇的部分，用影子汇率换算系数予以调整。

2. 剔除转移支付因素

①在总投资中剔除建设期利息，进口设备、材料的关税和增值税；流动资金投资中的现金和应收、应付、预收、预付账款也应剔除。

②在原财务经营成本中剔除其他费用中的车船税、城镇土地使用税等税项，进口材料、备品备件的关税和增值税。

注意：在项目产出物的影子价格中，一般应当包括应缴纳的流转税。

3. 剔除总投资中的涨价预备费

由于影子价格与涨价因素无关，故应将财务评估项目总投资中的涨价预备费剔除。

4. 调整外汇价值

涉及外汇收入和支出时均需要用影子汇率计算外汇价值，即将外汇价格乘以影子汇率，转换成人民币。

5. 按各相关原则对间接费用和效益进行估算

在原来的财务评估中，仅包括项目的直接费用和效益，所以应当按前面介绍的有关原则，对有形间接费用和效益进行测算。无形间接效果则尽可能予以量化或做定性说明。

6. 编制经济费用效益流量表

经济费用效益流量表中必须包含货币化了的间接费用和效益。计算出经济内部收益率和经济净现值。对以其他量纲计量的，以及完全无法计量的间接费用和效益，分别进行定量和定性的描述。

7. 进行不确定性分析

需要注意的是，无论是直接进行费用效益分析还是在原财务评估的基础上进行费用效益分析，分析中除编制项目投资经济费用效益流量表(表 10-1)外，还需要编制以下报表作为辅助报表：

①经济费用效益分析投资费用估算调整表(表 10-2)。

②经济费用效益分析经营费用估算调整表(表 10-3)。

③项目间接费用估算表。

④项目间接效益估算表。

表 10-2　经济费用效益分析投资费用估算调整表　　万元

序号	项　目	财务分析				经济分析				国民经济评估比财务评估增减(±)
		合计	其中			合计	其中			
			外币	折合人民币	人民币		外币	折合人民币	人民币	
1	建设投资									
1.1	建筑工程费									
1.2	设备购置									
1.3	安装工程									
1.4	其他费用									
	其中：(1)土地费用									
	(2)专利及专有技术费									
1.5	基本预备费									
1.6	涨价预备费									
2	建设期利息									
3	流动资金									
4	合计									

注：若投资费用是通过直接估算得到的，本表应略去财务评估的相关栏目。

表 10-3　经济费用效益分析经营费用估算调整表　　万元

序号	项目	单位	年耗量	财务评估		国民经济评估	
				单价	年经营成本	单价(或调整系数)	年经营费用
1	外购原材料						
1.1	原材料 A						
1.2	原材料 B						
1.3	原材料 C						
1.4	……						
2	外购燃料和动力						
2.1	煤						
2.2	水						
2.3	电						
2.4	气						
2.5	重油						
3	工资及福利费						
4	修理费						
5	其他费用						
6	合计						

注：若经营费用是直接估算得到的，本表应略去财务评估的相关栏目。

(三)费用效益分析指标

1. 经济净现值(ENPV)

经济净现值是项目按照社会折现率将计算期内各年的经济净效益流量折现到建设期期初的现值之和，是经济费用效益分析的主要评价指标。其计算公式为：

$$ENPV = \sum_{t=1}^{n}(B - C)_t(1 + i_s)^{-t} \tag{10-7}$$

式中 B——经济效益流量；

C——经济费用流量；

$(B-C)_t$——第 t 期的经济净效益流量；

n——项目计算期；

i_s——社会折现率。

在经济费用效益分析中，如果 $ENPV \geqslant 0$，说明项目可以达到社会折现率要求的效率水平，认为该项目从经济资源配置的角度可以被接受。

2. 经济内部收益率(EIRR)

经济内部收益率是项目在计算期内经济净效益增量的现值累计等于零时的折现率，是经济费用效益分析的辅助评价指标。其计算公式为：

$$\sum_{t=1}^{n}(B - C)_t(1 + EIRR)^{-t} = 0 \tag{10-8}$$

经济内部收益率与财务内部收益率的计算方法相同。

如果经济内部收益率等于或者大于社会折现率，表明项目资源配置的经济效率达到了可以被接受的水平。

3. 效益费用比(R_{BC})

效益费用比是项目在计算期内效益流量的现值与费用流量的现值的比率，是经济费用效益分析的辅助评价指标。其计算公式为：

$$R_{BC} = \frac{\sum_{t=1}^{n} B_t(1 + i_s)^{-t}}{\sum_{t=1}^{n} C_t(1 + i_s)^{-t}} \tag{10-9}$$

式中 R_{BC}——效益费用比；

B_t——第 t 期的经济效益；

C_t——第 t 期的经济费用。

如果 $R_{BC} \geqslant 1$，表明项目资源配置的经济效率达到了可以被接受的水平。如果 $R_{BC} < 1$，方案应予以否决。

应当注意的是，效益费用比指标属于效率型指标，主要用于绝对效果评价，若想进行方案的相对评价(方案与方案的对比)，还需使用其增量指标，即增量效益费用比指标。

$$\Delta R_{BC_1-BC_2}=\frac{\sum_{t=1}^{n}\Delta B_t(1+i_s)^{-t}}{\sum_{t=1}^{n}\Delta C_t(1+i_s)^{-t}} \tag{10-10}$$

式中　$\Delta R_{BC_1-BC_2}$——两方案增量效益费用比；

ΔB_t——两方案增量收益；

ΔC_t——两方案增量费用。

二、费用效果分析

费用效果分析也是国民经济评估的重要方法。特别是对于一些外部效果难以进行量化的项目，如大部分国防、卫生、教育、公共设施、环境保护等公共事业项目，通常采取费用效果分析的方法，通过选择费用相对较低的方案，进行方案经济比选和优化。

（一）公共事业项目的特点

1. 费用与效果的计量单位不同

费用与效果不具有统一的量纲，部分公共事业项目的费用表现为货币性费用，但其产出或提供的服务缺乏市场价格，由于技术等各方面的困难，其收益往往难以货币化。如文化教育项目所产生的外部效益，消除各种污染项目的外部效益等，尽管为这些项目付出的代价可以计量，但费用效益分析很难发挥作用。

2. 无法进行绝对效果评价，且优选也较困难

对于方案费用和收益的不同量纲，由于人们难以给出评价的标准，故对这类公共事业项目一般无法判断其可行性。除了其中一部分方案可用费用现值法或年等值法进行优选外，无法使用包括增量效益费用比在内的所有评价指标进行优选。

为了克服费用效益分析的困难，人们试图使用费用效果分析取代费用效益分析对此类项目进行相对评价，即进行优选。

（二）费用效果分析的一般模型

费用效果分析也称成本效果分析、成本效用分析。它是通过比较分析项目效果与所支付的费用来判断项目的成本有效性及经济合理性的一种方法。

费用效果分析的一般模型可表示为：

$$R_{EC}=\frac{E}{C} \tag{10-11}$$

式中　R_{EC}——效果费用比；

E——项目产出的效果；

C——项目实施的费用，可以是项目的建设投资，但一般应是全寿命费用。在实践中，也经常用另外一种形式表示：

$$R_{CE}=\frac{C}{E} \tag{10-12}$$

式中　R_{CE}——费用效果比；

其他符号同前。

(三)费用效果分析的应用条件

(1)待分析的方案数目不得少于两个，并且是互斥方案

所谓互斥方案是指就方案之间的关系而言互相排斥，具有择一性，最终只能选择其中一个方案。

由于费用效果分析的计算结果是一个比率，作为分子(或分母)的效果不能用货币量化，因此不能够应用此方法分析项目方案的绝对效果，也就是说不能根据效果费用比的结果判断方案是否可行，只能用于方案之间的比较。为了保证用有限的资源获得最大的效果，应尽可能地选择多个方案进行比选。

(2)各个被评价的方案有着共同的、明确可达到的目标

如果待评价的各个方案追求的目标不一致，各个方案就没有可比性，费用效果指标也就失去了比选的基础。

(3)各方案的费用采用货币单位计量，效果采用非货币的同一单位计量

一般而言，项目方案的货币投入量较易计量并采用货币单位计量，但效果的计量单位则不同。若待分析方案的效果计量单位不同，则方案间的费用效果指标难以进行正确的比较。

(4)在计算效果费用比时必须确保各互斥方案的寿命相同

如果寿命期不同，则应采用评价的技术处理方法使之具有可比基础。如等值换算为年值指标，或根据方案的寿命期最小公倍数换算为相等的年限等。

(四)费用效果分析方法的 3 种方式

1. 固定效果法(最小费用法)

该方法是在各方案具有相同效果的基础上，按费用最小准则进行方案间的比选。它适用于项目有比较固定目标要求的情况。如医院项目的每张病床的费用，学校项目的每个学生的投资费用等。

2. 固定费用法(最佳效果法)

该方法是在各方案具有相同成本的基础上，按效果最好准则进行方案间的比选。它适用于项目费用有严格限定的情况。如某急救中心项目，由于资金紧张，只能在限定的资金条件下确定方案，这时候就应考虑将各个方案的效果作为比选条件，此时方案的效果应视为紧急救护所需时间长短，效果相对好的项目为优。

3. 最大效果费用比法

该方法效果费用比最大为准则来比选方案，即单位费用的效果最大的方案为最优。该方法一般适用于各备选方案的效果或费用均不尽相同的情况。

【例 10-3】 某城市拟建一座大型立交桥。对立交桥提出的效果目标有改善城市交通状况、美观、耐用等。为简化分析，把改善城市交通状况作为唯一的效果目标，并以增加车辆通过能力作为达到这个效果目标唯一的要求，以每分钟车辆通过数这个指标来衡量。提出 3 个方案的成本与效果情况(表 10-4)。

对于这 3 个方案，如果预算费用固定为 1500 万元，那么从固定费用法来看，方案 2 不如方案 1，应该选择方案 1。

如果采用固定效果法，并把效果定为每分钟通过能力为 40 辆，那么就应该选择费用低的方案 3。

表 10-4　建立立交桥不同方案的成本与效果

方案	现值总成本(万元)	通过能力(辆/min)
方案 1	1500	48
方案 2	1500	40
方案 3	1200	40

如果在设计中对费用和效果均允许有一定的弹性，那么在方案 1 和方案 3 之间究竟应该选择哪一个更好，可以选择两个方案的效果费用比来确定。

方案 1 的效果费用比为：

$$R_{EC_1}=\frac{E}{C}=\frac{48}{1500}=0.032$$

方案 3 的效果费用比为：

$$R_{EC_3}=\frac{E}{C}=\frac{40}{1200}=0.033$$

选择效果费用比大的方案，即方案 3 比方案 1 要好。

或者在方案 1 和方案 3 之间选择时，更为科学的是根据增加效果所需要的边际成本来决定。

本例中方案 1 比方案 3 增加的效果为 8 辆/min，而增加的费用是 1500－1200＝300(万元)，则：

$$\Delta R_{EC_3}=\frac{\Delta C}{\Delta E}=\frac{300}{8}=37.5(\text{万元})$$

而方案 3 的平均成本为：1200÷40＝30(万元)，就是为达到每分钟通过 1 辆车的效果，显然方案 1 的边际成本要高于这个平均成本，所以再增加 300 万元投资是不合算的。最后的结论也是选择方案 3。

本章小结

1. 国民经济评估是按照资源合理配置的原则，从国家经济整体利益的角度出发，考察项目的费用和效益，用影子工资、影子汇率和社会折现率等经济评价参数，计算项目对国民经济的贡献，分析项目的经济效率、效果和对社会福利的贡献，评价项目经济合理性的经济评估方法。国民经济评估是项目评估的重要组成部分，是从宏观上决定投资项目是否可行的重要依据。

2. 国民经济评估与财务评估相比，主要区别在于评估的角度和目的不同、费用和效益的含义及范围划分不同、费用和效益的计算价格不同、主要的参数和判据(折现率、汇率等）不同。国民经济评估是投资决策的最终依据。

3. 国民经济评估的方法主要有费用效益分析、费用效果分析等。这两种方法是国民经济评估的核心方法。

费用效益分析通过费用效益的识别，利用影子价格，选用影子汇率、影子工资和社会折现率等国家参数，计算项目投入物产出物等经济价值，编制经济费用效益流量表，计算经济净现值、经济内部收益率、效益费用比等评价指标，对项目进行分析和判断，并提出相应的对策与建议。

费用效果分析是一种定量分析方法。与费用效益分析比较，费用效果分析中的效果不采用货币化量纲，而是其他量纲，其基本评价指标是效果费用比或者费用效果比，费用效果分析法是对公共项目进行评估的重要方法。

重要概念

国民经济评估　影子价格　影子工资　费用效益分析　费用效果分析

第十一章　农业项目管理

学习目的

(1)熟悉农业项目管理的主要内容和影响因素；了解农业项目管理制度体系。

(2)理解农业项目范围管理的基本内涵；重点掌握农业项目范围管理的过程。

(3)理解农业项目质量管理的基本内涵；重点掌握农业项目质量管理的过程。

(4)理解农业项目人力资源管理的基本内涵；重点掌握农业项目人力资源管理的过程。

(5)掌握农业项目进度的控制过程；了解农业项目进度控制原理。

本章共分为5个部分，即农业项目管理概述、农业项目范围管理、农业项目质量管理、农业项目人力资源管理和农业项目进度管理。在农业项目管理概述部分，主要论述农业项目管理的主要内容、影响因素和制度体系。在农业项目范围管理部分，介绍范围计划编制、范围定义、工作分解、范围确认和范围变更控制等农业项目范围管理的5个环节。在农业项目质量管理部分，介绍项目质量计划编制、项目质量保证和项目质量控制等项目质量管理的3个过程。在农业项目人力资源管理部分，介绍组织计划编制、项目团队组建、项目团队建设等农业项目人力资源管理的3个过程。在农业项目进度管理部分，介绍项目进度的控制及原理，论述农业项目进度计划的实施、动态监测和更新。

第一节　农业项目管理概述

一、农业项目管理主要内容

所谓农业项目管理是指在农业项目活动中运用专门的知识、技能、工具和方法，使农业项目能够实现或超过项目干系人的需求和期望。一是管理的对象是农业项目，农业项目是指那些通过投资、实施能够提高农业综合生产能力的扩大再生产的经济行为；二是管理的手段和工具一般具有通用性，但是根据农业项目的具体特点也会有所差别；三是管理的目的是实现或超过项目干系人的需求和期望，一般来说，农户是农业项目的基本受益对象，也是最主要的干系人。

与其他行业项目相同，农业项目管理的基本内容包括：通过策划与决策，明确项目目标；通过组织与指挥，建立正常的建设秩序；通过控制与协调，实现项目的顺利实施；通过培训与监督，调动各方面积极性实现项目目标。在实际工作中，农业项目管理的内容可划分为不同的方面。按工作内容，可划分为项目整体管理、范围管理、人力资源管理、风险管理、沟通管理等方面；按专业领域，可划分为进度管理、成本管理、质量管理、采购及合同管理等方面；按工作过程，可划分为启动过程、计划过程、实施过程、控制过程、收尾等过程的管理；按管理主体，可划分为行政主管部门、建设单位、咨询单位、设计单位、施工单位等不同主体的管理内容。

二、农业项目管理影响因素

农业的生产对象具有显著的生物特性，农产品从田间到餐桌环节多、链条长，不同产品对技术要求的差异性大，整个农业生产过程表现出明显的区域性、季节性、周期性和风险性的特点。基于上述不同于其他行业的特点，影响农业项目管理的主要方面包括政策力度、自然条件、法规制度、生产方式和管理水平等。

（一）政策力度

各国经验表明，农业的发展离不开政府的扶持，政策力度对于农业项目管理具有决定性的影响。这些政策具体包括国家投资政策、行业发展政策、区域发展政策等，其力度大小影响农业建设项目投资规模、安排范围、管理方式等方面。党的十八大以来，以习近平同志为核心的党中央坚持把解决好“三农”问题作为全党工作的重中之重，坚持农业农村优先发展总方针，启动实施乡村振兴战略，深化农业供给侧结构性改革，历年发布专门针对农村经济工作和农业发展的中央一号文件，制定出台福利型、公益型、保障型、保险型和培育型多项支农强农惠农政策，党的二十大更是将农业强国提高到了前所未有的高度，对农业的投入力度不断加大，投资规模持续增长，安排领域不断拓展，农业生产取得历史性成就、发生历史性变革，农村出现福利提升、公益优化、保障兜底、保险呵护和培育发展的良好局面。但我国农业基础产业、弱势产业的特性仍然没有根本性改变，需要继续坚持农业建设的公益性、基础性定位，加大政策扶持力度，以政府为主导推动农业发展。

（二）自然条件

农业是受自然条件影响较大的产业，外部自然环境条件的好坏及其变化在很大程度上存在不可预测性，直接影响到农业生产的效率和农业生产经营者的收益。我国地域辽阔，土壤类型及气候条件差别很大，不同地区建设现代农业的进程不同，呈现出多层次性和不平衡性。在一个特定的时间和空间范围内投资农业项目，能否适应自然条件的要求，将对项目效果产生巨大影响。具体来说，这些自然条件包括项目所处的地理位置、地形地貌、水文地质、自然气候、植被、土壤等。当项目适应自然条件时，将产生较好的经济效果；项目无法适应自然条件的需要，将会造成损失。因此，农业项目要针对不同自然条件，因地制宜，确保能够有效促进农业生产的发展。

（三）法规制度

农业项目管理作为一种管理活动，要确保其科学性，必须按照项目的客观规律进行管理，必须严格执行一系列项目管理的法律法规和规章制度。影响农业项目管理的法规制度主要包括4个方面：一是国家制定的投资融资、工程建设、招标投标、政府采购等方面的法律条例；二是国家发展改革委、财政部、住建部等部门制定的各行业通用的规章制度；三是各级农业行政主管部门制定的专门针对农业项目管理的规章制度；四是涉及农业工程勘察设计、施工、监理、质量验收、造价管理等各环节的技术规范、标准、规程等。随着国家对农业重视程度不断增加，在扩大投资规模和拓展安排范围的同时，有关部门也在不断建立和完善法规制度，强化项目管理要求。如为加强扩大内需项目管理，有关部门陆续建立并实行了定期报送项目进展情况、自查和专项检查相结合、奖优罚劣等制度。严格遵守和执行这些规章制度，对于进一步提高农业建设项目管理水平，防范投资风险、提高投资效益具有重要的作用。

(四)生产方式

我国有2亿多农户，户均土地经营规模不到10亩，家庭联产承包的经营体制决定了在相当长的时间内千家万户的农民仍是农业生产主体。农业土地经营分散、农户经营规模小，农村劳动力文化水平偏低的情况将长期存在。从这一角度看，影响农业项目管理的因素包括经营体制、产业结构、生产布局、耕作制度、农业机械发展、科技应用水平等。因此，农业项目管理必须区分不同类型项目，结合各地经济发展水平和管理人员实际情况，在保证实现项目基本目标的前提下，照顾到不同地区之间、不同层次之间的差异，采用分级、分层、分类型的多元化管理模式。如农村沼气项目，涉及千家万户，有特殊的工艺技术要求，需要懂工艺、懂工程、懂管理的专家、技术员、施工人员深入农户进行指导。同时，为进一步提高农业的劳动生产率、土地产出率、资源利用率以及比较效益，要积极探索先进管理方式，推动农业生产方式转变，推进农业项目管理科学化、标准化和规范化。

(五)管理水平

项目管理水平直接关系到项目效果和投资效益的发挥。总体来说，影响农业项目管理水平的主要因素包括领导重视程度、机构建立情况、人员技术力量、制度执行情况、资产与财务情况等。与其他行业相比，农业建设行业的项目管理水平还维持在比较低的水平。部分建设单位尚未建立专门的项目管理机构，没有配备专职的技术人员。已有的机构也存在专业人员数量少、技术力量薄弱的问题。由于缺少懂技术、懂市场的管理人员，很多项目都是靠非专业人员边学边干，专业化水平相对较低。一些单位的领导对项目管理重视程度不够，在一定范围内还存在“重投资争取、轻项目管理”的倾向。农业行业的工程咨询、勘察设计、施工单位数量和服务质量也难以满足农业项目管理需要，亟待尽快发展壮大。为确保农业项目管理目标的实现，需要各级主管部门、项目建设单位、各参建单位共同配合，不断完善规章制度，加强机构建设，充实管理人员和技术力量，加强技术培训，探索方法创新，进一步提高工作效率和管理水平。

三、农业项目管理制度体系

(一)制度体系基本情况

目前农业建设项目管理适用的法律法规主要包括两个方面：

1. 与其他行业通用的工程建设法律法规

主要有《中华人民共和国建筑法》《中华人民共和国合同法》《中华人民共和国招标投标法》《中华人民共和国政府采购法》《建设工程质量管理条例》《建设工程勘察设计管理条例》

《国务院关于投资体制改革的决定》《国务院办公厅关于加强基础设施工程质量管理的通知》等，以及国家发展改革委、财政部、住建部等部门制定的与这些法律法规配套的部门管理规章。

2. 农业部门规章

近几年，农业农村部根据农业建设领域新形势、新情况，陆续颁布了《农业基本建设项目管理办法》等一系列规章制度，初步构建了一套覆盖项目申报、评估、批复、实施到竣工验收全过程的农业项目管理制度体系，为做好农业基本建设工作提供了有效的制度保障。这些制度包括《农业基本建设项目管理办法》《农业基本建设财务管理办法》《农业基本建设项目申报审批管理规定》《农业综合开发农业部专项管理细则》《农业基本建设项目招投标管理规定》《农业基本建设项目竣工验收管理规定》《农业建设项目监督检查管理规定》《农业建设项目检查工作细则》《农业建设项目初步设计评审委托管理办法》《农业建设项目审批廉政监督若干规定》《农业部重大投资项目廉政监督若干规定》《农业投资项目廉政监督检查办法》《农业重大招投标项目廉政监督规定》等。

(二)部分管理制度简介

着重介绍《农业基本建设项目管理办法》以及与之配套的申报审批、招投标管理、竣工验收、监督检查 5 项规章制度。《农业基本建设项目管理办法》共 6 章 44 条。该办法是关于农业项目建设和管理的一个基础性、纲领性规章，对农业基本建设项目的管理内容、管理程序等作了系统全面的要求和规定。该办法按照“统一计划、集中管理、分工负责、分级实施”的管理原则，划分了各级农业行政主管部门对农业基本建设项目的领导责任和管理职责，明确了农业建设项目必须遵守的建设程序，规定了前期工作、投资计划、项目实施、监督管理等主要环节的工作内容和要求。《农业基本建设项目申报审批管理规定》共 17 条。该规定按照“权责统一、管理高效、加强监督、运行有序”的原则，明确了各级农业行政主管部门的项目审批管理的分工、权限和责任，明确了项目申报审批工作程序，规定了项目申报、评审、审批、立项、安排计划、下达投资及项目变更等环节的工作内容和要求。《农业基本建设项目招投标管理规定》共 6 章 55 条。该规定依据我国《中华人民共和国招标投标法》和农业项目实际，明确了国务院农业行政主管部门、省级农业行政主管部门对农业基本建设项目招标投标管理的职责分工，强调了必须公开招标项目的范围和规模标准，规定了招标、投标、开标、评标、定标等主要环节的工作内容和要求。《农业基本建设项目竣工验收管理规定》共 5 章 18 条。该规定明确了国务院农业行政主管部门及其所属单位、地方农业行政主管部门在农业建设项目竣工验收工作中的职责分工，确定了竣工验收工作应履行的程序，规定了验收条件、验收内容、验收组织、验收组组成、验收报告撰写、验收合格证发放、验收备案等主要环节的工作内容和要求。《农业建设项目监督检查管理规定》共 6 章 30 条。该规定明确了国务院农业行政主管部门及其所属单位、省级农业行政主管部门在监督检查工作中的职责分工，确定了开展监督检查工作应遵循的工作程序和检查结果处理措施，从建设程序、前期工作、施工及工程质量、资金管理、招标投标及合同、组织机构、开工条件、工程监理、竣工验收、运行情况等方面详细规定了监督检查的工作内容和要求。

第二节 农业项目范围管理

一、农业项目范围管理的基本内涵

(一)农业项目范围管理的概念

项目范围是项目目标中最重要的一个目标，它定义了项目最终完成的内容。确定项目范围就是划定一个界限，哪些方面是属于项目应该做的，哪些又是不应该包括在内的。这个界限既包括最终要交付的成果，也包括为了实现交付成果所做的工作。项目管理里面“范围”一词有两层含义：

1. 产品范围

产品范围指所交付的产品或服务应该包含什么内容。

2. 工作范围

工作范围指为了实现交付的产品或服务所需要完成的工作内容。农业项目范围管理被定义为：农业用以保证项目包含且只包含所有需要完成的工作，以顺利完成项目所需要的所有过程。这个过程要确保项目组和项目干系人对作为项目结果的产品以及生产这些产品所需要的过程有一个共同的理解。

(二)确定农业项目范围的意义

确定了项目范围也就定义了项目的边界。由于任何项目的资金都是有限度的，而实现项目的目标必然要耗费项目的资金，因此通过项目范围的界定过程，确定完成项目所必不可少的工作，以及界定出哪些不必要(或无法完成)的工作，是有重要意义的。一是保证项目的可管理性。范围定义明确了项目的目标和主要的可交付成果，可交付成果又可被分为较小的、更容易管理的组成部分。二是提高费用、时间和资源估算的准确性。项目的工作边界定义清楚，项目的具体工作内容明确，这就为项目所需的费用、时间、资源的估计打下了基础。三是确定进度测量和控制的基准。项目范围是项目计划的基础，项目范围确定了，就为项目进度计划可控制确定了基准。四是有助于清楚地分派任务。确定项目范围，也就确定了项目的具体工作任务，为进一步分派任务打下了基础。五是可作为评价项目成败的依据。项目范围是按照业主或用户的需求来确定的，确定的内容编写在正式的项目范围说明书或项目参考条款中，并记录了修改或变更范围的情况，因此，项目范围为评价项目的成败也就提供了监督和评价的依据。

(三)项目范围的决定因素

项目范围目标定义了整个项目需要交付的结果，可以说是项目所有活动的参照点。我们把这种需要称为需求，它决定了项目的范围。“需求”是“范围”之源，项目的第一个活动就是搞清楚用户需求，然后在正确需求的基础上确定项目的产品范围及工作范围，以此作为后续项目活动的基准。需求和范围的关系如图 11-1 所示。

需求范围关系图需注意几个重要的环节，首先，需求收集活动的目的是什么？应该集中搞清楚用户为什么需要这个产品、用户打算拿这个产品解决什么问题、这个产品给用户

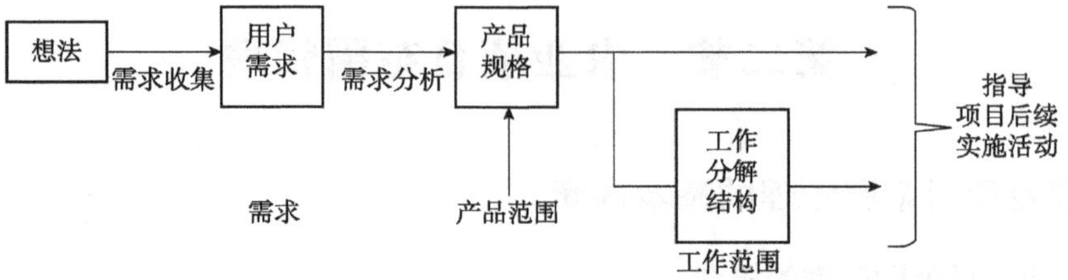

图 11-1　需求和范围的关系

带来了什么价值，整个需求收集活动都是围绕着用户来进行的。其次，当搞清楚用户的需求后，需要确定创建什么样的产品可以满足用户需求，这就是需求分析活动的目的，其结果就是定义产品的规格说明书。另外一个需要特别注意的是，获取项目需求和定义产品规格(范围)所要求的技能是不同的。获取项目需求的人员必须对要解决的问题领域也就是业务领域很熟悉，而定义产品规格所要求的技能则是技术能力。

(四)农业项目范围管理的过程

农业项目范围管理由以下 5 个过程组成：一是范围计划编制，约定项目如何进行范围管理；二是范围定义，将项目初步范围说明书的内容细化，得到较为完整的项目目标，尤其是产品范围；三是建立工作分解结构，将产品范围逐步细分，生成项目详细的工作分解结构；四是项目范围的正式验收确认；五是控制对项目范围的变更。其中，范围计划编制是对整个项目实施范围管理的活动进行约定。范围定义和建立工作分解结构则是在计划过程中产生准确的项目范围。

二、项目范围计划编制

(一)项目范围计划编制的概念

范围计划编制是制订项目如何实施范围管理的计划，就是约定项目如何去确定和生成项目的范围，如何去管理项目的范围变化，活动的结果就是项目范围管理计划。项目范围说明书通过定义项目目标和主要的可交付成果，形成项目小组和项目客户之间协议的基础。

(二)项目范围计划编制的结果

项目范围计划编制工作的结果主要是生成 3 个界定项目范围的文件：项目范围综述(项目范围计划的主体部分)，项目范围综述的支持细节，项目范围管理计划。这 3 个文件是项目后续阶段管理的重要指导文件。

1. 项目范围综述

项目范围综述是未来项目决策的主要依据。项目范围综述在一定程度上能够保证本项目所有的相关利益者对于项目的范围有一个共同的理解。随着项目的展开，项目范围综述可能需要修改或者更新，以便及时反映项目范围的变更情况。项目范围综述应该包括以下内容：

①项目的理由　这是对项目成立的理由所做的全面描述，即对于项目能够满足各种需求的综合说明。

②项目产出物　这是有关项目产出物的简要描述，是一份简要罗列项目产出物构成的清单和说明。从项目范围计划的角度出发，如果提供的项目产出物符合这类描述，就标志着项目已经完成。

③项目的目标　这是完成项目所必须达到的标准和指标，必须包括项目成本、项目进度和项目质量等。项目目标的界定必须明确，项目目标的指标值必须明确规定，而且必须可行、具体和可以度量。

2. 相关的支持细节

这是指有关项目范围综述的各种支持细节文件。这些支持细节也包括所有识别项目的假设前提条件和限制条件。项目范围综述的支持细节内容和详细程度会随项目的专业领域的不同而变化。项目范围综述的支持细节应以能够支持项目范围管理和有利于项目管理的其他过程使用和参考为原则来组织和编写。

3. 项目范围管理计划

项目范围管理计划文件主要描述如何控制项目的范围以及如何将项目范围变更进行集成管理。大多数情况下项目范围管理计划并不是一个独立的文档，而很可能是“项目管理计划”中的一部分，其内容应该包括：根据最初的项目初步范围说明书编制详细的项目范围说明书的方法和过程；项目范围说明书被干系人评审和批准的过程；根据项目范围说明书去建立工作分解结构的方法和过程；对项目范围进行确认和验收的过程；对项目范围变化进行控制的过程。一份精心准备的项目范围管理计划可以作为整个项目应急计划的基础和核心。

三、项目范围定义

(一) 项目范围定义的概念

项目范围定义是指把项目的主要可交付成果划分为更小的、更容易管理的许多组成部分。项目范围定义的目的在于提高对项目成本估算，项目工期和项目资源需求估算的准确性；为项目的绩效度量和控制确定一个基准；便于明确和分配项目任务与责任。项目范围定义的最终结果将产生项目范围说明书。项目范围说明书在项目启动阶段，也就是立项之前就已产生，主要内容是约定项目目标，其中又以范围目标为主。在项目正式启动之后，需要在初期大致约定的基础之上更加准确而详细地定义项目目标，所以范围定义活动是先前所进行的制订项目初步范围说明书活动的延续。

(二) 项目范围定义的内容

主要内容包括：进一步细化项目的可交付成果，其目的是产生详细的项目产品范围；对项目交付成果应该达到的质量目标提出明确而清晰的要求；制定实施项目验收的工作过程，验收所遵循的检测标准以及通过准则；细化里程碑目标，以及对里程碑目标实现进行评价的准则；进一步修正项目总预算。

(三) 项目范围定义的方法和技术

项目范围定义是一项非常严密的分析和推导工作，因此需要采用一系列的逻辑推理和分析识别的方法和技术。在这项工作中使用的关键技术和方法主要是工作分解结构，建立工作分解结构的技术和步骤将在后面小节中详尽介绍，这里不再赘述。

四、建立工作分解结构

(一)工作分解结构的概念

工作分解结构(work breakdown structure, WBS)是归纳和定义项目范围最常用的一种方法。WBS是项目团队为了实现项目目标将项目分解成可以管理和控制的工作单元，从而可以更为容易且准确地确定它们的进度、成本以及质量要求。说得通俗一点，WBS就是将项目进行分解的一种方法，它使得项目目标从抽象的表述转化成详细、明确且实在的工作内容，这些工作内容就变成了项目目标的具体体现。

(二)工作分解结构的作用

工作分解结构以可交付物为导向，对任务进行分解以便执行项目。通过工作分解结构将项目进行分解的目的是使任务方便管理。具体来说，工作分解结构的作用如下：能保证所有任务都识别出来，并把项目要做的所有工作都清楚地展示出来，不至于漏掉任何重要任务。能清晰地给出可交付成果，明确具体任务及关联关系，为不同层级的管理人员提供适合每个层次的信息。通过工作分解，可以确定完成项目所需要的技术、人力及其他资源。为管理人员提供了计划、监督和控制项目工作的数据库，能够对项目进行有效的跟踪、控制和反馈。

(三)建立工作分解结构的步骤

项目工作分解结构创建的主要步骤如下：第一，识别主要的项目要素或项目可交付成果。第二，确定工作分解结构的结构与编排方法。第三，按项目要素的构成分解，按详细程度顺序列出分解任务，不断分解，直到所有有意义的任务或工作包都已被识别。第四，为WBS组件制订和分配标识编码。第五，核实项目分解的准确性。确定底层对项目分解是否必要，每项定义是否完整，每项编制是否恰当，每项职责分配是否恰当等。第六，进行项目绩效度量和责任分配。对每个工作包，列出负责每项工作的人员和机构，构建一个责任表，也叫责任矩阵，有助于显示谁负责什么，也显示需要特殊管理协调的单位之间的重要接口或界面。责任分配矩阵是将所分解的工作任务落实到项目有关部门或个人，并明确表示出他们在组织中工作的关系、责任和地位的一种方法和工具。

五、任务范围确认

(一)项目范围确认的概念

范围确认是项目干系人正式承认和接受项目范围的过程，相当于对项目的范围目标做出检验，以确保其是正确的。在项目范围确认工作中要审核项目范围定义工作的结果，以确保所有必需的项目工作均已正确而令人满意地包括在项目范围之中，而与实现项目目标无关的工作均未包括在项目范围之中。项目范围确认既可以是对一个项目整体的范围确认，也可以是对一个项目阶段的任务范围确认。

(二)项目范围确认的对象

项目范围确认活动不能在项目组内部实施，而是需要干系人介入。为了使项目范围得到干系人的正式确认，项目组必须形成一份正式的文件来说明。项目范围确认的对象主要包括以下的文件：项目活动和项目的可交付成果应该达到的要求；遵循什么样的过程来评价项目工作及可交付成果；判断是否达到要求的准则。这样，项目干系人就可以在项目的目标以及如何鉴定目标完成的状态上达成一致，可以准确地评价和判断项目的工作活动和可交付成果是否符合当初的期望。

（三）项目范围确认的方法和技术

项目范围确认工作就是对项目范围进行审查和确认的工作。通过对项目范围的审查来确认项目范围是否包括了实现项目目标所需的全部工作，有没有不属于项目范围的工作包括在定义的项目范围之中，项目范围定义生成的结果是否与项目的要求相符等。项目范围审查的对象包括整个项目的范围定义，项目范围管理计划和项目工作分解结构等项目定义阶段给出的文件，以及它们的合理性和可行性。项目范围确认的方法主要是采用核检表。

1. 项目范围的核检表

项目范围核检的主要内容如下：项目目标是否完善和准确，项目目标的指标是否可靠和有效（即所需信息是否可以获得），项目的约束和限制条件是否真实和符合实际情况，项目最重要的假设前提是否合理（即不确定性较小），项目的风险是否可以接受，项目成功的把握是否足够，项目范围定义是否能够保证项目目标的实现，项目范围定义所能够给出的项目效益是否高于项目成本，项目范围定义是否需要进行进一步深入研究。

2. 项目工作分解结构的核检表

项目工作分解结构核检包括如下主要内容：项目目标的描述是否清楚，项目生成物（成果）的描述是否清楚，项目生成物（成果）是否都是为实现项目目标服务的，项目各项成果是否可以作为项目工作分解的基础，项目工作分解结构中的各个工作包是否都是为形成项目成果服务的，项目的目标层次描述是否都清楚，项目工作分解结构的层次划分是否与项目目标层次的划分和描述统一，项目工作、项目成果与项目目标之间的关系是否一致和统一，项目工作、项目成果、项目目标和项目总目标之间的逻辑是否正确、合理，项目目标的指标值是否可度量，项目工作分解结构中的工作包是否有合理的数量、质量和时间度量指标，项目目标的指标值与项目工作绩效的度量标准是否匹配，项目工作分解结构的层次结构是否合理，项目工作分解结构中各工作包的工作内容是否合理，项目工作分解结构各工作包之间的相互关系是否合理，项目工作分解结构各工作包所需资源是否明确与合理，项目工作分解结构中的各项工作考核指标是否合理，项目工作分解结构的总体协调是否合理。

（四）项目范围确认的结果

项目范围确认工作是全面审核项目范围定义所给出的结果，以确保项目范围管理中的选择与定义正确，项目范围计划编制和项目范围定义内容正确、合理、可行，并最终做出确认的一项工作。如果项目范围没有获得确认（不管是谁未给予确认），整个项目即告中止或终结。项目范围确认的结果是对项目范围定义工作的正式接受。这种接受一般需要有正式文件予以确认。在对项目范围的正式确认活动中，要编制和发布项目业主/客户或项目委托人、发起人确认已经接受的项目范围定义和项目或项目阶段工作任务的正式文件。

六、项目范围变更控制

(一)项目范围变更控制的概念

项目的范围作为其他后续管理活动和工程活动的基础，其本身必须保持稳定，它的变更必须处于一个严格受控的过程之下。项目范围变更控制是指当项目范围发生变化时对其采取纠偏措施的过程以及为使项目朝着目标方向发展而对某些因素进行调整所引起的项目范围变化的过程。造成范围变更的原因主要包括以下几个方面：项目的外部商业环境发生了变化。当初确定项目范围的一些支持性因素有了明显的改变，继续坚持原来的项目范围会导致和项目最初的商业目标发生偏离，所以必须对原有的项目范围进行更改。项目范围的初始工作存在错误或者遗漏。一些项目在最初的阶段存在着对项目认识不清和理解不够深刻等问题，随着项目的逐步深化，就会发现原有的项目范围界定存在错误，需要进行修正。项目的客户对项目或项目产品的要求发生了变化，需要对项目范围进行变动。项目实施技术手段有了更好的选择，需要对项目范围做出相应修改。

(二)项目范围变更控制的方法和技术

项目范围变更控制系统给出了项目范围变更控制的基本控制程序、控制方法和控制责任。控制程序大都要经历变更申请、CCB 评估、变更实施、变更结果的验证。具体来说，这一系统包括文档化工作系统、变更跟踪监督系统以及项目变更申请的审批授权系统。在项目的实施过程中，项目经理或项目实施组织利用所建立的项目实施跟踪系统，定期收集有关项目范围实施情况的报告，然后将实际情况与计划的工作范围相比较，如果发现差异，则需要决定是否采取纠偏措施。

项目实施情况的度量技术也是项目范围变更控制的一种有效技术和方法，它有助于评估已经发生项目范围变更的偏差大小。项目范围变更控制的一个重要内容就是识别已发生变更的原因，以及决定是否要对这种变更或差异采取纠偏行动，而这些都需要依赖项目实施情况度量技术和方法。

第三节　农业项目质量管理

一、农业项目质量管理基本概念

(一)项目质量

项目的交付物是一种产品或服务。具体来讲，项目质量就是项目的固有特性满足项目相关要求的程度。从本质上讲，项目质量与一般质量的概念没有区别。但是，由于项目兼具产品和服务两个方面的特性，同时还具有一次性、独特性与创新性等特点，所以项目质量的内涵具有自己的独特性。

1. 项目质量的双重性

这是指项目质量既有产品质量的特性，又有服务质量的特性。这是因为在同一个项目中会有许多项目产出物具有产品的有形性、可储存性和可预先评估性等特性，所以完全属于产品的范畴，而这一项目的另一些产出物具有无形性、不可储存性和无法预先评估等特性，所以完全属于服务的范畴。

2. 项目质量的过程特性

这是指一个项目的质量是由整个项目的全过程形成的，是受项目全过程的工作和活动质量直接和综合影响的。任何项目的质量不是由一个项目的某个阶段或某项活动形成的，而是由整个项目的全过程形成的。特别需要指出的是，项目质量的形成与产品和服务的质量形成都不相同。由于项目具有的一次性和独特性的特性，所以人们(包括项目业主和实施者)在项目的定义和决策阶段往往无法充分认识和界定自己“明确”的和“隐含”的需求，所以项目的质量要求在许多情况下，一开始无法明确和完全地确定下来，它是在项目进行过程中通过不断修订和变更而最终形成的。

(二)项目质量目标

项目的质量目标包括对交付产品的质量要求和实施过程的质量要求两个方面。产品的质量要求是指那些衡量产品的质量属性，这一般和产品的工程技术领域高度相关，但是也可以从一般性的原则出发来考虑。主要包括功能性、易用性、可靠性、可维护性、有效性等几个方面。实施过程的质量要求是指那些衡量项目过程的质量属性。当然，并不是所有组织都对实施过程提出了质量要求和目标。项目实施过程的质量要求主要包括生产效率、生产周期、质量成本等几个方面。

(三)农业项目质量管理

农业项目质量管理是指围绕农业项目质量所进行的指挥、协调、控制等活动，是为了保障项目的产出物能够满足项目业主、客户，以及项目各相关利益者的需要所开展的对于项目产出物质量和项目工作质量的全面管理工作。为了实现项目质量管理的目标，项目质量管理的过程主要包括项目质量计划编制、项目质量保证和项目质量控制。项目质量计划是确定项目质量应该达到的标准和如何达到这些标准的工作计划和安排。项目质量保证是为确保项目质量计划能够得以执行和完成，使项目能够最终满足项目质量要求的系统性工作。项目质量控制是对项目质量计划实施情况的监督和管理。

二、项目质量计划

(一)项目质量计划的概念

项目质量计划是指确定项目所要实现的质量标准，以及通过什么样的过程去实现这些标准的工作计划和安排。现代质量管理的基本宗旨是“质量出自计划，而非出自检查”。只有做出精准的质量计划，才能指导项目的实施、做好质量控制。项目质量计划的内容应包括以下几个方面：项目和产品需要达到的质量目标；实施项目质量管理的各项资源分配，以及人员的职责和权限；为了达到质量目标，项目所应遵循的过程和规范；在相应的阶段对产品所实施的质量控制活动；确保过程和规范被遵循的质量审计活动；项目进程中所实施的质量改进活动和机制；达到质量目标的度量方法；为了达到质量目标必须采取的其他措施。

(二)编制项目质量计划的方法

1. 成本-收益分析法

成本-收益分析法也叫经济质量法，就是利用质量经济性原则，分析质量的投入成本和所获收益之比，选择那些对项目最有价值的质量活动。项目质量成本是指开展项目质量管理活动所需的开支，包括为使产品或服务符合要求的所有工作以及返工的成本，项目质量收益是指开展项目质量活动带来的好处。项目质量成本-收益分析法的实质是通过运用这种方法编制出能够保障项目质量收益超过项目质量成本的项目质量管理计划。任何一个项目的质量管理都需要开展两个方面的工作，一是项目质量的保障工作，这是防止有缺陷的项目产出物出现和形成的管理工作；二是项目质量检验与质量恢复工作，这是通过检验发现质量问题，并采取各种方法恢复项目质量的工作。这两个方面的工作使项目质量成本具有了两种不同的成本：项目质量保障成本和项目质量纠偏成本，二者的关系是项目质量保障成本越高，项目质量的纠偏成本就会越低，反之亦然。项目的质量收益是通过努力降低这两种质量成本而获得的收益。项目质量的成本收益法就是一种合理安排和计划项目的这两种质量成本，使项目的质量总成本相对最低而质量收益相对最高的一种项目质量计划的方法。

2. 质量标杆法

质量标杆法是指利用其他项目的实际或计划质量结果或质量计划，作为新项目的质量比照指标，通过对照比较制订出新项目质量计划的方法，它是项目质量管理中常用的有效方法之一。这里所说的其他项目可以是项目组织自己以前完成的项目，也可以是其他组织完成的或正在进行的项目。通常的做法是以标杆项目的质量方针、质量标准和规范、质量管理计划、质量核检清单、质量工作说明文件、质量改进记录和原始质量凭证等文件为蓝本，运用相关技术和工具，结合新项目的特点来制订新项目的质量计划文件。使用这一方法时应充分注意标杆项目质量中所实际发生的质量问题及教训，在制订新项目质量计划文件时要考虑相应的这些质量问题的防范措施方案和应急计划，尽可能避免类似项目质量事故的发生。

3. 流程图法

流程图法是用于表达一个项目的工作过程和项目不同部分之间相互联系的方法，通常它也被用于分析和确定项目实施的过程和项目质量的形成过程，所以它也是编制项目质量计划的一种有效方法。一般的项目流程图包括项目的系统流程图、项目的实施过程流程图、项目的作业过程流程图等。还有许多用于分析项目质量的其他图表，如帕雷托图、鱼骨图等，也属于使用流程图法编制项目质量计划的工具和技术之列，因为这些工具和技术从不同的侧面给出了项目质量问题的各种原因和如何影响项目质量因素与后果等方面的信息。通过对项目流程中可能发生的质量问题、质量问题的原因分析和归类，人们能够编制出应对质量问题的对策和项目质量计划。同时，编制项目流程图还有助于预测项目质量问题的发生环节，有助于分配项目质量管理的责任，有助于找出解决项目质量问题的措施，所以流程图法是一种编制项目质量计划的非常有效的方法。

4. 实验设计法

实验设计法是指在一些大型项目中，为了确定哪些因素会对质量产生影响，在确定质量计划之前进行某些实验活动，来识别和确认那些对质量产生影响的因素，以便于更好地制订质量计划。

(三)编制项目质量计划的工作结果

项目质量计划编制的结果是生成一系列项目质量计划文件，这些项目质量计划文件主要包括以下几种：

1. 项目质量计划

项目质量计划是描述项目组织为实现其质量方针对项目质量管理工作的计划与安排。其内容包括实现项目质量目标所需的资源、质量保障的组织结构、质量管理的责任、质量管理的措施和方法等。在整个项目实现过程中，项目质量计划是整个项目质量管理的指导性文件，一个项目需要通过质量体系去执行项目质量计划来保证项目的质量。所以项目质量计划是一份非常重要的项目质量管理文件，是项目质量计划编制工作最重要结果之一。

2. 项目质量工作说明

项目质量工作说明是指对于项目质量管理工作的描述以及对于项目质量控制方法的具体说明。这一文件应做出如何检验项目质量计划的执行情况，如何确定项目质量控制规定等内容。通常这种项目质量计划文件是项目质量计划的辅助和支持文件，应该全面给出项目质量管理各方面的支持细节和具体说明。这包括执行项目质量计划中所需使用的具体方法、工具、图表、程序等各方面的规定和说明。

3. 质量核检清单

质量核检清单是一种结构化的质量管理工具，它可用于检查各个项目流程步骤的质量计划执行情况和质量控制的实际结果，它也是项目质量计划文件的组成部分之一。质量核检清单常见的形式是以分别开列的一系列需要检查核对的工作与对象的清单。质量核检清单通常可以由工作分解结构的细化和转换得到。随着项目种类和所属专业领域的不同，质量核检清单的内容也会有很大差别，所以在项目编制计划中要根据具体项目所属专业领域和项目本身的特性，确定出相应的质量核检清单，作为项目质量计划的重要内容之一。

4. 可用于项目其他方面管理的信息

这主要是指在制定项目质量计划的过程中，通过分析与识别而获得的有关项目其他方面管理所需的信息，这些信息对于项目的集成管理和项目的其他专项管理都是非常有用的。

三、项目质量保证

质量保证是质量管理的一部分，是在执行项目质量计划过程中，经常性地对整个项目质量计划执行情况所进行的评估、核查与改进等工作。这是一项确保项目质量计划能够得以执行和完成，使项目质量能够最终满足项目质量要求的系统性工作。项目质量保障既包括项目工作本身的内部质量保障，也包括为项目业主/项目客户和其他项目利益相关主体提供的外部质量保障。

项目中的质量保证活动都是围绕着项目执行过程来进行的，主要包括两个方面的内容：确保约定的过程被遵循，也就是质量审计；在实施过程中，根据出现的问题寻找过程改进机会，也就是质量改进。

（一）质量审计

质量审计的目的是确保项目遵循约定的实施过程、规范和标准。项目质量审计可以定期进行，也可以随机抽查，大多由独立的质量保证人员来实施，可以由项目组织内部人员实施核查，也可以由第三方（如质量监理组织、质量管理咨询公司等）或专业机构完成，但必须遵循独立的原则。然后将结果通知项目组织，以便开展项目质量的持续改进和提高工作。项目质量审计主要用于对于项目所用材料、半成品和配件的质量核查，对于项目各项工作质量的核查，对于项目最终或中间产出物的质量核查，对于项目质量控制方法和工作的核查，对于项目各种管理与技术文件的核查等方面。

（二）质量改进

检查项目实施是否遵循流程的审计活动，其目的是发现缺陷、寻找改进的机会。缺陷的预防是通过预定义的过程来实现的，但即便如此，通过质量控制活动仍然可以发现很多产品缺陷。这些缺陷的产生可能是由于两类原因：预定义的过程是可以预防的，但是操作者没有遵守。预定义的过程没有考虑到该类“缺陷”，也就是并没有对它进行预防。对于前者，我们需要做的是对操作者进行更好地培训，或者对过程的遵循加强监督。后者则说明我们所制定的过程存在着改进的余地。如果是实施的问题，则需要改进实施；如果是过程本身的问题，则需要进入过程改进的环节当中。

四、项目质量控制

（一）项目质量控制的概念和内容

质量控制活动主要是监督项目的实施结果，以判定它们是否符合相关的质量标准，及时纠正发现的不一致情况。质量控制的内容包括：获得项目及项目产品质量的真实状态；将质量实际值和质量标准进行比较；识别项目的质量偏差并确认问题；纠正偏差。质量控制最主要的特征就是直接对产品进行检查，并且这种检查应该尽可能早地进行，以便最大限度地降低坏质量代价，所以检查活动需要贯穿整个生产过程。但要做到这一点，需要具备以下条件：需要制定明确的质量目标，因为有目标才有检查的参照物；最初的目标可能是针对最终产品的，但这只能支持最后一道的产品检验，不利于减少坏质量代价，所以我们还需要把这个质量目标分解到产品的构造过程中，以便于在早期发现并纠正缺陷；错误被发现后，需要采取措施确保其被纠正。综上所述，质量控制就是确保产品在构造过程中符合制定的规范和标准，及时发现和纠正不符合标准的地方。

（二）项目质量控制标准

项目质量控制是为了在生产过程中检查产品质量是否符合要求的措施。针对“符合性质量”和“适用性质量”两种不同的质量观点，其参照的标准也会有所区别，从而表现为两种不同类型的质量控制活动：验证和确认。验证即检查生产过程中是否正确地构造了产品。确认即检查生产过程中是否构造了正确的产品。从它们的定义来看，两者的区别在于“正确”这个词的性质：前者是副词，修饰的是动词“构造”；后者是形容词，修饰的是名词“产品”。验证与确认都是为了质量控制，参照某一标准检查产品是否满足要求。但是，两者参照的标准并不一样，验证参照的是产品的规格，确认则参照产品本来的使用用途。显然，验证所参照的产品规格是显性的文档，确认则要复杂得多。简单地说，验证所参照的基准是明确的规格和需求，其质量理念是“符合性质量”；确认所参照的基准是客户的期望，其质量理念是“实用性质量”。由于产品的最终期望是由客户确定的，所以确认过程的一个重要标志就是必须有客户参与。

（三）项目质量控制过程

质量控制一般包括以下几个要点：一是明确质量目标，作为质量控制的参照基准。二是在产品构造过程中实施质量检验活动，包括验证和确认两种类型：验证即检查产品是否符合预先定义的质量规范；确认即检查产品是否符合用户最终需要。三是对质量检验活动所发现的缺陷进行记录并跟踪修复。四是对修复的缺陷进行检验，并确保没有产生其他影响。质量控制还有一个实施效率的问题。提高效率并不是单纯减少质量控制的投入，而是如何使其更有效率地发现并解决缺陷，这依赖于工程领域的技术和手段。作为管理者，其主要责任在于为质量控制分配足够的资源，以确保其有效开展。如果管理者有深厚的工程领域经验，则非常有助于细化质量控制的具体手段，提高质量控制的有效性。但如果管理者没有经验，则必须借助相关资源，高度关注质量控制活动。

第四节 农业项目人力资源管理

一、农业项目人力资源管理基本概念

（一）人力资源管理的概念

人力资源理论就是将人力看作企业的资本，而不是成本，力图使其创造更高的价值。现代项目管理中的人力资源管理与近年来不断发展的人力资源管理原理和方法基本一致。人力资源管理与传统人事管理的区别主要表现在以下几个方面：建立以人为本、以人为核心的管理理念。把人力当成资本，当成能创造更多价值的资源。把人力资源开发放到首位，提高人力资源品位，大力开发潜能。人力资源被提高到组织战略高度，而不是当作事务性工作看待。人力资源管理部门被视为生产与效益部门。项目人力资源管理是指对项目的人力资源所开展的规划、开发。合理配置、准确评估、适当激励、团队建设、资源能力提高等方面的管理工作。这种管理的根本目的是充分发挥项目组织各方面的主观能动性，以实现既定的项目目标和提高项目效益。

（二）项目人力资源管理的过程

项目中的人力资源管理过程一方面是指“管事”，如对所需人力做出规划。获取资源，通过管理有效利用资源。这一管理思想忽视“人与人之间的差异性”，把人当作“一般性的可替代资源劳动力”来考虑。从这一点看，它传承了传统人事管理的思维。另一方面是指

通过团队建设等过程提倡和强调将人力作为资源来开发。在项目管理知识体系中，农业项目的人力资源管理过程包括以下几个方面：组织计划编制、项目的组织结构、人员角色和责任的分配、人力资源的使用计划。

二、项目组织计划编制

(一)项目组织计划的概念和内容

项目人力资源管理的首要任务是项目组织计划的编制。项目组织计划是项目整体人力资源的计划和安排，是按照项目组织的目标，通过分析和预测，对给出的项目人力资源在数量上、质量上的明确要求、具体安排和打算。对于大部分项目而言，项目组织计划的主要工作属于项目定义阶段工作的一部分。但是，这一部分的工作结果应该在整个项目人力资源管理过程中不断地进行评价和改进，以确保项目组织的适应性。项目组织计划是项目整体人力资源的计划和安排，一般地，项目组织计划包括 3 个方面的内容：①确定项目的组织结构；②建立项目的责任分配矩阵；③编制项目的人力资源使用计划。

(二)建立项目责任分配矩阵

项目的责任分配矩阵是用来使项目的主要工作职责和人力资源产生对应，即对项目团队成员进行分工，明确其角色与职责的有效工具，通过这样的关系矩阵，项目团队每个成员的角色(也就是谁做什么)，以及他们的职责(也就是谁决定什么)，得到了直观的反映。项目的每个具体任务都能落实到参与项目的团队成员身上，确保了项目的事有人做，人有事干。

(三)编制项目人力资源的使用计划

项目人力资源使用计划主要是为项目的人力资源使用在时间上做出计划。在上面项目的组织结构确定以及项目的责任分配矩阵建立的基础上，就可以对项目活动中不同时间段人力资源使用情况做出规划。

三、项目团队组建

(一)项目团队组建概念

项目实施所需要的最重要资源就是人力，但是将一群人召集起来，并形成富有战斗力的团队需要一个建设过程。项目团队组建是指以项目组织计划编制为依据，将项目所需要的人员以各种形式招聘过来，并将其打造成一个高效团队的过程。在项目团队的组建过程中需要注意以下要点：①获取所需要的人员，主要通过组织内部调配和外部招聘。②将一群人打造成一个团队，需要遵循团队形成的规律。③高绩效的团队需要各种角色的成员。

(二)项目人员的获得

项目人员的获得是指项目人员的招聘工作，目的是为项目选择合适的成员，这是组建项目团队的首要任务。组织可以采取内部招聘和外部招聘的方式，运用各种各样的方法和手段获得足够的、高质量的人力资源。

(三)项目人员配备

在人员招聘工作结束以后，需要对项目组织的人力资源进行合理的配备，这对于项目组织而言也非常重要。因为合理配备人力资源不但有利于项目目标的实现，也有利于充分挖掘人力资源的潜力，降低人力资源的成本，以及不断地改进与完善项目组织的结构，提高项目团队的合作与协调能力。项目组织人力资源配备的方法包括项目人力资源的需求预测、项目人力资源的供给预测和项目人力资源的综合平衡 3 个方面。这些方面的具体内容如下：

1. 项目人力资源的需求预测

项目人力资源的需求预测是根据项目所需完成的任务、项目任务所需的组织结构、项目组织所需的各类职务和岗位等，最终预测得出项目的人力资源需求。项目人力资源的需求预测不用像一般运营组织的人力资源需求预测那样需要对人员的补充，提升、教育、退休、人才储备等各个方面都做出预测，因为项目组织是临时性的，所以它主要涉及的是当前项目人力资源需求的预测。

2. 项目人力资源的供给预测

项目人力资源的供给预测主要涉及两个方面的预测，一是项目组织内部的人力资源供给能力的预测，二是外部环境为项目供给人力资源能力的预测。前者是关于现有企业或组织能够提供多少人项目团队成员的确定性预测，后者是有关外部环境人力资源供给方面的不确定性预测。同样，由于项目组织的临时性，它并不需要像一般运营组织那样去做未来生产工艺技术的发展预测和各类人员的长期供给能力预测等复杂的趋势预测。

3. 项目人力资源的综合平衡

项目人力资源的综合平衡是指关于项目人力资源需求与供给的综合平衡。这种综合平衡的方法主要包括总量综合平衡的方法和结构综合平衡的方法。其中，总量综合平衡的方法用于从总体数量上综合平衡项目人力资源的供给和需求，但是不考虑项目管理人员与实施人员的平衡、不同专业或工种人员的综合平衡以及直接工作人员与辅助工作人员的平衡等人力资源构成结构方面的综合平衡。在总量综合平衡的基础上，人们就需要考虑使用结构综合平衡的方法使项目组织各项工作的人力资源实现局部的结构性的综合平衡。

(四)项目团队形成的规律

通过招聘形式获得项目所需要的人力资源，并将其进行合理地配置之后，组织还需要将这一群人打造成一个高绩效团队。这一过程的实现需要遵循项目团队形成的规律。团队的形成要经过一系列的阶段和过程。一般来说，团队从建立到产生绩效需要经历 4 个不同的阶段，即形成阶段、震荡阶段、正规阶段和表现阶段。在形成阶段，团队成员带着一个共同的目标聚集在一起，每个人怀着既兴奋又紧张的心情憧憬未来，在这个阶段，团队有很高的士气，团队成员也抱有很高的期望。在震荡阶段，团队成员内部的矛盾和冲突会日渐凸显。高涨的团队士气会迅速地降低，抱怨、不信任、推卸责任和难以协作等情绪和现象滋生，有些人甚至会选择离开团队。这是一个理想被现实打破的阶段。震荡阶段几乎是不可避免的，这个阶段处理不好会导致团队最终瓦解。正规阶段最主要的目的是建立团队规则。团队规则的内容包括团队的任务目标、工作流程、任务分配和职责等。在团队规则的指引下，团队成员明确自己的任务和责任，也懂得如何和他人进行有效的协作。经过一段时间的磨合，团队的绩效有所体现，团队士气也有所恢复，从而进入表现阶段。这一阶段的团队目标就是完成任务，实现绩效。大多数团队在完成初期的几个阶段之后进入表现阶段，意味着一个富有战斗力的团队形成了。

从上面的分析可以看出，整个团队形成的过程是团队的核心聚集力从一股热情转移到团队规则上的过程。在这 4 个阶段中，最重要的是正规阶段。该阶段使团队从崩溃的边缘回到正常的轨道，并建立起团队规则，使团队成员逐步树立起信心，形成基于规则的默契协作。

四、项目团队建设

(一) 员工培训

项目组织中的员工培训是给项目团队成员传授项目工作和任务所需基本技能与素质的过程，它是项目人力资源开发的基础性工作之一。项目员工的培训包含基本技能培训和基本素质教育两方面。具体地说，项目组开展员工培训的作用有以下几个方面：

1. 提高项目团队综合素质

通过对员工的培训，可以使项目团队成员的能力有所提高，使他们的综合素质得到加强，以便在以后的项目工作中使整个项目团队能够更好地合作和努力。

2. 提高项目团队工作技能和绩效

通过对员工的培训，可以使项目团队成员的工作技能和专业技术水平得到提高，从而使每个人的工作绩效得到提高，这会使整个团队创造出更高的工作绩效。

3. 提高项目团队成员工作满意度

通过培训可以提高项目团队成员对工作的满意度，并降低项目成员的流失率。

(二) 培养项目团队文化

项目团队文化是指项目团队在发展过程中形成的、为项目团队成员所共有的思想作风、价值观念和行为规范，它是一种具有项目团队个性的信念和行为方式。项目团队文化能对整个项目组织和每个成员的价值取向及行为起到引导作用，使之符合项目组织的发展需要。当一种价值观被团队成员共同认可之后就会成为一种黏合剂，从而产生一种巨大的向心力和凝聚力。项目团队文化还可以使项目团队成员从内心产生一种高昂的情绪和奋发进取得精神，激励每个项目团队成员自觉产生为项目团队效劳的献身精神。同时，项目团队文化对每个团队成员的思想、心理和行为具有约束和规范的作用，能造成强大的使个体产生从众行为的心理压力和动力，促使个体对自己的行为进行自我控制。项目团队文化一旦形成比较固定的模式，不仅会在项目团队内发挥作用，激发团队成员的责任感和归属感，还会通过各种渠道对社会产生影响，塑造项目团队的形象。项目团队文化主要包括团队价值观、团队精神、团队道德、团队目标和团队文化礼仪。

(三) 项目团队绩效管理

项目团队的绩效管理是依据项目团队成员和他们的项目负责人之间达成的协议，来实施一个双向式互动的沟通过程。该协议对成员的工作职责、工作绩效如何衡量，员工和负责人之间应如何共同努力以维持、完善和提高成员的工作绩效，成员的工作对项目目标实现的影响，找出影响绩效的障碍并排除等问题做出了明确的要求和规定。项目团队绩效管理的主要内容包括：

1. 绩效计划

绩效计划是绩效管理过程的起点。绩效计划是团队成员与项目经理共同研究以确定成员在一段时期内该做什么工作、定义绩效评定方法、分析并计划克服工作障碍，并就工作达成共识的过程。

2. 绩效沟通

持续的绩效沟通是一个双方追踪进展情况、找到影响绩效的障碍以及得到使双方成功所需信息的过程。作为激励手段的绩效管理应该遵循人性化的原则，不管成员等级的高低，年龄资历的大小，组织团队成员都是平等的，是一种服务和支持的关系。持续的绩效沟通能保证项目经理和成员共同努力，及时处理出现的问题，修订工作职责，上下级在平等的交往中相互获取信息、增进了解、联络感情等。

3. 收集数据并分析问题

必须依靠数据进行必要的决策，才能达到绩效管理期望的效果。项目团队进行数据收集和分析是为了解决问题，随时满足管理的需要。这些信息包括数据、项目经理的观察以及与单个员工就绩效问题的讨论记录等。通过收集的数据和记录的文档，可以为决策提供有关绩效的记录，及时发现潜在的问题，对出色的员工进行表扬，提高员工的积极性。

4. 绩效考核和评价

绩效考核是通过一套明确的目标评价体系，考核项目团队成员实际完成绩效情况的过程。一般包括工作结果考核和工作行为考核两个方面，有时候又涉及工作态度的考核。任务类型不同，对考核点的选择也不一样。绩效考评是项目人力资源管理的一项重要工作，因此，关于绩效考评的详细内容下面有专门介绍。

5. 薪酬管理

薪酬管理制度应该具有激励性。项目团队的薪酬管理应该与项目团队成员的工作绩效密切联系。项目经理可以通过手中掌握的财权，通过报酬，对工作出色的成员进行奖励。公平的报酬将是项目团队成员取得更高绩效的潜在动力。

6. 人事决策与调整

通过前几个阶段的工作可以发现绩效管理工作有哪些成绩，哪些优势需要继续保持和发扬，哪些不足和失误需要改进，要进行认真总结和分析，然后对现有的政策进行修订，对成员的工作进行调整。项目经理可以通过调整项目团队成员的工作来达到激励成员的目的。

(四) 员工激励

激励是项目人力资源管理的一项重要工作，它是调动项目员工积极性和创造性最有效的手段之一。激励是运用有关行为科学的理论和方法，对项目员工的需要予以满足或限制，从而激发员工的行为动机，激发员工充分发挥自己的潜能，为实现项目目标服务。从心理学角度看，激励就是激发人的行为动机。这是一个将外部一定的刺激(诱因)转化为内部心理动力，使人的动机系统激活，从而产生强大的推动力，去为实现目标而行动的心理过程。从管理学角度看，员工激励就是管理者通过采用各种满足员工需要的措施和手段，去激发员工工作的动机，调动员工潜在的能力和创造性，从而高效地实现项目组织目标的过程。在开展项目员工激励时，通常采用的激励手段有以下几种：

1. 物质激励与荣誉奖励

这是项目组织最基本的激励手段，也是项目组织采用最多的一种激励手段。物质激励手段包括工资和奖金等。荣誉奖励是众人或组织对个体或群体的高度评价，是满足人们自尊需要，激发人们奋力进取的重要手段。

2. 参与激励与制度激励

这是指尊重员工、信任员工，让他们了解项目组织的真实情况，使其在不同层次和深度上参与决策，从而激发主人翁的精神。同时，项目组织的各项规章制度，一般都是与物质利益相联系，因此对员工消极行为也是个约束。另外，规章制度又为员工提供了行为规范和评价的标准。员工遵守规章制度的情况，还与自我肯定、组织舆论等相联系，所以其激励作用是综合的。

3. 目标激励与环境激励

目标激励是项目组织凝聚力的核心，它体现了员工工作的意义，能够在理想和信念的层次上激励全体团队员工。另外，创造一个良好的工作和生活环境，一方面直接满足了员工的某些需要，另一方面良好的环境可以形成一定的压力，这对推动员工努力工作，也具有很强的压力和激励作用。

4. 榜样激励与感情激励

榜样激励是通过满足项目员工的模仿和学习的需要，引导其行为达到项目组织目标所期望的方向。而感情激励是利用感情因素对人的工作积极性造成重大影响。感情激励就是加强与员工的沟通、尊重员工、关心员工、与员工建立平等和亲切的感情。

(五)冲突管理

所谓冲突就是组织团队或成员为了限制或阻止另一部分组织团队或成员达到其预期目的而采取的行为和措施。所有项目都存在冲突，这是一种相当普遍的现象。冲突可能会阻碍组织或个人目标的实现，但也可能给决策带来新信息、产生新方法，促进项目工作的开展。冲突主要发生在各个干系人之间，既可能在项目团队内部，也可能在项目合作方之间。项目约束冲突、优先级冲突、技术冲突、管理程序冲突以及人际冲突等都是主要的冲突源。项目约束冲突是指项目目标同时也是相互制约的约束条件，满足某一方面的目标意味着牺牲另一目标。如压缩进度和成本，常常需要小心地平衡质量的取舍。优先级冲突是指项目的参加者因对实现项目目标应该执行的工作活动和任务次序意见不同而产生的冲突。优先级冲突的直接影响因素就是对资源分配的不同观点。技术冲突体现在对技术质量、技术性能提出要求，技术权衡以及实现问题上产生的冲突。管理程序冲突指围绕项目管理问题而产生的冲突，包括项目经理的报告关系定义、责任定义、项目工作范围、运行要求、实施计划、与其他组织协商的支持程序等方面的冲突。人际冲突指项目成员的价值观、事物判断标准以及个性之间的冲突。

第五节 农业项目进度管理

一、项目进度的控制

进度管理就是采用科学的方法确定进度目标、编制进度计划与资源供应计划并进行进度控制，在与质量、费用目标协调的基础上，实现工期目标。其中工期、费用、质量是项目的主要组成要素，也是项目要达成的目标。费用发生在农业项目的各项作业中，质量取决于作业过程和项目管理，工期由农业项目进度实施进行保证，而这些目标的实现均与农业项目进度控制密切相关。

(一) 进度控制的影响因素

农业项目进度控制和农业项目工期目标的实现，受到多种因素的影响，包括：人力因素、资金因素、材料和设备因素、方法和工艺因素、环境因素、市场因素等。项目进度管理中可能受到这些因素的干扰而出现以下几种状况。

1. 错估项目的资源条件和实现条件

错误估计了农业项目所需的资源条件，低估项目的技术实现难度，低估项目干系人的协调问题，对物资运输、供应、价格等信息掌握不充分等。

2. 工期目标不合理或进度计划编制存在问题

未考虑农业项目的自身特点，未考虑物资调配、资金供给等情况，项目工期设计得过短或过长。进度计划编制不科学、不合理，项目设计、材料、设备等资源条件的计划编制不合理、不切实际，进度计划实施难以保证，未考虑可能发生的变化，计划缺乏风险的应对性。

3. 项目管理或实施人员的失误

不能有效地实施农业项目的时间计划，不能有效处理突发事件，不能有效协调项目过程的参与人员等。

4. 不可预见或风险事件的发生

市场环境发生变化、其他风险因素如自然灾害的发生等。

因此，在农业项目实施前和实施中，应对影响因素进行系统、全面的分析，在项目工期确定和进度计划编制时进行充分地考虑，才能有效实现进度管理，保证项目的工期、费用和时间目标的实现。

(二) 进度控制的目标、方法和原理

农业项目进度控制是对农业项目活动过程的控制，它既要控制项目的整体完成进度，又要对项目最低层次的作业活动进行控制。为了保证农业项目工期目标的完成，必须制订农业项目进度计划。制订进度计划的目的就是安排项目活动的实施。制订进度计划后，在进度计划的实施过程中，由于内外部影响因素的变化，计划可能发生改变，因此还必须进

行项目进程的监控。通过在项目实施过程中对项目实施进程的监控，保证每项作业活动的落实，并按照进度计划的时间进行。通过掌握项目活动的实际进程，将实际进程与进度计划进行对比分析，从而及时纠正偏差。

项目进度控制的主要目标是确保项目实现计划的工期目标，或在保证项目质量达标和预算费用不增加条件下在可行范围内缩短项目工期。农业项目的进度控制核心是监控农业项目的实际进度，定期或经常将实际进度与进度计划进行比较，及时发现偏差并采取必要的措施进行纠正。农业项目进度控制工作需要在既定工期内编制出最优、最合理的进度计划，并在项目执行计划的过程中经常检查项目的实际进度，与进度计划相比较，对于出现的偏差应分析原因、影响因素及对工期的影响程度，制定调整方案，更新原计划。

农业项目进度控制的主要方法包括规划、控制和协调。项目规划是确定农业项目总进度控制目标和进度控制分目标，从而编制最优的进度计划。项目控制是在项目实施过程进行定期或经常地检查、比较及调整，及时发现偏差及其产生原因。项目协调是指协调参与项目的干系单位和干系人，包括项目管理和实施的相关单位、机构、部门和人员之间的关系，为项目的顺利进展提供环境保证。

农业项目进度控制的主要措施有组织措施、管理措施、经济措施、技术措施等。其中组织措施包括三方面的内容：其一，将进度控制的具体任务、工作、责任落实到相关单位、部门和人员，建设和保障项目进度控制的组织环境；其二，进行项目的工作分解，确定项目不同层次的活动及其进度目标，建立进度控制的目标体系；其三，建立进度控制的工作流程。管理措施是指建立进度控制的管理机制和措施体系，监测项目实际进度，定期或经常地比较实际进度与进度计划，定期提出项目进展报告，及时发现偏差。经济措施是指采取的保障农业项目进度计划实施的资金与经费筹集、供给和保证的措施。

项目进度控制的基本原理包括动态控制原理、系统原理等。

(1)动态控制原理

由于农业项目的实施过程受到各种因素的影响和干扰，其内外部环境是一个不断变化的过程，因此项目进度控制也是一个动态过程，是一个持续监测、不断纠正偏差的循环运行过程。在农业项目实施过程中，动态控制的原理就是持续监测农业项目实际进度，分析实际进度是否与计划进度存在差异，如果实际进度按计划进度实施，项目的工期、质量、费用目标的实现就有了保证，如果项目实际进度偏离计划进度，需要分析偏差的程度和偏差的原因，采取必要的措施进行调整，使实际进度重新符合计划，否则项目目标可能无法实现。其中可能不断有新的因素干扰项目的实际进度，使其与进度计划产生偏差，必须循环运行发现偏差、纠正偏差的动态控制措施。这就是项目动态控制的原理。

根据项目动态控制原理，农业项目动态控制的实施措施主要包括：

①项目目标的分解工作　应对项目的进度、程度、质量目标进行分解，确定用于项目控制的分目标和计划值。

②项目实施过程的控制工作 在项目实施过程中，对项目进行动态跟踪和监测，收集项目实施的实际信息如施工进度、实际成本等，定期或及时将项目的实际值和计划值如计划进度、计划成本等进行比较分析，对出现的偏差进行纠正。

(2)系统原理

奥地利生物学家罗伯特·贝塔朗菲提出的一般系统论原理指出系统整体和部分之间无论关系如何，存在着适用的一般模式、原则和规律。农业项目的进度控制，需要根据系统原理编制项目的各种计划如进度计划、资源计划等，这些计划及其关系形成了项目的计划系统。此外，为管理和实施项目而建立的组织体系，形成项目实施组织系统。这些系统的运行都需要用系统原理的理论和方法来处理，其进度控制也需要应用系统原理来解决系统问题。

(3)网络计划技术原理

网络计划方法是一种系统管理方法，是项目进度管理的重要方法之一。网络计划是以网络图为基础的计划模型，能反映工作项目的相互关系，直观展现计划构成的系统整体，从而提供计划中定量分析的基础。网络计划的基本形式包括计划评审技术(program evaluation and review technique，PERT)和关键路线法(critical path method，CPM)等。计划评审技术和关键路线法都是通过网络形式表达某个项目计划中各项具体活动的逻辑关系，通过网络计划技术可以找出关键路径，在满足一定条件下还可以利用时差来平衡时间、资源与费用三者的关系，寻找工期短、费用低、资源利用有效的计划。因此网络计划技术不仅可以用于编制进度计划，还可以进一步用于项目计划的优化、管理和控制以及资源的平衡。网络计划技术原理是项目进度管理的计划管理和资源平衡的理论基础之一。

①网络图 在进度网络图的编制中，首先，需要进行任务分解，即把项目逐步分解成层层工作，此时一般使用工作分解结构 WBS 作为任务分解的工具。其次，应对工作的先后关系进行确定，工作先后关系主要采用工作关系表进行表示。再次，对工作的延续时间进行估计，可以用三点估算法等方法对工作延续时间进行估计。最后，网络图的编制，按照网络图的绘制方法和规则绘制网络图，可以采用顺推法、逆推法、重点作业法等进行绘制。网络计划的进度安排依据网络图计算各工作的各种时间参数，包括工作的最早开始时间、最迟开始时间、最早结束时间、最迟结束时间等，通过带有进度的项目网络图等进行项目计划进度的表示。项目网络图中常见的工具是双代号网络图和单代号网络图。

②关键路线法 关键路线法是沿着进度网络路线进行的、在项目始点和终点间进行正向和反向分析的技术。关键路线的耗时就是完成项目的最短工期，关键路线上的所有活动的持续时间之和就是项目完成的最短时间。关键路线上的任何一个活动的延迟都会导致整个项目工期的延长。关键路线法通过计算所有计划活动理论上的最早开始时间、最早完成时间、最迟开始时间、最迟完成时间而不考虑任何其他资源约束，从而分析活动总时差。总时差为零的活动是关键活动，其处于关键路线上。

(4) 弹性原理

项目一般工期长且影响因素多，需要计划编制人员估计各种因素的影响程度和出现的可能性，并在确定进度目标时进行目标的风险分析，使计划具有一定的弹性。在进行项目进度控制时，可以利用这些弹性时间，缩短工作的持续时间或改变工作之间的搭接关系，以使项目最终能实现工期目标。

二、进度计划的实施

农业项目计划是根据对农业项目相关的预测而进行的安排，在编制计划时未来可能受到的影响和难以预见的事件很多，在执行计划时可能出现偏差，就需要对进度计划的实施进行管理。农业项目计划是实施的开始，实施是农业项目计划实现的保证。进度计划的实施主要包括以下步骤。

(1) 分析实施环境

农业项目进度计划在实施过程中，可能遇到各种影响事件和内外部环境的变化，需要提前根据该项目的特点、情况进行预测、分析，包括引起偏差的因素和障碍等，同时在计划中提出准备措施。影响因素包括人、资源、环境、政策等方面。可能产生影响的情形包括项目人员由于能力、认识等因素未能完全按照计划执行，造成实施偏差；项目所需资源如经费、材料、设备等不能按计划提供；项目受环境因素的影响，如自然灾害、气候条件等影响，使计划执行产生了偏差；政策等变化造成项目进度滞后等。

(2) 计划实施准备

计划实施的准备工作包括建立实施组织、编制具体实施计划、培训有关人员等。

①建立实施组织　实施组织制订实施计划、落实实施内容、监测和控制计划执行。农业项目实施组织对进度计划的顺利执行具有重要作用。

②编制具体实施计划　农业项目进度计划的编制无法安排项目实施的全部细节，需要编制具体的实施计划。实施计划根据实际情况进行编制，需要符合实际和贴合项目的特点，按照时间长短可分为年度计划、季度计划、月度计划、旬计划、周计划等。

③培训有关人员　为使项目有关人员充分认识项目的目标和实施内容，提升项目的实施效率，应对各类项目有关人员进行分类培训，以从人员角度切实保证项目按进度计划执行。

(3) 确认进度控制的内容和方法

项目进度受到多种因素的影响，以保证项目满足进度要求，需要采取进度控制的措施。不同农业项目具有不同的特点，措施也不尽相同。

农业项目进度控制的主要内容包括判断项目进度的状态、分析可能造成进度变化的因素、对造成进度变化的因素施加影响、查明进度是否已经改变、在实际发生变化时对其进行管理等。

农业进度控制的主要方法包括定期报告项目进度、使用进度变更控制系统、采用绩效衡量技术、使用项目管理软件、进行偏差分析、进行进度比较横道图分析等。通过进度控制可能产生的一系列结果，包括对项目进度计划进行更新、修改进度基准、了解进度偏差和绩效指数、获得纠正措施推荐方案、获得组织过程资产等。

三、项目进度动态监测

在农业项目的实施过程中，需要收集农业项目进度实际状况的信息，以便对项目进展进行分析，掌握项目进展动态以及是否发生偏差，这个项目进展状态的观测过程就是项目进度动态监测。对于项目进展状态的观测，一般采用日常观测和定期观测的方法进行，并将观测的结果用项目进展报告的形式加以描述。

(一) 日常观测

日常观察是随着项目的进展持续不断观测进度计划每项工作的实际开始时间、实际完成时间、实际持续时间、资源使用等内容，并进行记录，以此作为进度控制的依据。记录的方法有实际进度前锋线记录法、报告表法等方法。

1. 实际进度前锋线记录法

实际进度前锋线是一种在时间坐标网络或甘特图中记录实际进度情况的曲线。它表达了计划执行过程中，某一时刻正在进行的各项工作的实际进度前锋的连线，如图 11-2。

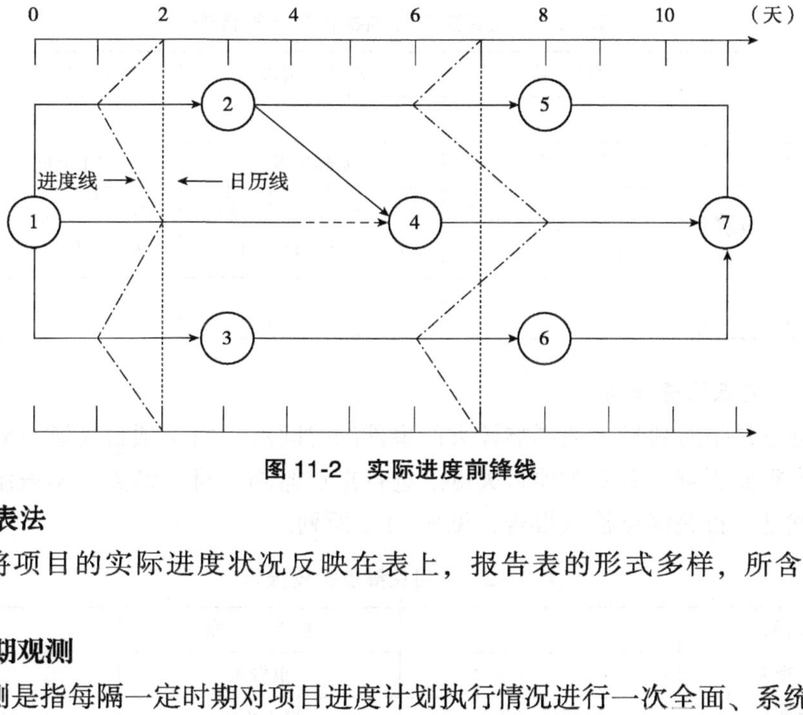

图 11-2　实际进度前锋线

2. 报告表法

报告表将项目的实际进度状况反映在表上，报告表的形式多样，所含内容也不尽相同。

(二) 定期观测

定期观测是指每隔一定时期对项目进度计划执行情况进行一次全面、系统的观测和检查。间隔时间根据项目的特点、情况而异，可以将一日、双日、五日、一周、一旬、半月、一月、一季、半年等作为一个观测周期。需要观测的内容主要包括检查关键工作的进度和关键路径的变化情况，以便采取措施调整或保证计划工期的实现；检查非关键工作的进度，调整或优化资源；检查工作之间的逻辑关系变化情况，适时进行调整；检查项目范围、进度计划和预算变更信息及其原因，以便纠正偏差。定期观测、检查的结果应加以记录，其记录方法与日常观测记录相同。

(三)项目进展报告

一般通过项目进展报告向有关部门或人员报告农业项目进度观测和检查的结果。农业项目进展报告的内容主要包括：项目实施概况、管理概况、进度概要；项目实际进度及其说明；资源供应进度；项目近期趋势；项目费用发生情况；项目存在的困难与危机。项目进展报告的形式可分为：日常报告、例外报告和特别分析报告。日常报告是根据日常监测和定期检查农业项目的结果所编制的进展报告。例外报告是为农业项目管理决策所提供的信息报告。特别分析报告是围绕农业项目中某个特殊问题的分析报告。项目进展报告的报告期应根据农业项目的特点、情况、进度执行要求、动态监测方式等因素确定，一般应与定期观测的间隔周期一致。

项目进展报告常见形式包括进度计划执行情况报告、项目关键点检查报告、项目执行状态报告等。

(1)进度计划执行情况报告

进度计划执行情况报告是项目在报告期内的各项工作或活动的计划执行情况的书面报告，见表 11-1 所列。

表 11-1 项目进度计划执行情况报告表

<table>
<tr><td colspan="3">项目名称</td><td colspan="3">项目编号</td><td colspan="3">项目负责人</td><td colspan="2">施工单位</td><td colspan="2">报告日期</td></tr>
<tr><td colspan="3"></td><td colspan="3"></td><td colspan="3"></td><td colspan="2"></td><td colspan="2"></td></tr>
<tr><td rowspan="2">工作编号</td><td rowspan="2">工作名称</td><td rowspan="2">工作情况</td><td colspan="3">计划进度</td><td colspan="3">实际进度</td><td colspan="2">估计完工时间</td><td colspan="2">机动时间</td></tr>
<tr><td>工时（天）</td><td>开始月、日</td><td>结束月、日</td><td>工时（天）</td><td>开始月、日</td><td>结束月、日</td><td>工时（天）</td><td>结束月、日</td><td>原有（天）</td><td>剩余（天）</td></tr>
<tr><td></td><td></td><td></td><td></td><td></td><td></td><td></td><td></td><td></td><td></td><td></td><td></td><td></td></tr>
</table>

(2)项目关键点检查报告

项目关键点是指对项目工期影响较大的事件的时间点。由于项目关键点对项目的进度计划执行具有重要影响，需要对项目关键点进行重点监测。对关键点的检查结果进行分析的书面报告就是项目关键点检查报告，见表 11-2 所列。

表 11-2 项目关键点检查报告

<table>
<tr><td>关键点名称</td><td></td><td>检查组名称</td><td></td></tr>
<tr><td>检查组负责人</td><td></td><td>报告人</td><td></td></tr>
<tr><td>报告日期</td><td></td><td>报告份数</td><td></td></tr>
<tr><td colspan="2">对关键点目标描述</td><td colspan="2"></td></tr>
<tr><td colspan="2">关键点实际时间与计划时间相比</td><td colspan="2"></td></tr>
<tr><td colspan="2">交付物是否能满足项目要求</td><td colspan="2"></td></tr>
<tr><td colspan="2">预计项目发展态势</td><td colspan="2"></td></tr>
<tr><td colspan="4">检查组负责人审核意见：　　　签名：　　　日期：</td></tr>
</table>

(3)项目执行状态报告

项目执行状态报告反映了一个项目或一项工作的现行状态，通过项目执行状态报告定期向相关部门或人员汇报项目的进展情况，见表11-3所列。

表11-3 项目执行状态报告

任务名称(项目或工作)		项目编号	
报告日期		制作人	
当前进度与计划进度比较			
已用时间、尚需时间与计划总时间比较			
预算与实际比较			
上期遗留问题的处理情况			
目前人员配备状况			
目前技术状况			
任务完成预测			
本期发现的风险与问题及建议			
任务负责人审核意见：		签名	日期：

(4)任务完成报告

任务完成报告反映了一项已完成任务或工作的基本状况，见表11-4所列。

表11-4 任务完成报告

任务名称及编号		结束日期	
已完成任务基本情况	交付物的性能特点		
	实际工作时间与计划时间相比		
	实际成本与估计费用相比		
	遇到的重大问题及解决方法		
紧后工作情况	紧后工作名称及编码		
	紧后工作计划及措施		
评审人意见：		签名：	日期：
项目负责人审核意见：		签名：	日期：

(5)项目变更报告

项目变更报告是对某一项目变更的状况及对项目产生的影响的书面报告(表11-5)。

表 11-5 项目变更报告

项目名称		项目负责人	
项目变更原因			
项目变更替代方案描述			
估计项目变更对进度的影响			
变更所涉及的相关单位			
项目负责人审核意见：	签名：	日期：	
项目主管部门审核意见：	签名：	日期：	

(6) 项目进度报告

项目进度报告反映了报告期项目进度的总体情况，见表 11-6 所列。

表 11-6 项目进度报告

项目名称		报告日期	
关键问题	任务范围变化情况		
	进度状况		
	费用状况		
	技术状况		
	评审问题		
对跟踪项目的解释			
任务计划			
问题和办法			
完成人：	日期：	评审人：	日期：

(7) 项目管理报告

项目管理报告反映了报告期项目管理的总体状况，见表 11-7 所列。

表 11-7 项目管理报告

项目名称		项目编号	
报告日期		报告份数	
状态报告	已完成工作占用时间占总工期的比例		
	已完成工作量占总工作量的比例		
	已完成工作的实际时间、数量、费用及质量状况		

（续）

状态报告	已完成工作的计划时间、数量、费用及质量要求情况	
	提交物的状况	
	目前状态对项目工期的影响预测	
	目前状态对项目费用的影响预测	
	目前状态对项目质量的影响预测	
人员配备情况		
技术状况		
项目完成情况估算		
附件报告/编号		
项目负责人审核意见：	签名：	日期：

本章小结

1. 农业项目管理是指在农业项目活动中运用专门的知识、技能、工具和方法，使农业项目能够实现或超过项目干系人的需求和期望。影响农业项目管理的主要因素包括政策力度、自然条件、法规制度、生产方式和管理水平等。

2. 农业项目范围管理是指用以保证农业项目包含且只包含所有需要完成的工作，以顺利完成农业项目建设所需要的所有过程。这个过程要确保项目组和项目干系人对作为项目结果的产品以及生产这些产品所需要的过程有一个共同的理解。

3. 农业项目范围目标定义了整个项目需要交付的结果，可以说是项目所有活动的参照点，需求是项目范围管理的决定因素。

4. 农业项目范围定义是指把项目的主要可交付成果划分为更小的、更容易管理的许多组成部分。项目范围定义的目的在于提高对项目成本估算，项目工期和项目资源需求估算的准确性；为项目的绩效度量和控制确定一个基准；便于明确和分配项目任务与责任。

5. 农业项目质量就是项目的固有特性满足项目相关要求的程度。从本质上讲，项目质量与一般质量的概念没有区别。但是，由于项目兼具产品和服务两个方面的特性，同时还具有一次性、独特性与创新性等特点，所以项目质量的内涵具有自己的独特性。

6. 农业项目质量控制活动主要是监督项目的实施结果，以判定它们是否符合相关的质量标准，及时纠正发现的不一致情况。质量控制的内容包括：获得项目及项目产品质量的真实状态；将质量实际值和质量标准进行比较；识别项目的质量偏差并确认问题；纠正偏差。

7. 在农业项目管理知识体系中，农业项目的人力资源管理过程包括组织计划编制、项目的组织结构、人员角色和责任的分配、人力资源的使用计划等。

8. 农业项目人力资源管理的首要任务是项目组织计划的编制。项目组织计划是项目整体人力资源的计划和安排，是按照项目组织的目标，通过分析和预测，对给出的项目人力资源在数量上、质量上的明确要求、具体安排和打算。

9. 农业项目团队的形成要经过一系列的阶段和过程。一般来说，团队从建立到产生绩效需要经历 4 个不同的阶段，即形成阶段、震荡阶段、正规阶段和表现阶段。

10. 农业项目团队建设是在项目团队组建以后所开展的项目团队各种建设与开发工作，是项目经理根据人力资源管理的思想、原则和做法将项目团队变成一个具有战斗力和凝聚力的集体，圆满完成项目的各项任务、满足各相关方的期望和需求项目团队建设的主要内容包括员工培训、项目团队精神建设、项目团队绩效提高、员工激励、项目团队工作纠纷与冲突的处理和解决以及项目团队沟通和协调等。

11. 进度管理是采用科学的方法确定进度目标、编制进度计划与资源供应计划并进行进度控制，在与质量、费用目标协调的基础上实现工期目标。农业项目进度可能受到多种因素的影响从而出现计划实施的偏差，因此需要对进度进行管理。

12. 项目进度控制的主要目标是确保项目实现计划的工期目标，或在保证项目质量达标和预算费用不增加条件下在可行范围内缩短项目工期，需要定期或经常将实际进度与进度计划进行比较，及时发现偏差并采取必要的措施进行纠正。

重要概念

农业项目　农业项目管理　制度体系　农业项目范围管理　项目范围　工作分解结构　项目质量　项目质量计划　农业项目质量管理　项目人力资源管理　项目组织计划　项目团队组建　进度管理　项目规划　项目控制　项目协调　农业项目进度控制　网络计划　日常观测　定期观测

第十二章　农业项目不确定性与风险管理

学习目的

(1)掌握项目不确定性的概念、产生原因以及项目不确定性分析的概念、内容和作用。

(2)掌握农业项目经济评价中的不确定性因素及风险管理。

(3)了解农业项目评估常用的盈亏平衡分析、敏感性分析及概率分析等。

(4)了解农业项目风险管理常见方法。

在项目评估中，由于未来情况的不断变化，诸如原材料、产品价格、外汇汇率、工艺技术、生产能力和经济寿命等的变动直接影响所选项目的效益水平。同时，由于客观事物之间的相互联系，各种因素的变化会引发连锁反应。因此，进行农业项目的不确定性分析和风险管理至关重要。通过不确定性分析，调整相关预测数据，并在允许误差范围内进行再分析和再选择，以尽量避免或减少由不确定性因素引起的损失。不确定性分析有多种方法，本章重点介绍盈亏平衡分析、敏感性分析和概率分析。

第一节　农业项目的不确定性分析概述

一、项目不确定性及项目风险的概念

(一)项目不确定性定义和分类

农业项目不确定性是指在农业项目实施过程中存在的各种风险和不确定因素，可能会对项目的实施进程和结果产生影响，这些不确定因素包括自然环境、市场需求、政策变化、技术创新等。具体来说，自然环境因素如气候变化、天气灾害、病虫害等会直接影响农作物生长和产量。市场需求的波动和不确定性会导致农产品价格波动和销售风险。政策变化包括政府政策、农业补贴和贸易协定的调整，可能对农业项目的经营环境和利润产生重大影响。技术创新的不确定性涉及新技术的可行性、效果和成本等方面。这些不确定性使得农业项目面临风险和挑战，需要利益相关者采取适当的风险管理和应对策略，以保障项目顺利实施。

(二)项目风险定义和分类

风险的定义大致可分为两类：强调风险的不确定性；强调损失的不确定性。前者可称为广义风险，后者称为狭义风险。风险具有客观性，其大小随时间延续而变化，是一定时期内的风险。严格来说，风险和不确定性是有区别的。风险是指事前可以知道所有可能的

后果，以及每种后果的概率，不确定性是指事前不知道所有可能后果，或者虽知道可能后果但不知道它们出现的概率。在项目管理领域对风险和不确定性没有做明确区分，理解为可测定概率的不确定性。概率的测定有两种：一种是客观概率，是指根据大量历史的实际数据推算出来的概率；另一种是主观概率，是在没有大量实际资料的情况下，人们根据有限资料和经验合理估计的。而通常情况下，人们对意外损失比对意外收益的关切要强得多。因此，人们经常把风险看成不利事件发生的可能性。农业风险不仅局限于自然灾害、病虫灾害、气候变化等传统风险，还包括农产品价格大幅度波动所导致的市场风险以及通过其他产业、领域所传导到农业的多重风险。

1. 农业项目风险的主要特征

(1)农业生产对象的季节性

工业项目的生产和销售是连续的，但农业生产具有明显的季节性，只能在规定的季节播种、耕耘、收获，延误一个环节都可能影响项目的全部成果。农产品产出时间固定且往往集中，但产品的消费方式则不接受这个规律，这些因素使产品存在储藏风险，对于经营者则存在资金周转风险，以及增加了库存期损耗和市场风险。

(2)农业项目实施的不确定性

农业企业投资项目实施周期长，很多项目的资金投入期会受到季节和气候等方面的影响而有所间断。由此在评估过程中使用的预测数据所包含的不确定性更大，有些项目在基本建设投资结束后还要经过一段时间才能实施下一阶段项目。

(3)农业生产技术的依附性强

与工业企业生产过程相比，农业企业生产技术在强化农业自然再生产过程中是有条件的，且生产对象(植物和动物)的状态是不稳定的，因时因地而变，具有环境依附性、区域适应性，也与农业生产者的技术水平有关。

(4)农业项目原料成本的波动性

农业生产的原辅料以有机的、生物的或化学物料为主，其运输、储藏和使用较特殊，且这些原辅料的来源和价格不易控制，从而引发生产成本波动较大。

(5)农业生产组织管理的特殊性

我国农业生产主体相对小而散，生产者来源、生产管理水平以及技能都不易控制，再加上生产环节的特点，使得难以开展项目的有效管理。通常，组织化程度提高可能会以牺牲效率和增加成本为代价。因此，农业项目管理过程的不确定因素多，导致项目经营目标难以控制和实现，从而增加项目风险。

(6)相关利益主体的广泛性

农业企业投资项目与工业企业投资项目一样，都要有一定数量的资金集中投入，但其产出情况却与工业企业项目有很大的差异。工业项目的投资主体和参与主体往往就是一个企业，而大多数农业企业投资项目建成后，除去企业本身外，其效益还常常包括分散在广大地区的众多涉农组织(或农户)的产出总和。因此，农业企业除了要考虑企业本身的经济效益外，还要兼顾社会效益，这就自然增加了企业的负担和风险。

2. 农业项目风险分类

（1）系统性风险

①自然资源风险　农业生产的自然特性在于资源的量和质上是密不可分的。在数量方面，水在农业投资项目中是不可替代的资源，一旦出现短缺或不符合要求，就会从根本上影响项目的建设和运行，因而水资源的供应是农业投资项目的重要风险之一。农业土地资源是农业生产的最基本投入要素，土地资源的稀缺性、肥力的可变性和用途的选择性都隐含着投资风险。资源风险还表现在水资源和土壤的质量上，环境污染对水和土壤质量的影响很难估计。

②政策调整风险　农业经济政策的稳定性、连续性和可控性也会给农业投资带来风险。现阶段我国农业正处于高质量发展的转型期，面临各种外部不确定性冲击，同时农业政策也不断进行适应性调整，可能会对不同的农业项目产生不同影响。

③自然灾害风险　中国是自然灾害发生较为频繁的国家，每年多有洪涝、干旱、冰雹、寒冻、赤潮和病虫害等发生。由于农业的生产特性，自然因素对农业的影响相比其他行业更为敏感，将直接影响农业产量，造成项目投资不及预期。

（2）非系统性风险

①市场风险　农产品市场的供求受到诸多内外部因素影响，有较大市场风险，具体表现在：a. 季节性滞销。农业生产季节性强，具有明显的供给淡季和旺季，农产品又大多为鲜活产品，若不能及时销售将直接带来损失。b. 农业上游产品质量。由于农业生产的特点，产业上游投入品的质量风险往往不易提前观测，特别是种子、种苗、化肥、农药等。c. 农产品市场供求。农产品供给具有周期性和有限性的特点，产品需求量则由消费习惯、收入和需求弹性等影响，这些因素本身很难确定。

②技术风险　农业项目的技术应用受到很多因素的制约，包括技术的适用性、先进性和可靠性等。同时，也与自然环境的依赖性有关，有些技术的应用还应考虑农产品消费者的安全性，例如基因技术的应用。

③管理风险　农业项目涉及的利益面较广，具有综合性特点，使项目管理和监督面临困难。经营管理风险通过建设期延长、融资成本和经营成本增加及产品质量和数量下降，最终影响项目预期目标的实现。

④财务风险　财务风险是项目方使用负债融资而引起的企业盈余变动的风险。农业项目的财务风险主要包括：第一，资金筹集风险，即能否按照项目所需从各种渠道筹集到低成本的资金。第二，资金运行风险，即能否按照投资计划合理安排项目资金。第三，资金回收风险。农业项目回收周期长，各种不确定性事件超过预期，可能造成资金回收风险。第四，财务管理风险，即财务人员不能遵守职业道德和会计法规、制度，泄露财务机密，违规进行票据操作等。

二、农业项目不确定性和风险产生的原因

（1）人的有限理性

人的有限理性决定了人不可能准确无误地预测项目的各类风险。虽然随着人的知识、

阅历的增长和更科学的预测工具的使用，可以缩小预测结果与实际情况的偏差。但有限理性始终存在，预测结果与实际情况存在或大或小的偏差。

(2)信息的不完全性

项目评估是在客观信息搜集和整理的基础上建立的分析方法，但项目评估者掌握的信息常常是有限的，不可能掌握所有的信息。同时，获取完全或充分的信息要耗费大量成本，甚至当获取信息的成本太高时还会使得投资者选择“理性无知”。因此，这种信息的不完全可能导致项目评估的不确定性。

(3)自然条件和资源限制

自然条件和资源方面的分析不仅是项目评估中的一个重要变量，同时也影响项目正式运行后的实际收益。在项目运行期间，若自然条件和资源发生变化，也会导致评估假设及预测结果的偏差。

(4)经济环境变化

国家的宏观经济调控政策、各种改革措施以及经济本身的变动(如物价变动、汇率波动等)，都会影响投资项目的效益，使投资项目具有不确定性。

(5)市场供求变化

在市场经济条件下，人们的需求结构、需求数量，产品的供给结构、供给数量不断变化，虽然可以通过分析历史数据来预测未来市场的供求，但由于各种不确定因素的存在，预测误差总是存在的。因此，由市场供求变化引起的项目投入与项目产出变化，将成为影响项目效益分析的重要因素。

(6)技术更新影响

现代科学技术飞速发展，农业新品种、农业新技术、农产品加工新工艺的发展日新月异，尽管投资者在投资时所采用的技术、工艺可能是最先进的，但很快就有更新的技术、工艺出现。每一种新技术都会给新兴项目带来市场机会，同时也会给传统项目带来威胁。在项目可行性研究和项目评估时，很难对新技术的出现及其影响有准确地预测，这就造成了项目的不确定性。

三、农业项目不确定性和风险分析的作用

(1)明确不确定因素

明确不确定因素对项目投资效益指标的影响范围以及项目投资效益变动的大小。通过不确定性分析，可以确定各种因素及其作用的大小对项目投资效益指标影响的范围，从而了解项目总体效益变动的大小。

(2)确定项目评估结论的有效范围

在明确不确定因素的变动对项目投资效益指标的影响以后，就可以确定按典型情况测定的项目评估结论的有效范围，以便决策者和执行人员充分了解不确定因素变动的作用界限。

（3）提高项目评估结论的可靠性和准确性

经过项目不确定性分析，依据不确定因素变动对项目投资效益影响的大小，可以进一步调整项目的评估结论，提高评估结论的可靠性。

（4）寻找在项目效益指标达到临界点时，变量因素允许变化的极限值

由于不确定因素的影响，导致项目经济效益指标在某一范围内变动，当这些效益指标的变动使项目发生从可行到不可行的本质变化时，称效益指标达到了临界点，与这一临界点相应的不确定因素的变化值就是这一变量因素允许变化的极限值。找到这一极限值，便于管理者提高项目的风险防范能力，进而提高投资决策的科学性和可靠性。

四、不确定性与风险分析的常见方法

目前，在项目评估与管理中，根据分析内容和侧重点的不同，比较常用的不确定性与风险分析方法有盈亏平衡分析、敏感性分析和项目概率分析。在具体应用时要综合考虑项目的类型、特点、决策者的要求，相应的人力、物力和财力，项目对社会经济的影响程度等进行选择。一般来说，盈亏平衡分析只用于财务效益分析，敏感性分析和项目概率分析可同时用于财务效益分析和国民经济效益分析。

由于投资项目所涉及的风险因素有些是可以量化的，可以通过定量分析的方法对它们进行估计和分析，但同时在客观上也存在着许多不可量化的风险因素，它们有可能给项目带来更大的风险，有必要对不可量化的风险因素进行定性描述。因此，风险分析应采用定性描述与定量分析相结合的方法，对项目面临的风险做出全面估计。另外，投资项目风险分析可根据项目的具体情况和要求选用不同的方式和方法，既可以针对单个风险因素进行分析，也可以针对项目整体进行风险分析，还可以两者兼而有之。

第二节　盈亏平衡分析

一、项目盈亏平衡分析的基本原理

项目盈亏平衡分析是在一定的市场、生产能力及经营管理条件下，研究项目投产运行后正常生产年份的成本与收益平衡关系的分析方法，也称成本分析、收支平衡分析、损益临界分析等，主要分析研究投资项目成本与收益之间的平衡关系。其研究的内容主要是在一定的市场和生产能力条件下，分析产量、成本、收入之间的相互关系，找出项目盈利与亏损的临界点即盈亏平衡点（*BEP*），以此来了解不确定因素允许变化的最大范围，寻求最大盈利的可能性。盈亏平衡点代表企业生产经营达到一定规模时，总收入（*TR*）与成本（*TC*）的平衡关系，即 $TR=TC$。盈亏平衡点越低，项目实现盈利的可能性越大，出现亏损的可能性越小。

项目盈亏平衡分析就是找出这种由盈利到亏损的临界点，据此衡量项目方案风险的大小及方案对风险的承受能力，为投资决策提供科学的依据。同时盈亏临界点将方案的可行

区域或多方案的优选区域明显地划分出来，便于方案选择。盈亏平衡点的表达形式有多种，可以用实物产量、单位产品售价、单位产品的可变成本以及每年固定成本的绝对量表示，也可以采用相对值表示，如生产能力利用率等。其中，以产量和生产能力利用率表示的盈亏平衡点的应用最为广泛。

二、项目盈亏平衡分析的类型

(1)根据自变量(如产量、单位产品售价、生产利用率)与因变量(如总收入、成本)是否呈线性关系

据此项目盈亏平衡分析可分为线性盈亏平衡分析和非线性盈亏平衡分析。

①线性盈亏平衡分析　当项目的销售收入及成本都是业务量的线性函数时，此时的项目盈亏平衡分析就是线性盈亏平衡分析。

②非线性盈亏平衡分析　在实际的生产经营过程中，项目产品的销售收入和成本很少与业务量呈线性相关，通常呈现非线性相关，此时的项目盈亏平衡分析就是非线性盈亏平衡分析。由于非线性盈亏平衡分析涉及的因素很多，而且比较复杂，可以先将其转化为线性问题后，再对其进行线性盈亏平衡分析。

(2)根据同一不确定因素影响的项目方案数量

据此项目盈亏平衡分析可分为独立方案盈亏平衡分析和互斥方案盈亏平衡分析。

①独立方案盈亏平衡分析　独立方案盈亏平衡分析是指同一不确定因素只影响一个项目方案，在进行分析时，只对该项目方案进行项目不确定性分析。

②互斥方案盈亏平衡分析　互斥方案盈亏平衡分析是指某一个共有的不确定因素影响若干个互斥方案，此时需要对这些方案都做项目不确定性分析，以便做出正确的投资决策，使投资项目的效益最大化。

三、独立方案盈亏平衡分析

假定投资项目的销售收入与产量或销售量呈正比例的线性关系，此处分两种情况来研究项目的总销售收入与总成本费用之间的关系。

(1)用产量或销售量 Q 表示的盈亏平衡点

它是以 Q 为分析变量(单位产品价格 P 给定)：

$$总收入(TR)=单位产品价格\times产量(销售量)=P\times Q \tag{12-1}$$

$$总成本=固定成本+单位产品可变成本\times产量(销售量)=F+V\times Q \tag{12-2}$$

如图 12-1 所示，当项目产品的产量或销售量等于 Q 时，项目的销售收入线与总成本费用线交于一点，说明此时项目的销售收入恰好抵消了全部成本费用，项目不盈不亏。此点称为投资项目的盈亏平衡保本点(BEP)。

当项目产品的产量或销售量小于 Q^* 而大于零时，项目的销售收入线在总成本费用线以下，说明项目亏损，如图 12-1 中的亏损区域。当项目产品的产量或销售量大于 Q^* 时，销售收入线在总成本费用线以上，说明项目是盈利的。显然，要使投资项目能够盈利，必

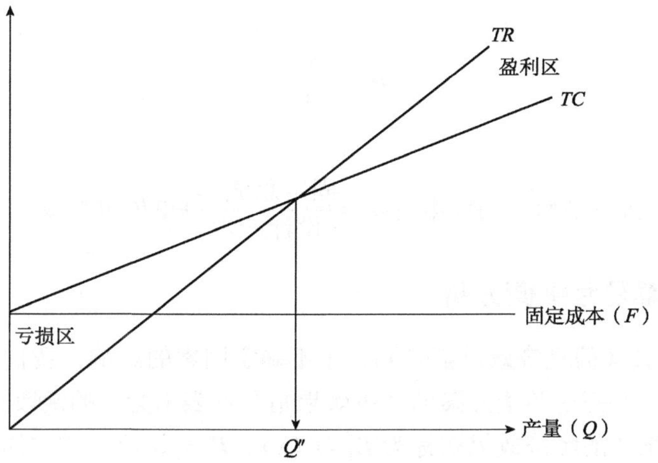

图 12-1　独立方案盈亏平衡分析

须使项目的规模及产量或销售量大于 Q^*。与此同时，还必须分析市场需求和需求变动趋势，保证销售量也大于 Q^*。

在 Q^* 点，项目产品的销售收入与总成本费用相等。通过这一等式，把项目的总成本费用再分解为固定成本和可变成本以及影响项目总收入的价格因素，可以得出项目在不考虑销售税与附加情况下盈亏平衡点的产量或销售量 Q^* 的计算公式为：

$$P \times Q^* = F + V \times Q^* \tag{12-3}$$

所以，有：

$$Q^* = \frac{F}{P-V} \tag{12-4}$$

(2) 用销售收入表示的盈亏平衡点

它是以 TR 为分析变量(单位产品价格 P 给定)：盈亏平衡点的销售收入 TR^* 是指项目的销售为多少时，项目盈亏平衡。其计算公式为：

$$TR = TC(TR^*) \tag{12-5}$$

$$TR = P \times Q \tag{12-6}$$

$$TC(TR^*) = F + V \times \frac{TR^*}{P} = TR^* \tag{12-7}$$

$$TR^* = \frac{F \times P}{P-V} \tag{12-8}$$

即：

$$盈亏平衡点的销售收入 = \frac{固定总成本 \times 单位产品价格}{单位产品价格 - 单位产品可变成本}$$

(3) 用保本价格 P^* 表示的盈亏平衡点

它是以 P^* 为分析变量(设计产量 Q 给定)：

$$TR = P^* \times Q \tag{12-9}$$

$$TC=F+V\times Q \tag{12-10}$$

解得：

$$P^*=\frac{F}{Q}+V \tag{12-11}$$

即：

$$盈亏平衡点的保本价格=\frac{固定总成本}{设计产量}+单位可变成本$$

四、互斥方案盈亏平衡分析

假设两个互斥方案的经济效果都受同一个不确定因素的影响，我们可以把该不确定因素看作一个变量 x，并把这两个方案的经济效果指标都表示为 x 的函数。

设方案 1、方案 2 的经济效果指标为 $E_1=f_1(x)$，$E_2=f_2(x)$。式中的 E_1 和 E_2 分别为方案 1 和方案 2 的经济效果指标，如各项目的净利润等。

令 $f_1(x)=f_2(x)$，解出 x 值，令其为 x^*。x^* 是方案 1 与方案 2 的盈亏平衡点，也就是决定孰优孰劣的临界点。结合对不确定因素 x 未来取值范围的预测，就可以做出相应的决策判断。

当然，因为方案的经济效果指标并不必然是不确定因素 x 的线性函数，因而使 $f_1(x)=f_2(x)$ 成立的 x^* 可能存在多个，因此就要比较该不确定因素 x 在附近区域时，方案 1 和方案 2 的经济效果指标的情况。这里所说的“附近”区域，是指在该区域不再存在使 $f_1(x)=f_2(x)$ 成立的另一个 x^*。

在此，我们讨论只有一个解 x^* 的情况，如图 12-2(a)、图 12-2(b)所示。

对图 12-2 中互斥方案盈亏平衡分析的讨论：

图(a)中，当 $x<x^*$ 时，$f_1(x)=f_2(x)$，方案 1 劣于方案 2；当 $x>x^*$ 时，$f_1(x)=f_2(x)$，方案 1 优于方案 2；当 $x=x^*$ 时，方案 1 与方案 2 无优劣之分。

图(b)中，当 $x\neq x^*$ 时，$f_1(x)=f_2(x)$，方案 1 优于方案 2；当 $x=x^*$ 时，方案 1 与方案 2 无优劣之分。

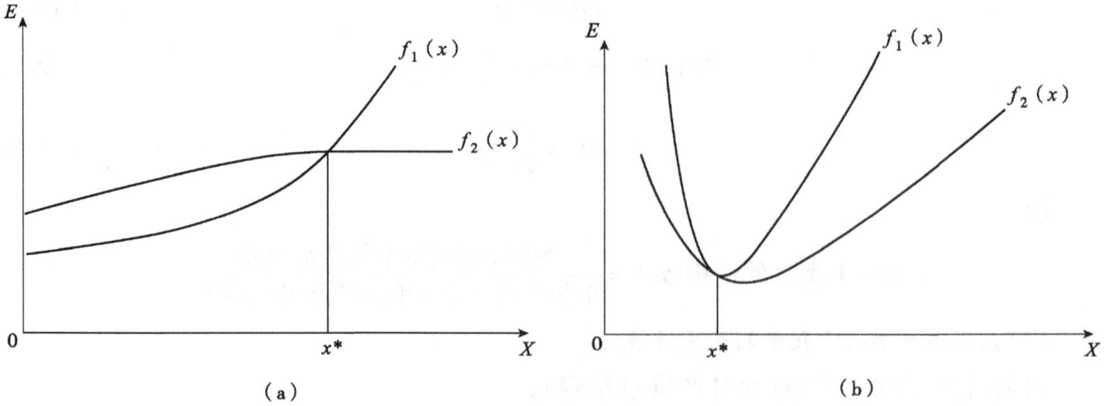

图 12-2 互斥方案盈亏平衡分析

五、项目盈亏平衡分析的局限性

项目盈亏平衡分析简单明了，有助于我们尽快地全面把握决策的目的。但是，这种方法在应用中也有一定局限性：

(1)在项目盈亏平衡分析中，一般要求最终输出盈亏平衡点的产量或销售量等解释变量的具体数值，这就要求有一个收入、成本与产量或销售量的函数关系式。但是，在实际的生产经营过程中，产品的销售收入与销售量之间，成本费用与产量之间，并不一定呈现出线性的关系，甚至它们之间的关系无法完整表达。例如，当产品产量在市场中占有较大的份额时，其产量的高低可能会明显影响市场的供求关系，从而使市场价格发生变化。再如，根据报酬递减规律，变动成本随着生产规模的不同而与产量呈非线性的关系。在生产中还有一些辅助性生产费用(通常称为半生产成本)，它们随着产量的变化而呈梯形分布。所有这些均有可能导致产品的销售收入和总成本与产量之间的关系变得十分复杂，远不能用简单的已知函数关系表达出来。因此，求盈亏平衡点的产量或销售量的过程就变得十分复杂，甚至不可得。

(2)虽然项目盈亏平衡分析能够度量生产经营风险的大小，但不能揭示在生产经营中出现风险的根源。虽然我们知道降低盈亏平衡点就可以降低生产经营的风险、提高生产经营的安全性，也知道降低盈亏平衡点可采取降低固定成本的方法，但是如何降低固定成本，应该采取哪些可行的方法或通过哪些有利的途径来达到这个目的，盈亏平衡分析并没有给出答案，因而我们还需采用其他一些方法来达到这个目标。因此，我们在应用项目盈亏平衡分析时，应注意使用的场合和目的，以便能够正确地运用这种统计方法。

(3)项目盈亏平衡分析是静态分析，不考虑资金的时间价值和项目生命周期内的现金流量变化，因而该分析是比较粗糙的。

六、农业项目盈亏平衡分析案例

某新建柑橘园项目设计年产量为 126 650t，已知柑橘的平均售价为 1270 元/t，需缴纳的税金为 230 元/t，可变成本为 320 元，年总固定成本为 5040 元，试确定项目盈亏平衡点和相应指标允许降低(增加)率。

解：

用产量表示的盈亏平衡点为：

$$BEP(\text{产量})=N^{*}=\frac{C_f}{P-C_n-t'}$$

$$=50\,400\,000/(1270-320-230)$$

$$=70\,000(\text{t})$$

即当产量达到 70 000t 时，收支即可平衡。若用相对值表示，则有：

$$BEB(\text{产量})=\frac{N^{*}}{N}\times 100\%$$

$$=\left[\frac{C_f}{N}\times(P-C_n-t')\right]\times 100\%$$

$$=\left[\frac{50\ 400\ 000}{126\ 650}\times(1270-320-230)\right]\times 100\%$$
$$=55\%$$

说明当柑橘产量达到设计产量的55%时，即可保本。也就是说，柑橘产量允许降低率为45%(1-55%=45%)。

用其他方式表示的盈亏平衡点见表12-1所列。

表12-1 某柑橘园项目盈亏平衡分析成果表

分析项目	产量	单位售价	单位可变费用	固定费用
BEB(以绝对值)	7万t	948元/t	642元/t	9118.8万元
BEB(以相对值表示,%)	55	75	201	181
允许降低(增加)率(%)	45	25	-101	-81

表12-1说明，柑橘单位售价降低25%不会造成亏损，同样，单位可变费用增加101%、固定费用增加81%，都不会造成柑橘项目的亏损。

第三节 敏感性分析

一、项目敏感性分析概述

(一)基本概念

敏感性分析是指在项目建设期和生产期的许多不确定因素中，选择对投资项目经济效益指标反应灵敏的各种因素，然后为计算出这些因素对投资效益的影响程度而进行的系统分析方法。敏感性分析是项目效益评估中常用的一种研究不确定性的方法，它是在确定性分析的基础上，进一步分析不确定因素对投资项目经济效果指标(主要是净现值和内部收益率)的影响及其程度。那些对经济评价指标影响较大的不确定因素叫作敏感因素，相反，则为一般性因素或不敏感因素。敏感性分析不同于盈亏平衡分析，最重要的一个区别就是敏感性分析是动态分析，是在不确定因素变化时，对项目经济评价动态综合指标，如内部报酬率和净现值进行重新分析计算。

在农业项目经济评价中，项目经济评价指标主要是内部收益率和净现值，对这些评价指标具有较大影响的主要敏感因素是项目建设成本、工期和价格等，对于使用外资的农业项目，汇率可能也是敏感性因素。

(二)项目敏感性分析的作用

(1)了解项目的风险程度

对于一个具体的投资项目而言，其自身的构成和发展可能与预期不相同，其所处的外部环境也会随着项目的进展而发生变化。通过项目敏感性分析，可以大致确定出投资项目的风险程度，敏感性因素越多，对投资项目经济效益的影响越大，项目的投资风险也就越大；反之，投资风险较小。

(2) 确定影响项目效益的最主要因素

通过项目敏感性分析，可以找出对项目效果评价指标影响程度最大的因素，即最敏感因素，并将其作为项目经济分析的重点因素，进一步提高与之相关的数据的可靠程度，从而有利于提高整个评估工作的质量。

(3) 通过分析敏感性因素的变动范围判断项目可行性

例如，价格因素作为一个敏感性因素，其变化幅度难以把握，但通过项目敏感性分析可以揭示出价格在什么范围内变动时，项目仍是有利可图的，并可以此作为价格风险的可承受区间。

(4) 管理项目风险

通过敏感性分析，掌握各种不确定因素的利弊及其大小，从而在项目的实施过程中，能够有针对性地利用有利因素，尽量避免不利因素，以便提高投资项目的经济效益。

(5) 确定项目效益的极端值

通过项目敏感性分析可以预测项目效益最乐观和最悲观的临界条件或临界数值，为投资决策者提供可能的风险范围，有助于决策者对原方案采取某些控制措施或寻求可替代的方案，以保证项目预期经济效果的实现。

(三) 敏感性分析的步骤

1. 确定敏感性分析的基本指标

农业项目经济评价的总体指标很多，有财务评价指标，也有经济评价指标；有用内部收益率表示项目经济效益的，也有用净现值表示的，还有用投资利润率、投资回收期表等。尽管这些经济评价指标的经济意义不同，但在进行敏感性分析时并不需要对所有指标都进行敏感性分析，而只要根据项目的特点和实际需要来选择其中一、两项进行分析即可。

2. 确定敏感性因素

确定敏感性因素的原则包括：①该因素确有可能对项目的经济效益有较大的影响；②该因素确有可能在项目周期内发生较大的变化；③该因素确实不容易准确地进行预测。对于农业项目，可以选择项目主要农资投入品价格、生产周期、农产品产量等因素作为主要敏感性因素，必要时可以将农户分红最低要求等因素进行分析。

3. 计算基本指标对主要敏感性因素的敏感程度

在确定了敏感性分析指标和主要敏感性因素后，我们就可以在项目经济评价基本方案的基础上，变动一个或几个主要敏感性因素，重新计算经济评价指标，从而得到主要敏感性因素对该经济评价指标的影响程度。影响程度可用绝对值、相对值即敏感度系数表示。用绝对值来表示就是变量因素以相同的变化率对项目效益指标的影响值；用相对值来表示就是用效益指标的变化值与因素变化的变化率之比来表示；敏感度系数是指项目评价指标变化的百分比与不确定因素变化的百分比之比。敏感度系数越高，表明项目效益指标对不确定因素的敏感程度越高。如果某因素在较大的范围内变化，但引起指标的变化幅度并不大，则称其为非敏感性因素；如果某因素在很小范围内变化时就引起指标很大的变化，则称其为敏感性因素。实际计算时，一般给主要敏感性因素的变化以一个相同的变动范围，这样经过重新计算得到的经济评价指标可以直接排序，从而找出最敏感因素。

4. 绘制敏感性曲线图(表)

为了更直观地表示各不确定性因素对项目经济评价指标的影响，可以绘制敏感性曲线图或表。

(四)项目敏感性分析的类型

1. 单因素敏感性分析

单因素敏感性分析是在其他因素保持不变的情况下，每次研究单一不确定因素的变化对项目经济效益的影响程度。这样就可以在控制其他因素的条件下，分析这个因素的变化对指标的影响。单因素敏感性分析适于分析项目方案的最敏感因素。

2. 双因素敏感性分析

假设方案的其他因素不变，每次仅考虑两个因素同时变化对经济效益指标的影响，则称为双因素敏感性分析。双因素分析先通过单因素分析确定两个敏感性较大的因素，然后通过双因素敏感性分析来考察这两个因素同时变化时对项目经济效益的影响。

3. 多因素敏感性分析

多因素敏感性分析是在假设其他不确定因素不变的条件下，考察 3 种及以上不确定因素同时变化对项目经济效益的影响程度。敏感性因素之间往往不是相互独立的，而是存在一定的相关关系，所以多个因素同时变化对项目指标的影响程度并不等于每个因素变化的影响程度加总，在做敏感性分析时需要考察多个因素同时变化对项目指标的影响程度，从而判断项目对不确定因素的承受能力，进而对项目风险的大小进行估计，为投资决策提供依据。

二、单因素敏感性分析

1. 确定分析指标

项目敏感性分析指标就是前面提到的经济效益评价指标，即项目敏感性分析的具体对象。由于项目敏感性分析是在项目确定性分析的基础上进行的，故项目敏感性分析指标一般应与项目确定性分析所使用的指标相一致。当项目确定性分析中使用的指标比较多时，项目敏感性分析可围绕其中一个或几个最重要的指标进行。经常使用的指标主要有净现值、内部收益率和投资回收期。

2. 选择需要分析的不确定因素

如前所述，当研究一个不确定因素时，或者虽然研究多个不确定因素，但在研究一个因素变动时假定其他因素不变化，称为单因素敏感性分析。常从下列因素中选择：投资额、项目生命周期、产品价格、产品产销量、经营成本、生命周期内资产残值、折现率等。

3. 分析每个不确定因素的波动程度及其对分析指标可能带来的影响

研究并设定不确定因素的变动范围，并列示不确定因素的不同变化率或不同取值的几个点态。对选定的需要进行分析的不确定因素，按照一定的变化幅度(如 5%、10%、20%

等)改变它的数值，然后计算这种变化对经济评价指标的影响数值，并将其与该指标的原始值相比较，从而得出该指标的变化率，用公式可表示为：

$$相对变化率(\beta)=\frac{评价指标变化幅度}{变量因素变化幅度}=\frac{\Delta Y_j}{\Delta X_i}=\frac{\left|\frac{Y_{j1}-Y_{j0}}{Y_{j0}}\right|}{|\Delta X_i|} \tag{12-12}$$

式中　β——灵敏度；

ΔX_i——第 i 的变量因素的变化幅度(变化率)；

Y_{j1}——第 j 个指标受变量因素变化影响后所达到的指标值；

Y_{j0}——第 j 个指标未受变量因素变化影响时的指标值；

ΔY_j——第 j 个指标受变量因素变化影响的差额幅度。

4. 确定敏感性因素

计算不确定因素变动对经济效益指标的影响程度，建立相应模型，确定敏感性因素。敏感性因素是指对经济效益评价指标产生较大影响的因素，根据分析问题的目的不同，一般可通过两种方法来确定：

(1)相对测定法

设定要分析的因素均从初始值开始变动，且假设各个因素每次变动的幅度相同，分别计算在同一变动幅度下各个因素的变动对经济效益评价指标的影响程度，也就是灵敏度；然后，按灵敏度的高低对各个因素进行排序，灵敏度高的因素就是敏感性因素。

(2)绝对测定法

假定需要分析的因素只向使经济效益评价指标产生不利影响的方向变动，并设该因素达到可能的最差值，然后计算在此条件下的经济效益评价指标。如果计算出的经济效益评价指标已超过了项目可行的临界值，从而改变了项目的可行性，则表明该因素是敏感性因素。

5. 方案选择

结合项目确定性分析与项目敏感性分析的结果，对项目做进一步评价，还可以进一步寻找相应的控制风险的对策。如前所述，项目敏感性分析一般借助列表或函数图来完成敏感性因素的确定和各个因素敏感度的对比。

在单因素敏感性分析的过程中，当计算项目经济效益评价指标对某一个不确定因素的敏感度时，往往假定其他因素不变，但这样的假设是很不现实的。实际上，许多因素的变动具有相关性，某一个因素的变动往往伴随着其他因素的变动。单因素敏感性分析排除了对这一现实情况的考虑，所以具有明显的局限性。多因素敏感性分析要考虑可能发生的各种因素不同变动幅度的多种组合，因此计算起来要比单因素敏感性分析复杂得多。多因素敏感性分析一般可以采用解析法和作图法相结合的方法进行。感兴趣的读者可以参阅相关书籍。

三、农业项目敏感性分析案例

假设某中外合资肉鸡场项目全部资金的财务现金流量表见表 12-2 所列，据分析，该项目的主要敏感性因素为建设投资、销售收入、经营成本、建设工期和外汇汇率，试对该项目进行敏感性分析。

(1)确定敏感性分析指标

由于只有财务现金流量表，所以只能选财务盈利能力评价指标进行敏感性分析，我们选择财务内部收益率和财务净现值为敏感性分析指标。

(2)确定敏感性因素

敏感性因素为建设投资、销售收入、经营成本、建设工期和外汇汇率，我们这里把这5项敏感性因素作为主要敏感性因素进行分析。

表12-2 项目全部资金的财务现金流量表 万元

年度	1	2	3	4~5	6~11	12
现金流入						
销售收入		1008	4033	6542	6542×6	6542
回收固定资产余值						619
回收流动资金						640
小计		1008	4033	6542	6542×6	7801
现金流出						
建设投资	8751	3620				
流动资金	140	385	115			
经营成本		550	2088	2550	2550×6	2550
所得税		0	0	0	1250×6	1250
小计	8891	4555	2203	2550	3800×6	3800
净现金流量	-8891	-3547	1830	3992	2742×6	4001

财务内部报酬率=17%

财务净现值(12%)=2762.51

注：①建设投资中包括外汇800万欧元，其中第一年600万欧元，第二年200万欧元，假设外汇汇率为1欧元=7.2元人民币；②本项目使用200万欧元的技术转让费和培训费，在项目建成后的10年里等额摊销。

(3)计算敏感性指标对主要敏感性因素的敏感程度

首先，计算项目对建设投资的敏感性程度，见表12-3所列。同理，可以计算出项目对于销售收入、经营成本、建设工期和外汇汇率的敏感性程度。计算结果见表12-4和表12-5所列。

(4)分析结论

敏感性分析表明，该项目对建设工期和销售收入最为敏感。建设工期拖后一年或销售收入下降10%，都将使项目变得不可行。相对来讲，该项目对经营成本、外汇汇率以及建设投资的变化不十分敏感。对于分析的5个敏感性因素，该项目的敏感顺序是：建设工期、销售收入、外汇汇率、经营成本和建设投资。

表 12-3　建设投资增加 10%后项目全部资金的财务现金流量表　　万元

项目	1	2	3	4~5	6~11	12
现金流入						
销售收入		1008	4033	6542	6542×6	6542
回收固定资产余值						619
回收流动资金						640
小计		1008	4033	6542	6542×6	7801
现金流出						
建设投资	9626. 1	3982				
流动资金	140	385	115			
经营成本		550	2088	2550	2550×6	2550
所得税		0	0	0	1250×6	1250
小计	9766. 1	4917	2203	2550	3800×6	3800
净现金流量	-9766. 1	-3909	1830	3992	2742×6	4001

财务内部报酬率 = 14. 86%
财务净现值(12%) = 1692. 58

表 12-4　项目 IRR 敏感性分析表　　IRR,%

敏感性因素	+10%	0	-10%
建设投资	14. 86		19. 47
销售收入	21. 61		11. 83
经营成本	14. 97	17	18. 95
建设工期(拖后一年)			9. 20
外汇汇率	15. 87		18. 24

表 12-5　项目 NPV 敏感性分析表　　NPV, 12%, 万元

敏感性因素	+10%	0	-10%
建设投资	1692. 58		3832. 42
销售收入	5611. 01		-85. 99
经营成本	1602. 94	2762. 51	3922. 07
建设工期(拖后一年)			-1788. 72
外汇汇率	2193. 21		3331. 81

四、项目敏感性分析的局限性

(1)不确定因素的变化范围往往很难确定，有时无法预测某一不确定因素的真正变化范围及其在此范围内变化的可能性。在项目敏感性分析中，为了计算方便而采用中点及两点范围，即根据单一变量的高、中、低值对关键指数进行估计，因而有可能遗漏合乎需要的变数，或遗漏有用的信息。

(2)在进行项目敏感性分析时，需要对多指标进行多变量分析。对于一个项目来说，往往一个指标就要对应多个变量；若对多项指标综合分析，则需要计算和处理的数据会很多，计算工作量也会很大，只能借助计算机来完成。

(3)项目敏感性分析虽然找出了项目的敏感性因素，为项目规避风险提供了依据，但项目敏感性分析不能确定在这种风险下的项目效益水平如何。

(4)项目敏感性分析通常只进行因素分析，而将同时变化的多个因素割裂开来，单独进行分析，这样很难反映实际情况。各个因素的变化方向可相同也可相反，单独定向分析不能反映某项指标的综合影响。因此，对所有不确定因素来说，难以做出全面和综合的定量分析结论。

第四节　项目概率分析

一、项目概率分析的含义及步骤

(一)项目概率分析的含义

上一节介绍了项目敏感性分析方法，通过项目敏感性分析，能够找出一个投资项目涉及的各种不确定因素，指出哪些是敏感性因素，哪些是不敏感性因素。而这些敏感性因素或不敏感性因素发生的可能性有多大，这种项目敏感性分析并没有指出，为此有必要进行概率分析。所谓项目评估中不确定性分析的概率分析，就是引用数学上的概率研究方法，将各种不确定因素的变动用数学上的概率方法进行定量描述。具体地说，概率分析的主要任务就是用数学概率分析方法，计算出项目经济效益指标的期望值和标准差。

(二)项目概率分析的步骤

(1)根据要分析的项目效益指标，列出各种需要考虑的不确定因素或敏感性因素。

(2)估计出每个不确定因素的变化范围，并根据已有的统计数据和经验，确定该因素在其变动范围内可能出现的概率。根据对基础数据的取值及其发生概率的不同估算方法，可将概率分析分为客观概率分析和主观概率分析。

①客观概率分析　概率的计算方法有两种：根据大量实验，用统计的方法进行计算；根据概率的古典定义，将事件分解为基本事件，用分析的方法进行计算。用这两种方法得到的概率称为客观概率，不以人的意志为转移。

②主观概率分析　在实际工作中，经常无法获得足够多的信息，特别是在对经济活动进行分析时，也不可能做大量实验，因而很难计算出客观概率，只好由决策者和专家对事

件的概率做一个主观估计，这就是主观概率。主观概率是使用较少信息量做出估计的一种方法。

(3)分别求出各种可能发生事件的经济效益指标值(如净现值)，然后求出它的期望值，确定在该不确定因素情况下项目经济效益指标的期望值。

(4)求出使项目经济上可行的累计概率。

二、项目概率分析的基本方法

项目概率分析的基本方法通常有期望值法、决策树法和效用函数与模拟分析方法等。下面主要介绍期望值法和决策树法。

(一)期望值法

期望值法一般是计算项目净现值的期望值及净现值大于或等于0时的累积概率，同时也可通过蒙特卡罗模拟法测算项目评估指标的概率分析，为项目决策提供依据。净现值期望值的编制步骤为：

(1)选用净现值作为分析对象，并选定与之有关的主要不确定因素。

(2)按照穷举和互斥原则，确定各种不确定因素可能发生的状态或变化的范围。

(3)分别估算各不确定因素在每种情况下发生的概率。各不确定因素在每种情况下的概率应为0~1，且所有可能情况的概率之和必须等于1。这里的概率为主观概率，是在充分掌握有关资料的基础上，由专家、学者依据自己的知识、经验进行系统分析之后，通过主观判断做出的。

(4)分别计算各可能发生情况下的净现值、各年净现值的期望值和整个项目生命周期净现值的期望值。

(5)计算各年净现值标准差、整个项目生命周期净现值的标准差或标准差系数。

(6)计算净现值大于或等于0时的累计概率。累计概率值越大，项目所承担的风险就越小。

(7)对以上分析结果做综合评价，说明项目是否可行及承担的风险大小。

一般以 X 为随机变量的期望值和标准差的数学计算公式为：

$$E(x) = \sum_{i=1}^{n} X_i P_i \tag{12-13}$$

$$\sigma = \sqrt{\sum_{i=1}^{n} P_i [X - E(X)]^2} \tag{12-14}$$

式中　σ——标准差；

P_i——第 i 次事件发生的概率；

X_i——第 i 次事件发生的变量值。

标准差是表示事件发生的变量与期望值的偏离程度。也就是说，该指标越小，说明实际发生的可能情况与期望值越接近，期望值的稳定性也越高，项目的风险就越小；反之亦然。因此，一个好的项目应该具有较高的期望值和较小的标准差。

在一个投资项目的实施过程中，由于受各种不确定因素的影响，其净现金流量(NCF，即现金流入量减去现金流出量)出现的可能性是不确定的，有的年份出现得多些，有的年份出现得少些，故投资项目各年的净现金流量是一个随机变量，把净现金流量(NCF)代入式(12-15)，可得：

$$E(NCF) = \sum_{t=1}^{n} (NCF)_t P_t \tag{12-15}$$

既然净现金流量是随机变量，那么建立在净现金流量基础之上的投资项目的净现值(各年净现金流量按一定折现率折现加总的结果)也是一个随机变量，而且呈正态分布态势。

进一步，把投资项目各年的净现金流量的期望值 $E(NCF)$ 按一定的折现率进行折现后加总，就得到投资项目净现值的期望值计算公式(i 为折现率)：

$$E(NPV) = \sum_{t=1}^{n} [E(NCF)_t] (1 + i)^{-t} \tag{12-16}$$

投资项目净现值的方差为：

$$D(NPV) = \sum_{t=1}^{n} [D(NCF)_t] (1 + i)^{-2t} \tag{12-17}$$

上式表明，投资项目的净现值的方差 $D(NPV)$ 等于项目各年净现金流量的方差按一定的折现率折现后加总的结果。

在进行概率分析时，一般可根据期望值与标准差确定其效益水平及获得这一水平的可能性：

(1)$E(x)\pm\sigma$ 的可能性为 68.27%；

(2)$E(x)\pm2\sigma$ 的可能性为 95.49%；

(3)$E(x)\pm3\sigma$ 的可能性为 99.73%。

由此可以对该投资项目经济效益的不确定因素进行量化分析，以便在项目分析中进行有效地掌握和控制。

(二)决策树法

1. 决策树法是进行风险量化的有效方法

它把有关决策的相关因素分解开来，逐项计算其概率和期望值，并进行方案的比较和选择。决策树法不仅可以用来解决单阶段的决策问题，而且可以来解决多阶段的决策问题，它具有层次清晰、不遗漏、不易错的优点。

2. 决策树法因其结构形态而得名

决策树的结构较简单，以方块或圆圈为节点，用直线连接节点而形成一种树状结构。方块节点代表决策点，由决策点引出若干条直线，每条直线代表一个方案，故称其为方案分枝。圆圈节点代表状态点，由状态点引出若干线，每条直线表示不同的自然状态发生的概率，故称其为概率分枝，在概率分枝的末端列出各方案在不同状态下的损益值。

用决策树方法进行风险量化的步骤如下：

(1)绘制决策树。按问题所给信息，由左至右顺序绘制决策树(图 12-3)。

所用符号有：

□——决策节点，从这里引出的分枝为方案分枝。在分枝上要标明方案名称。

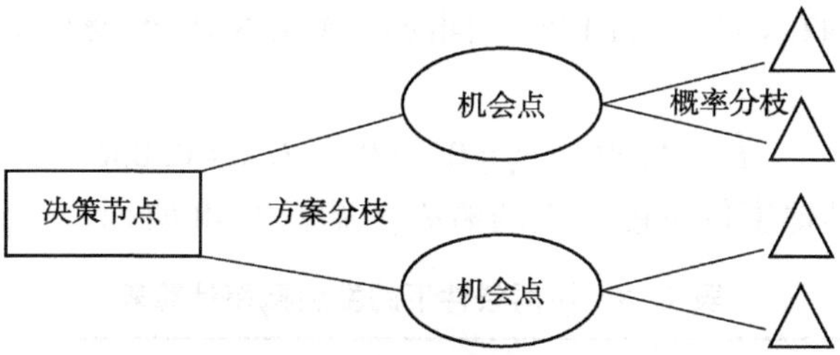

图 12-3　决策树分析法

○——状态节点，从这里引出的分枝为状态分枝或概率分枝，在每一分枝上应标明状态名称及其出现概率。

△——结果节点，它标明各种自然状态下所取得的结果(如期望值)。

(2)计算方案的损益期望值，并将计算结果标注在相应的状态节点上端。

(3)对损益期望值进行比较并选取最优的期望值填在决策节点上，相应的方案即最优方案。

三、项目概率分析案例

假设某农业项目生产 A、B、C 3 种产品，年销售收入 1300 万元，销售收入中变动成本为 795 万元，年固定成本 416 万元，其他情况见表 12-6 所列。

表 12-6　项目资金成本表

项目产品	A	B	C
单位售价(元)	500	400	200
单位变动成本(元/t)	300	250	120
生产量(销售量，t)	1000	15 000	10 000
销售收入(万元)	500	600	200

根据经验判断和市场预测，得到该项目固定资产投资、销售收入和经营成本等不确定性因素可能发生的变化及其发生概率，见表 12-7 所列。试对该项目进行简单概率分析。

表 12-7　项目资金变动概率表

项目	+10%	0	-10%
销售收入	0. 2	0. 5	0. 3
经营成本	0. 3	0. 5	0. 2
固定资产投资	0. 3	0. 6	0. 1

(1)确定各种可能事件发生的概率

第一个事件[销售收入 P_a 增加 10%，同时经营成本 P_b 也增加 10%，固定资产投资 P_c 也同样增加 10%]发生的概率：

$$P_1 = P_a \times P_b \times P_c = 0.2 \times 0.3 \times 0.3 = 0.018$$

第二个事件[销售收入 P_a 增加 10%，同时经营成本 P_b 也增加 10%，固定资产投资 P_c 不变]发生的概率：

$$P_2 = P_a \times P_b \times P_c = 0.2 \times 0.3 \times 0.6 = 0.036$$

同理，可以求得其他事件可能发生的概率，见表 12-8 所列。

表 12-8　不同条件下的发生概率计算表

事件序号	发生条件			发生概率
	销售收入变化	经营成本变化	固定资产投资变化	
1	0.2	0.3	0.3	0.018
2	0.2	0.3	0.6	0.036
3	0.2	0.3	0.1	0.006
4	0.2	0.5	0.3	0.030
5	0.2	0.5	0.6	0.060
6	0.2	0.5	0.1	0.010
7	0.2	0.2	0.3	0.012
8	0.2	0.2	0.6	0.024
9	0.2	0.2	0.1	0.004
10	0.5	0.3	0.3	0.045
11	0.5	0.3	0.6	0.090
12	0.5	0.3	0.1	0.015
13	0.5	0.5	0.3	0.075
14	0.5	0.5	0.6	0.150
15	0.5	0.5	0.1	0.025
16	0.5	0.2	0.3	0.030
17	0.5	0.2	0.6	0.060
18	0.5	0.2	0.1	0.010
19	0.3	0.3	0.3	0.027
20	0.3	0.3	0.6	0.054
21	0.3	0.3	0.1	0.009
22	0.3	0.5	0.3	0.045
23	0.3	0.5	0.6	0.090
24	0.3	0.5	0.1	0.015
25	0.3	0.2	0.3	0.018
26	0.3	0.2	0.6	0.036
27	0.3	0.2	0.1	0.006
合计				1.000

(2)计算各可能发生事件发生时的净现值

根据净现金流量表，用计算机算得的净现值见表 12-9 所列。

表 12-9　不同条件下的财务净现值计算表

事件序号	P_a	P_b	P_c	发生概率	净现值	加权净现值
1	0.2	0.3	0.3	0.018	3381.52	60.87
2	0.2	0.3	0.6	0.036	4451.44	160.25
3	0.2	0.3	0.1	0.006	5521.37	33.13
4	0.2	0.5	0.3	0.030	4541.08	136.23
5	0.2	0.5	0.6	0.060	5611.01	336.66
6	0.2	0.5	0.1	0.010	6680.93	66.81
7	0.2	0.2	0.3	0.012	5700.65	68.41
8	0.2	0.2	0.6	0.024	6770.57	162.49
9	0.2	0.2	0.1	0.004	7840.49	31.36
10	0.5	0.3	0.3	0.045	533.02	23.99
11	0.5	0.3	0.6	0.090	1602.94	144.26
12	0.5	0.3	0.1	0.015	2672.87	40.09
13	0.5	0.5	0.3	0.075	3832.43	287.43
14	0.5	0.5	0.6	0.150	2762.51	414.38
15	0.5	0.5	0.1	0.025	1692.58	42.31
16	0.5	0.2	0.3	0.030	2852.15	85.56
17	0.5	0.2	0.6	0.060	3922.07	235.32
18	0.5	0.2	0.1	0.010	4991.99	49.92
19	0.3	0.3	0.3	0.027	−2315.48	−62.52
20	0.3	0.3	0.6	0.054	−1245.50	−67.26
21	0.3	0.3	0.1	0.009	−175.63	−1.58
22	0.3	0.5	0.3	0.045	−1155.92	−52.02
23	0.3	0.5	0.6	0.090	−81.99	−7.38
24	0.3	0.5	0.1	0.015	983.93	14.76
25	0.3	0.2	0.3	0.018	3.65	0.07
26	0.3	0.2	0.6	0.036	1073.57	38.65
27	0.3	0.2	0.1	0.006	2143.49	12.86
合计				1.000		2255.05

(3) 求加权净现值

将表 12-9 中事件的发生概率乘以该事件发生时的净现值即得加权净现值，见表 12-9 最后一列。

(4) 求净现值的期望值

将加权净现值求代数和就得到净现值的期望值 $E(NPV)$。在本例中，净现值的期望值为 2255.05 万元，低于基本方案的净现值。

(5) 计算净现值大于或等于零的概率

将表中各可能发生事件的净现值从小到大排列，直到出现第一个正值为止，见表 12-10 所列。

表 12-10 累计概率计算表

序号	净现值	概率	累计概率
1	-2315.48	0.027	0.027
2	-1245.50	0.054	0.081
3	-1155.92	0.045	0.126
4	-175.63	0.009	0.135
5	-81.99	0.090	0.225
6	3.65	0.018	0.243

将以上可能发生事件的概率累加，求得累计概率 $P(NPV<0)$。在这里：

$$P(NPV<0)=0.225+(0.243-0.225)\times\frac{81.99}{81.99+3.65}=0.242$$

则净现值大于或等于零的概率为：

$$P(NPV\geqslant 0)=1-P(NPV<0)=1-0.242=0.758$$

结果表明，该项目有 75.8%的可能使财务净现值大于或等于零，也就是说，项目有 75.8%的可能取得财务上的成功。最有可能获得的财务净现值为 2255.05 万元。

四、项目概率分析的局限性

项目概率分析可以定量地测定项目不可行的风险有多大，是一种能改善风险条件下投资决策过程并有助于评估人员获得最佳投资决策的技术，它已经得到了广泛的应用。但是，项目概率分析对求出的项目净现值小于零的概率，无法提供一个决定项目取舍的标准或依据，但这并不是项目概率分析本身的问题。因为任何项目的取舍都取决于两个方面：风险的大小；投资者对风险的态度和承受能力。例如，某项目的净现值期望值为 20 万元，但存在净现值小于零的可能性为 18%的风险。该项目是否采纳，要看投资者是否愿意为取得 20 万元的 NPV 期望值去承担 18%可能亏损的风险。另外，在概率分析中，不论使用客观概率分析还是主观概率分析，基础数据的取值及其发生概率的估算，对分析的准确程度都会有很大的影响，所以工作人员的经验和能力成为重要的因素。基础数据的取值及其发生概率的估算越准确，分析的准确程度就会越高；反之，对项目的准确度会有严重的影响。

第五节　项目风险管理

一、项目风险管理的概念

项目风险管理就是对项目风险提出处置意见和办法。通过对项目风险识别、估计和评价，把项目风险发生的概率、损失严重程度以及其他因素综合起来考虑，就可得出项目发生各种风险的可能性及其危害程度，再与公认的安全指标相比较，就可确定项目的危险等级，从而决定应采取什么样的措施以及控制措施应采取到什么程度。

二、农业项目风险管理体系

在农业投资项目管理的全流程中，认真分析风险，对于风险发生频率高、可能造成严重损失的项目方案主动放弃或拒绝实施或采用其他替代方案，对已发现的风险苗头采取及时地预防措施。通过计划管理、加强协调、组织、招投标、技术、质量、合同管理和加强监督管理，最大限度防范项目风险。

1. 健全项目管理制度

根据预期目标对项目进行统筹安排，将项目的全过程、全部目标和全部活动统统纳入计划轨道，采用动态的可分解的计划系统来协调控制整个项目，提前发现问题、揭露矛盾，使项目在一定期限内以较低的造价，高质量、协调有序地达到预期目标。加强项目前期工作计划(包括拆迁安置、青苗补偿以及勘测计划)、工程设计计划、工程项目招投标计划、工程施工计划、机电设备以及主要材料采购供应计划、建设资金使用计划、竣工验收安排计划等，以计划及指导性文件为依据来协调各项工作，使人力、材料、机械、设备和建设资金等各种资源能得到合理、充分、有效地运用，并在实际实施过程中可以及时地对各个阶段各个环节的活动进行调节，保证质量优良、工期和造价更加合理。

2. 明确划分项目管理各单位具体职能

在熟悉工程项目形成过程及发展规律的基础上，通过部门分工、职责划分，建立行之有效的规章制度。如综合部负责制定技术方案和项目实施计划，处理日常事务，汇报工作进度，对项目有关的各业务部门实施统一管理，组织生产管理人员进行业务培训等；工程部具体负责项目规划设计、工程实施和监督检查，组织工程监理、竣工验收等；财务部负责建设资金落实和分配使用管理、竣工结算和决算、固定资产移交，设立资金专用账户，保证专款专用等。同时，加强部门之间的协调，使不同阶段、不同环节、不同部门、不同层次之间通过统一指挥实现目标明确。

3. 加强技术管理

技术准备阶段加强现场勘查以及项目设计任务的委托管理，对施工图纸的审查、设计交底、编制和审批施工组织设计及重大技术问题的技术交底等认真审查；工程项目实施阶段加强工程(包括其中的变更)技术方案和措施的审定，对材料及半成品的技术检验等技术问题认真处理，检查规范、规程的工艺标准的贯彻实施等；鼓励采用可靠的新技术、新材料、新工艺等；严格要求技术装备、技术人员、技术文件、资料档案的收集整理和技术责任制等的落实。

4. 加强质量管理

质量管理是农业工程项目管理非常重要的内容，是最终能否满足预定目标的重要保证。

(1) 加强对有关承包单位的资质进行审查

把好第一关，包括对设计单位、监理单位和施工单位的资质审查，施工队伍的素质以及质量保证体系的认证，农业工程有其特殊农业的专业性要求，尤其考虑是否有农业工程技术力量和经验。

(2) 加强施工检查

它包括施工过程中施工质量及安装质量的检查，检查是否按工艺的标准、操作规程和规范施工，是否按设计图纸要求或洽商变更施工，工序衔接是否合理，是否会有隐患，进场原材料、成品、半成品、设备等是否符合要求，项目经理及技术人员是否在施工现场。

(3) 建立质量管理制度

它包括建立原材料、成品、半成品、预制品的检查制度，隐蔽工程验收制度，分级验收制度，第三方认证制度以及质量事故处理办法等。

5. 完善财务管理制度

规范预算执行，加强过程管理。农业投资项目首先要严格按照预算批复执行，减少不必要的花费。其次，加强资金付款审批，规范付款手续，按照项目实际进度进行付款，财政资金的安全性。另外，加强项目执行中的财务监督和管理，不仅要对项目资金使用情况进行监督检查，还要对项目执行现场进行管理，及时整理归档现场资料，方便项目后期工程结算及验收的顺利进行。

三、农业项目风险管理策略

风险管理可以从改变风险后果的性质、风险发生的概率和风险后果大小等方面提出风险回避、风险预防、风险转移、风险缓释、风险承担等。对不同项目的风险可用不同的处置方法和策略，对同一个项目所面临的各种风险，可综合运用各种策略进行处理。

(一) 风险回避

风险回避有两层含义：一是指风险发生的可能性极大，后果极其严重，又无计可施，于是主动放弃项目或改变项目目标的策略；二是通过变更项目计划，消除风险事件本身或风险产生的条件，从而保护项目目标免受影响的方法。虽然不可能消除所有风险，但某些特定的风险还是可能回避的。例如，保险公司认为某项目的风险太大，拒绝承保，就是典型的风险回避；生猪养殖户在疫情严重的时候会减少投入，或者签订代养合同，这也是风险回避。在项目早期出现的某些风险事件，可以通过澄清需求、获得信息、加强沟通、听取专家意见的方式加以应对。采用一种熟悉的而不是创新的方法，避免和一个不熟悉的供应商合作，增加项目资源或时间等，这些都可能是风险回避的例子。在农业建设项目中，可以根据地区和季节的气象历史，避开梅雨季节，或者把雨季的延误补充到进度计划中，可以避免因为天气的因素可能导致的项目延误风险。在采取回避策略之前，必须对风险有充分地认识，对威胁出现的可能性和后果的严重性有足够的把握。采取回避策略，最好在项目活动尚未实施时进行，放弃或改变正在进行的项目，一般都要付出高昂的代价。

（二）风险预防

风险预防通常采取有形或无形手段。第一，预测法。尽量准确测算方向，或者减少风险发生概率或者发生后产生的损失。第二，加强风险意识教育。对有关人员进行风险意识教育，充分了解项目所面临的种种风险，避免个人的任何疏忽和错误行为都可能给项目造成的损失。第三，规范制度。制定合理的管理计划、方针和监督检查制度，以及合理的设计项目组织形式，均能有效地预防风险。

（三）风险转移

风险转移是设法将风险的结果连同对风险进行应对的权利转移给第三方，包括保险、投资多元化等方式。风险转移本身不能降低风险发生的概率，也不能减少风险带来的损失，只是将风险损失的一部分转移给另一方。从财务的角度看，转移风险的财务责任是风险转移最为有效的办法，转移风险几乎总是伴有向接受风险的一方支付风险成本，这类成本包括保险费用、履约保证金、担保和保证费用。或者，可以使用合同的方式将某些特定风险的责任转移给另一方。例如，如果项目的设计不是十分成熟，那么使用固定价格合同就可能将责任转移给卖方。农业风险转移的方法主要有订单、合同、保险与担保等。例如，农业保险是由农户向保险公司交纳一定数额的保险费，当风险发生给项目带来损失时，会从保险公司获得赔偿，从而将风险转移给保险公司的一种方法。

（四）风险缓解

风险缓解是指将某一负面风险事件的概率及其后果降低到一种可以承受的限度。早期采取措施，降低风险发生的概率或风险对项目的影响。需要注意，对照风险可能的概率和其后果，缓解的成本应是合理的，风险缓解采用的形式可能是执行一种减少问题的新的行动方案。如采用更简单的作业过程、进行更多的实验或工程技术试验，或挑选更稳定的卖方。它可能涉及变更环境条件以使风险发生的概率降低，如增加项目资源投入或延长进度计划。举例来说，在涉及采购的项目中，独家供货是必须考虑的风险，缓解风险就是开发第二货源，这样，如果其中一个供应商不能按时或按规定要求供货，另外一个供应商还能满足采购需求。

（五）风险承担

风险承担就是项目方自愿接受风险后果的方式。但是，风险承担可能是主动和积极的，也可能是被动和消极的。前者是已经有了行动计划和应急方案，当风险事件发生时马上执行这些计划和方案；后者可能是因为没有事先意识到风险，或者没有事先制订风险应对计划。另外，也有可能风险管理成本过高而选择承担风险带来的损失。

本章小结

1. 风险就是引发或造成损失的不确定性，农业的特殊性决定了农业风险的特殊性，由于农业风险具有多发性、突发性及复杂性等特征，亟须加强对农业项目风险的管理。

2. 农业项目风险管理是指为避免项目发生风险或将风险发生的损失降到最低所做的一系列管理措施。

3. 风险识别是农业项目规避投资风险的前提，项目风险的识别方法有系统分解法、流程图法、头脑风暴法、情景分析法等。

4. 项目风险分析主要有盈亏平衡分析、敏感性分析和项目概率分析等。

5. 项目风险管理策略有风险回避、风险预防、风险转移、风险缓解、风险承担等。

重要概念

风险　不确定性　系统性风险　非系统性风险　盈亏平衡分析　敏感性分析　概率分析　农业项目风险管理

第十三章　农业项目后评价

学习目的

(1) 掌握农业项目后评价的概念、种类与内容。

(2) 了解农业项目后评价的程序与方法。

(3) 了解项目后评价的指标体系。

(4) 掌握项目后评价的结果反馈和应用。

本章介绍了农业项目后评价的概念、种类和主要内容，阐述了农业项目后评价的程序与方法、农业项目后评价的指标体系，介绍了项目后评价信息如何反馈和应用，最后通过农业项目后评价案例深化对农业项目后评价的理解。

第一节　项目后评价背景和理论

一、项目后评价的背景

项目后评价(project post evaluation)产生于20世纪30年代。20世纪30年代美国首先开始项目后评价活动，一般认为这是项目后评价的开端。此后项目后评价在美国、加拿大、英国、瑞典等国家得到了应用。21世纪以后，随着项目后评价的理论与评价体系的日臻完善，其作为一种投资辅助手段在更多国家被广泛应用。我国在项目后评价工作方面起步较晚，首次开展项目后评价工作是在1988年国外贷款的项目中，2004年国务院提出建立政府投资项目后评价制度。农业部出台了《农业基本建设项目管理办法》《农业基本建设项目申报审批管理规定》《农业基本建设项目招标投标管理规定》《农业基本建设项目竣工验收管理规定》《农业建设项目监督检查规定》等一系列规章制度，把项目后评价纳入农业项目基本建设管理的内容体系。2008年国家发展改革委印发《中央政府投资项目后评价管理办法》。2020年农业农村部制定《农业农村部中央预算内直接投资农业建设项目管理办法》和《农业农村部中央预算内投资补助农业建设项目管理办法》，强调加强农业建设项目绩效评价结果应用，加强对农业项目后评价活动的实施和应用。这些法规和规章为农业项目后评价活动提供了制度基础。

二、农业项目后评价的理论基础

农业项目后评价活动的开展需要多种学科、多种理论的支撑。其中系统理论、控制理论、现代项目评价模型等是农业项目后评价的重要理论基础。

(一) 系统理论

系统理论是由美籍奥地利生物学家罗伯特 · 贝塔朗菲 1937 年提出。一般系统论原理指出不论系统的具体种类、组成部分的性质和它们之间的关系如何，存在着适用于综合系统或子系统的一般模式、原则和规律。

一般系统论具有 5 个特征：

(1) 系统的整体性

系统是若干事物的集合，系统反映了客观事物的整体性，但又不简单地等同于整体。因为系统除了反映客观事物的整体之外，它还反映整体与部分、整体与层次、整体与结构、整体与环境的关系，即系统是从整体与其要素、层次、结构、环境的关系上来揭示其整体性特征的。系统所具有的整体性是在一定组织结构基础上的整体性，要素以一定的方式相互联系、相互作用而形成一定的结构。整体性内涵是一般系统论的核心。

(2) 系统的有机关联性

系统的性质不是要素性质的总和。不过系统与它的要素又是统一的，系统的性质以要素的性质为基础，系统的规律也必定要通过要素之间的关系即系统的结构体现出来。存在于整体中的要素，都必定具有构成整体的相互关联的内在根据，所以要素只有在整体中才能体现其要素的意义，一旦失去构成整体的根据它就不成其为系统的要素。

(3) 系统的动态性

系统的有机关联不是静态的而是动态的。系统的动态性包含两方面的意思，一是系统内部的结构状况是随时间而变化的；二是系统必定与外部环境存在着物质、能量的信息的交换。实际存在的系统都是开放的系统，动态是开放系统的必然表现。

(4) 系统的有序性

系统的存在必然表现为某种有序状态，系统越是趋向有序，它的组织程度越高，稳定性也越好。系统从有序走向无序，它的稳定性便随之降低。完全无序的状态就是系统的解体。

(5) 系统的目的性

贝塔朗菲认为系统的有序性是有一定方向的，即一个系统的发展方向不仅取决于偶然的实际状态，还取决于它自身所具有的、必然的方向性，这就是系统的目的性。

(二) 反馈控制理论

20 世纪 40 年代，控制论的奠基人诺伯特 · 维纳 (N. Weiner) 出版了《控制论——关于在动物和机器中控制与通讯的科学》，论述了控制理论的一般方法。控制理论的研究对象是系统。控制理论认为：

(1) 自动机时代就是通信和控制的时代

近代的各种自动机与生命体一样，都含有感觉器官、动作器官和像神经系统一样传递信息的指挥器官。

(2) 反馈控制现象在生理现象是常见的

如体温恒定等，生命体依靠这种反馈控制达到“稳定”、实现生存，而现代的各种自动机也存在这种反馈控制，通过对外界的信息接收和自身动作的完成来适应外界的变化。

(3)控制系统不是孤立的系统，而是与周围环境密切联系的开放系统

控制系统通过自己的反馈机构来减少系统的熵。闭环控制系统，从施控系统发出指令一直到把受控系统输出的信息反馈到施控系统作为一个回路，在这个过程中要确保信息质量和信息流畅通，如果出现信息失真或传输中间有断路，就可能导致控制失误或无法进行。

(4)高内部稳定性

如同动物由细胞构成，社会也是由小组织组成，并且依靠紧密的信息传播联系在一起，小而紧密地结合着的社会具有高内部稳定性。

(三)卓越项目管理模型

国际项目管理协会(IPMA)是由多个国家项目管理联合会形成，其在2015年发布了一套新的评估模型——卓越项目管理模型。卓越项目管理模型根据全面质量管理(TQM)和欧洲质量管理模型(EFQM)的理念和设计演化而来。卓越项目管理模型的评估指标分为3个领域：人员和目标、过程和资源、项目成果。

卓越项目评估模型的指标结构包括：

(1)人员和目标

优秀的管理人员、清晰的目标设定，对推动项目进步，达到既定标准至关重要。项目的卓越始于领导者，领导者让关键的利益相关者参与项目目标和战略的制定，组建起高效的团队，与正确的合作伙伴和供应商合作以实现项目的成功。具体分为领导力和价值观、目标和策略、项目团队、合作伙伴和供应商。

(2)过程和资源

针对项目过程和资源的管理水平，代表着项目实施过程中的高效、可持续发展的管理模式。具体分为项目过程管理、资源管理、其他关键要素管理。

(3)项目成果

项目成果是项目卓越模型领域中的一个必要的证明，也是项目中各利益相关者的实际收益的系统表现。项目成果和影响的领域由收集客户、团队和其他利益相关者对项目的看法组成，以他们的满意程度作为指标。此外，还涵盖了其他可以衡量项目成果达到卓越水平的指标，如对环境、文化、政治的影响等。

第二节　农业项目后评价概述

一、重要概念

评价是一种通过衡量事物或人类行为的价值、经济意义、社会意义等来改善人类实践的活动。项目后评价就是在项目建设完成，并经营一段时间后，对项目的目的实现、执行过程、效益、绩效、作用和影响等进行全面、系统地分析评价。项目后评价是项目管理周期中的一个不可缺少的阶段，是项目全过程管理中必要的组成部分。农业项目后评价是

农业发展项目或建设项目完成投产并经营一段时间后，对项目的立项决策、目的实现、执行过程、绩效、影响等全过程进行全面、系统、客观评价的一种活动。农业项目后评价包括目标后评价、实施进度后评价、效益评价、影响评价、可持续性评价等。通过农业项目后评价，可以达到肯定成绩、总结经验、研究问题、吸取教训、提出建议、改进工作、不断提高项目决策水平和投资效果的目的。

二、农业项目后评价的目的和分类

(一)农业项目后评价的目的

(1)全面总结农业项目的实施过程，分析农业项目的实际运营状况、效益和影响，检验项目的预期目标是否达到。

(2)及时反馈信息，调整相关计划、方法、政策，改进或完善在建农业项目。

(3)增强项目实施的社会透明度和管理决策部门的责任心，提高农业项目管理水平。

(4)通过对经验、教训的反馈，调整和完善投资政策和发展规划，提高项目决策水平，改进未来的农业项目投资计划、实施执行和管理方法，提升农业项目效益。

(二)农业项目后评价的时机与分类

农业项目后评价的时机一般选择在所建农业项目的能力、经济效益或社会效益发挥出来的时候，在此时点进行农业项目后评价可以全面、系统地总结项目的实施过程，检查农业项目的实际运营情况与预期目标设计的偏差，并较准确地预测农业项目的未来效益；可以较好地分析和总结项目的经验与教训，为类似项目的管理提供反馈和参考信息；可以为在建项目和待建项目提供借鉴和完善方法。农业项目后评价的时间一般选择在项目建成经营后的1~2年进行，此时项目的影响和作用一般已有一定发挥，有利于深入评估项目的目的实现、执行过程、绩效、作用和影响。在实际工作中农业项目后评价时间不是一成不变的，应视具体情况具体分析。

农业项目后评价根据评价时点可以分为两种类型，一种是在农业发展或建设项目的结束阶段，对农业项目进行验收评估及对项目全过程进行评价，即项目管理后评价。另一种是在农业发展或建设项目结束之后继续对项目进行追踪、统计、调查，分析项目的绩效、作用和社会影响，这种农业项目后评价属于项目跟踪评价。

农业项目后评价还可按照评价内容、评价主体等可以将项目后评价划分为不同类型。根据后评价的内容可划分为目标评价、项目前期工作和实施阶段评价、项目运营评价、项目影响评价、项目持续性评价。根据后评价的主体还可划分为项目单位自评价和第三方机构项目后评价。

三、农业项目后评价的原则

农业项目后评价应遵循国家的相关法规、规章和宏观经济政策，接受中央和各级地方政府关于农业的社会、经济、科技发展规划指导，协调各农业项目利益，各相关主体利益与国家宏观经济发展目标关系。其基本原则主要包括几方面。

（一）现实性原则

农业项目后评价是对农业项目投产后一段时间所发生的情况的一种总结评价。它分析农业项目的实际情况，依据的数据是现实发生的真实数据或根据实际情况重新预测的数据，把农业项目建设实施的结果与项目设计的目标相比较，并和同类项目的实施情况进行比较，总结现实存在的经验教训，发现农业项目在目标实现、执行过程、绩效与发生影响等方面存在的问题和差距，判断农业项目管理的目标实现和实施过程是否存在失误与偏差，以改善农业项目管理。

（二）独立性原则

独立性要求农业项目后评价应从项目投资者和受援者或项目业主以外的第三方利益相关者的角度出发，独立地进行，一般应避免农业项目决策者和管理者自己评价，作出不客观、不公正的结论。

（三）可信性原则

可信性要求评价者具有专业性和丰富的经验，尤其项目评价的经验，以使后评价报告能够全面、客观、系统地反映项目的实施过程、绩效、影响以及其中的经验与教训。同时后评价的资料和信息来源中重视参与原则，要求项目决策者、项目经理、专职技术经济人员、企业经营管理者等参与后评价，以利于收集资料和查明情况。评价报告要注明评论者的名称、所用资料的来源或出处，阐述报告所用的评价方法，报告的分析和结论应有充分可靠的依据。

（四）全面性原则

农业项目后评价的内容具有全面性，不仅要分析项目的立项决策、设计施工，还要分析其生产经营过程；不仅要分析项目的投资经济效益，而且还要分析其社会效益、环境效益等。后评价涉及农业项目生命周期的各个阶段，对涵盖项目各个阶段的全过程进行系统性评价，它分析项目经营管理水平，还要分析项目的绩效、社会影响、环境影响以及发展潜力等。农业项目后评价是一项全面、系统的项目管理活动。

（五）反馈性原则

农业项目后评价的目的在于审视项目管理的全过程及其绩效和影响，以为以后的立项决策、执行过程和生产运营提供决策和建设的参考依据和借鉴。因此，农业项目后评价的一项重要原则是反馈性原则。农业项目后评价的结果需要反馈到决策部门，作为新的农业发展项目、建设项目等的立项和评价基础，也作为调整经济、社会、科技等规划和政策的依据，这是农业项目后评价的重要目的。因此，农业项目后评价的反馈机制、手段和方法是后评价管理的重要内容。

此外，农业项目后评价中还要考虑农业项目的具体特点，如综合性强，受资源的限制性比较大，农业项目效益不稳定性，项目涉及内容比较广泛，有的农业项目投资见效慢、时间长，项目受市场波动和价格因素影响较大等。

四、农业项目后评价的任务

农业项目后评价对已经完成的项目的规划目标、执行过程、效益、作用和影响所进行系统的客观地分析，要完成的咨询任务包括：

①项目全过程的回顾和总结。从农业项目的前期准备到项目验收，全面系统地总结项目全生命周期中各个阶段的实施过程，查找问题和不足，分析原因。

②项目效果和效益的分析评价。对农业项目的实施成果、经济效益、社会影响、环境影响等进行分析评价，对照项目目的和项目可行性研究评估的结论和主要指标，找出差异，分析差异。

③项目目标和持续性的评价。对农业项目目标的实现程度及其适应性、农业项目的可持续发展能力、项目的成功度等进行分析评价，得出项目后评价结论。

④总结农业项目的经验与教训，提出对策建议。

五、项目评价机构

建立项目评价机构是进行系统、高效的项目后评价工作的组织基础。各国的项目后评价机构大致可分为 3 类：隶属于国家立法机构；隶属于政府部门；市场中介机构。我国项目评价机构按照经营性质，可以分为政府设立的评价机构和市场中介机构。一些发达国家以及国际组织，特别是国际金融组织，十分重视后评价成果的反馈，如世界银行、亚洲开发银行等，其后评价机构是整个组织机构的一个重要部门。我国的项目后评价尽管起步较晚，但发展迅速，关于后评价机构的相关法规、规章日益完善，一些行业部门设立了专门进行项目后评价的机构，还有一些拥有项目后评价能力的市场中介机构涌现。

六、农业项目后评价的作用和意义

项目后评价对完善已建项目、改进在建项目和指导待建项目都具有重要作用。随着我国农业项目后评价活动的开展，对于我国推进农业现代化、实现乡村振兴、优化农业项目投资都具有深远影响。

（一）农业项目后评价的作用

（1）通过后评价活动对项目生命周期全过程各阶段的回顾和总结，即从项目的决策、准备、实施到运营全面系统地对各个阶段分析评价，能够发现项目实施中的管理、技术、信息传递等方面的不足，分析原因，提炼经验和吸取教训，从而提升新项目的经营管理水平。

（2）通过项目后评价对项目运营的绩效、作用、社会影响、生态影响等进行检验，对比项目目的、项目前评价等，能够对评价决策进行反思，有利于提升项目选择和项目决策的合理性。

（3）通过项目后评价能够对项目的运营开展、效益和影响进行检测，项目后评价客观、公正地反馈项目建设后投入经营的情况，能够督促决策者和执行者认真履职、做好工作，项目管理者提升运营绩效，提升项目投资效率。

（二）农业项目后评价的意义

（1）进行农业项目后评价，有利于优化政府投资去向和决策管理，提高农业项目投资效益。2021 年 2 月 25 日召开的全国脱贫攻坚表彰大会宣告我国脱贫攻坚战取得了全面胜利，实现了现行标准下农村近 1 亿人脱贫。至 2022 年我国粮食产量连续 8 年保持在 13 000×10^8kg 以上，粮食生产实现连续 19 年的丰收。这些举世瞩目的成就，与我国政府持续对农业、农村的高投入息息相关。但在具体的投入实施中，需要不断对已投农业项目的效果、影响和经验教训进行公正、客观地评价和总结，以指导项目的持续运行，并为后期政府资金去向提供参考，保障农业项目投资的科学决策和高效性。

(2) 进行后评价对农业项目生命周期中决策、准备、实施、运营各个阶段进行分析评价活动，对标预期目标，判定实施效果与预期目标的差距，能够发现农业项目在管理、技术、进度安排、信息传递、沟通机制、资源配置等方面存在的不足或问题厘清原因，总结经验和教训，从而提升农业项目经营管理水平和创新农业项目经营管理机制。

(3) 通过农业项目后评价，有利于增加项目的透明度，督促决策者和执行者认真履职。农业项目有投资额大、运营周期长、投资回报慢等特点，通过实施项目后评价，增加项目的透明度，能够提高责任部门的责任心，督促项目决策者和执行者认真履行职责，做好工作，减少投资的低效、无效或浪费现象，提高项目管理效率。

(4) 通过农业项目后评价对项目案例的系统分析，能够积累实践经验，促进整个后评价体系的健康发展。农业项目类型丰富、投资方式多样、干系人较多，因此农业项目评价咨询服务工作具有一定的复杂性。通过对项目案例的后评价工作持续开展和不断提炼，能够积累实践经验，形成一套比较客观的评价机制、方法与程序，促进后评价体系的健康发展，为今后农业项目后评价工作高效运行提供保障。

第三节　农业项目后评价的内容

农业项目后评价的工作包括对项目评价时点之前已完成的项目内容进行总结和对评价时点后的工作进行预测两个方面。对项目评价时点前已完成的项目内容进行总结，就是对已经发生的内容进行分析评价，发现问题，分析原因，总结经验与教训。对项目评价时点后的工作进行预测，就是以评价时点为起点，根据评价时点前的生产经营情况，对项目的未来前景进行预测。项目后评价的内容包括目标后评价、过程后评价、实施阶段后评价、运营后评价、技术经济后评价、影响后评价和持续性评价。

根据农业部和国家相关文件，农业项目后评价工作主要包括以下几方面内容：第一，对农业项目建设全过程进行评价；第二，重点对农业项目建设内容和建设目标进行评价；第三，对农业项目的绩效和社会影响进行分析评价；第四，对农业项目的可持续性进行分析评价。包括农业项目目标后评价、农业项目过程后评价、农业项目实施后评价、农业项目的技术经济后评价、农业项目的影响后评价、农业项目的社会后评价等。

一、农业项目目标后评价

农业项目目标后评价是将项目的实际实现情况与项目可行性调研和评估中指定的项目

目标进行对照，讨论项目目标的正确与否，找出变化、差异、差距并分析目标偏离的原因，判断项目目标的合理性与科学性。

1. 宏观目标

能够满足农村发展建设对项目的需求，推动地方及全国农村经济社会的发展；增加农村就业和农民收入，改善农村生产环境和生活质量，实现农村社会经济和环境和谐发展；升级农村产业结构升级，发展高质量农业，实现乡村振兴，推动农业、农村现代化，提升农村产业的经济效益。

2. 建设目的

改善生产结构，提高农村产品或服务的产量或质量，促进农村生产力发展；提高农村资源利用效率，实现资源的合理配置；改善农村社会环境和生态环境，实现经济效益、社会效益、生态效益的综合提升。

3. 评价内容

地方经济社会发展及国家宏观经济、政策变化等可能引起项目建设、经营的外部环境变化，会对农业项目建设产生重要的影响，可能使项目的建设或发展偏离预期目的或目标，因此可能需要对原定目标进行调整。在农业项目后评价中，需要对项目目标偏离和调整的原因进行分析，找出变化或偏离的原因，分析其合理方面或不合理方面，总结经验与教训，提供反馈信息，以便调整、修改计划，并为后续农业项目投资决策提供参考和依据。

二、农业项目过程后评价

农业项目过程后评价对农业项目的立项决策、建设实施、投产运营等全过程进行系统分析，找出项目实施过程与原预期效益之间的差异及变化的原因，以便实施调整和修改计划、方案，并为后续项目提供借鉴和参考。农业项目过程后评价包括项目前期工作评价、项目实施评价、项目运营评价。

1. 项目前期决策的后评价

农业项目前期决策后评价主要是对农业项目的可行性研究报告、项目评估、项目决策、项目批复批准文件进行的评价活动。根据项目的效果、作用、影响，分析项目的决策方法、决策内容，检查项目的决策程序，探讨决策的方法、机制和模式的成功和失败之处，总结经验，为后续项目提供参考。

2. 项目准备阶段的后评价

农业项目准备阶段的后评价包括对项目勘察设计、投融资方案、采购、开工准备等方面的后评价。农业项目勘察设计的后评价要对设计的质量、技术水平、服务等进行分析评价。农业项目的投融资方案的后评价主要应对评价项目的资金渠道、投融资结构、资金选择、项目投标和投融资风险管理等进行评价分析。特别应对项目准备阶段确定的投融资方案和项目实际的投融资方案进行对照分析，分析差异，探寻原因，总结经验教训。农业项目采购工作的后评价包括招投标方案、招投标程序等的评价，对采购过程中的公平性、透明性和经济性进行分析，探寻是否还有更经济、更合理的采购方案。农业项目开工准备的后评价包括对农业项目的建设、施工准备，技术引进方案、投融资条件准备等进行评价，分析项目开工准备活动是否适应项目建设和发展需要，能否保证项目顺利开展。

三、农业项目实施阶段后评价

农业项目实施阶段后评价是对项目从开工到竣工验收、投入运营的实施过程的评价，包括项目的建设实施及管理评价、资金到位及使用评价、项目进度等。项目实施阶段的后评价应注重进行项目实施与项目决策的预期目标、项目实施与项目建设计划之间的对比，分析偏差，找出问题和原因，提出改进方案，为后续优化和其他项目借鉴提供参考。

1. 项目组织的后评价

项目组织的后评价包括项目组织是否科学、项目经理选择机制是否合理、项目组织团队的工作内容和成效等。

2. 实施及管理后评价

农业项目的实施阶段将农业项目的前期设计转变为现实，其对项目的成功与否起着至关重要的作用。对农业项目实施及管理的后评价包括对项目的进度、质量、资金使用等的分析，对分析项目的结果及产生偏差的原因起着关键作用。其中包括对项目测算总投资与决算总投资的对比评价、项目进度计划与实际进度的对比评价、项目质量管理的评价、项目资金使用的评价、项目竣工评价等。

3. 项目建设资金使用和建设成本的后评价

农业项目建设资金的后评价包括农业建设资金渠道是否合理、资金供应是否能保障项目的顺利进行、各阶段资金到位是否能满足项目进度等。项目建设成本的后评价包括施工阶段的设备采购数量和质量是否符合项目计划，项目的材料采购价格、数量是否与计划相符，项目中发生的管理费用成本是否与预期相符，对于出现的偏差和差异，分析其原因与合理和不合理因素，如是否由于市场价格波动、赶工、浪费等，总结经验与教训。

4. 项目质量和安全情况后评价

农业项目质量后评价是运用全面质量管理等工作方法对项目质量的评价分析活动。农业项目质量后评价包括项目的实际质量指标与项目设计方案进行的比较分析，与同类项目的质量进行比较分析，设备质量是否符合相关质量标准和满足工程安全实施的需求，项目实施过程中有无重大安全事故或工程质量事故。通过后评价分析实际质量与计划的偏差，计算损失，弥补损失。

5. 项目竣工验收后评价

农业建设或发展等项目的竣工验收后评价包括对竣工验收组织活动的效率评价、对竣工验收程序是否合法合规的评价、对竣工验收标准是否遵循设计方案和相关规定的评价，以及竣工验收存在的遗留问题是否合理处理的评价。

四、农业项目运营后评价

农业项目运营的后评价是根据项目的实际运营情况，对照项目计划的目标，找出偏差、差距，分析原因，从而预期农业项目的未来发展。包括运营管理状况、技术指标完成情况、项目生产成本、项目利润等的评价分析。

五、农业项目技术经济后评价

农业项目技术经济后评价包括项目创新后评价、项目财务后评价等。

1. 项目创新后评价

农业项目在建设过程中可能采用新的管理体制和方法，也可能采用新的技术、工艺和设备，因此管理、技术等方面的创新是项目建设的重要内容，对项目中创新活动及其效果评价对于创新的技术、机制、流程在后续项目中的应用与推广具有重要意义。

2. 项目财务后评价

通过农业项目经营投产后所产生的实际效益与项目目的和可行性研究时所预测的效益比较，对项目进行评价。对农业建设项目等，要运用投产运营后的实际资料，计算财务内部收益率、财务净现值、投资利润率、投资利税率、资产负债率、投资回收期、贷款偿还期、国民经济内部收益率等一系列后评价指标，然后与可行性研究阶段所预测的相应指标进行对比，从经济上分析项目投产运营后是否达到了预期效果。没有达到项目目的或可行性研究时所预测的效益，需分析原因，提高效益。

六、农业项目影响后评价

通过农业项目投产营运后对社会的经济、政治、技术和环境等方面所产生的影响，来评价项目决策的正确性。如果项目建成后达到预期的效果，对国民经济发展、产业结构调整、农村生产力提升、农村居民生活水平提高和收入增长、环境保护等方面都带来有益的影响，说明项目决策合理；如果背离了既定的决策目标，就应具体分析，找出原因，作为后续项目决策的借鉴和参考。

1. 项目环境影响的后评价

在现代的农业项目影响后评价中，环境影响后评价是重要内容。实施环境影响评价的依据是国家环保法的规定、国家和地方环境质量标准、污染物排放标准以及相关产业部门的环保规定。在审核已实施的环境评价报告和评价环境影响的同时，要对未来进行预测。对有可能产生突发性事故的项目，要有环境影响的风险分析。环境影响后评价一般包括项目的污染控制，区域的环境质量，自然资源的利用，区域的生态平衡和环境管理能力。

2. 项目社会影响的后评价

农业社会影响后评价的主要内容是项目对当地经济和社会发展以及技术进步的影响，一般包含项目对当地就业的影响、对当地收入分配的影响、对居民生活条件和生活质量的影响、受益者范围及其反映、各方参与情况、对地区发展的影响等。社会评价影响的方法是定性和定量相结合，以定性为主，在诸要素评价分析的基础上进行综合评价。

七、农业项目持续性评价

农业项目可持续性评价是应用可持续发展理论等，采用可持续性指标评价项目的分析活动。《国家重点建设项目后评价编制办法》把项目可持续性评价作为项目后评价的重要内容。项目可持续性评价的内容主要从政府政策因素、经济财务因素、技术因素、社会文化因素、环境和生态因素及管理、组织和参与因素等对项目的可持续性进行评价。项目的可持续性评价属于对项目发展趋势的预测，它通过对项目条件和环境的分析，评价项目的可持续性或不可持续性的方面，有利于改善项目经营，并为后续农业项目投资的方向或领域提供借鉴。

第四节　农业项目后评价的程序与方法

一、农业项目后评价的程序

农业项目根据建设目的、投资规模、实施内容等不同，后评价的程序也有所差异，但一般要经过几个主要步骤。

(一)确定后评价计划

制订后评价计划是农业项目后评价的首要工作。农业项目后评价的提出单位可以是政府部门、银行、第三方机构、国际组织等。农业项目后评价机构应当根据该项目的目的和特点，确定项目后评价的对象、范围、目标，从而制订后评价计划。农业项目后评价计划的主要内容包括组织评价团队、安排时间进度、确定后评价的对象和内容、选择后评价的方法和流程等。

(二)收集与整理有关资料

农业项目后评价人员根据后评价计划，制定调查提纲，确定调查对象、调查范围、调查方法，收集资料。这一阶段所要收集的资料主要包括：

1. 项目的有关资料

这方面的资料主要包括项目建议书、可行性研究报告、项目评价报告、项目概算(预算)和决算报告、项目竣工验收报告以及有关合同文件等。

2. 项目运行的有关资料

这方面的资料主要包括项目投入经营后成本状况、利润状况、缴纳税金状况、贷款本息偿还状况等。这类资料可以从资产负债表、损益表等有关会计报表中反映出来。

3. 国家有关经济政策与规定等资料

这方面的资料主要包括与项目有关的国家宏观经济政策、农业产业政策、区域或地方政策、金融政策、工程政策、税收政策、环境保护、社会责任以及其他有关政策与规定等。

4. 同类项目的有关资料

主要包括国内外同类项目的生产率、技术水平、经济规模、经营状况等。

5. 有关部门制定的农业后评价的方法

不同类型的农业项目国家规定的项目后评价方法和内容有所差异，项目后评价人员应当根据农业项目的类型和特点以及委托方需求，选择适当的后评价方法。

6. 其他有关资料

根据农业项目的类型和特点以及委托方需求，可能还需要收集项目的技术资料、设备资料、创新资料等。

在资料收集的过程中，项目后评价人员应当对资料进行归纳、分类、整理，对需要进一步验证和补充的资料或信息，可能需要增加资料收集。

(三)应用评价方法分析论证

在充分占有资料的基础上，农业项目后评价人员应根据国家有关部门制定的后评价方法，对农业项目的建设、实施、经营全周期，运用定量或定性方法进行分析评价。

(四)编制农业项目后评价报告

农业项目后评价报告是农业项目后评价的最终成果，是反馈信息和总结经验教训的重要文件之一。农业项目后评价报告的编制应根据国家对该类型农业项目的法律、规章，如《农业建设项目管理办法》《农业农村部中央预算内直接投资农业建设项目管理办法》等，参照委托方要求，从客观、公正和科学准则出发，反映实际情况和真实内容，运用准确、简练、专业的文字报告结论和建议，总结项目的经验和教训，并为将来的农业项目决策和投资方向提供借鉴与参考。

二、项目后评价方法

(一)逻辑框架法

逻辑框架法(logical framework approach，LFA)是美国国际开发署(United States Agency for International Development，USAID)在 1970 年开发并使用的一种设计、计划和评价工具，用于项目设计、规划、实施、监督、评价等工作活动，目前许多国家运用 LFA 作为项目后评价的主要方法。

逻辑框架法是一种概念化论述项目的方法，提供了一种分析框架，将一个复杂项目中具有因果关系的多个动态因素组合起来，通过框架图分析其间的关系，分清项目目标和达到目标所需手段的逻辑关系，评价项目活动及其成果。在项目后评价中，应用逻辑框架法可以分析项目实现的目标、目的、外部条件、风险等，通过分析事物层次间的逻辑因果关系，从而分析项目的资源投入、目标的实现程度等。

逻辑框架法中的逻辑关系分为垂直逻辑和水平逻辑。

(1)垂直逻辑

垂直逻辑把目标和因果关系划分为 4 个层次，即目标(goal)、目的(objectives or purposes)、产出(outputs)、投入和活动(inputs and activities)，4 个层次间由 3 个逻辑关系连接。自下而上的逻辑关系分别是：分析进行某些资源投入可以有怎样的产出；这些项目产出可以实现社会或经济的何种直接变化；实现项目目的对地区或国家会有何种更高层次目标的影响。但仅有垂直逻辑尚不能对项目进行综合评价。

(2)水平逻辑

水平逻辑主要通过验证指标和验证方法来衡量一个项目的成果、影响、作用和资源。对应垂直逻辑的各层次目标，用客观且可测量的验证指标来分析各层次目标的实现程度。在逻辑框架法中，目标实现程度的验证指标的选择必须具有清晰性、针对性、对应性、完整性、充分性、客观性、准确性等特征，在水平逻辑层次分析中，选择验证指标后还需要选择合理的验证方法。逻辑框架法提供了一种分析模式，对影响项目目标实现的因素及其和项目目标的因果关系进行分析，最终对目标的实现程度和项目的成败进行评价和验证。

(二)因素分析法

农业项目实施的效果和影响，往往都是由多种因素决定的，可以将效果、影响等综合指标分解，寻求影响因素及其变动方向，从而可以分析项目的效果、作用和偏差的影响原因和具体问题。这种寻求综合指标的影响因素的方法，称为因素分析法。

因素分析的一般步骤是：首先，确定某项指标是由哪些因素组成的；其次，确定各个因素与指标的关系；最后，确定各个因素所占份额。项目后评价人员应将各影响因素加以分析，寻找出主要影响因素，并具体分析各影响因素对项目成果主要技术经济指标的影响程度和影响方向。因素分析事实上也是分析事物之间的内在关系，也可以认为其是一种相关性分析，找到对项目的综合指标影响显著的因素，也就能追溯项目的结果产生的原因，从而分析问题，提出对策。

(三)对比分析法

对比分析法是项目后评价的常用方法，它包括前后对比法与有无对比法。对比法同样适用于农业项目的后评价。

1. 前后对比法

前后对比法是指将项目前期的可行性研究报告、项目评价报告、项目概算等与项目的实际运行结果、作用、影响相比较，研究差异、变化，分析原因，发现项目计划、决策和实施存在的问题。其中，采用前后对比法要注意前后数据的可比性。

2. 有无对比法

将项目的实施和运营后的效果和影响同没有这个项目的情况进行对比分析，以测量项目的效益。通过项目实施耗用的资源与项目实施产生的效果进行对比，以评价项目成败。其中，采用有无对比法时要注意区分农业项目的作用和影响与农业项目以外的其他因素引起的作用和影响。

(四)项目成功度评价法

项目成功度评价法是以逻辑框架法分析的项目目标的实现程度和效果的结论为基础，对项目总体成功度进行全面系统评价的方法。它依靠评价专家或专家组的经验，综合后评价各项指标的评价结果，对项目的成功程度做出定性的结论，一般采用专家打分法，做出定性评价，对评价专家团队的选择需要考虑专业性、客观性，要回避项目干系人参与其中。

进行项目成功度评价时，可以将项目的成功度划分为完全成功、基本成功、部分成功、不成功、失败等等级。需要根据具体项目的类型和特点，选择评价项目的主要指标，确定评价指标及其与项目的相关程度，可以把它们分为重要、次重要和不重要 3 类，其中只需测定重要和次重要的项目内容。在测定各项指标时，采用权重制和打分制相结合的方法，根据实际情况逐项打分，通过指标权重和单项指标成功度结论的综合计算，得到整个项目的成功度数值。最后项目评价组成员各自填好成功度评定表后，对各项指标的取舍和等级进行内部讨论，形成评价组的成功度表，将结论写入评价报告。

由于成功度评价方法主要采用定性分析，不同评价人员由于自身经验、教育水平、知识结构存在差异，可能对同一个指标的成功程度判断差异较大，评价结论往往带有一定的片面性，因此成功度评价法可以和其他项目后评价方法结合使用。

(五)层次分析法

层次分析法(analytic hierarchy process，AHP)，是由美国的管理决策与运筹学家沙蒂(Thomas L. Saaty)在1977年提出的。层次分析法综合应用网络系统理论和多目标决策方法，将与决策有关的元素分解成目标、准则、方案等层次，在此基础之上对定性和定量问题进行综合分析，从而形成决策和进行评价。由于重要因子数量的确定比较困难，项目后评价往往会涉及众多的因素和指标，所以运用层次分析法可以从系统理论角度对项目的效果和作用给出一个全面的整体后评价。

层次分析法的基本原理就是将复杂的目标问题划分成若干个中间层，并将其分解成多个组成要素指标，以便在不同层次之间进行比较，从而确定每一项组成要素指标在总体目标层的权重。运用层次分析法可以将复杂的项目分解成不同的组成部分或组成要素，如项目目标、目的、条件或约束、可供选择的技术方案等，按照要素的属性将其分入相应的层次。运用层次分析法进行后评价时，可以按照项目后评价的指标体系建立层次结构，将其分为3层：目标层、目的层和指标层(因素层)。其中目标层包括项目所要实现的总体目标，目的层包括项目实施所要达到的具体目的，指标层包括项目评价所涉及的各主要经济、技术、环境等指标。进而对各个层次上的各项元素的相对重要性进行权重分析，一般通过判断矩阵来实现，排列出影响项目效果的主要因素。

(六)因果分析法

由于农业项目一般周期较长，社会经济发展、产业政策、国际环境等外部因素和项目管理实施过程中内部因素都可能发生变化，导致项目的实际成效、作用与设计阶段的预测和可行性研究报告结论存在一定偏差，因此找出引起偏差和变化的因素，提出对策，消除问题对项目的影响，对提升项目运营效果具有重要作用。

因果分析法主要采用因果分析图(又称“鱼骨图”)进行分析。第一，从项目中识别出问题，明确要分析的对象，绘制一条从左至右的带箭头的线条，作为因果分析图的主干，即表示要分析的问题或偏差；第二，召集包括项目管理、技术人员等的专家进行讨论，对问题产生的原因分别发表意见，整理和分类专家们认为的导致问题的原因，如技术、环境、实施方法、设备、人员管理等；第三，根据整理出的原因，可按照项目管理的主要环节进行分类，分类后按照造成各环节问题的大原因和小原因再进行依次罗列。对造成项目重要偏差或变化的主要原因和核心问题进行突出标记，作为后评价中重点分析的内容。

应用实例

"农光互补"项目后评价逻辑框架

自1998年第一套3MW多晶硅电池及应用系统示范项目起，经历20多年的发展，我国光伏累计装机容量达到253GW。在集中式光伏的发展过程中，土地资源紧张、电源负荷错配等问题也日渐凸显，制约其进一步发展。"农光互补"是实现光伏发电产业可持续性的新模式，通过对其进行后评价研究，推进光伏发电与农业开发、生态保护的深度结合，可为其开创新的发展空间。

按逻辑框架法理论，结合"农光互补"项目目标分析和验证指标分析的相关结果，构建"农光互补项目后评价逻辑框架"，见表13-1所列。

表13-1　"农光互补"项目后评价逻辑框架

层次概要	验证指标	验证结果	重要外部条件
目标： 优化能源结构； 促进"双碳"目标； 改善民生	地区新能源装机容量； 地区"双碳"指标； 地区人均收入	地方统计资料	
目的： 实现财务目标； 促进区域社会经济发展； 降耗减排	年利用小时数、年发电量、营业收入、净利润；化石能源消耗减少量、气体污染物排放减少量、粉尘排放减少量、土地利用率、荒地(荒山)绿化面积；项目纳税额、新增就业人数、农业收入增加值、乡村道路完善情况、农业生产环境改善情况、乡村商贸环境改善情况、居民环保意识提升情况	企业生产报表、项目调研资料、居民访谈资料	企业发电量、减排量、项目所在地居民收入数据纳入地区经济统计口径
产出： 新建光伏发电站； 农牧综合利用设施	光伏发电站投产质量、农牧综合利用设施面积和质量、光伏发电站生产运营制度	工程验收资料、电网并网协议	项目平稳运营，国家新能源开发政策、乡村发展政策支持
投入： 项目概算总投资； 工期	投资额、工期、人员、管理	项目前期文件、决算文件、项目实施方案	投资到位，政府和地方电网支持，项目各参建方管理到位

本案例总结出项目目标及其验证指标，应用逻辑框架法理论构建了适宜于"农光互补"项目的后评价理论框架，应用该框架，能够比较全面地反映项目的成功度和目标。

第五节　农业项目后评价的指标体系与信息反馈

一、农业项目后评价的指标体系

指标体系是在统计和评价工作中，反映社会经济现象数量特征的若干个相互联系的指标共同构成的有机整体。建设指标体系对于开展农业项目后评价工作具有基础作用，选取的指标构成合理与否对后评价质量具有重大影响。

农业项目后评价是具有清晰目的的经济社会活动。开展农业项目后评价，要基于项目目标和评价目的。将项目评价目的分解成数个维度的评价目标，而根据每个维度的评价目标的属性，又可将其分解为数个评价指标。对于比较综合的评价指标还可以进一步分解为具体的标价指标。如企业的经济效率、持续性等都是综合的评价目标，下面可以分解为数个具体的评价指标。

(一) 项目后评价指标体系设置原则

评价指标的设置要遵从项目的目标设计和符合项目的评价目的，要能说明评价对象的主要情况和特点，要符合国家宏观经济发展方向，遵循相关部门、行业的管理要求。

1. 系统性原则

后评价工作是一项系统工程，应结合国家宏观经济发展要求，从整体角度评价项目的执行过程、目的实现情况、结果和影响。农业发展项目的评价指标体系应能全面反映农业项目从准备阶段到运营阶段全过程的状况以及项目的效应、影响和作用。在评价指标体系中不仅要设置反映项目的投入、产出、效益的指标，还要设置反映项目的设计、实施过程效率的指标等。

2. 科学性原则

在指标设置的过程中要坚持科学性原则，要将定性与定量指标结合使用。无论是采用定性指标或者定量指标，都要能真实地反映项目的特点，并且综合地反映项目实施和运营的过程和结果。

3. 可行性原则

可行性原则是指后评价指标设置要具有可操作性和目的性，指标能够获取且能够反映农业项目的决策合理性、实施的管理水平、效益和影响。项目后评价可以选取的指标很多，如何从可操作性和目的性出发设置适用于农业项目的后评价指标，需要明确项目的范围和内容，考虑项目的实施特点，指标要精练但又准确全面，能反映项目的特点并说明项目的问题。

(二) 农业项目后评价指标体系的维度

在项目全过程不断地收集资料和数据进行检测和评价是项目后评价的基础。因此项目后评价指标体系的设计和监测评价的管理活动是后评价的重要内容，项目后评价指标体系可以大致分为 3 个层次，项目设计目的的评价、项目内容的评价和项目产出的评价。按照指标的作用，可以分为项目策划和决策评价指标、项目实施评价指标、成果评价指标、效应评价指标、风险评价指标、影响与持续性评价指标等。

1. 项目策划和决策评价指标

农业项目决策的后评价应对农业项目的投资建议书、项目可行性研究报告、项目目标设计、项目的整体质量和安全性、项目的组织结构形式、资金分配等项目的策划和决策内容进行评价，建立相应的评价指标体系。评价指标体系对项目总体设计的合理性、项目的功能定位、工作内容、市场分析、项目规模设置、建设战略的一致性、资源条件分析、技术措施、管理组织、投资预算等设置评价指标，进行分析评价。

2. 项目实施和运营评价指标

对农业项目实施的后评价主要是对项目的规划、施工图设计、工程预算、招标和投标过程、施工组织、工程管理、工程建设和工程验收等环节的评价。项目规划评价主要是对项目的规模和环境规划合理性进行评价。施工图设计评价主要是对设计的适用性、先进性和完备性进行评价。工程预算评价包括对占地、征地等方面的预算合理性进行评价。招标和竞标过程评价包括对招标程序、资格、审查等方面的评价。施工组织评价是对设计的方案施工组织、资源配置、现场管理、进度等的评价。还需要对项目实施过程管理、建设和验收进行评价，包括项目建设中的效率、发生事故率、资料变更等以及项目验收的验收程序和验收情况等进行评价。项目运营评价包括对农业项目的投产准备评价、生产过程、生产管理评价、产品质量、市场营销等方面合理性的评价。

3. 成果评价指标

成果指标是对比农业项目目标设计和实际完成情况来衡量项目成果的指标。包括投入指标、产出指标、作用和影响指标等。

(1)投入指标

投入指标是测定和反映农业项目所需的各种资源投入的定量指标和定性指标，如资金、人力资源、设备成本、材料成本等。

(2)产出指标

产出指标是用来测定投入后所得的产品、服务的指标，一般是定量指标。如农网改造的覆盖户数、农户的访问量等。

(3)作用和影响指标

作用和影响指标是对项目的效益、效果、作用和影响进行测量和评价的指标。如农网改造后增加的地方供电量、种植效率改进、农村疾病发病率降低等。

(4)相关性指标

项目的影响较广泛难以确定直接效果时或项目影响与预期不符，需要应用相关性指标。相关性指标包括促进当地农村经济发展、增加农民就业、影响当地环境等。

4. 效应评价指标

效应指标是用于对项目的效益、效果等的衡量，如投入的效益、持续的影响等。效应指标不仅测量项目的成果，而且要衡量项目实现的目标所产生的效应。

(1)效益指标

它是农业项目的单位产出所需的资金、人力、物资等的投入，是对资源的利用效率的测定。

(2)效果指标

通常是农业项目产出对作用和影响的贡献来表示。如通过农村基本卫生服务项目对婴儿死亡率的降低等。

5. 风险评价指标

风险指标是用于测定项目风险和敏感性等因素的指标。风险指标是对各种风险因素如市场价格波动、自然灾害等对项目实施或效果的影响的衡量。风险因素的评价是项目后评价的重要内容，对于回顾项目全过程中所发生的风险因素及其影响，以及预测后续运营中可能的风险因素具有重要意义。

6. 影响与持续性评价指标

影响与持续性评价是对项目建成后的影响和持续性的评价活动。农业项目的影响评价主要包括对环境的影响、对社会的影响等。农业项目的持续性评价是对农业项目交付后影响和作用的延续的评价，包括环境持续发展性、经济利益的持续增长性、项目整体持续健康发展等，如农业新技术推广项目完成后的应用延续时间等。

二、农业项目后评价的信息反馈

农业项目后评价信息的反馈是指将农业项目后评价的结果送达项目相关利益主体的工作。项目后评价信息的反馈是项目后评价成果能否真正起到作用的关键环节之一。没有项目后评价的反馈和应用，运营中的项目无法提升作用和影响，新的项目决策也无法从其中获得信息、吸取经验和教训，后续的项目决策难以得到改善和提高。

项目后评价的结果可以通过项目后评价报告的模式给出反应和反馈。评价报告一般要求主要包括：项目背景、实施评价、效果评估和结论建议等部分。

1. 项目背景

项目背景包括农业项目的目标和目的、项目建设内容、项目工期、项目资源与安排、项目评价等。

2. 项目实施评价

农业项目实施评价应简要说明项目实施的基本特点。对照可行性研究、评估找出主要变化，分析变化产生的原因，评价这些因素变化对效益的影响。包括对项目设计、合同、组织管理、投资与融资、项目进度的评价。

3. 效果评价

农业项目效果评价应分析项目所达到和实现的实际效果，根据项目运营和未来发展以及实际可能实现的效益和影响，评价项目的成果。包括农业项目的运营和管理评价、财务状况分析、财务和经济效益的重新测算、环境和社会效果评价、可持续性评价。

4. 结论、经验与教训

它包括农业项目的综合评价、结论、经验、教训以及对后续运营的建议、对策等。

三、项目后评价组织实施

项目后评价任务提出单位应将进行项目后评价工作的评价范围、目的、任务和具体要求，通知项目业主和项目管理机构，要求项目业主和项目管理者做好准备，并积极配合，提供相关的数据资料。咨询评价单位接受项目后评价任务后，应及时任命项目后评价负责人，并成立后评价工作小组，需要评价的方面主要包括以下内容。

1. 项目前评估的情况

这主要包括项目前评估的依据和结论，项目的必要性和项目可行性的分析与结论，项目对国家、部门或地方发展的影响，以及项目的预测数据等。

2. 项目实际实施情况

这主要包括项目建设实施情况的各种结果数据，项目建设实施过程中出现的各种变化及其影响，项目建设实际实施情况与项目前评估的预测情况的差异等。

3. 项目实际运营情况

这主要包括项目建成以后所开展的项目运营实际情况的各种结果数据，项目实际运行情况与项目前评估中有关项目运行预测数据的差异等。

①项目后评价数据　这主要包括使用调整后的数据对于项目运行结果的评估指标，评估和分析项目所达到实际效果所造成的影响指标和项目未来可能实现的效益、作用和影响的指标等方面的内容。

②项目对比评估数据　这主要包括项目前评估结果指标和项目后评价结果指标的对比分析数据，项目有无对比分析数据和项目综合评估分析数据等方面的内容。

③结论与经验教训　这主要包括有关项目后评价的结论和经验教训，项目前后对比和有无对比的结论，项目综合评估的结论，以及项目经验教训的说明等内容。

4. 建议与对策

这主要包括对项目后续阶段运营的改进建议和对策说明，以及对未来组织项目决策的改进建议等方面的内容。

四、加快推动农业投资项目后评价工作

在我国，农业项目投资已经成为政府推进农业农村发展、实现农民增收的重要途径之一。近年，国家对“三农”问题高度重视，农业项目投资力度逐年增加。尤其在近十年，围绕脱贫攻坚，各级政府大力发展农业、农村建设，成效显著，农业项目投资遍地开花，为农村脱贫工作提供了巨大的推动作用。后续如何使这些农业项目持续发展、更好地运营，需要建立农业项目后评价制度，广泛开展农业项目后评价活动，一方面分享农业项目投资经验；另一方面优化农业项目投资结构，找准投资重点，发挥项目的经济社会带动效应。农业项目后评价工作虽然在我国开展的时间不长，但具有重要意义，政府应尽快出台关于重点、重大农业项目的后评价规范文件，加快农业项目后评价工作的广泛推进。其一，应联合相关部门制定农业项目后评价标准，针对不同类型的农业项目建立符合项目特点的农业项目后评价标准体系；其二，应规范项目后评价咨询服务行业行为，提高后评价咨询服

务质量，形成规范化、标准化的农业项目咨询服务准则，提升农业项目后评价咨询行业的专业水平；其三，应加快培养一大批从事农业项目后评价的专业从业人员，提升后评价人员的专业性，无论是在政府、银行等相关部门还是在咨询服务机构提供农业项目后评价工作，应对从事项目后评价的工作人员建立一定的准入制度，促进农业项目后评价人才队伍的高质量发展。

重要概念

项目后评价　农业项目后评价　农业项目目标后评价　农业项目过程后评价　农业项目实施阶段后评价　农业项目运营后评价　农业项目持续性评价　农业项目后评价信息的反馈

第十四章　成果报告编制实务

学习目的

(1)掌握项目建议书、可行性研究报告、项目评估报告的定义及编制要求。

(2)熟悉项目建议书、可行性研究报告、项目评估报告的编制步骤和主要内容。

(3)了解项目建议书、可行性研究报告、项目评估报告的作用。

本章主要介绍项目建议书、可行性研究报告和项目评估报告3类成果报告的定义及作用、编制要求、编制的基本步骤和主要内容，使学生对项目建议书、可行性研究报告和项目评估报告的编制有一个轮廓性的认识。

第一节　项目建议书编制实务

一、项目建议书编制概述

项目建议书是选择和审批项目的依据，也是编制可行性研究报告的依据。对于大中型项目和一些工艺技术复杂、涉及面广、协调量大的项目、还要编制可行性研究报告，作为项目建议书的主要附件之一。同时涉及利用外资的项目，只有在项目建议书批准后，才可以开展对外工作。项目建议书对项目投资决策有着极为重要的影响，项目决策人员能够通过相关的项目建议书来正确认识到项目建设的需求和限制条件，而项目建议书的有效编制也能够确保相关项目的开展得到充足的支持，从而确保相关项目建议能够有效落实。项目建议书的编制有着严格的规定和标准要求，相关格式与信息的严谨性也严重地影响了项目建议书编制的有效性。对此，相关工作人员应当在有充分事实论据与数据信息的基础上，严格按照相关规定来编制项目建议书，对相关项目建议内容进行充分说明，以此来提高项目建议书的编制质量，进而满足相关项目投资决策的需求。

受项目所在细分行业、资金规模、建设地区、投资方式等不同影响，项目建议书的编制均有不同侧重点。为了保证项目顺利通过国家或者地区发改委批准完成立项备案，项目建议书的编制一般由专业有经验的科研单位或咨询机构协助完成，一些大型项目立项所提交的项目建议书及可行性研究报告必须附带相应等级的咨询机构的公章，其中最高一级为国家甲级。

二、项目建议书的编制要求

项目建议书大多数由项目法人委托咨询单位或设计单位负责编制。项目建议书编制的基本要求主要有：第一，项目建议书应依据国民经济和社会发展规划、地区经济发展规划、专项规划进行编制。第二，项目建议书的编制应贯彻国家有关基本建设的方针政策、所属行业及相关行业的法规，并应符合有关技术标准和编制规程。第三，项目建议书的编制应对项目的建设条件进行调查和必要的勘测，对设计方案进行比选并对资金筹措进行分析，择优选定建设项目的规模、地点、建设时间和投资总额，论证项目建设的必要性、可行性和合理性。第四，项目建议书的编制应做到细致严谨，真实准确填写相关数值数据。在项目建议书进行编制时，会得到大量的事实调研数据，而相关数值数据填写的准确性是项目建议书编制的重要指标。对相关数据进行计算和分析时，应当首先保证数据来源的有效性，确保所用的数据内容准确可靠，且能够充分反映相关事实内容。在此基础上，针对重要的数据内容进行重点标注，且在必要时按照相关规定填写中文数字，以保证数据填写的正式性。同时，需要注意对原始数据进行准确计算和分析，采用正确的计算方式与分析方法来得出相应的结论，并且需要将相关计算方式予以注明，以确保分析所得信息的有效性与科学性，从而保证整体项目建议书的数据填写真实准确。此外，在相关工作开展时需要注意对工作人员职业素养的培训，以培养其认真严谨的工作态度，能够对项目建议书的内容进行细致严谨地编制。相关企业应当加强内部人员管理，完善项目建议书编制的相关规定，并定期开展对工作人员的考核，以确保相关工作人员能够熟练正确地进行项目建议书编制。

三、项目建议书的编制步骤和内容

在项目建议书编制前，相关工作人员应当充分了解项目建议书编制的重要性，对项目建议书编制的步骤和内容有全面的了解，在保证事实依据和相关数据分析准确性的前提下，严格按照相关格式要求与填写标准来进行内容上的编制，并且能够熟练进行编制工作，以确保项目建议书编制工作的有序进行。

项目建议书的编制步骤一般包括准备阶段、调查与分析研究阶段、编写项目建议书阶段。项目建议书编制之前的调研与分析工作是影响其编制工作正常开展的重要因素，应当由专业的团队和工作人员进行市场调研，同时也需要有相应的分析团队对调研内容进行有效分析。在团队成员方面，需要安排专业的技术人员来组成高效的调研与分析团队，确保团队成员具备相应的资质能力与实践经验，以保障调研结果和数据分析的真实性和有效性，从而使项目建议书的编制工作得以顺利开展。因此，项目建议书编制工作开展之前，需要注意调研团队和分析团队组建方面的多个事项。首先应当确保人员安排上的合理性，以保障相关调研与分析技术的有效性；其次应当建立严格的工作管理制度，确保相关需求调研与数据分析工作落实到位；最后需要确保相关调研与分析工作采用正确的方法进行，以此来保证对相关信息调查和分析的有效性，进而保证项目建议书编制工作的高效开展。

项目建议书编制的主要内容一般包括：项目摘要、项目建设单位基本情况、项目建设背景和必要性、项目建设条件、项目建设方案、产品方案、市场方案、技术方案、项目建设进度安排、环境影响与保护措施、项目投资估算与资金筹措、项目效益分析、结论与建议等。

（一）项目建设背景及必要性分析

阐明拟建项目提出的背景，提出或出具与项目有关的长远规划或行业、地区规划资料，说明项目建设的必要性；对改扩建项目要说明现有企业的情况；对于引进技术和设备的项目，还要说明国内外技术的差距与概况以及进口的理由，工艺流程和生产条件的概要等。

（二）项目建设条件分析

分析项目拟建地点的环境条件，论证建设地点是否符合区域布局的要求；环境条件的说明主要包括自然资源条件、政策支持条件、社会经济条件和技术条件等。自然资源条件主要包括地形地貌、土壤类型、水文气象等；政策支持条件主要分析当地政府提供的各类奖补贴政策、财政金融支持政策等；社会经济条件和技术条件主要包括道路交通、公用设施、征地拆迁工作、施工条件、产业发展现状、经济发展水平和技术支持状况等。

（三）项目建设方案、产品方案和市场方案的设想

提出拟建项目的指导思想、建设总规模及建设目标；对项目总平面设计方案以及各分项目建设内容及规模进行构想和说明，并对主要技术经济指标进行分析；分析预测产品的市场，包括国内外同类产品的生产能力、销售情况、产品销售方向和销售价格的初步分析等，提出市场运营方案；产品方案设想，包括初级产品和加工产品的规模、质量标准等，估算产品的年产值，一次建成规模和分期建设的设想，以及对拟建项目规模经济合理性的评价。

（四）项目技术方案的设想

对项目拟采用的生产技术工艺及生产规程进行说明，还需明确生产设备和设备来源情况。如拟引进国外技术，应说明引进的国别以及国内技术与之相比存在的差距，技术来源、技术鉴定及转让等情况，如拟采用国外设备，应说明引进理由以及拟引进设备的国外厂商的概况。

（五）项目建设进度的安排

在项目建议书中，需要根据相关项目的建设条件来安排相应的建设方案，并对项目建设时间进行整体规划。针对项目建设的各个阶段应当进行全面的方案设计与时间安排，确保不同项目的建设能够有序开展。在编制项目建议书时，应当采用图表的形式进行各阶段的顺序整理，并对每个阶段使用的技术、涉及的人员、需要的资金以及其他外部影响条件进行编写。

（六）项目投资估算和资金筹措的设想

项目建议书中所提议的项目都需要相应的资金投入，因此需要在项目建议书中对所需资金以及资金筹措方法进行详细地阐述。其中主要有项目建设所需的投资总额和项目中各个工程所需的投资预算。而项目建设的成本费用也应当进行全面的说明，包括材料成本、设备成本、人员成本、场地成本、时间成本、安全成本、管理成本以及环保成本等多项内容，在项目建议书中应当进行正确的计算和明确的标注。同时针对资金的筹措方法也需要提出相关的建议，并确保筹措途径的可行性。相关资金的筹措方式包括政府部门或企业单位的直接投资、面向银行等信贷机构的借入资金、使用项目分成或股份抵押金等。对资金的筹措应当保证其来源的稳定性与可靠性，从而避免出现资金链断裂导致项目流产等问题。

（七）项目效益的初步估算

在项目建议书中需要对相关建设效益进行全面分析，其中包括经济效益、社会效益与生态效益等。在经济效益方面，主要针对项目建设过程中产生的资金成本和时间成本进行计算，通过对预期利润的分析来明确项目建设的经济效益。而社会效益与生态效益主要由项目建设的功能所决定，因此可以利用项目建设的预期成果来进行分析。

四、项目建议书编制大纲（农业项目）

1　项目摘要
　1.1　项目名称
　1.2　拟建地点
　1.3　项目建设单位
　1.4　建设内容与规模
　1.5　建设期限
　1.6　投资概算及资金筹措
　1.7　主要结论与建议
2　项目建设背景及必要性
　2.1　项目建设背景
　2.2　项目建设的必要性
3　项目建设条件
　3.1　自然地理条件
　3.2　区位交通条件
　3.3　社会经济条件
　3.4　政策条件
　3.5　已有工作基础
4　项目总体方案设计
　4.1　指导思想
　4.2　建设目标
　4.3　建设内容
　　4.3.1　项目总平面设计
　　4.3.2　设施农业区
　　4.3.3　田园风光区
　　4.3.4　农作物迷宫区
　　4.3.5　垂钓区
　　4.3.6　戏水区
　　4.3.7　水果采摘区
　　4.3.8　餐饮区
　　4.3.9　生活管理区
　　4.3.10　木屋别墅区
　　4.3.11　棋艺茶社
　　4.3.12　儿童乐园
　　4.3.13　素质教育区
　　4.3.14　乡村观光车
　　4.3.15　附属设施
　4.4　产品方案
　　4.4.1　种植产品方案
　　4.4.2　养殖产品方案
　　4.4.3　加工产品方案
5　项目技术方案、设备方案和工程方案
　5.1　技术方案
　　5.1.1　技术方案原则
　　5.1.2　种植业生产技术
　　5.1.3　养殖业生产技术
　　5.1.4　加工生产技术
　5.2　主要设备方案
　　5.2.1　设备选型
　　5.2.2　主要设备来源
　5.3　工程方案
　　5.3.1　建筑工程方案
　　5.3.2　绿化及景观工程技术方案
6　项目实施进度安排
7　环境影响与保护措施
　7.1　环境影响分析
　7.2　施工期环保措施
　7.3　营运期环保措施
8　投资估算及资金筹措
　8.1　投资估算
　　8.1.1　项目固定资产投资

（续）

8.1.2　流动资金估算	9　效益分析
8.1.3　项目总投资	9.1　经济效益
8.2　资金筹措	9.2　社会效益
8.2.1　自筹资金	9.3　生态效益
8.2.2　其他来源	10　结论与建议
8.3　资金使用和管理	10.1　结论
	10.2　建议

第二节　可行性研究报告编制实务

一、可行性研究报告编制概述

可行性研究报告是建设项目立项、决策的主要依据。按照建设内容不同，可行性研究可分为农业项目可行性研究、工业建设项目可行性研究、景区开发项目可行性研究、市政项目可行性研究、环保项目可行性研究、交通建设可行性研究、教育项目可行性研究等。农业项目可行性研究报告是农业行政主管部门或发改委等有关部门审批项目能否立项的关键性依据，是建设单位在调查研究和分析论证项目可行性而编写的项目申请报告。

各类投资项目可行性研究的内容及侧重点因行业特点而差异较大。按用途，可行性研究报告主要分为6种：一是用于企业融资、对外招商合作的可行性研究报告。这类研究报告通常要求市场分析准确、投资方案合理、并提供竞争分析、营销计划、管理方案、技术研发等实际运作方案。二是用于国家发展和改革委员会立项的可行性研究报告。该文件是根据《中华人民共和国行政许可法》和《国务院对确需保留的行政审批项目设定行政许可的决定》而编写，是大型基础设施项目立项的基础文件，发改委根据可行性研究报告进行核准、备案或批复，决定某个项目是否实施。三是用于银行贷款的可行性研究报告。商业银行在贷款前进行风险评估时，需要项目方出具详细的可行性研究报告。四是用于境外投资项目核准的可行性研究报告。企业在实施走出去战略，对国外矿产资源和其他产业投资时，需要编写可行性研究报告。五是用于企业上市的可行性研究报告。这类可行性报告通常需要出具国家发展改革委的甲级工程咨询资格。六是用于申请政府主管部门资金的可行性研究报告。

二、可行性研究报告的编制要求

可行性研究报告的编制要求主要有：第一，可行性研究报告应依据国民经济和社会发展规划、地区经济发展规划、行业规划进行编制；应充分贯彻国家有关项目建设的方针政策、遵循所属行业及相关行业的法规，并应符合有关技术标准和编制规程。第二，可行性研究报告需要设计研究方案，并对设计的方案进行充分论证，如建设方案、建设内容、技术方案、产品方案、设备方案、工程建筑方案等。第三，可行性研究报告的编制应做到预测准确、内容真实、论证严密。可行性研究报告是投资决策前的活动，它是在事件没有发生之前的研究，是对事物未来发展的情况、可能遇到的问题和结果的估计，具有预测性。因此，必须进行深入的调查研究，编制依据可靠，运用切合实际的预测方法，科学地预测未来前景。可行性研究报告涉及的内容以及反映情况的数据，必须绝对真实可靠，不允许有任何偏差及失误，其中所运用的资料、数据，都要经过反复核实，以确保内容的真实性。论证性是可行性研究报告的一个显著特点，要使其有论证性，必须做到运用系统的分析方法，围绕影响项目的各种因素进行全面、系统的分析，既要做宏观的分析，又要做微观的分析。第四，可行性研究报告应做到体系结构完整、报告格式规范、附图附表附件齐全，表述形式尽可能数字化、图表化，深度满足投资决策和编制项目初步设计的需要。

三、可行性研究报告的编制步骤和内容

项目可行性研究的工作程序主要包括筹划阶段、收集资料阶段、分析研究阶段、编写可行性研究报告阶段。农业项目可行性研究的主体报告内容一般包括：项目摘要、建设背景和必要性、建设条件、建设方案、环境影响与保护措施、项目建设实施管理(包括项目招投标)、投资估算与资金筹措、财务评价、项目效益分析与风险评价、结论与建议等。

(一)项目摘要

主要对项目名称、建设性质、建设单位、建设地点、主要建设内容及规模、建设期限、投资估算及资金来源、主要技术经济指标及财务指标、编制依据、主要结论及建议进行简要说明。

(二)建设背景和必要性分析

阐明拟建项目提出的背景，出具与项目有关的长远规划或行业、地区规划资料，分析项目建设对国民经济、地方经济发展的作用及其社会意义，说明项目建设的必要性。

(三)建设条件

提出拟建项目的选址原则和要求、建设地点，分析论证项目选址环境条件是否符合选址要求；环境条件的分析主要包括自然资源条件、社会经济条件、政策支持条件等。自然资源条件分析主要包括地理位置、地形地貌、地质结构、土壤类型、水文气象等；社会经济条件主要包括道路交通、基础设施、征地拆迁工作、施工条件、产业发展现状、经济发展水平等；政策支持条件主要分析当地政府提供的各类奖补贴政策、财政金融支持政策等。

(四)建设方案

提出建设项目的指导思想、建设原则、建设目标、主要内容及总规模；列出建设内容编制的有关标准规范和技术规程；详细说明项目建设的具体内容以及项目建设拟采用的技术标准和方案，并对主要技术经济指标进行分析。

(五)环境影响与保护措施

列出环境影响的评价依据；分析项目建设期与运行期对人群健康、景观环境、声环境、水环境、空气环境、土壤环境等带来的影响，并提出相应的环境保护措施。

（六）项目建设实施管理

对项目实施的组织机构，建设管理、建后管理和资金管理等有关办法和相关制度进行说明；根据相关项目的建设条件，规划项目建设周期和进度时序，应当采用图表的形式进行各阶段的顺序整理和进度编写；提出建设项目的招标方案，包括招标依据、招标范围、招标投标管理的基本原则、招标投标活动的工作程序、招标组织形式、招标方式等。

（七）投资估算与资金筹措

列出投资估算的主要依据；明确项目建设所需的投资总额和项目中各个工程、设备及各类费用所需的投资预算；对项目建设的成本费用进行全面的说明，包括各类工程项目建设成本、土地成本、材料成本、设备成本、场地成本、勘察设计成本、安全成本、管理成本、环保成本、资金成本、预备费等多项内容，在可行性研究报告中应当进行正确的计算和明确的标注。同时对资金的筹措方法及使用也需要提出明确的方案，并确保筹措途径的可行性，相关资金的筹措方式包括政府部门或企业单位的直接投资、面向银行等信贷机构的贷款等。

（八）财务评价

列出财务分析的主要依据，并对基本财务数据进行假设；分析项目产品的市场环境，估算项目综合收入、增值税及附加税；测算项目成本，包括经营成本、折旧摊销费、财务费用、总成本费用；对项目盈利能力、偿债能力、盈亏平衡及敏感性进行分析；提出财务评价结论。

（九）效益分析与风险评价

对项目建设相关效益进行全面分析，其中包括经济效益、社会效益与生态效益等；项目风险因素分析主要包括政治风险、组织风险、管理风险、投资风险、地质灾害风险、环境影响风险、资金周转风险、社会稳定风险等，并对风险程度进行分级，提出风险防范措施。

（十）结论与建议

总结评价项目实施的政策条件、经济条件、技术条件、建设条件等是否可行；总结评价项目实施产生的经济效益、社会效益和生态效益是否显著；提出项目实施的有关建议。

四、可行性研究报告编制大纲（农业项目）

1　总论
　1.1　项目概况
　　1.1.1　项目名称
　　1.1.2　建设单位
　　1.1.3　建设地点
　　1.1.4　建设内容
　　1.1.5　建设期限
　　1.1.6　投资估算及资金来源
　　1.1.7　总体财务指标
　　1.1.8　项目技术经济指标
　1.2　编制依据与工作范围
　1.3　主要研究结论与建议
　　1.3.1　结论
　　1.3.2　建议
2　项目建设背景及必要性
　2.1　项目建设背景
　2.2　项目建设的必要性
3　项目业主
　3.1　业主简介
　3.2　借款人股权结构
　3.3　借款人主要负责人简历
　3.4　借款人组织架构
4　建设条件
　4.1　项目选址原则与要求

（续）

第三节 项目评估报告编制实务

一、项目评估报告编制概述

项目评估报告就是依据科学工具、方法及流程，对项目的经济性、效益性、风险性、社会性等进行评价后形成的书面文件。项目评估是一项系统性的工作，通常贯穿在项目的全周期中，为项目实施提供方向、范围、标准等规范性的指引，并为项目的相关主体提供决策依据。

项目评估报告可以根据评估环节、评估对象、评估主体、评估用途等进行分类。依据评估环节，项目评估报告可以分为项目前的可行性评估报告，项目中的各项跟踪报告，项目后的全面验收报告等。根据评估对象，项目可以从进度、融资、风险等角度进行细项评估，也可以从项目的具体构成，如技术方案、产品方案、生产条件、财务效益、环保节能等子项目构成方面进行评估。根据评估主体，项目评估可以分为自评报告、第三方评估报告以及监管层的审批报告。

二、项目评估报告的编制要求

项目评估报告编制时，通常需要参考项目建议书，有关批复文件，国家和地区的经济发展规划、专项规划，行业发展的产业政策，项目的政策标准、规范及定额。在编制项目中及项目后的评估报告时，还需要参考项目建设过程中的各项施工计划、物资采购及使用等实际发生的文件。

不管是何种项目评估报告，编制中都要明确评估对象、评估目的、评估内容范围，评估工具或理论，以及评估用途等基本要素。

第一，确定评估对象。依据评估对象的特点，合理选择评估工具，并在全面确定评估内容范围的基础上，突出评估重点。第二，明确评估目的。明确评估对象后，结合项目评估报告的使用主体需求，明确项目评估的基本目的，目的明确可以为项目评估提供基本方向，同时为项目评估报告的编制成果提供一定的考核标准。第三，确定评估内容范围。在确定了项目评估对象和评估目的后，要根据评估对象的特点确定项目评估的内容范围，如在立项前的可行性分析报告中，要涵盖技术可行性、经济可行性、效益可行性、政策可行性、风险预估等方面的内容。第四，确定评估工具或方法。由于不同的评估对象及不同目的，决定了项目评估的内容和范围不同，由此也会带来评估工具或方法的选择。目前常用的评估方法和工具包括主观定性分析法、功能评估系数法、运筹学法、专家系统评估法等，且随着研究工具及定量模型的不断完善，项目的评估方法也开始向智能化、系统化等方向发展。

三、项目评估报告的编制步骤和内容

项目评估报告的编制通常包括6个基本步骤：第一，编制报告前的准备工作。主要包括根据项目评估目的和要求，组建工作小组，并进行组织内部分工。如果涉及聘请第三方评估机构，还需要对第三方评估机构进行筛选和评价，在确定后和第三方评估机构签订委托协议作为开展项目评估工作，编制项目评估报告的基本依据。第二，制订项目评估工作计划。明确项目评估的工作目的、范围、内容、深度、进度安排、人员安排、费用预算，并确定项目评估报告的编制大纲。第三，调查收集资料。根据分工安排以及项目评估报告的大纲，分组对项目进行实地调查及资料翻阅，收集、整理并对资料进行初步加工。第四，论证及分析项目方案。收集资料后还需要对项目方案进行论证和分析，但不同环节的项目评估报告中，对方案分析的重点会有所不同。如项目前的可行性研究报告重点突出可行性的论证，项目中的跟踪报告重点突出完成进度以及可能存在的风险问题，项目后的验收报告重点突出质量、标准等完成情况。第五，初步编写项目评估报告。根据项目评估报告的大纲，依据评估目的、评估对象、评估内容、评估范围、评估方法等分工完成项目评估报告的初稿。第六，审阅及归档项目评估报告。完成后的项目评估报告，除了报送相关主体以外，还要重视对项目评估报告的归档以及流程传递，为下一流程中的项目报告编制提供依据。如在项目建设中编制的各类跟踪报告，需要参考项目可行性评估报告的内容，判断项目的建设是否符合可行性方案。

项目评估报告的主体内容一般包括：内容提要、项目及项目法人概况、评估依据、评估意见、问题和建议、项目总体评价、评估专家名单、附件。评估意见主要从项目建设必要性、文件编制依据和深度、项目建设条件、项目技术方案、项目组织管理、投资估算与资金来源等方面给出明确的评估意见。

（一）项目建设必要性评估

分析拟建项目是否符合国家的基本方针、产业政策和行业规划；分析项目建设对国民经济、地方经济发展的作用及其社会意义；对项目的必要性提出具体意见。

（二）文件编制依据和深度评估

编制依据的评估主要检查项目是否具有立项批复文件，编制内容与投资规模是否在批准范围之内；是否有当地规划部门批复的规划要点，是否符合规划要求，是否有重大变更，其变更是否合理，是否经主管部门批准。对报告文件完整性及编制深度的评估，主要检查各项内容的编制深度是否达到国家有关部门的规定，评估报告应明确指出可行性研究报告的编制是否有漏项、是否有不符合要求的内容，并提出建议。

（三）项目建设条件评估

项目选址是否符合规划原则与要求，项目建设地点的选择依据和理由是否充分，选址方案是否符合国家和所在地区国土规划、城市规划、土地管理、文物保护、环境保护等法律法规。项目建设用地的属性是否符合决策部门的要求，总用地规模是否明确，各种功能用地的规模及地点是否明确，各类建设用地是否落实。项目建设所需的资源是否清楚，所需要的供电、供水、供热、供气与交通运输、通信等设施条件是否落实且可靠稳定，能否满足项目建设和建成后正常运行的需要，当不能满足需求时，建设方案中是否有相应措施。

（四）项目技术评估

项目总平面设计及布局是否科学、合理，与周边环境是否协调，竖向设计、交通、绿化景观、文物保护等方面的方案是否合理、可行；项目分项建设目标、建设内容及建设规模是否可行；项目产品方案和资源利用是否合理；项目建筑方案是否合理，技术指标是否符合当地城建部门规定。建设项目采用的工艺、技术、设备在经济合理条件下是否先进、适用，是否体现国家的技术发展水平；项目引进的技术和设备是否符合我国国情，是否经过多方案比较，是否注意了配套，引进技术后有无消化吸收能力；建设项目所采用的新工艺、新技术、新设备是否安全可靠；评估是否按有关要求编制了环境影响评价报告（或在可行性研究报告中是否有专篇对该项目的环境影响作出评估），其报告内容是否全面，保护措施是否得当、可行等，环评报告中提出的问题，是否有解决的措施，措施是否可行。

（五）组织管理、实施进度及招标方案的评估

评估项目建设期组织管理机构与职能分工是否明确；对于不具有建设项目实施管理能力的建设单位是否落实了管理机构和管理方案；项目实施各阶段的管理方案或措施是否具体；项目建成后的运行管理机构设置是否落实及合理；项目建成投入运行后管理或经营方式是否可行；根据项目的建设周期，评估其是否最有效安排了项目实施计划和工程进度；评估其招标方案是否合理，招标方案应符合国家发改委有关文件的规定。

（六）投资估算的评估

评估内容包括估算依据、编制方法、范围、内容及深度、主要技术经济指标等是否正确、合理，是否真实反映了可行性研究报告中建设内容的要求。

（七）项目资金来源与筹措方案评估

对项目的资金来源、筹措方式、筹资额度、筹资风险及资金使用计划等方面的合理性和可靠性进行分析论证和评估，对存在的问题提出修改意见。

（八）项目总评估

项目总评估是在汇总各分项评估的基础上，对拟建项目的必要性和可行性在全面分析和评估的基础上提出肯定或否定的意见，对于报告中各部分内容和方案存在的重大问题提出修改意见，对不能确定的重大问题提出建议，以供主管或决策部门决策时参考。将其数据资料进行检验审核和整理，对比分析、归纳判断，提出最终结论意见和建议。

四、项目评估报告编制大纲

1 内容提要
2 项目及项目法人概况
  2.1 项目概况
  2.2 项目法人基本情况
  2.3 项目规划背景
3 评估依据
4 评估意见
  4.1 项目建设必要性评估
  4.2 文件编制依据和深度的评估
  4.3 项目建设目标、建设内容及规模的评估
  4.4 项目建设条件评估
  4.5 项目技术评估
  4.6 组织管理、实施进度及招标方案的评估
  4.7 投资估算的评估
  4.8 项目资金来源与筹措方案评估
  4.9 建设项目的效益评估
5 问题和建议
  5.1 存在或遗留的重大问题
  5.2 潜在的风险
  5.3 建议
6 项目总体评价
7 评估专家名单
8 附件

本章小结

1. 项目建议书是选择和审批项目的依据，也是编制可行性研究报告的依据。项目建议书的有效编制也能够确保相关项目的开展得到充足的支持，相关工作人员应当充分了解

项目建议书编制的重要性，严格按照相关格式要求与填写标准来进行内容上的编制。项目建议书的编制应符合相关规划、法律法规、有关技术标准和编制规程，并应做到细致严谨，真实准确填写相关数值数据。项目建议书的编制步骤一般包括准备阶段、调查与分析研究阶段、编写项目建议书阶段。项目建议书编制的主要内容一般包括：项目摘要、项目建设单位基本情况、项目建设背景和必要性、项目建设条件、项目建设方案、产品方案、市场方案、技术方案、项目建设进度安排、环境影响与保护措施、项目投资估算与资金筹措、项目效益分析、结论与建议等。

2. 可行性研究报告是建设项目立项、决策的主要依据。可行性研究按照建设内容和用途，有着不同的分类，各类投资项目可行性研究报告的内容及侧重点因行业特点、用途而差异较大。可行性研究报告应依据相关规划进行编制，并应符合有关法律法规、技术标准和编制规程。编制可行性研究报告要求内容真实、预测准确、论证严密，体系结构完整、报告格式规范。项目可行性研究的工作程序主要包括筹划阶段、收集资料阶段、分析研究阶段、编写可行性研究报告阶段。农业项目可行性研究的主体报告内容一般包括：项目摘要、项目建设单位基本情况、建设背景和必要性、建设条件、建设方案、环境影响与保护措施、项目建设实施管理(包括项目招投标)、投资估算与资金筹措、财务评价、项目效益分析与风险评价、结论与建议等。

3. 项目评估是为项目实施提供方向、范围、标准等规范性的指引，并为项目的相关主体提供决策依据。项目评估报告可以根据评估环节、评估对象、评估主体、评估用途等进行分类。项目评估报告编制时，通常需要参考项目建议书、有关批复文件、相关规划、政策标准、规范及定额等，同时要明确评估对象、评估目的、评估内容范围，评估工具或理论，以及评估用途等基本要素。项目评估报告的编制通常包括 6 个基本步骤：编制报告前的准备工作、制定项目评估工作计划、调查收集资料、论证及分析项目方案、初步编写项目评估报告、审阅及归档项目评估报告。项目评估报告的主体内容一般包括：内容提要、项目及项目法人概况、评估依据、评估意见、问题和建议、项目总体评价、评估专家名单、附件。评估意见主要从项目建设必要性、文件编制依据和深度、项目建设条件、项目技术方案、项目组织管理、投资估算与资金来源等方面给出明确的评估意见。

重要概念

项目建议书　可行性研究报告　项目评估报告

复习思考题

第一章

1. 简述项目生命周期的阶段。

2. 简述农业项目的类型和特征。

3. 简述农业项目建议书的研究内容。

4. 简述投资项目可行性研究的定义及它的工作程序。

5. 简述项目评估的定义及与可行性研究的联系或区别，它们各包含的内容。

6. 简述乡村振兴背景下，我国农业产业化项目具有的特殊性以及如何开展有针对性的农业项目评估与管理。

第二章

1. 简述农业项目建设必要性评估的作用。

2. 简述农业项目建设必要性评估的意义。

3. 简述如何对农业项目建设背景进行分析。

4. 简述如何进行农业项目必要性评估。

5. 结合具体实例，试述如何进行项目必要性评估。

6. 运用相关理论，试述为何市场上大量存在不必要建设项目的建设。

第三章

1. 简答题

(1)简述市场调查的内容主要包括的方面。

(2)简述市场调查的特征。

(3)简述农业项目需要进行的市场调查。

(4)简述农业项目市场调查和预测的方法。

(5)简述农业规模经济的定义。

(6)简述影响农业项目生产规模的因素。

(7)简述农业项目生产规模的确定方法。

2. 论述题

萝北县2013年重点实施建设嘟噜河左堤苇场村段治理、左堤双河村段防洪及鸭蛋河防洪3项中小河流治理项目，工程总投资9327.41万元，穿堤建筑物3座，排水涵闸2座，护坡总长20 130m，通过新建和完善堤防工程、河道清淤疏浚和整治、新建穿堤建筑物提高防洪标准，最大限度减少洪涝灾害。

当前，正值中小河流治理工程施工黄金季节，县水务局狠抓责任落实，由主要领导带队全面检查中小河流治理工作。加大工程监管力度，深入水利工程建设项目施工现场，对工程质量、进度、安全等方面进行全面督促检查，对发现的问题认真梳理，限期整改，确保施工规范、质量达标，有力推进项目建设顺利开展。工程完工后，可进一步提升萝北县水利设施基础保障能力，直接受惠村屯 7 个、人口 1.14 万人，保护农田 10.1 万亩。

试分析该项目的规模、成果与效益，并提出相应的问题与建议。

第四章

1. 简述投资环境的定义和分类。
2. 简述区域投资环境评估方法。
3. 简述项目建设选址的步骤和方法。
4. 简述农业项目选址的基本原则。
5. 简述评估西集镇休闲农业项目选址。

第五章

1. 简述自然资源条件评估的内容。
2. 简述建设条件评估的内容。
3. 简述建设实施条件评估的主要内容。
4. 简述农业项目的独特性表现。
5. 简述不同类别农业项目生产条件评估需注意的问题。

第六章

1. 设备价格高低并不是唯一考虑因素，试述评估机构在评估设备价格时还需要考虑的因素。
2. 简述对于设备的质量和可靠性评估，评估机构应该注意的方面。
3. 简述在对某一种养殖业项目进行评估时，需要关注的工艺和技术方面。
4. 简述在对某一种加工工艺进行评估时，评估机构应该注意的方面。

第七章

1. 简述农业项目投资的定义及特点。
2. 简述农业项目投资的目的和主要内容。
3. 简述建设投资估算的常用方法。
4. 简述项目投资中建设期利息的处理和测算。
5. 简述运营成本估算中需要把握的要点。

第八章

1. 简述项目融资的定义及项目融资的特征。

2. 简述项目融资与公司融资的区别。
3. 简述项目融资对项目主办人而言的优缺点。
4. 简述项目融资的典型模式的定义。
5. 简述项目融资的融资质量的内容。
6. 简述融资风险的定义。
7. 简述如何衡量项目融资的融资成本。

第九章

1. 简述项目财务评估的主要目的。
2. 简述项目财务评估的主要方法。
3. 简述项目财务基础数据如何测算。
4. 简述项目动态财务评估指标与静态评估指标的联系与区别。
5. 简述投资项目财务评价的内容、方法和基本财务报表。
6. 简述项目财务盈利能力分析的主要指标及如何运用这些指标进行投资决策。
7. 简述项目清偿能力分析中的各项指标及这些指标的异同。
8. 简述是否所有投资项目都必须进行财务外汇效果分析及财务外汇效果分析的指标。

第十章

1. 计算题

(1)某特大型项目需要投入物 B，该投入物供应紧张，短期内无法通过增产或扩容来满足项目的投入需要，预测的目标市场价格为 9000 元/t(不含税)，增值税率为 17%，项目到目标市场的运杂费为 100 元/t。计算投入物 B 的影子价格。

(2)某项目支付的土地征地费用包括：土地补偿费、青苗补偿费 700 万元，征地动迁费、安置补助费 400 万元，缴纳的耕地占用税 40 万元，地上附着物补偿费 1000 万元；土地复耕费、新菜地开发建设基金等共 60 万元，各项费用的影子价格换算系数都取 1。计算国民经济评估中土地的经济费用。

2. 简答题

(1)简述投资项目需要进行国民经济评估的原因。
(2)简述国民经济评估与财务评估的主要区别。
(3)简述哪些价格需要调整。
(4)简述费用和效益识别的原则。
(5)简述项目的间接效益的定义及其识别和度量方法。
(6)简述项目的间接费用的定义及其识别和度量方法。
(7)简述项目占用农村土地的定义及其计算土地的影子价格方法。
(8)简述在哪些情况下需要采用费用效果分析方法。

第十一章

1. 简答题

(1)简述农业项目管理的主要内容。

(2)简述农业项目管理的影响因素。

(3)简述农业项目范围管理的基本概念。

(4)简述项目范围变更的原因。

(5)简述项目质量目标的内容。

(6)简述项目质量控制的方法。

(7)简述互联网背景下人力资源管理与传统管理模式的发展历程。

(8)简述设置员工激励措施的同时，是否应当设置惩罚标准及原因。

(9)简述在项目团队建设过程中可以提高项目员工创新能力的措施。

(10)简述农业项目进度控制的主要措施内容。

(11)简述项目进度控制的主要影响因素。

(12)简述项目进度控制的基本原理。

(13)简述项目进度动态监测的主要方法。

2. 论述题

(1)近年来，国家不断加大对农业的支持保护力度，农业项目管理工作责任和意义越来越重大，为促进农业农村经济持续健康发展，试讨论如何有效开展农业项目管理工作。

(2)农业项目管理是一项复杂而繁琐的系统工程，要保证项目获得成功，项目执行者最需要关注的是项目计划，而范围管理是制订项目计划时首先要解决的问题。为保证项目获得成功，试讨论如何进行农业项目范围管理。

第十二章

1. 简述农业项目投资的风险。

2. 简述计算项目投资的期望净现值。

3. 简述盈亏平衡分析法及其特点。

4. 简述在进行农业项目不确定性分析时，应该从哪些方面对项目进行分析与评估。与一般的项目评估相比，农业项目更应侧重哪方面。

5. 某农业项目投资方案年平均产量为2000t，农产品售价为每吨5000元，其固定成本为100万元，单位可变成本为2000元/t。假定产量、成本、利润之间的关系都为线性关系，试进行盈亏平衡分析。

6. 某农业项目的初期投资额为30万元，建设期为1年。预测投产后年收入有3种可能：5万元、10万元和15万元，其概率分别为0.3、0.5和0.2。基准收益率为10%。生产期有4种可能：2年、3年、4年、5年，其概率分别为0.2、0.2、0.5、0.1。试进行概率分析，并加以风险评价。

第十三章

1. 简答题

(1)简述农业项目后评价的理论基础内容。

(2)简述农业项目后评价的目的。

(3)简述农业项目后评价的分类。

(4)简述农业项目后评价的原则。

(5)简述农业项目后评价的作用。

(6)简述农业项目后评价的意义。

(7)简述农业项目后评价的程序。

(8)简述项目后评价的方法。

(9)简述农业项目后评价的报告内容。

(10)简述项目后评价体系的设置原则。

2. 论述题

(1)联系我国农业项目发展现实，试论述农业项目后评价应包括的具体内容。

(2)根据农业项目后评价的维度和属性试论述我国农业项目后评价的评价指标如何建设，评价指标具体包括哪些内容。

第十四章

1. 简述项目建议书的编制内容。

2. 简述项目建议书的编制要求。

3. 简述可行性研究报告的编制要求。

4. 简述可行性研究报告的编制步骤和主要内容。

5. 简述项目评估报告的编制要求。

6. 简述项目评估报告的编制步骤和主要内容。

参考文献

曹黎，刘勇，2012. 中国农业援助项目的评估方法探索[J]. 产业与科技论坛，11(22)：54-55.

曹熙睿，2020. 基于逻辑框架法的新疆农业博览园项目后评价研究[D]. 乌鲁木齐：新疆农业大学.

陈文晖，2009. 工程项目后评价[M]. 北京：中国经济出版社.

陈晓莉，2017. 投资项目评估[M]. 重庆：重庆大学出版社；重庆智能金融实验与实践中心案例库.

陈一君，卢明湘，2010. 工程技术经济学[M]. 成都：西南交通大学出版社.

陈远清，2003. 旅游项目开发可行性研究与经济评价实务全书(上、中、下)[M]. 北京：中科多媒体电子出版社.

程正中，2012. 项目管理实训教程[M]. 北京：清华大学出版社.

丁宁，2020. 现代农业产业园项目投资风险管理机制分析——评《农业投资项目管理》[J]. 热带作物学报，41(10)：2144.

丁胜军，2014. 工程项目质量控制研究[J]. 财经问题研究，372(S2)：125-128.

傅新红，2016. 农业经济学[M]. 北京：中国教育出版社.

葛天航，2015. 编制农业建设项目可行性研究报告的思考[J]. 农业科技与装备(3)：79-80.

耿雍，2008. 农业项目建设的投资控制[J]. 农业经济(10)：84-85.

弓克人，2022. 农业基本建设项目投资管理问题浅析[J]. 农业经济(4)：117-118.

郭鹏鹏，韩国明，2022. 中国农业结构调整的阶段特征与政策演化[J]. 现代经济探讨，491(11)：106-115.

郭奇斌，皇甫瑞灵，2011. 农业项目多元投资的评估特点研究[J]. 商业时代(18)：71-72.

国家发展改革委，建设部，2006. 建设项目经济评价方法与参数[M]. 3 版. 北京：中国计划出版社.

国家发展改革委，建设部，2006. 建设项目经济评价方法与参数[M]. 北京：中国计划经济出版社.

何俊德，2015. 项目评估理论与方法[M]. 3 版. 武汉：华中科技大学出版社.

何龙娟，陈伟忠，严昌宇，2014. 项目后评价国际经验对我国农业建设项目后评价的启示[J]. 江苏农业科学，42(07)：461-463.

洪善，1984. 书讯：农业投资经济效果研究[J]. 数量经济技术经济研究(12)：32.

侯军岐，负晓哲，2007. 项目管理理论与农业项目管理[M]. 北京：经济科学出版社.

贾建锋，赵洋，刘秋余，2022. 积极追随特质对员工创新行为的影响——感知的人力资源管理强度与工作嵌入的作用[J]. 东北大学学报(自然科学版)，43(6)：905-912.

蒋景楠，2002. 经济管理基础[M]. 上海：华东理工大学出版社.

蒋景楠，陆雷，2008. 工程经济理论与实务[M]. 上海：华东理工大学出版社.

李桂君，宋砚秋，王瑶琪，2021. 投资项目评估[M]. 3 版. 北京：中国金融出版社.

李荷君，1994. 建立投资环境评估学的几点设想[J]. 投资研究(9)：35-38.

李开孟，徐成彬，2007. 企业投资项目可行性研究与核准申请[M]. 北京：冶金工业出版社.

李若楠，2019. 农业项目投资风险与对策分析[J]. 南方农机，50(9)：85-86.

李涛，2011. 项目管理实务[M]. 北京：中国人民大学出版社.

李伟，吕剑亮，景亚平，2002. 项目质量定量分析与计算机辅助信息系统[J]. 情报科学(9)：974-975.

李伟薇，2023. 国际商务中的人力资源管理[J]. 山西财经大学学报，45(S1)：43-45.

李艳萍，李允鹏，2009. 农业项目投资风险及其防范[J]. 安徽农业科学，37(7)：3260-3263.

林恩 · 斯夸尔，赫尔曼 · G. 范德塔克，1985. 项目经济分析——影子价格的推算和估算[M]. 北京：清华大学出版社.

刘彩华，范光羽，2010. 我国农业投资项目财务评价体系的问题研究[J]. 中国管理信息化，13(3)：53-55.

刘凤兰，2003. 临汾西部山区农业自然资源灰色综合评估与可持续利用的对策[J]. 农业系统科学与综合研究(2)：106-108，111.

刘利兰，2012. 市场调查与预测[M]. 北京：经济科学出版社.

刘洋，李树君，赵跃龙，等，2014. 中国农业建设项目评估方法研究[J]. 世界农业(10)：182-185，199.

刘荫，2012. 现行农业投资项目财务评价体系初探[J]. 现代商业(14)：209.

路君平，2013. 项目评估与管理[M]. 北京：中国人民大学出版社.

吕娜，2013. 农业项目管理实务[M]. 北京：中国农业大学出版社.

农业综合开发项目绩效评价方法研究课题组，2014. 农业综合开发项目绩效评价方法研究[M]. 北京：经济科学出版社.

欧阳旭初，袁伯涛，1989. 农业投资项目评估[M]. 武汉：武汉大学出版社.

裴静，杨曼，2012. 农业项目前期评估实践探讨[J]. 中国工程咨询(11)：50-52.

戚安邦，2019. 项目评估学[M]. 北京：科学出版社.

邱茜，李姝婷，2021. 数字时代公共部门的人力资源管理：机遇、挑战与应对策略[J]. 中国行政管理(12)：44-51.

全国投资建设项目管理师考试专家委员会，2011. 投资建设项目决策(2011 年版)[M]. 北京：中国计划出版社.

任蔼堂，1997. 建设项目评估[M]. 成都：西南财经大学出版社.

佘金凤，2015. 项目论证与评估[M]. 上海：华东理工大学出版社.

石佳琪，2022. 山东 RH 企业无花果修剪废弃物再利用项目后评价[D]. 乌鲁木齐：新疆农业大学.

石勇，高鸿儒，董效良，1992. 工业企业定量管理方法[M]. 沈阳：东北工学院出版社.

史东梅，蒋光毅，郭宏忠，等，2021. 生产建设项目人为水土流失的生态环境损害评估[J]. 中国水土保持科学(中英文)，19(2)：71-79.

隋斌，2011. 农业建设项目管理[M]. 北京：中国农业出版社.

孙杭麟，2020. 谈项目建议书的编制[J]. 设计与研究(28)：162-164.

投资项目可行性研究指南编写组，2002. 投资项目可行性研究指南[M]. 北京：中国电力出版社.

王冲，李东梅，2013. 市场调查与预测[M]. 上海：复旦大学出版社.

王红岩，等，2010. 投资项目评估[M]. 北京：高等教育出版社.

王华，2008. 建设项目评估[M]. 北京：北京大学出版社.

王建新，2008. 广东都市休闲农业发展现状及分析[J]. 广东农业科学(9)：169-171.

王珏，倪波，1999. 论市场调查的原则[J]. 西南民族学院学报(哲学社会科学版)，S1：181-182.

王立国，2009. 投资项目决策前沿问题研究[M]. 大连：东北财经大学出版社.

王立国，等.2019. 项目评估理论与实务[M]. 北京：首都经济贸易大学出版社.

王鹭洁，王云岗，2022. 农业项目后评价的方法与原则[J]. 山西财经大学学报，44(S1)：55-57.

王淼，2018. 农业综合开发高标准农田建设项目评估研究——以徐水区项目为例[D]. 保定：河北大学.

魏旺拴，2019. 政府投资公共建筑项目咨询评估理论·实务·案例[M]. 北京：中国建筑工业出版社.

吴为超，2003. 投资环境评估指标体系研究[D]. 南昌：江西财经大学.

吴玉鸣，2002. 中国区域投资环境评估指标系统的构建及综合评价方法[J]. 南都学坛(2)：109-113.

徐莉，2006. 项目评估与决策[M]. 北京：科学出版社.

徐强，董正信，2005. 投资项目评估[M]. 南京：东南大学出版社.

徐强，董正信，许桂红，等，2005. 21世纪高等学校金融学实践创新系列教材 投资项目评估[M]. 南京：东南大学出版社.

杨秋林，2008. 农业项目投资评估[M]. 北京：中国农业出版社.

杨新旺，姚娟，2022. "农光互补"项目后评价逻辑框架研究[J]. 现代工业经济和信息化，12(4)：32-34.

姚照坤，闫遁，司静波，2007. 浅谈农业综合开发项目的风险管理[J]. 黑龙江科技信息(20)：126.

袁柏瑞，1995. 农业建设项目与科学决策[J]. 农业工程学报(1)：184-188.

张灿鹏，2021. 市场调查与分析[M]. 3版. 北京：北京交通大学出版社，清华大学出版社.

张代音，2015. 基于财政农业项目绩效评估指标体系的分析与研究[J]. 经贸实践(16)：75.

张敦富，1993. 中国投资环境[M]. 北京：化学工业出版社.

张骅，2009. 项目评估过程中的风险管理[J]. 科技经济市场(12)：75-76.

张蕾，王诗含，韩林杏，等，2018. "一带一路"背景下埃塞俄比亚农业投资环境分析[J]. 天津农业科学，24(9)：4.

中国人民银行国际司编译，1998. 亚洲开发银行业务丛书之六——项目经济分析准则[M]. 北京：中国金融出版社，亚洲开发银行.

周惠珍，2005. 投资项目评估[M]. 大连：东北财经大学出版社.

周慧珍，2018. 投资项目评估[M]. 3版. 大连：东北财经大学出版社.

朱绪荣，2008. 农业建设投资项目风险分析方法及应用[J]. 农业工程学报，24(12)：297-301.

P. 贝利，J. 安德森，H. 伯纳姆，等，2002. 投资运营的经济分析——分析方法与实际应用[M]. 北京：中国计划出版社.

Walter Saunders Pacheco do Vale, J., & Monteiro de Carvalho, M, 2017. Risk and Uncertainty in Projects Management[J]. Literature Review and Conceptual Framework. Revista Gestão Da Produção Operações e Sistemas, 12(2).

"十二五"职业教育国家规划教材
经全国职业教育教材审定委员会审定
国家林业和草原局职业教育"十三五"规划教材

森林环境

（第3版）

毛芳芳　朱丽清　王世昌　主编

中国林業出版社
China Forestry Publishing House

内容简介

本教材是根据全国高职高专教育林业技术专业人才培养指导方案和林业技术核心课程“森林环境”理论实训一体化指导性教学大纲编写的，是林业类专业和其他相关专业的主干教材，也可作为成人函授和在职人员培训教材。

本教材按国家教育部要求，根据全国高职高专教育林业类专业人才培养指导方案“森林环境”课程的指导思想和特色，结合我国生态文明建设发展的新形势和要求，在结合2015版“十二五”职业教育国家级规划教材“森林环境”(第2版)教材的基础上，进行传承经典，创新发展，遵循教学规律，具有科学性、系统性、综合性，其结构合理、内容丰富、由浅入深、循序渐进、通俗易懂。

教材由12个相对独立的单元构成，包括森林与环境、光与森林、温度与森林、水分与森林、大气环境与森林、地形与森林、生物与森林、土壤与森林、人类活动与森林、我国森林植被的分布、森林群落、森林生态系统。每个单元有知识构架和教学目标引导教师组织教学和学生自主学习；单元下设节，各节有理论知识部分和必要的技能实训；每单元后有知识拓展、自主学习资料库、复习思考题等资源推荐，为教师丰富课程资源，为学生消化巩固所学知识，扩大知识面提供空间，以培养学生的创新能力和可持续发展能力。

图书在版编目(CIP)数据

森林环境 / 毛芳芳，朱丽清，王世昌主编. —3版. —北京：中国林业出版社，2021. 9(2025. 2重印)

“十二五”职业教育国家规划教材经全国职业教育教材审定委员会审定　国家林业和草原局职业教育“十三五”规划教材

ISBN 978-7-5219-1225-8

Ⅰ. ①森…　Ⅱ. ①毛…　Ⅲ. ①森林-生态环境-高等职业教育-教材　Ⅳ. ①S718. 5

中国版本图书馆CIP数据核字(2021)第115091号

责任编辑： 高兴荣

电话： (010)83143611　　**传真：** (010)83143516

出版发行　中国林业出版社(100009　北京市西城区刘海胡同7号)

E-mail：jiaocaipublic@163. com

http：//www.forestry.gov.cn/lycb.html

印　　刷　北京中科印刷有限公司

版　　次　2006年7月第1版

2015年1月第2版

2021年9月第3版

印　　次　2025年2月第7次印刷

开　　本　787mm×1092mm　1/16

印　　张　20

字　　数　480千字

定　　价　52. 00元

数字资源